섹스와 에니어그램

Ann Gadd 저

김태흥 · 앨런 최 · 김의천 공역

학지사

3

역자 서문

•

처음 Ann Gadd의 글을 접했을 때 마치 커다란 망치로 머리를 맞은 듯 한 동안 정신을 차릴 수 없었다. '섹스sex'라니, 이 얼마나 매혹적인 단어인가? 인터넷에서조차 성인인증을 해야 기회의 문이 열리는 그것이 아닌가?

긴 시간 동안 우리 사회에서 '성'이란 주제는 터부시되어 왔다. 물론, 지난 시대의 변화에 따라 성에 대한 사회의 시각이 많이 관대해진 것도 사실이나 아직까지는 그 다양성에 있어 부담을 느끼는 세대가 함께 공존하고 있다. 더군다나 에니어그램enneagram과 섹스라니……. 이 얼마나 불경스러운 만남인가?

오랜 시간 동안 에니어그램을 다뤄 온 역자의 입장에서도 성에 대한 문제는 쉽게 언급할 수 없는 신비한 영역에 남겨 둔 주제였다. 그런데 아주 먼 이역만리에서 에니어그램의 전파에 헌신하는 동료강사의 글이 이런 놀라운 기회를 제공하였다. 물론, 다른 문화적 배경을 지니고 성장한 저자의 글을 있는 문맥 그대로 옮겨 낸다는 것은 어려운 일이었다. 이 책 속에는 우리가 공개적으로 나누지 못했던 용어가 난무했고, 때로는 부담스러울 정도로 은밀한 침실의 이야기가 거론되기까지 했다. 그러나 그 이면을 살짝 들추어 볼 수 있다는 두근거림은 책을 손에서 놓을 수 없도록 만들었다.

무엇보다도 섹스 역시 자신의 성장 도구로서 이용될 수 있다는 저자의 의견은 깊은 공감대를 이끌어 냈다. 즉, 우리가 온전히 발가벗겨지는 그 공간이 바로 에니어그램에서 이야기하는 통합의 영역으로 갈 수 있는 기회를 제공할 것이라는 사실이다. 우리가 가지고 있는 애매한 두려움에 한 발짝 더 나아가기 위한 열정, 미덕, 고착 등을 바로 이곳에서 찾을 수 있다. 그러나 불편한 영역에 들어서는 것은 결코 쉬운 일이 아니다. 저자 역시 인정한 것처럼 책 속에는 우리를 불편하게 만드는 많은 용어와 주제가 거론되고 있다. 특히 일부 타 문화권에서는 수용적이지만 국내에서는 낯선 표현들은 거부감을 일으킬 여지가 충분했다. 그렇지만 다양성이라는 거대한 담론 속에서 그것들을 있는 그대로 다루고자 노력했다.

마지막에 저자가 언급한 것처럼 서구문화권에서는 빠른 속도로 이혼율이 증가하고 있다. 현재 한국의 상황으로 볼 때 결코 남의 일만은 아닐 것이다. 이혼 사유를 설명할 때 대부분의 사람은 흔히 '성격차이'라는 말을 사용한다. 그러나 그 이면에는 해결되지 않은 많은 숙제가 남아 있을 것이 분명하다. 사랑하지 않고 결혼한 커플이 얼마나 있을까? 그럼에도 수많은 커플이 파경을 맞이하고 있다. 이 책이 모든 것을 해결할 수는 없겠지만 짧은 만남을 통해 자기 성장의 도구인 에니어그램과 만나고 극한 선택을 하기 전 성장의 기회를 가지게 되었으면 하는 것이 작은 바람이다.

번역의 화두는 어떻게 하면 날것 그대로를 독자들에게 전달할 수 있을까에 대한 고민이었다. 심각히 논의한 결과 섹슈얼리티sexuality, 섹스sex, 파트너partner 등의 일부 단어는 해당 단어가 가지고 있는 고유한 의미와 다양성을 지키기 위하여 별도의 번역을 거치지 않고 그대로 사용하기로 하였다. 추가적인 설명이 필요할 경우 페이지 하단에 역자 주를 제시하였고, 역자 모두는 최대한 의역을 자제하고 저자가 말하고자 했던 바가 직접적으로 전달될 수 있도록 노력하였다.

이 책을 국내에 소개함에 있어 많은 분의 도움이 필요했다. 먼저, 항상 나와 함께해 주시는 위대하신 하나님께 이 영광을 바친다. 이어 부족한 나를 믿고 출간할 수 있는 기회를 제공한 학지사 관계자 및 편집자 분들께 감사의 말씀을 전한다. 그리고 앞선 에니어그램의 연구자들과 동료들에게 말로 다 옮길 수 없는 감사를 드린다. 마지막으로, 이 책의 번역을 위해 오래도록 귀한 시간을 함께해 준 나의 영원한 벗인 한국에니어그램협의회의 앨런 최(선임연구원), 김의천(연구원)에게 찬사를 보내는 바이다. 책의 가치를 알고 같이 헌신해 준 그들이 아니었다면, 이 좋은 글은 더 늦게 알려졌거나 영영 소개될 기회를 잃었을 것이다.

　혹시 이 책을 우리 글로 옮기는 데 있어 부족함이 있다면 그것은 온전히 나의 책임이며, 나의 부족으로 인한 것이다. 이 번역서가 더욱 온전한 가치를 지니기 위해 받아야 할 도움이 있다면 언제든 나의 문을 열어 놓고 함께 나누고자 한다.

　자, 이제 성인인증이 필요 없는 비밀의 문을 활짝 열고 나와 침실을 엿보도록 하자.

한국에니어그램협의회

회장 김태홍

선임연구원 앨런 최, 연구원 김의천

서문

•

존 루코비치(John Luckovich)

에니어그램은 신성한 상징이다. 조지 이바노비치 구르지예프^{George} Ivanovich Gurjieff는 자신의 학생들에게 에니어그램을 소개하면서, 그것은 "인간의 수준만큼 다양한 의미를 가지는 보편적 언어의 본질적인 상징이다."라고 표현했다P.D. Ouspensky, *In search of the Miraculous*. 이 말은 과장이 아니다. 제대로 이해한다면 에니어그램은 더 높은 것과 낮은 것, 깊이와 표면, 본질과 형태 사이에 미묘한 관계를 드러낼 수 있다.

그러므로 이 심오한 체계를 세속적인 섹스와 섹슈얼리티라는 주제에 적용하는 것이 처음에는 다소 불경하게 보일 수도 있다. 그러나 엄밀히 말해 에니어그램은 인간에게 깊이 내재된 우리 안의 천사가 우리 안의 동물성을 만나게끔 비춰 줄 수 있는 힘을 가진 물질적 영역이다. 섹슈얼리티는 우리를 드러낸다. 그것은 육체적으로, 정신적으로 그리고 감정적으로 우리 자신을 벌거벗게 만든다. 이 때문에 현대 인간의 삶에서 우리 자신을 숨기거나 또는 맹점으로 남겨진 에고의 자아중심감 속에 가장 어려운 무언가를 제시한다. 이것이 에니어그램 작업을 위해 예외적으로 적당한 영역을 만든다. 다시 말해, 우리의 가장 높은 자질과 우리의 가장 기초적이고 취약하고 인간적인 것 사이에서 더욱 깊은 관계를 발전시키는 것이다.

이 책에서 앤^{Ann}은 유머와 감수성을 결합하여 우리의 구체화된 성적 취향, 그리고 파트너들과의 친밀감을 가로막는 특정 인간의 핵심 심리적 매듭(집착, 회피, 고착, 열정 등)과 성격 특성을 우아하게 드러낸다. 그녀의 자애로운 논의는 이 작품의 주제인 우리의 섹슈얼리티와 경험에 존재하는 우리 자신의 무의식적인 성격 특성에 대한 날카로운 통찰과 균형을 이룬다.

그녀는 에니어그램 유형론의 렌즈를 통해 제시되는 문제들, 눈가림, 심리적 편견에 감정적으로 되기 쉬운 것과 성의 범주에 들어 있는 매우 광범위한 주제들을 훌륭하게 넘나든다. 이러한 노력은 너무도 방대하여 그 어떤 책도 모든 것을 담을 수 없었다. 그러나 앤은 예리한 마음과 복잡한 심리학을 통해 성적인 존재가 된다는 것이 무엇을 의미하는지 개인적인 질문을 시작하기 위한 초대장으로 능숙하게 재료들을 처리한다.

성에 대한 개인적이고 심리적인 차원에서의 의미 있는 대립은 드물고 그 간격은 멀지만 인간 본성은 이 지구상에서 가장 성적인 동물 중 하나이다. 우리의 짝짓기 시즌은 365일이다. 그리고 섹스와 로맨스는 우리 에너지의 광범위한 비율을 차지하며, 우리의 의미와 정체성에 강하게 영향을 미친다.

불행히도, 이 주제를 금기시하는 관습 때문에 문화적으로 인간의 성적 취향 및 표현의 광범위한 범위와 관련된 예시나 반영은 거의 없다. 일반적으로, 문화는 성이 '어떻게 되어야만 하는' 보편적 견해를 유지하는 데 있어 섹슈얼리티와 표현의 뉘앙스를 제한하려는 경향이 있다. 그리고 성적인 행위에 있어 '자연적'이거나 또는 도덕적인 것이 무엇인지에 대한 상반된 이미지를 표현한다. 평범한 사람들에게 이것이 의미하는 바는, 성적 표현에서 우리가 간과하고 있거나 통합이 결여되었을지도 모르는 것을 표현하는 방법에 대한 지침이 거의 없다는 것이다. 이것은 크게 신경증과 심리적 구획화로 이어질 수 있다. 다행스럽게도 앤의 작업은 이러한 취약점을 바로잡는 데 가치 있는 기여를 했다.

우리 모두는 이러한 책을 통해 "내 성적 스타일이 뭐지?"라는 질문에 대한

서문
·
9

대답이나 유사한 주제를 찾도록 하는 습관을 길러 왔다. 그러나 이 책을 읽는 가운데 독자인 우리에게 다른 감성이 요구되고 있는 것이 명백해진다. 앤은 에니어그램을 일종의 성적 자기 이해의 팔레트로 소개한다. 각각의 유형은 자기 자신을 대표할지 모를 뚜렷한 성적 스타일과 심리적 문제를 가지고 있다. 그렇지만 우리가 자신의 유형을 찾는 것이 유익한 것만큼 만약 우리가 9가지 모든 유형의 성적 스타일 이해라는 이점을 취하지 못한다면 우리가 얻어야만 하는 지혜의 범위가 제한된다는 것을 항상 기억하는 것이 중요하다. 에니어그램은 우리가 9가지 잠재성 중 하나로 살기보다는 완전한 사람이 되도록 요청한다. 같은 맥락에서, 우리는 폭넓은 수준의 성적 표현을 통합하기 위해 우리 개인의 장애물을 끌어내어 바라볼 수 있어야 한다. 왜 우리 자신을 하나의 기본적 성적 태도로 한정하는가?

섹슈얼리티는 극히 개인적이고, 취약하며 민감한 주제이다. 그리고 우리 중 상당수가 실제 성적 트라우마로 고통을 겪고 있다. 때로는 에니어그램이 풀어낼 수 있는 매우 개인적인 자기노출과 함께 결합하여 이 탐구를 도전적인 자아 대결로 만들 수 있다. 그것은 강렬한 감정과 힘든 기억들 그리고 깊은 결핍감을 불러일으킬 수도 있다. 우리는 자신에게 주어진 몸도 자신의 성격유형도 선택하지 않았다. 마찬가지로, 우리의 섹슈얼리티를 선택할 기회가 없었다. 그렇기에 우리의 성격과 섹슈얼리티가 만나는 지점을 이해하는 작업 동안 우리 자신에게 친절하고 부드러워야 한다. 에니어그램은 여러 층에 걸쳐 펼쳐진다. 따라서 이 책을 통해 경험할 수 있는 초대는 이것을 시도하고 자기 자신을 위한 경험을 탐구하는 것이다. 어떤 것은 즉시 공명을 일으킬 것이고 일부는 제대로 이해하기 위하여 시간을 두고 작업을 해야 할 것이다. 감사하게도, 앤은 질문이 너무 감성적이거나 무거워지지 않도록 거리를 두고 유머와 가벼움을 유지하였고, 우리의 성적 상처를 치유하기 위한 보편적인 장애물을 넓은 범위에서 비추고 있다.

본능적 추동과 에니어그램에 관한 나의 작업에서, 나는 육체의 성욕과 우리가 내면의 작업을 위해 마음속으로 갈망하는 친밀감의 차이점을 명확히 하기 위해 노력했다. 이 점에 있어, 앤의 작업과 나의 작업 사이에 거대한 공명이 있었다. 이어지는 본문에서 앤은 자유롭고 생생한 섹슈얼리티를 밝힘으로써 머리, 가슴, 장 사이를 더욱 깊게 연결시키기 위한 수단을 제공한다. 그녀의 통찰은 성을 둘러싼 우리의 유형과 관련된 실제 직면에 기여했고, 이러한 길 위에 있는 우리 모두를 위해 자기수용과 호기심을 떠올리게 하는 광범위하고 비판단적인 성의 영역을 잘 표현하고 있다.

우리의 섹슈얼리티를 수용하고 머무는 것은 내적 작업의 길과 현존하기 위한 능력의 개발에 매우 중요한 디딤돌이다. 구르지예프는 "에고^{ego}의 지배를 통한 주된 기능은 '성 남용'이고, 우리의 섹슈얼리티를 둘러싼 망상과 자기기만은 우리 자신이 현존함을 기억하게 하는 작업에 주된 장애물이다."라고 말했다. 보통 우리의 섹슈얼리티를 있는 그대로 수용하기 어렵고, 상상을 강요하거나 또는 성공을 위해 섹슈얼리티를 이용하거나 감정적 욕구를 차단하는 것이 일반적이지만, 대부분의 사람에게 섹슈얼리티에 대한 자기 절제 조건은 높다.

구르지예프는 많은 종교와 영적 전통이 유지하려 노력하는 것처럼 성적 행위에 대해 이미지화되거나 혹은 이상적 기준을 달성하기 위해 자신을 맞추기보다는 육체를 바탕으로 한 있는 그대로 우리 개인의 섹슈얼리티와 함께 현존할 필요가 있다는 개인적 깨달음을 인식했다. 우리 자신의 판단, 수치심 그리고 두려움으로부터 우리의 섹슈얼리티를 해방시키는 것은 내적 작업의 여정에 있어 엄청난 일이며, 앤의 기여는 에니어그램이라는 렌즈를 통하여 위대한 성적 자유가 무엇인지에 대한 비전을 견지하는 동시에 우리가 자신에게 금제하는 것이 무엇인지 인식할 수 있는 길을 아낌없이 제공하고 있다는 것이다.

2019년 4월
존 루코비치

차례

•

차례
·
12

제3부

성적 유형 탐구:
후퇴하는 그룹-4유형, 5유형, 9유형

제4부

당신의 사랑 유형–왜 당신은 다른 유형에게 끌리는지,
그들과 어떻게 관계해야 하는지,
그리고 잘못되었을 때 예상되는 것은 무엇인지

소개: 약간의 전희

·

> 당신의 임무는 사랑을 찾는 것이 아니라, 당신이 사랑에 맞서 쌓아 온 자신 안에 있는
> 모든 장벽을 발견하고 찾는 것입니다.
>
> -루미(RUMI)

Sex(섹스). 그것은 순수하고 관능적인 기쁨의 날개로 우리를 데려갈 수 있거나 또는 우리를 파괴하고 굴욕감을 선사할 수 있다. 섹스는 우리를 가장 신성화된 숭고함에서부터 인간의 가장 어둡고 타락한 면까지 이끌 수 있다. 섹스는 역설을 낳는다―즐거움/고통, 사랑/증오, 부드러움/잔인함, 영적인 변화/원초적 충동, 무조건적 베풂/자기만족, 즐거운 놀이/심각한 범죄 등……. 인류의 경험에 있어 안식처, 음식, 물과 같은 필수적인 생존 욕구만이 많은 욕망을 창조한다. 그러나 선사시대에 여성(또는 남성)이 최초 그녀(또는 그)의 연인과 마주한 순간, 상대를 가리지 않고 짧게 이루어졌던 섹스는 본능적인 만남에서 강렬하고 즐거운 것으로 변화하였다. 그 이전에는 전형적으로 여성이 등을 보이는 자세가 주였다면 성적 오르가슴을 만들어 낸 것은 새로운 체위였다.[1]

그러나 그것은 그 이상의 것을 해냈다. 친밀감을 만들어 낸 것이다. 누군가

가 뒤에서 당신에게 붙어 있다면 그들의 얼굴 특징은 별로 중요치 않을 것이다. 얼굴을 맞대면, 당신의 파트너partner*의 표정을 보지 않고 그들의 감정과 이어지지 않는 것은 불가능하게 된다. 그들이 행복한지, 고통스러운지, 황홀한지 또는 지루한지. 이 책이 추구하는 바는 성적인 기술을 제공하는 것이 아니다. 여러분 모두가 고착에 갇히기보다는 더욱 현존하도록 이끌어 냄으로써, 파트너나 중요한 타인과의 관계를 더욱 깊고, 더 진실된 수준으로 받아들이도록 하는 것이다.

외부세계는 우리 내부세계의 거울이다. 故데이비드 대니얼스 박사Dr. David Daniels는 "우리가 섹스에 관여하는 방법은 우리가 모든 삶의 측면에 관여하는 방법이다. 즉, 우리의 성생활은 우리의 삶을 반영한다."라고 말했다.[2] 당신의 섹슈얼리티sexuality**에 대해 더 많이 발견할수록 침실 안팎에서 신나는 변혁적 경험을 할 수 있는 문이 열린다. 우리의 섹슈얼리티에 대한 보다 깊은 이해는 더 큰 자기성찰과 치유를 창조한다.

에니어그램은 우리의 섹슈얼리티를 탐구하고 드러낼 수 있는 훌륭한 도구를 제공한다. 우리의 숨겨진 어두운 이면과 연결되고 그것을 빛으로 끌어내며, 더욱 깊고 총체적인 우리 자신의 표출을 경험하게 한다. 우리라는 존재의 모든 측면을 바라봄으로써, 우리가 될 수 있는 사람의 가능성을 알 수 있다. 에니어그램 유형의 이해는 우리 자신을 탐구하도록 돕고 자아의 한계를 넘어설 수 있는 도구이다. 왜냐하면 우리 대부분은 평균 정도의 감정적 통합 수준

---

* 역자 주: 파트너(partner)에 대한 이 책의 개념은 배우자, 애인, 친구 등 다양한 의미와 더불어 젠더(gender) 감수성을 가지고 있다. 따라서 별도의 용어로 바꾸기보다는 파트너라는 외래어를 그대로 차용하여 중립성을 강조하기로 한다.

** 역자 주: 섹슈얼리티(sexuality)는 이 책이 함축하고 있는 많은 의미 중 중요한 비중을 차지하고 있다. 이는 물리적인 구별인 성별(sex)과 중립적 성격을 가진 젠더(gender)보다는 성적 지향(sexual orientation)을 포함하는 넓은 의미로 사용되었다. 따라서 성적 욕망이나 심리, 이데올로기, 제도나 관습에 의해 규정되는 사회적인 요소들까지 포함하는 '성적인 것 전체'를 가리키는 것으로 정의하도록 한다.

에 머물기 때문이다. 나는 이 책의 상당 부분을 이 수준에 초점을 맞추는 동시에 각 유형의 잠재력과 덜 통합된 측면을 포함하였다. 당신의 유형 속 대부분의 속성이 자신에게 적용되겠지만 그 모든 것이 필요한 것은 아니다. 각 유형을 설명할 때, 나는 개괄적인 그림을 만든다. 또한 우리 각자는 우리의 유형(모든 유형이 살고 있는) 이상이라는 것과 개별 유형이 각자의 고향으로 돌아오는 여정을 시작할 때 사용할 수 있는 플랫폼임을 강조하는 것이 중요하다.

내가 어두운 이면을 외면한 채 각 유형의 긍정적인 측면만을 강조하여 글을 썼다면, 그것은 우리에게 편히 쉬기 위한 안락함을 제공했을 것이다. 그러나 성장은 어디에 있는가? 변화와 성장에 대한 영감 없이 성취될 수 있는 모든 것은 끊임없는 자아 돌보기ego-stroking이다. 이러한 어두운 면을 파고드는 것이야말로 자신을 해방시키는 것이다. 바로 그것이 에니어그램 작가이자 지도자인 러스 허드슨Russ Hudson이 내가 우리 자신이 알 수 있는 한계점 너머를 보기 위해 간혹 '강력한 약'[3]을 사용했다고 말한 이유이다.

어떤 이들은 이 책에 에로티카erotica, 음란물pornography, 판타지fantasy* 그리고 이혼과 같은 주제가 포함되어 있는 것에 의문을 가질 수 있다. 약 4,000만 명 이상의 미국 성인이 정기적으로 음란물을 시청하고 있다.[4] 섹스에 대한 책을 쓰는 것은 말할 필요도 없을 정도이다. 내 생각에 그것을 피하는 것은 평균적인 사람들의 섹슈얼리티의 일부가 되는 것이다. 2018년 통계에 따르면 인기 음란물 사이트인 PornHub에 3,350억 명이 다녀갔다고 한다. 이는 하루에 9,200만 명이 다녀간 것이다.[5] 그리고 이것은 전 세계에 사용되고 모든 아이폰을 채울 만큼의 충분한 데이터이다.[6] 확실히, 우리는 보는 것을 좋아한다!

나는 우리가 빛을 끌어안은 채 우리의 어두운 이면을 외면할 수 없다는 것

---

* 역자 주: 파트너, 섹슈얼리티와 더불어 판타지(fantasy) 역시 특정 단어로 번역하지 않는다. 이미 환상이 가지고 있는 좁은 의미보다 더 큰 주제와 다양성을 확보했고, 이를 명확히 전달하기 위해 외래어를 그대로 차용하여 표기하도록 한다. 저자도 이 책의 말미에 언급했지만 판타지의 다양성은 아직까지도 모두 확인되지 않았으며, 우리는 판타지를 통해 우리가 가진 이면을 들여다볼 수 있다.

을 이해한다(극을 초월하려면 양쪽 모두를 잡을 필요가 있다). 우리는 종종 판타지의 세계에서 우리의 그림자가 전면에 나오는 것을 허용한다. 판타지는 일상생활에서 일반적으로 이용되지 않을 행위들과 관련된 안전한 공간을 제공한다. 개인적인 성장을 자극하려는 의도로 쓰인 책에서는 성적 표현의 모든 측면을 포함하고 인정하는 것이 중요하다.

현존은 각성의 원천이다. 만약 우리가 머리, 가슴, 장에 현존한다면 우리는 더욱 쉽게 각성될 것이고, 주변 세계에 감각적 경험과 함께 연결될 것이다. 현존한다는 것이 우리가 항상 섹스를 원한다는 것을 의미하지는 않지만 섹스를 할 때 우리는 항상 여기에 존재하기를 원할 것이다. 냄새와 소리 그리고 맛과 같은 감각을 감지할 때 우리의 의식은 확장되고 모든 것과 모두에게 더욱 연결되도록 만들 것이다. 'Enneagram Global Summit 2018'에서의 연설과 그의 책인 『Aware』에서 댄 시겔Dan Siegel은 30,000명이 넘는 사람과 작업하는 것을 다음과 같이 표현한다. "현존하거나 알고 있을 때, 그들은 때때로 기쁨 및 사랑과 함께하는 수용성을 경험했다고 말했다. 현존은 우리의 일반적인 건강상태뿐만 아니라 전반적인 삶의 질에 영향을 미친다."[7]

알마스A.H. Almass는 "우리가 진실되고 열린 관계 속에 있을 때 의식이 더욱 깊은 측면에 접속될 수 있는 잠재력을 가지고 있다."라고 기술했다. 이 상호성은 타인에게 동조할 때 상호 간 우리의 의식이 변화된다는 것을 의미한다. 연인의 욕구를 인식하며 접촉하는 것은 둘 모두를 위한 사랑 및 더욱 큰 욕구와 연결되도록 우리를 개방한다. 우리가 이 사랑을 경험함으로써, 자신의 사랑은 더욱 깊어지고 확장되어, 위를 향해 나선형을 그리며 퍼져 간다. 이것이 바로 섹스의 위대한 표현이다.[8] 이제, 나는 당신이 연인의 품에서 어떻게 보이기를 원하는지 묻고 싶다. 자신의 에고에 갇힌 사람으로서인지, 아니면 진정으로 현존하고 참여하는 사람으로서인지.

당부의 말

당신의 연인이 가진 이면을 훌쩍 뛰어넘어, 그들 내면의 성적 세계를 드러내는 것은 매혹적이다(그리고 재미있을 수 있다). 그러나 우리 모두가 사람들을 잘못 구분할 수 있고, 만약 당신의 추측이 맞았다 하더라도 좀처럼 잘 받아들여지지 않는다는 것을 기억하라. 사람들은 자기 스스로 그것을 발견할 때 자신의 것으로 한다. 나는 이 책이 당신의 성적 여정을 더 나아가게 하고, 그 길이 부드럽게 펼쳐지는 가운데 당신의 파트너에게도 그러한 길을 열어 주기를 소망한다.

성별에 대한 메모

에니어그램의 즐거움 중 하나는 당신이 남성이든 여성이든(또는 둘 사이에 있든), 어떤 인종에 속해 있든, 어떤 종교를 가지고 있든, 어디에 살고 있든 중요하지 않다는 점이다. 당신의 유형은 똑같이 존재한다. 에니어그램 유형은 전형적인 젠더와 관련이 없지만 몇몇 유형은 보다 전통적인 여성 또는 남성적 특성을 보이기도 한다. 당신이 에니어그램 혼합물에 성별을 던져 넣을 때 젠더는 다르게 전개되는 유형의 속성을 가질 수 있다. 수많은 연구 과정을 통해 호르몬이 우리의 섹슈얼리티에 큰 역할을 한다는 것이 확인되었다. 평균적인 남녀가 하루에 몇 번이나 섹스에 대해 생각하는지에 대해 간단히 생각해 보자. 한 연구에서 283명의 심리학과 학생에게 성에 대해 떠오를 때마다 기록할 수 있는 장치를 지급하였다. 중간값으로 계산하면 여성의 경우 하루 9.9회, 남성의 경우 18.6회였다.[9] 'Covenant Eyes'의 통계에 따르면 18%인 여성과 대조적으로 남성의 68%가 매주 음란물을 이용한다고 밝혔다.[10] 2009년 7월부터 2010년 7월까지 4억 건의 웹 검색을 분석한 결과, 연구자들은 성적 지향과 무관하게 남성은 생생한 이미지 중심의 섹스 사이트를, 여성은 에로틱 스토리와 로맨스 사이트를 선호한다는 결론을 내렸다.[11]
젠더가 우리의 성적 행위에 영향을 미친다고 말하기에 충분하며, 나는 가능한 한 이것을 반영했다. 글쓰기의 용이성을 위해, 때때로 남성-여성의 관계를 가정하기도 했으나 그 통찰은 관계의 광범위한 성적 지향에 적용될 수 있다. 우리가 탐구하고자 하는 것은 우리의 성적 행위가 어떻게 각 유형에게 펼쳐지는지에 관한 것이다.

제**1**장

에니어그램이란 무엇인가

> 사람은 마음속 깊은 곳을 덮고 있는 여러 겹의 껍질을 가지고 있습니다.
> 우리는 많은 것을 알지만 정작 우리 자신을 알지 못합니다!
> 소나 곰처럼 두껍고 단단한 수십 장의 가죽이 영혼을 뒤덮고 있습니다.
> 자신의 땅으로 가서 자신을 아는 법을 배우십시오.
> -마이스터 에크하르트(MEISTER ECKHART)

만약 당신이 에니어그램을 완전하게 이해하고 있다면 이 장을 건너뛸 수 있다. 그러나 이 책을 통해 처음 '에니어그램'이라는 단어를 들었거나 또는 기억을 되살리기 원한다면 이번 장의 간단한 소개를 읽는 것을 권장한다. 9가지 기본유형을 넘어 주요한 세부 사항을 이해하는 능력은 이 책에 대한 이해를 크게 향상시킬 것이다.

많은 사람이 에니어그램을 성격유형 분석도구로 생각한다. 그러나 성격유형으로서의 에니어그램은 이 놀랍고 복잡한 시스템의 한 측면일 뿐이다. 당신이 어떤 유형에 속하는지를 발견했을 때 떠오르는 생각은 "예, 저는 6번 유형이고, 내 문제를 찾았어요."가 아닌 그 범위에 편안하게 안주하는 것이다. 도리어 당신의 유형을 아는 것은 놀라운 정보의 원천과 그 유형의 제약을 벗어나 움직일 수 있는 독특한 기회를 제공한다. 왜냐하면 자신과 동일시하고 있는 유형의 일부는 진정한 자신의 영혼이 아닌 자아^{ego}에 기반을 둔 성격 구성체들이기 때문이다.

　1916년 에니어그램의 상징을 서양으로 가져온 신비주의자이자, 철학자이며 작곡가였던 조지 구르지예프는 에니어그램의 깊은 이해는 모든 기록된 지식을 무용지물이 되게 한다고 말했다.[1] 누군가는 그것을 우주의 청사진이라고 말할 수도 있다. 이러한 진리를 파헤치는 것은 이 책의 범위를 넘어선다. 오히려 독자에게 에니어그램에 대한 이해가 우리의 온전한 잠재력에 도달할 수 있는 첫걸음일 뿐이라는 것을 인식시키기 위함이다. 당신의 유형을 아는 것은 자기 자신의 성장을 위한 개인화된 핸드북을 가지는 것과 같다. 이제 각 성격유형을 나타내는 상징과 아홉 개의 점에서부터 출발해 보도록 하자.

에니어그램 상징 요약

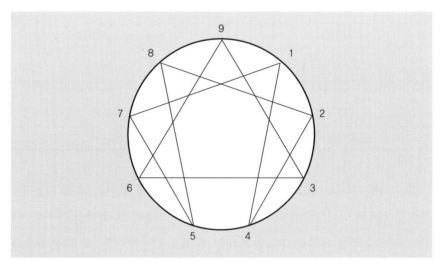

에니어그램 상징: 아홉 개의 별

　에니어그램의 상징(그리스어로 'ennea'란 '9'를 의미하며 'grammos'는 '도형'을 의미한다)은 원 안의 등거리에 위치한 아홉 개의 점을 나타내며, 각 숫자는 각기 다른 에니어그램 성격유형을 대표한다. 각 유형을 연결하는 선은 우리의 발전에 중요한 측면을 나타낸다. 이에 대해서는 잠시 후 알아보겠다.

　상징은 세 개의 요소로 구성되어 있다.

- 원은 전체, 통합, 무한을 나타내며 '모든 것은 하나'라는 진리와 일치한다.
- 원안에 3, 6, 9와 연결된 내부의 삼각형은 구르지예프의 '3의 법칙'과 일치한다.[2] 이 세 가지 에너지와 그 양쪽에 있는 숫자는 사고, 감정, 본능 중심과 같이 나누어 볼 수 있거나 또는 능동형, 수동형, 화해적/중립적 센터로 볼 수 있다.
- 헥사곤(육각형)은 1유형, 2유형, 4유형, 5유형, 7유형, 8유형을 연결한다. 이는 구르지예프의 '7의 법칙'과 관련되어 있다. 1을 7로 나누면 결과는 소수 1-4-2-8-5-7-1이 반복되는데 이는 헥사곤의 선을 따라 흐르는 움직임을 반영한다. 구르지예프에 따르면, 이 법칙은 에너지의 흐름을 설명하기 위해 사용된다.[3]

에니어그램의 기초

다음은 에니어그램에 대한 간략한 개요이다.

- 우리 모두는 타고난 에니어그램 성격유형을 가지고 있다(5, 7유형 등). 이 유형은 평생 동안 한결같이 유지된다.
- 우리 안에는 모든 유형의 특징이 내재되어 있다.
- 어떤 유형도 다른 유형보다 좋거나 나쁘지 않다. 예를 들어, 1유형이 2유형보다 의식적으로 더 높은 곳에 있지 않다.[4]
- 모든 유형은 인종, 성별, 종교 등에 상관없이 적용된다.

- 각 유형은 각자가 배워야 할 특정한 교훈을 의미하는 '짊어질 십자가 cross to bear'가 있다.
- 좋은 소식은 각 유형마다 많은 긍정적 측면과 세상에 가져다줄 독특한 선물이 있다는 것이다.
- 당신의 '의식 수준' 또는 '통합'은 당신의 행동을 변화시키고 같은 유형의 사람이라도 다르게 보이게 할 것이다.
- '날개'(각 유형의 양 옆에 있는 숫자)는 본능적인 추동, 그리고 전반적인 정서적 건강의 수준 또는 변화를 알려 준다.
- 각 유형에 '선호'와 다양성, 가능성을 더한 몇 개의 다른 트라이어드 또는 세 개의 그룹이 있다.
- 일부 사람들은 매우 빠르게 자신의 유형을 찾아낸다. 그러나 누군가에게는 이것이 길고 힘든 여정이 될 수도 있다. 당신의 유형을 발견하는 길에 옳고 그름은 없다. 때로는 긴 여정이 더 큰 이해를 제공한다. 즉시 자신을 찾지 못한다 해서 걱정하지 말라. 검사, 책, 타인으로부터의 피드백 등 모든 것이 도움이 될 수 있다.
- 때때로 우리는 어떤 유형의 속성 중에 일부를 부정적으로 인식하기 때문에 특정 유형이 되는 것에 저항하기도 한다(개인적으로, 나는 지금의 유형을 찾기 전에 두 가지 다른 유형을 탐구했었다).

열정, 고착, 미덕, 그리고 신성한 사고란 무엇인가

열정passions: 섹스에 관한 책에서 '열정'이라니(희망에 가득차서) 기대가 된다! 그러나 에니어그램에서 열정이란 거칠고 에로틱한 섹스로 향하게 하는 동기가 아니라 우리를 특정한 방식으로 행동하게 만드는 각 유형과 관련된 상처이다. 열정은 성경에 기반한 일곱 가지 대죄(분노, 자만, 시기, 욕망, 탐식,

정욕, 나태)와 두 개의 추가적 열정(두려움, 속임수)을 기반으로 한다. 오스카
이카조Oscar Ichazo는 '열정'이라는 용어를 사용하여 각 유형의 미덕이 악덕이
될 때 어떤 일이 일어나는지를 설명한다.[5] 이 단어는 그리스도의 고난받음에
기초한 '고통을 받거나 견딤'을 의미하는 라틴어 *passionem*(*passio*)과 '견디
다, 겪다, 경험하다'를 의미하는 라틴어 *pati*의 분사 어간에서 유래하였다. '열
정'이라는 단어는 순교로 고통받는 모습을 표현한 것으로 사용되었고, 욕망
과의 관련성은 14세기에나 찾을 수 있다. 그리고 성적인 사랑과의 관련성은
1580년대에서야 나타난다.[6]

　'고통'을 의미하는 이 단어는 오랜 에니어그램의 문맥 속에서 더욱 유용하
다. 다시 말해 우리는 열정으로 인해 고통받는다. 우리가 모든 단일성으로부
터 분열되어 우리의 에고 상태로 들어갈 때, 우리가 통합되거나 의식적일 때,
표출되는 미덕(평온, 겸손, 진정성, 정서적 균형, 집착하지 않음, 금주, 행동)은 열
정이라 불리는 악덕이 된다.

　클라우디오 나란조Claudio Naranzo 역시 이 단어를 *passivus*에서 유래한 '느끼
거나 고통받을 수 있음'[7]을 의미하는 'passive'[8]라는 단어와 연결시킨다. 이
것의 의미는 명백히 우리에게 영향을 미치고 있는 열정에 수동적이라는 의미
이다. 예를 들어, 2유형은 일반적으로 그들의 선한 행위가 얼마나 자신에게
자부심을 주는지를 완전하게 깨닫지 못한다. 겸손의 미덕은 자만의 역설이
다. 열정을 인식하는 것은 우리를 변화로 인도할 수 있다.

　고착fixations: 이것은 열정으로부터 표출되는 행위나 신념이다. 예를 들어,
1유형에게 열정은 분노이며, 미덕은 평온이다. 평온(수용/'모든 것이 잘되어 있
다')은 우리가 믿는 모든 것이 본래 그래야만 하는 것이 아닐 때 분노라는 열
정으로 분열하고 그 결과 격노하고 원망한다. 우리는 화를 내는 동시에 평온
할 수 없다. 고착은 그들이 '해야만 하는' 것을 그 방식대로 하지 않음으로써
우리를 화나게 만드는 사람들에게 느끼는 분개이다. 또 다른 예로 미덕이 행

동인 9유형을 들 수 있다. 행동하지 않을 때 게으름 또는 나태라는 열정이 된다. 이 나태는 단순히 게으름으로 보일 수 있지만 그것은 삶에 있어 무능함으로 보일 수 있는 공상이나 나태로서 현실이나 행동을 피하려는 고착으로 발전할 수 있다.

미덕^{virtues}: 미덕은 각 유형이 통합 상태에 있을 때 표출되는 높은 수준의 표시이다. 그것은 평온, 겸손, 진정성, 정서적 균형, 분리, 용기, 절제, 순진함 및 행동 등이다.[9] 그것들은 열정의 반대편에 위치한다(예를 들어, 진실성 vs. 속임수).

신성한 사고$^{Holy\ Ideas}$: 이것은 이원적 세계가 아닌 전체가 하나의 실제를 구성하며, 온전함에 대한 것이다. 아홉 가지의 열정과 고착은 우리가 온전함을 경험할 수 없도록 떼어 놓는다.

화살의 이동(왜곡과 해방)[10]

모든 에니어그램 유형의 행위가 우리에게 해당될 수 있다는 것을 기억하는 것은 중요하다. 화살의 움직임(다음 페이지 그림 참조)은 각 유형에 대해 가장 접근하기 쉬운 점들로 여겨지기 때문에 의미가 있다. 즉, 각 선은 해당 유형의 성장을 돕기 위해 가장 쉽게 적응할 수 있는 행위의 유형과 연결된다. 당신은 이러한 선의 끝에 있는 점들 중 하나 또는 양쪽 모두로 이동할 수 있다. 그래서 1유형은 자신의 통합 정도에 따라 적용될 수 있는 행위인 4유형으로 '왜곡'될 수도 있고 7유형으로 '해방'될 수도 있다.

왜곡선: 1-4-2-8-5-7-1 그리고 9-6-3-9 방향의 이동이다. 과거에는 이것을 통합되는 방향이라고 언급했으나, 최근 들어 이러한 이동은 우리에

게 변화나 도전을 유발하는 유형의 방향을 가리키는 것으로 여겨진다. 따라서 더 유동적이고 덜 경직되는 것은 1유형에게 도전이 될 수 있음에도 불구하고, 보다 창조적이고 표현력 있고 자아인식이 강한 4유형의 방향으로 이어지도록 장려할 수 있다.

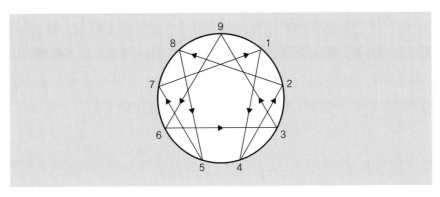

왜곡선

해방선: 왜곡의 반대 방향이다. 1-7-5-8-2-4-1 그리고 9-3-6-9 방향의 이동이다. 긴장을 풀기 위해 해방 유형의 특별한 기질이나 성질을 사용한다. 따라서 1유형이 7유형으로 해방된다는 것은 건강한 7유형처럼 보다 개방되고 즉흥적이고 재미있게 될 수도 있다는 것이다.

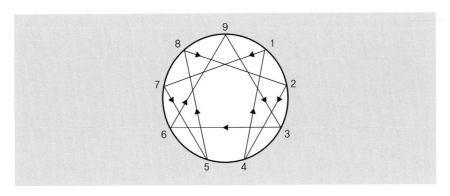

해방선

감정적 수준: 통합, 평균, 분열

깨우침이나 통합을 향한 여정은 에고에 기반한 상태에서 우리를 벗어나게 한다. Enneagram Institute의 공동설립자이자, 지도자이며 작가인 러스 허드슨Russ Hudson과 故돈 리소Don Riso는 각 아홉 가지 유형 내에서 아홉 가지 다른 상태를 인지했으며, 이들을 건강, 평균, 불건강이라는 세 범주의 자아 행위로 그룹화했다. 이러한 범주를 발달수준LoD이라고 부른다.[11] 이 책에서 나는 통합, 평균, 분열의 세 가지 자아수준을 폭넓게 언급하고 있다.

당신은 해당 유형의 높거나 낮은 속성을 받아들이는 정도에 따라 통합되거나 분열될 수 있다. 우리의 수준은 고정된 것이 아니며, 우리가 처한 상황에 따라서 오르내리며 이동할 수 있다.

참고: 만약 자신이 분열의 범위에 있는 것을 발견한다면 당신은 가장 상처입은 상태를 경험하고 있는 것이다. 치료의 형태인 외부의 지원이나 전폭적인 관리가 필요할 수도 있다. 당신이 필요로 하는 도움을 구하라.

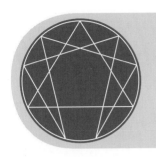

제**2**장
에니어그램과 친해지기

다른 분석 시스템과 비교했을 때 에니어그램이 가지는 독특한 특징은 단순히 아홉 가지의 성격유형을 정의하는 것에 그치지 않는다는 것이다. 즉, 에니어그램의 상징은 각 유형 사이에 다양한 연결을 탐구한다. 각 유형은 독립적으로 행위하지 않고 아홉 가지 기본적 정의를 훨씬 뛰어넘는 에너지 넘치는 전체로 구성된다.

성격에 대한 보다 자세한 구분을 위해 아홉 개의 기본 에니어그램 유형을 다양한 하위유형과 세부 요소로 나눌 수 있다. 이것은 우리가 특정 유형일지라도 우리 안에 모든 유형을 잠재적으로 포함하고 있다는 것을 의미한다. 이러한 발상은 통합으로 가기 위해 자아의 제한된 성격 한계를 넘어선다는 것이다.

날개

각 유형이 변할 수 있는 방법 중 하나는 각 유형의 양 옆에 있는 날개(숫자)를 통해서이다. 8유형에게는 7과 9번 날개가 있다(다음 페이지 그림 참조). 5유형은 4와 6번 날개가 있지만 8번 날개는 없다. 고정되어 있는 기본유형과는 달리, 날개는 바뀔 수 있다. 하나 또는 다른 날개들은 우리에게 크고 작은 영향을 미치고, 이는 시간이 지남에 따라 변경될 수 있다. 예를 들어, 어린 시절

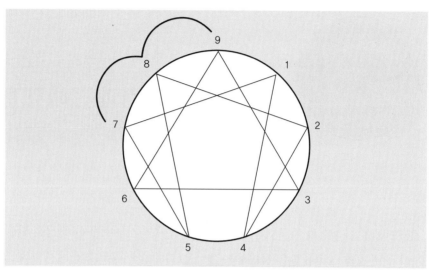

8유형의 날개

강한 8번 날개를 가지고 있던 7유형은 나이가 들면서 6번 날개가 더 강해질 수 있다. 자신이 처해 있는 다양한 상황에 따라 날개가 바뀌는 것이다. 예를 들어, 당신은 직장과 가정에서 다른 날개의 강점을 활용할 수도 있다.[1]

　제롬 와그너Jerome Wagner는 기본유형을 이웃한 양 날개의 합성이라고 서술했다.[2] 우리의 날개는 우리의 기본유형에 매우 가깝기 때문에 그 속성에 접근할 수 있고 우리의 성장과 통합을 위한 잠재력을 가진다. 예를 들어, 보통 9유형은 평화를 어지럽히는 것에 대해 말을 잘 안 한다. 그래서 자신의 의견이나 목소리를 내지 않는다. 만약 그들이 8번 날개와 이어진다면 이 8유형의 속성 때문에 보다 더 문제에 잘 대처할 수 있음을 알게 될 수도 있다. 또한 그들이 1유형과 이어지면 멀리서 방관하기보다는 의견을 내야 하는 1유형의 올바른 행동 방침을 알 수 있다. 9유형은 양 날개 중 모두를 또는 하나를 사용함으로써 자아의 의식 성장을 이룰 수도 있다.

본능적 추동[3]

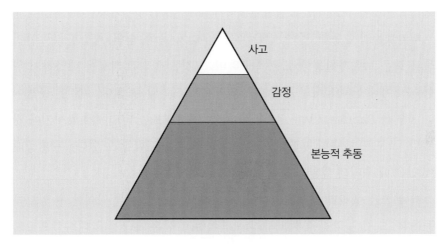

본능적 추동의 힘

　본능적 하위유형은 성격 아래에 숨겨진 인간 행위의 동물적 측면이다. 그것은 우리의 생존에 필수적이며, 우리가 행동하는 방식에 큰 역할을 한다. 우리의 본능은 가장 필수적인 욕구를 충족하기 위한 방향으로 우리의 성격을 선택한다. 그것은 음식과 같은 기본적인 자원이나 우리가 소속됨으로써 얻는 감정 또는 누군가와 관계할 때 얻게 되는 기운 등 덜 실질적인 자원까지 우리가 욕구를 온전히 인지할 수 있게 하는 에너지와 추동을 만든다.[4] 앞의 그림에서 보듯이, 추동은 사고나 감정보다 무의식적 동기에 더욱 강하다. 본능적 하위유형은 하위유형, 본능적 성향, 기본적 본능, 본능적 변이 또는 하위 지향성 등으로 불린다.[5] 에니어그램은 세 가지의 본능적인 추동을 인지한다.

자기보존적 추동

　자기보존적 본능의 초점은 물질에 관한 것이다: 내가 세상에서 생존하기 위해 필요한 것은 무엇인가? 내 몸을 유지하기 위해 필요한 것은 무엇인가?

　자기보존적 추동self-preservation drive은 우리가 음식, 쉼터, 따스함, 돈, 안전 등과 같은 보호자원을 찾도록 촉구하며, 그것은 물질적 자원을 배양하기 위한 능력이나 신체적 욕구를 돌보는 기술에서 드러날 수 있다. 이것은 운동이나 자연적 요소(하이킹이나 등반과 같은 야외 활동) 또는 타인에게 맞서거나(경쟁적인 스포츠) 단순히 자신의 몸을 관리하는 것을 포함할 수 있다. 분열 상태에 있을 때 우리의 행위는 더욱 극단적으로 변한다.

　이 본능은 우리가 잠재적인 위험을 피하고 건강 문제를 인식할 수 있도록 돕는다. 그것은 위험을 회피하거나 관여하고 싶은 욕구를 극대화함으로써 신체적으로 더욱 살아 있다는 감각을 느끼게 한다. 존 루코비치는 "이 본능은 다른 사람과의 상호작용이 아닌 자기보존에 관한 것이기 때문에 다른 두 유형에 비해 더욱 통제된 성격을 만들어 낸다."라고 말한다.[6] 분열된 자기보존적 유형은 물질적으로 부주의하고, 지나치게 안전을 의식하며 위험을 회피하고 마치 다람쥐가 그해 겨울이 아닌 일 년 내내 도토리를 모으는 것처럼 그들이 필요하다고 여겨지는 것에 집착하는 모습을 보일 수 있다.

사회적 추동

　사회적 추동social drive의 관심은 우리가 어떻게 하면 타인과 함께할 수 있을지에 대한 관계에 있다. 그것은 집단, 명분 또는 종교에 소속되고자 하는 욕망을 만든다. 동물의 경우 이것은 무리를 짓고 소속되는 것과 관련이 있으며, 무리에서 분리된 말이 포식자의 공격에 더욱 취약한 것과 같이 수적인 것에 안전을 느낀다.

사회적 본능은 사람들과 끊임없이 함께 있거나 오락에 능한 것처럼 보일 수도 있지만 반드시 그런 것은 아니다. 이 추동을 가진 유형은 파티의 영혼이나 인생이 되기보다는 소속감을 중요시하며, 공동체나 그룹 내에서 좋은 지위를 가지거나 또는 공동체 의식을 지니거나 팀의 일부가 된다. 그것은 받아들여지기 위해 세상에 보여 주는 것(의복, 타투, 취미, 관심사 등)으로 알 수 있다.[7] 그것은 우리가 혼자라기보다는 어떤 것의 일부로 느끼는 방법이다. 이 본능은 성적 추동에 비해 관심을 덜 두긴 하지만 가깝고 사랑하는 친구들과 같은 두 사람 사이에서의 관계에서 표출되기도 한다.

만약 분열된다면, 사회적 본능은 인정, 지위, 명성, 통제 또는 다른 사람에 대한 지배 욕구를 만든다. 우리는 SNS를 통해 우리의 최근 여행, 유머, 이야기, 삶(아침식사까지도!)을 세상과 소통한다. 나는 과하게 SNS를 이용하는 사람들이 사회적 본능 유형일 것이라 추측한다.

성적 추동

성적 추동sexual drive은 생존에 필수적이다. 스스로 소변을 보고 배변을 하는 수컷 하마의 기이한 짝짓기 의식부터 꼬리를 이용하여 사방에 배설물을 뿌리는 모습, 공작새의 화려하고 아름다운 모습까지 짝짓기에 대한 충동은 우리의 행위에 영향을 미치는 강력한 추동이다. 상대방을 유혹하고 유지하는 방법과 그러한 자질을 가지지 않았다는 두려움 모두가 성적 관계에서 표현된다.

성적 본능을 가진 유형은 인간관계에 흥분하며 들뜨게 된다. 그것은 우리의 외모, 우리가 하는 일 또는 우리가 어떻게 미래의 파트너에게 다가갈 수 있는지를 통해 우리의 매력을 강화하기 위한 영감을 주는 것이다. 그것은 두 사람이 정신적으로, 육체적으로, 또는 감정적으로 연결될 때 만들어지는 화학작용과 우리가 가지고 있는 삶의 열정이다. 분열된 성적 유형은 타인의 경계를 무시하거나 또는 자신의 경계를 넘어서는 것을 허용하여 불건강한 의존성을 조성할 수 있다. 또한 자신의 성적 연결을 만들어 내기 위해 외모에 과도한 에너지를 투자할 수도 있다.

공포대항형

각 에니어그램 유형은 '공포대항(대립)' 또는 그들의 '열정'에 대립하는 하나의 본능적 추동instinctual drives이 있다. 예를 들어, 6유형은 두려움의 열정을 가지고 있다. 공포대항형counterphobic types 6유형은 두려움으로부터 도망가기보다는 그것을 향해 나아갈 것이다.

세 가지 본능적 추동 모두 각 에니어그램 유형에서 발견되며 기본유형 (9) × 하위유형(3)=(27)의 변형을 만들어 낸다. 우리 모두는 더 지배적인 본능을 가지는 경향이 있으며, 세 가지 본능이 강도에 따라 쌓이는 방식이 우리 본능적 행위의 많은 부분을 정의한다.

본능적 추동이 쌓이는 방식은 우리의 중요한 관계에 깊은 영향을 미칠 수 있다. 예를 들어, 당신의 에니어그램 유형과 상관없이 만약 당신이 사회적 유형과 결혼한 성적 유형이라면 당신의 기본적 욕구는 둘이 함께 시간을 보내는 것에 관심이 가겠지만 더욱 사교적인 활동을 하는 경향이 있을 수 있다. 기념일을 맞은 당신은 둘만을 위한 로맨틱한 저녁을 상상했겠지만, 친구나 가족들과 함께하는 화려한 파티 속으로 던져질지도 모른다. 이러한 다양한 욕구는 관계에 있어 갈등을 만들어 낼 수 있다. 만약 두 사람 모두가 성적 유형이었다면, 아마도 유사한 세계관을 가지고 비슷한 종류의 기념행사를 추구했을지도 모른다.

마찬가지로, 당신이 자기보존적 유형이라면 사회적 유형인 당신의 파트너가 집에 대한 보안과 안전 문제를 등한시하는 것은 당신을 당혹스럽게 하고 화나게 할 것이다. 또는 등산 계획을 짤 때, 당신이 물과 비상식량, 담요, 선크림, 방충제, 그리고 어떤 상황에서 필요할지 모를 모든 것을 챙기는 동안 전화로 모임을 주선하고 있는 파트너에게 분노를 느낄지도 모른다. 어느 한 쪽이 옳고 그른 것은 아니지만 당신의 욕구를 함께 나누지 않았기 때문에 그들이 틀렸을 것이라는 인식이 우세하다.

파트너의 본능적 추동을 이해하는 것은 관계의 질과 이해를 향상시키는 데 큰 도움이 될 수 있다. 만약 당신의 본능적 유형이 같은 패턴으로 층을 이룬다면 최상이다. 놓여진 상위 두 개의 추동이 바뀐다 해도 여전히 이해할 만한 수준에 있을 것이다. 그러나 완전히 반대로 놓여 있을 때는 문제가 발생할 것이다. 그럼에도 모든 일이 그러하듯 보다 도전적인 상황은 성장을 위한 발판을 제공할 수 있다. 당신이 만약 사회-자기보존-성의 순서이고 당신의 파트너가 성-자기보존-사회의 순서라면 당신의 성장은 성적 본능을 개발하고 이해하는 데서 올 수 있을 것이다. 그러면 당신의 파트너는 독특한 배움의 선물을 보게 될 것이다.

제**3**장
트라이어드:
세 가지 유형별 분류

> 사랑이라는 그 다면적인 것은
> 이 해안의 외로움과 다른 외로움 사이에 다리를 놓는 데 성공합니다.
> 이 다리는 무척 아름답지만 영원을 위해 건설되는 경우는 흔치 않으며,
> 종종 너무 버거운 짐에 무너뜨리지 않을 수 없습니다.
> -카렌 호나이(KAREN HORNEY)[1]

에니어그램은 유사한 동기나 표현을 가진 세 가지 유형의 다른 그룹으로 나눌 수 있다. 우리의 날개, 왜곡점, 해방점과 함께 다양한 트라이어드triads 속에서 다른 유형과의 연결은 자신을 다른 유형으로 보게 되는 이유 중 하나이다. 그리고 궁극적으로 우리가 자신의 유형을 넘어 발전함으로써 모든 아홉 가지의 유형을 아우르는 잠재력을 갖는 이유이다.[2]

가장 흔히 사용되는 것은 머리, 가슴, 장에 초점을 맞춰 각 센터별 세 개의 에니어그램 유형이 있는 트라이어드를 사용하는 것이다. 이것은 사고, 감정, 본능의 트라이어드라고도 불리며,[3] 나는 다음 장에서 다양한 유형에 대한 일반적 논의에서 세 가지 센터에 대해 설명할 것이다.

특히 다른 두 개의 트라이어드는 우리가 섹스와 관계에 초점을 맞추기 위해 유용하다. 왜냐하면 두 트라이어드는 각 유형이 타인과 관계를 맺는 방

식과 그들의 연결욕구의 동기가 무엇인지에 중점을 두기 때문이다. 첫 번째
는 호니비언Hornevian 트라이어드이다. 그것은 타인을 향해 이동하는 순응형
compliance, 타인을 적대하는 공격형aggression, 그리고 타인으로부터 멀어지는
고립형withdrawal이다. 두 번째는 나란조Naranjo의 세 가지 사랑 유형에 대한 설
명이다. 그것은 모성애maternal, 부성애paternal, 에로틱erotic 사랑이다.[4] 이것은
우리가 '사랑'이라고 부르는 것의 접근 방식 또는 세 가지 다른 유형을 설명
한다.

자, 세 가지 다른 트라이어드를 살펴보도록 하자.

사고, 감정, 본능 중심의 트라이어드

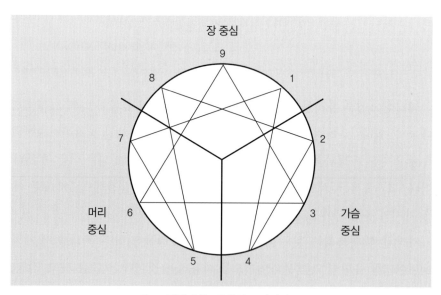

사고, 감정, 본능 유형의 트라이어드

모든 에니어그램 유형은 이 트라이어드의 세 가지 중심 중 하나에 속해 있다. 머리(사고), 가슴(감성) 그리고 장(본능)이다. 인간이 최적으로 기능하기 위해서는 이 세 가지 중심 모두를 이용할 필요가 있다. 한 중심이 다른 두 개를 희생하면서 기능하는 것은 불균형을 초래하고, 우리가 분열되는 정도는 세 개 중심이 균형을 잃은 정도이다. 따라서 너무 발달된 7유형(머리형)은 사고 영역(머리)에서 불균형을 가질 것이다. 만약 통합이 덜 되면, 다른 중심에서 불균형이 발생할 것이고 그러면 세 중심 모두가 분열될 것이다.[5] 각 중심에 대한 요약을 보도록 하자.

장 또는 본능 유형

- 장형에는 8, 9, 1유형이 있다.
- 그들은 분노를 표현하거나 억제하는 데 문제가 있다(보편적 상처).
- 이러한 행동 지향적 유형은 현재에 초점을 맞추고 있다.
- 장형은 자율성을 원한다.
- 장형은 세상에 영향을 끼치기를 원하지만 영향을 받지 않는다.[6]

가슴 또는 감정 유형

- 가슴형에는 2, 3, 4유형이 있다.
- 그들이 가진 문제는 수치심이다(보편적 상처).
- 가슴형은 과거에 대한 후회나 슬픔에 초점을 맞추고 있다.
- 가슴형은 자아상과 관련된 문제가 있다(실제 자아, 이상화된 자아, 수치심 자아).

머리 또는 사고 유형

- 머리형에는 5, 6, 7유형이 있다.
- 그들이 가지고 있는 문제는 두려움이다(보편적 상처).
- 머리형은 미래 지향적 유형이며, 앞으로 일어날 일들에 대해 관심을 갖는다.
- 머리형은 수집한 정보와 지식(자료)을 활용하는 데 문제를 가지고 있다.

각 중심에서 하나는 억압하고 다른 하나는 표현하며, 나머지 하나는 두 가지를 조금씩 수행한다. 2, 7, 8유형은 그들을 대표하는 수치심, 두려움 그리고 분노를 세상에 표출한다. 1, 4, 5유형은 수치심, 두려움 그리고 분노를 억압한다. 3, 6, 9유형은 수치심, 두려움 그리고 분노 모두를 억압하거나 표출한다.

호니비언 트라이어드: 순응형, 공격형, 고립형

카렌 호나이(맞다. 섹스와 관련된 책에 나오기에 적합한 이름이다!)는 훗날 미국으로 이주한 독일 태생의 심리학자이다. 그녀는 성별에 대한 심리학적 견해 차이로 지그문트 프로이트Sigmund Freud의 의견에 동의하지 않은 것으로 알려져 있으며, 우리의 차이를 만들어 내는 것은 생물학적인 것이 아닌 생애에 있다고 믿었다.[7]

심리학에서 그녀의 가장 큰 공헌은 본능적 욕구를 충족하는 10가지의 방법 또는 패턴을 명명한 것이다. 그녀는 후에 이것을 세 그룹으로 압축하였다. 그것이 바로 순응형, 공격형, 고립형이다.[8] 나는 이 책의 저술 목적상 그 단어를 이 그룹들이 경험하는 성적 상호작용 경험의 형태를 더 잘 설명하기 위해 조건형^{conditional}, 전진형^{advancing} 그리고 후퇴형^{retreating}으로 사용했다.

- 1, 2, 6유형은 조건형 트라이어드를 형성한다(호나이의 순응형).
- 3, 7, 8유형은 전진형 트라이어드를 형성한다(호나이의 공격형).
- 4, 5, 9유형은 후퇴형 트라이어드를 형성한다(호나이의 고립형).

이것들이 우리가 성적 욕구를 충족시키는 방법으로 적용되는 반면, 일반적 욕구는 같은 패턴을 따른다.

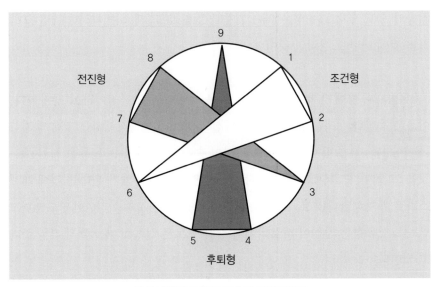

세 호니비언 그룹에 기초한 트라이어드

조건적 그룹(1, 2, 6유형)

이 그룹은 자신의 욕구를 충족하기 위해서는 먼저 애정과 수락을 얻거나, 그들의 사회적, 종교적 신념을 고수하거나, 충성을 다하거나 또는 섹스를 하기 전 샤워를 해야 한다는 것과 같은 조건들을 충족해야 한다고 믿는다. 이러한 조건은 그들의 유형에 따라 다르다. 어떤 유형은 자기 자신에게 '올바른 행동 방법이 뭐지?', '내가 지켜야 할 규칙이 뭐지?', '내가 해야만 하는 것은 뭐지?' 등과 같은 것을 스스로에게 강요한다. 그리고 다른 유형은 자신의 파트너에게 조건을 부과한다.

1유형: 1유형은 '선한 아이'(집 정리, 잔디 깎기, 설거지, 생일 기억하기, 충실하기, 월급 가져다주기 등)가 되는 것이 부부의 행복을 누릴 수 있는 권한을 얻는다고 믿는다. 그들은 자신이 속한 그룹이나 믿고 있는 이상적인 원칙을 따른다. 그들은(본능적 추동에 의지하는) 이러한 '규칙들'을 자신이나 파트너에게 적용할 수도 있다. 1유형은 높은 기준을 정해 놓고 섹스는 이러한 것을 충족하는 것에 대한 조건적인 것이다.

2유형: 2유형에게 섹스는 파트너의 욕구에 따라 조건적이라고 생각한다. 이들은 특별한 식사를 준비하거나, 자신의 파트너가 행복해하는 것을 하거나(심지어 2유형은 그렇지 않지만), 파트너의 손을 잡는 것 또는 목욕을 시켜 주는 것을 그들의 파트너에게 제공한다. 2유형은 필요한 존재가 된다는 것에 대해 스스로 뿌듯해한다(파트너가 원하는 것이 무엇인지는 오직 자신만이 알고 있다고 믿는다). 2유형은 자신이 파트너에게 행하는 모든 선행이 섹스할 권리를 준다고 느낀다.

6유형: 6유형은 책임감 있고 신뢰할 만한 존재가 되는 조건을 부과한다. 예를 들어, 학교행사에 참가하며, 지원하고, 충실하며, 의무를 다하고, 충직하며, 신뢰할 수 있고, 청구서를 지불하는 가치 있는 파트너로서 존재하고자 한다. 이들은 지지를 원하는 만큼 너무 의존적이 되는 것을 두려워한다. 6유형은 자신이 믿고 있는 만큼 충직하고 지지적인 파트너를 원하고 이것이 그들과 함께하는 조건이 된다.

전진하는 그룹(3, 7, 8유형)

이 그룹은 성적 강렬함을 얻기 위해 사고, 감정, 그리고 육체적 활동과 함께 외부로 나아간다. 이러한 유형은 자신의 성적 욕구를 충족시키기 위해서는 자아감sense of self을 키우고 그들 스스로 지배하거나 주장함으로써 타인을 향해 나아가야 한다고 믿는다. 이들은 성적으로 원하는 것이 무엇인지, 누구인지를 적극적으로 구분하며 찾아 나선다. 즉, 이 그룹은 공격적으로 파트너들을 사냥하는 것처럼 보일 수 있다. 그들의 욕구는 파트너의 욕구보다 우선시되는 경향이 있으며, 관계*에 있어 자기 자신을 상대방보다 더욱 중요한 사람으로 본다. 성적 측면에서 이 그룹은 '돔doms**'이나 지배적인 파트너, 즉 '위에 있는' 자가 될 것이다.

3유형: 3유형은 개인적인 성공을 통해 자신의 욕구를 충족시키려고 한다. 이들은 지위가 올라가고 인정을 받기 위해 타인을 향해 나아갈 필요가 있다. 3유형이 타인의 존경을 원하는 반면에, 다른 두 유형은 자기 자신을 존중한다(예외는 타인의 존중을 받기 원하는 공포대항형 사회적 7유형이 있다). 만약 그들이 충분히 빛난다면 3유형은 자신이 원하는 대로 파트너를 선택하고 섹스를 할 수 있다고 믿는다. "나는 스타야, 나는 너를 내 팬으로 거느릴 자격이 있어."

7유형: 7유형은 만약 그들이 긍정적이고, 흥미롭고, 신나고, 열정적인 가면을 보여 준다면 사람들이 자신에게 끌릴 것이라는 믿음으로 타인을 향해 나

---

*역자 주: 이 글에서 관계(relationship)는 다소 포괄적인 의미로 사용된다. 결혼, 약혼, 이성, 동성, 직장, 가정 등 다양한 조건하에 상호작용하는 것을 관계라 지칭한다. 맥락에 따라 다소 차이를 보이기는 하지만 가장 주로 사용되는 것은 성적 행위를 동반한 관계 유형이다.

**역자 주: 여기서 'doms'이란 dominant/dominatrix의 약어로 submissive와 관련된 성적 관계를 칭한다.

아간다. 그리고 상대방에게 다음과 같은 여러 가지를 요구하기 시작할 수 있다.—"진정한 재미는 내가 도착했을 때 시작이야!" 이들은 이국적이고 광란의 파티를 계획하거나 모두에게 주의를 요하는 강력한 음식(각성 효과를 가진)을 준비한다. 7유형은 위험을 감수하는 것을 즐기기 때문에 낯선 사람과의 짧은 만남이 매력적으로 다가올 수 있다.

8유형: 8유형은 자신이 책임진다는 강력한 신념을 가지고 세상에 나아간다. 그들은 모든 것이 자신의 통제하에 있기를 원한다. 어떠한 거절도 용납하지 않겠다는 뜻을 보이는 이들의 접근 방식은 뻔뻔해 보일 수도 있다. 만약 자신이 섹스를 원한다면 파트너가 그럴 기분이나 상황이 아님에도 불구하고 섹스를 요구하는 데 주저함이 없을 것이다. 8유형은 자기 세상의 중심에 있다. 모든 것에 있어 자기신뢰와 자율성을 목표로 한다. 또한 친밀감이나 어떠한 약점이라도 드러내는 것을 두려워한다. 그들은 세상과 자신이 관계하는 사람들을 상대로 밀어붙인다.

후퇴하는 그룹(4, 5, 9유형)

이 그룹은 성적 강렬함을 얻기 위해 사고, 감정, 그리고 신체적 활동과 함께 내부로 도피한다. 섹스에서 이러한 유형은 타인으로부터 물러서거나 타인의 욕구에 굴복한다. 이들의 후퇴가 반드시 육체적인 것은 아니지만 그들의 머리 또는 상상 속에 고립됨으로써 감정적이 될 수 있다. 이 그룹은 타인에게 다가가서 적극적으로 섹스를 추구하기보다는 '섹스를 하게 되기를' 원한다. 마치, 그들은 타인으로부터 멀어지거나 분리되고 혹은 상호작용을 회피하는 것처럼 보인다(은밀하게 그것을 갈망하면서도). 후퇴하는 그룹은 상호작용과 관계 속에서 안전을 추구한다.

4유형: 4유형은 누군가에게 다가감으로써 성적 욕구를 충족하고자 하다가 다시 멀어질 수 있다. 이 숨바꼭질 게임에서 그들은 신비롭고 강렬하며, 손에 쥘 수 없는 것처럼 보이길 원하지만, 때로는 단순히 사회적 관계를 맺는 것에 냉담하거나 과묵한 것일 수도 있다. 자기 자신을 남과 다른 존재로서, 그로 인해 가치 있어 보이기를 원하기 때문에 평범하지 않은 방법으로 옷을 입을 수도 있다. 또한 4유형은 다른 사람들과 관계를 맺기보다는 상상 속의 친구들로 둘러싸인 성적 판타지 속에 빠져 자기애에 몰두하게 될 수도 있다. 4유형은 성적 강렬함을 희망하기에 상상에 집중할 수 있지만 실제는 자신의 신체 중심에서 연결을 차단하고 있다.[9]

5유형: 5유형은 어떤 것이나 누군가에게 과하게 의존하지 않는 것을 즐긴다. 그들은 자신을 압도할 수 있는 관계에 참여하는 것보다 혼자 있는 것이 덜 번거롭다는 것을 알게 될 수 있다. 이들은 감정적으로 그것을 경험하기보다는 연구를 통해 섹스를 정복하고자 노력한다. 후퇴하는 것으로 지속적인 관계의 의무가 없는 장거리 관계, 또는 짧고 강렬한 성적 행위의 형태 등을 선호할 수 있다. 또는 단순히 자신의 머릿속이나 환상 속에 있는 섹스 속으로 도피할 수 있다. 5유형에게 이것은 참여하기보다 관찰하는 것이다.

9유형: 9유형은 다른 사람의 적개심이 침투할 수 없는 행복한 세상을 유지하기 위하여 타인으로부터 자신만의 안전한 백일몽으로 도피한다. 타인의 행복에 지나친 관심을 가지고 있으며, 파트너의 욕구와 자신의 욕구를 중첩할 수도 있다. 이들은 사심 없는 성자로 보일 수 있고, 파트너의 성적 표현에 복종하는 동시에 자기 자신이 가진 욕구를 인지하지 못했다는 것에 대한 분노를 억누른다. 섹스 그 자체는 9유형의 자율성을 강화하기 위한 일탈이나 내려놓는 방법이 될 수도 있다.[10] 이들은 다른 두 유형보다 더 사교적이고, 육체적으로는 현재에 있지만 실제로 참여하지 않으며, 진정으로 그 자리에 있지 않다.

사랑의 트라이어드: 모성애, 부성애, 성애[11]

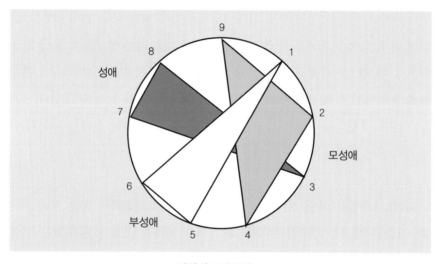

사랑의 트라이어드

우리는 사랑에 접근하는 세 가지 방식을 반영하여 아홉 개의 기본 에니어 그램 유형을 또 다른 트라이어드로 나눌 수 있다. 2017년 Enneagram Global Summit의 제시카 디브Jessica Dibb와의 대화에서 나란조는 세 가지 유형의 사랑을 부성애paternal, 모성애maternal, 성애erotic로 설명했다.[12]

나는 최근 사파리에서 사자의 자신감을 보며 이 세 가지 사랑 유형이 모두 드러나는 것을 볼 수 있었다. 한 새끼 사자가 자신의 위대한 아버지에게 덤벼 들려고 했다. 아비 사자는 새끼 사자에게 단지 으르렁거릴 뿐 그를 무시했다. 아비 사자는 거리를 두고 있는 것처럼 보였지만 방어적인 아버지의 사랑이 보였다. 새끼 사자는 거대한 사자를 경외감 속에 올려다보았다. 그 새끼 사자 는 어미 사자를 향하기에 앞서 다른 새끼들과 즐겁게 어울려 놀기 시작했다. 그리고 자신에게 목을 축이도록 허락하는 어미 사자에게 다가갔다. 그 어미 사자는 모성애를 보여 주며 비스듬히 기대어 있었다.

물론, 이러한 사랑에 대한 접근 방식을 위해 사용된 명칭이 남성은 모성애를, 여성은 부성애를 사용할 수 없다는 것을 의미하지 않는다.

마침내 나는 나란조가 설명한 이러한 세 가지의 사랑을 숙고하며, 트라이어드 내에 대항형countertype을 깨닫게 되었다. 각 그룹은 사랑을 표현하는 한 개의 유형과 스타일이 다른 두 개의 유형으로 드러난다. 그러나 이러한 사랑의 대항형들을 본능적 추동의 공포대항형과 혼동해서는 안 된다는 점에 유의하자.

모성애

이것은 돕는 2유형, 감정의 4유형 그리고 양육의 9유형에게 해당하는 어머니와 같은 방식의 사랑 접근 방식이다. 그들의 사랑은 따스하고 베풀며, 무조건적이다.

모성애의 대항형: 이 그룹에서 2유형과 9유형이 타인을 돕기 위해 이동하는 반면에, 4유형은 자기양육적이다. 이들은 타인에게 친절할 수 있지만 그들의 초점이 보다 자신의 내면세계를 향해 있기 때문에 대립적이다.

부성애

1유형, 5유형 6유형은 더욱 떨어져 있고 분리된 '북극성'[13] 같은 사랑의 유형이다. 이 그룹에 속하는 1유형은 아버지처럼 그들의 에너지를 절제하고, 5유형은 타인과 관계하기보다 관찰하려는 경향이 있다. 6유형은 다른 두 유형처럼 실세가 되고자 하거나 권위에 끌린다.

부성애의 대항형: 1유형과 5유형은 권위 있는 사람이 되고자 하는 반면, 6유

형은 가부장적인 권위에 대립하는 실세가 되고자 한다.

성애 또는 어린아이 같은 사랑

3유형, 7유형, 8유형의 접근 방식은 자기중심적이거나 아동과 같은 '나에 관한 모든 것'이다. 성애에는 강력한 요구자인 8유형과 즐겁고 쾌활한 7유형, 존경을 받고 싶은 3유형이 있다.[14]

성애 또는 어린아이 같은 사랑의 대항형: 이 그룹의 7유형과 3유형은 타인으로부터 존경받기를 원하지만 8유형은 스스로를 존경한다. 그들은 자신에 대한 당신의 태도에 크게 신경 쓰지 않는다. 그래서 이들은 성애의 대항형이다.

이 장에서는 당신이 이 책에서 만나게 될 용어들에 대해 설명했다. 이제부터 나는 세 가지 호니비언 트라이어드를 반영하여 그룹화되도록 책을 나눌 것이다. 또한 각 유형을 둘러싼 논의 속에서 나란조의 사랑 유형을 참고할 것이다.

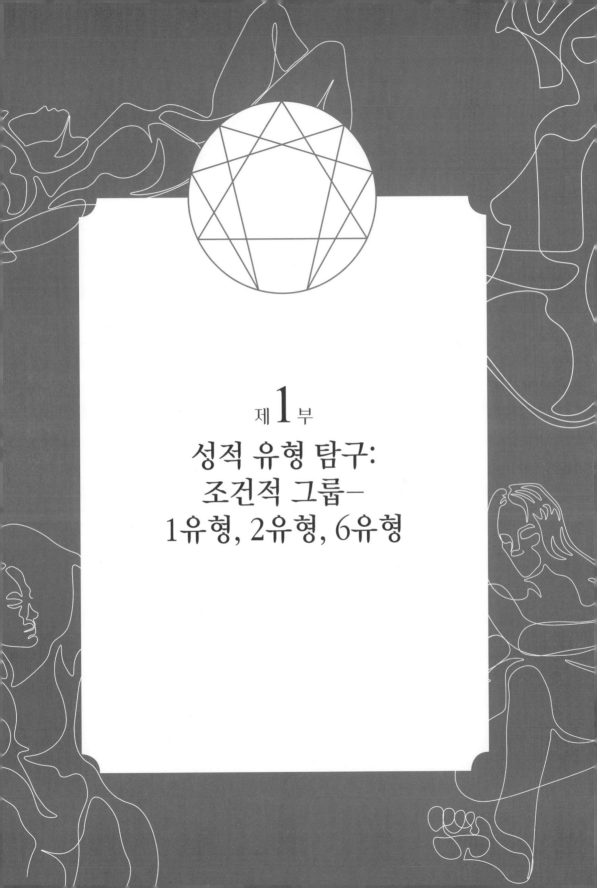

제1부
성적 유형 탐구:
조건적 그룹–
1유형, 2유형, 6유형

제**4**장
1유형:
죄지은 성자

1유형의 좌우명: "나는 옳은 일을 한다."

연인으로서의 1유형: 완벽주의적이고 보수적이며 통제적인 연인으로, 같은 섹스를 즐기면서도 친숙한 환경을 벗어나면 더욱 거칠어질 수 있다. 일반적으로, 섹스에 대한 경직된 견해를 지니고 있을 수 있으며, 긴장을 풀기 위한 은밀한 행위로 나타날 수 있다.

1유형의 섹스는 조건적: 섹스에 대한 권리를 얻기 위해, 먼저 열심히 일하고 신뢰감 있는 '옳은' 것을 한다. 이들은 자신의 파트너에게도 같은 것을 기대할 것이다.

당신의 유형은 아니지만 1유형과 관련이 될 수 있는 측면: 당신이 2유형이나 9유형(날개) 또는 7유형이나 4유형(해방과 왜곡 지점)일 경우

사랑 유형(부성애): 1유형은 권위주의적이거나 또는 가르치는 역할을 즐긴다(세상을 더 나은 곳으로 만들기 위해). 따라서 관계에 있어 자신을 도덕적으로 우월한 것처럼 여긴다.

관계 신념: "나는 좋은 파트너이며, 올바르게 사랑을 나눈다."

성적 좌절감: "나는 더 나은 사람이 되기 노력하며, 연인으로서 자신의 기량을 향상시키기 위해 노력한다. 하지만 파트너는 나의 노력을 고맙게 여기지 않는다."

1유형의 섹슈얼리티 이해

간략한 요약

1유형은 자신이 '좋은' 남자나 여자에게서 기대된다고 믿는 것을 실행함으로써 섹스를 얻어 내고자 한다. ─"나는 가족을 부양하기 위해 열심히 일했고/집을 청소했어. 섹스는 내 보상이야." 그들은 '좋은' 사람이 되기 위해서 자연스러운 충동(흔히 '나쁜' 것으로 치부되는)을 통제할 필요가 있다고 느낀다. 1유형의 관점에서 모든 일에는 옳고 그름이 있다. 1유형에게 『그레이의 50가지 그림자Fifty Shades of Grey』*는 잊자. 그들에게는 오직 흑백만이 존재한다!

당신이 올바르게 일을 하고 있을 때 즐거움은 무의미하다. 그렇기에 1유형은 높은 도덕적 기준을 근거로 다른 사람들의 '실수'에 대해 분노한다. 이들은 독선적이 될 가능성이 가장 높은 유형이다.

즐거움은 만족스러운 섹스로부터 비롯되는 것이 아니라 이들이 기대했던 방식을 통해 제대로 실행했다고 느끼는 만큼 오는 것이다. 즐거운 사랑의 표현이 되어야 할 섹스는 서서히 부부 사이에 의무가 될 것이다.

섹스에 대해 1유형이 가지고 있는 견해와 가치관은 융통성이 부족할 수 있다. 파트너는 1유형의 연인에게 "봐, 우리는 각자 방식이 있잖아.", "그래, 우리 이걸 시도해 보자."라고 말할 수도 있다. 하지만 그것이 1유형이 옳다고 믿는 것이 아니라면 그 제안은 강한 저항에 부딪치거나 때로는 청교도적인 형태의 거부반응을 만날 수도 있다. 이러한 경직성은 "전희는 필요 없어.", "여자들은 열등해.", 또는 "섹스는 나의 권리야." 등과 같은 왜곡된 믿음으로

---

*역자 주: 성적 묘사에 집중한 다소 자극적인 전개와 성인들의 에로티시즘이 가미된 수위 높은 소설로 2009년 8월 E. L. 제임스란 닉네임으로 연재된 작품이며 동명의 영화도 개봉되었다.

분열될 수도 있다.

1유형은 자신이 모든 것을 올바르게 하고 있고, 부부 사이에 의무가 그것의 일부라고 생각한다면, 최선을 다해 그 일을 하려고 노력할 것이다. 그러나 이들은 스스로 자기판단을 하는 경향이 있다.―내가 충분히 잘했나? 그들은 개인적으로 궁금해할 것이다. 또한 1유형은 타인에 대해 매우 비판적일 수 있으며, 만약 파트너의 수행이 만족스럽지 못하다면 그것에 대해 말하기를 주저하지 않을 것이다.

1유형은 욕망을 통제하기 위해 노력할 수 있고, 섹스에 관한 한 얼마나 자주 그리고 어떻게 실행할지와 같은 잠자리 규칙을 만들어 권위주의적인 열의까지도 표현할 수 있다.[1] 이들이 자신의 육체적 욕구를 불신하는 것은 내면의 혼란을 야기할 수 있다. 그것은 본능 vs. 지성이다.

1유형은 침착하려는 경향(화를 내는 것은 '나쁜' 것이기 때문에)이 있다. 그렇기 때문에 한순간 훅 하고 방 건너에 유리잔을 던졌다가 불타는 섹스를 위해 파트너의 팔에 안기듯 녹아 버릴 일은 없을 것이다. 때로는 이들의 분노가 억압되지 못하고 폭발할 수도 있다. 그렇지만 그 이후에 수치심을 느낄 것이다. 부성애 유형인 이들의 사랑은 미적지근하고 멀게 느껴질 수 있다.

1유형은 자기 자신을 포함한 세상을 개선하기 위해 태어난 역할 또는 특별함을 가지고 있다고 생각한다. 1유형에게 에니어그램 질문지를 작성해 달라고 요청할 때 돌아오는 전형적인 대답은 이것이다.―"나를 더 나은 사람으로 만드는 데 도움이 된다면 무엇이든 하겠습니다."

1유형은 근면하며 정직하고 충직하다. 이들은 삶의 세부사항에서 질서를 즐기고(통합되었을 때), 마음을 포함한 모든 문제에 있어 온전함을 가지고 행동하기 위해 신뢰할 수 있게 된다. 영화 〈미션Mission〉에서 원주민의 삶을 더 개선시키려 노력했던 초기 선교사들의 모습은 1유형의 심리를 반영한다. 이들은 더 나은 세상을 만들기를 원하지만 왜 다른 사람들이 그것을 받아들이지 않는지는 이해하지 못한다.

만약 1유형이 사랑에 빠지고 섹스를 조정하고 통제하려는 자신의 욕구를 내려놓으면, 통합된 7유형의 개방성과 폭발성을 지닌 강렬하고 열정적인 연인이 될 것이다.

1유형의 발달

무엇이 1유형의 행동을 유발하는가? '만물은 하나다.'라는 보편적 진리 속에 판단은 존재할 수 없다. 왜냐하면 판단은 필연적으로 분열을 유발하기 때문이다. 비판과 완벽주의는 힘을 나누는 것이다. 그 이유는 어떤 것을 완벽하게(옳게) 만들면, 다른 하나는 불완전해야만(그른 것이어야만) 하기 때문이다. 1유형의 판단에 대한 고착은 분열된 세상을 만든다. ―"내가 옳다면 너는 틀릴 것이다."

1유형은 사랑이란 '선함'의 결과라고 믿으며 성장했다. 이 아이들은 놀다가 손에 진흙이 묻어 혼이 났거나 부모의 비난(꾸지람) 없이 자신의 성기를 만지는 것을 허락받지 못했다. 그 결과, 애늙은이처럼 너무 이르게 눈치를 봐야 한다고 느꼈다. 이들은 놀이터에서 가장 진지한 아이였으며, 다른 아이들이 규칙을 따라 놀아야만 한다고 믿었다.

이들이 분열되면서 1유형은 온전함(신성)의 보편적 진리에서 멀어지고 세상을 거꾸로 보기 시작한다. 사랑받기 위해서는 착해야(나쁘지 않아야) 하고 옳은(틀리지 않은) 일을 해야 한다고 믿기 시작한다. 다른 사람이나 자신의 행동을 '교정'하거나 '개선'하는 것이 자신에게 달려 있다고 믿으며 판단하기 시작한다. 그 결과, 자신의 방침을 따르지 않는 사람들을 향해 화를 내고 분개한다. 섹스에서 이것은 섹스를 하는 자신의 방식이 더 낫다고 느껴지는 우월감으로 뒤바뀔 수 있다. 그러나 통합되었을 때 1유형은 고요하게 수용하며 큰 지혜와 온전함을 보여 준다.

사랑에 빠진 1유형

통합된 1유형: 통합된 1유형은 높은 도덕적 기준을 가지고 있다. 이들은 자기 자신을 개선하고 공정해지기를 원한다. 많은 1유형이 세상을 변화시키는 꿈을 꾼다. 이들은 현명하며 공정하다. 그리고 자기 수련과 옳은 길을 가는 것에 가치를 둔다. 자기 방식이 유일한 길은 아니라는 것을 받아들이고 배울 때, 공정해지고 다른 이들의 관점에 관대해질 수 있다. 즉, 자기 자신과 파트너의 결점 모두를 수용하게 된다. 통합된 1유형은 어떤 상황 속에서도 옳은 일을 하는 위대한 감각을 가진다. 우월감이 아닌 고귀함으로 타인을 바라본다. 엄격함은 따뜻함으로 대체되었고, 도덕성은 진정한 완전무결함으로 통합되었다.

이들은 연인으로서 친절하고 신뢰 깊다. 통합된 1유형은 더 이상 자신의 욕구를 억압하지 않으며(만약 자신의 해방 지점인 7유형을 끌어온다면), 여성 1유형은 '거실에서는 숙녀, 침실에서는 타르트*'라는 속담처럼 될 수 있다.

통합된 1유형은 '나쁜' 것을 바로잡길 원하기보다 파트너의 좋은 점을 찾는다. 이들은 관계에서 완벽을 추구하며 자기 자신 또한 완벽해지길 소망한다. 그것은 참 어려운 일이다!

평균적인 1유형: 평균 수준의 1유형은 독점욕이 강한 파트너가 될 수 있다.[2] 이들은 자신의 요구에 결코 부합할 수 없는 연인들을 통제하고 지배적이 될 수 있다. ―"그가 해 준 마사지는 너무 거칠었어.", "그녀는 성적으로 더 적극적이고자 노력했지만 여전히 우리는 충분한 섹스를 하지 않아.", "만약 당신이 머리를 더 짧게 자르면 더 멋질 텐데.", "그는 나에게 반했지만, 그건 마치 강아지가 저녁을 후루룩 소리를 내며 먹는 것 같아." 이들은 파트너에

---

* 역자 주: 속이 보이는 작은 파이를 뜻하며, 야하게 치장한다는 의미로 서술되었다.

대한 비판이 그들에게 도움이 되기보다 상처가 된다는 것을 알지 못하거나 볼 수 없다.

때때로 1유형을 만족시킨다는 것은 불가능한 일처럼 보일 수 있다. 그러나 흔히 1유형은 비판을 받아들이기 위해 스스로 고군분투한다. 만약 "섹스가 어땠어?"라는 질문에 호의적인 대답이 주어지지 않는다면, 1유형은 매우 씁쓸해하고 질투할 수도 있다. —"당신에게 나보다 잘한 사람이 누구야?", "어떻게 했는데?", "난잡했어?", "어떻게 그 사람에게 끌린 거야?" 1유형은 그것이 악마의 거짓말이라 할지라도 모든 디테일을 원한다!

자연스러운 욕망이 더럽게 느껴질 수도 있다. 그것은 마치 1유형이 즐거움과 해방을 암시하는 어떤 것에 빠지는 것을 두렵게 느끼는 것과 같다. 이런 의미에서 섹스를 죄악으로 보고 절제를 요구한다. 육체에 활기를 되찾게 하기보다 폄하하며, 즐거움을 추구하기보다 섹스를 순전히 생식의 과정으로 보던 옛 종교적 교리를 연상시키는 자가 될 수 있다. 즉, 인생은 허리 위에서 시작된다거나 또는 빅토리아와 에드워드 시대에 '참된' 숙녀는 섹스를 즐기지 않는다는 가정을 연상시키게 하는 "뒤로 누워 영국을 생각하십시오."와 같은 사고방식이다(그 역할은 약 80,000명으로 추산되는 매춘부에게 맡겨졌다. 당시 1839년 런던에 활동하던 매춘부는 남성 12명당 1명의 비율이었다).[3]

만약 1유형의 파트너가 이른 아침 아이들이 일어나기 전에 욕실에서 짧은 관계를 가지자고 설득한다면, 1유형은 먼저 누군가 보지는 않았는지 또는 '나쁜 행위'의 흔적이 남지는 않았는지를 걱정할 것이다.

분열된 1유형: 1유형이 분열되었을 때, 이들은 자신이 설교하는 것과 반대로 행동하기 시작할 것이다. 잔인하게 행동하는 동시에 친절을 다해 말할지도 모른다. 이들은 『브론테 자매들Brontë sisters』의 소설책에 등장하는 사제들이나 끔찍하고 잔인한 수녀들처럼 될 수 있다. 도덕적으로 분개하면서도 종종 자신이 경멸한다고 말하는 바로 그 죄악을 저지른다. 타인의 노력을 경시하면서 자신의 행동을 높일 수 있고, 완벽해지기 위해 싸우다가 끝에서 경직되거나 엄격해질 수 있다. 성적으로 말해, 이것은 비밀스럽게 그것을 탐닉하면서 특정한 관행을 비난하는 결과를 가져올 수 있다.

1유형은 자신의 파트너에게 본보기가 될 만한 자신의 습관을 함께 공유하려는 욕구를 지닌다. 그리고 특정한 '용납될 수 없는' 행동을 통제하기 위해 무자비한 비판을 가할 것이다. 이들은 점점 더 소심해지고 특히 섹스에 관한 자신의 세계관을 위협하는 그 무엇이라도 비난할 것이다. 자신의 대의를 위해서라면 무엇이든 마다하지 않고 자유로운 성적 표현이나 여러 부인을 거느리는 것조차 열심히 노력할 것이다.

분열된 1유형은 자신과 타인을 '정화'하려는 비뚤어지고 마초적인 욕구와 함께 자기편파적이고, 자해적이며, 위선적인 자가 될 수 있다. 이제 이들은 자기 자신 외에는 아무것도 볼 수 없다. 스스로 자위하는 것을 피할 수 있고, 자신이 우리의 저급한 욕구인 정욕을 뛰어넘은 존재라고 믿는다.

빅토리아 시대에 소년의 자위나 사정을 막기 위해 고안된 기이한 장치는 아마 분열된 1유형의 생각에서 나온 발명품일지도 모른다(설계를 도운 5유형과 함께). 그것은 '육신의 죄'인 몸으로부터 자유로워지기 위한 결정이었다[4] (1800년대에는 자위가 실명, 정신이상, 그리고 여드름 등 여러 종류의 질병을 유발한다고 믿었다).[5]

1유형은 함께 살기 위해 기쁨을 누릴 가능성을 가지고 있다. 이들은 천성적으로 신뢰할 수 있고, 책임감이 있으며, 진실하다. 1유형은 사랑할 때, 연인으로서 그리고 삶의 모든 면에서 자신이 할 수 있는 최선을 다하기를 소망한다.

1유형을 닮은 데이트 광고

조앤, 56세

나는 활동적인 삶을 살고 있습니다. 나는 은퇴한 교사이며 지금은 자선단체에서 일하고 있습니다. 요즘은 지역 산을 등반함으로써 낭포성 섬유증을 위한 기금 마련을 조직하고 있지요. 제가 하지 않는다면 누가 하겠습니까?

나는 하이킹과 야외활동, 커피 그리고 캠핑을 즐깁니다. 나에게 영감을 주는 사람을 사랑하고 타인을 위해 같은 사람이 되고자 하는 사람들을 좋아하지요. 나는 어떤 면에서는 구식일지도 모릅니다. 나는 매너 있는 사람들을 좋아합니다. 당연히 술을 마시거나 담배를 피우는 사람은 안 되죠. 만약 당신이 재미와 큰 미소를 찾고 있다면 내가 바로 당신의 여자입니다!

노아, 40세

청구서는 내가 지불합니다. 나는 짝이 맞는 양말을 신고 범죄 기록도 없습니다. 나는 안정적인 경력을 가진 바른 시민이지요. 나는 재무를 담당하고 팀을 조직하며, 회사가 원활하게 운영되도록 조직합니다. 쉴 때는 사이클링, 트레일 러닝, 사교 활동 등을 즐깁니다. 한 달에 두 차례 정도 비영리 단체에서 일을 돕고요. 여행하는 것을 좋아해서, 휴일에는 옛 유럽 도시의 자갈길을 걷거나 그리스의 섬을 여행할 겁니다(내가 거의 대화가 되는 장소).

내가 찾는 여인은 날씬한 몸매와 넓은 마음을 가진 사람입니다. 너무 진지하지 않게, 분별력(연출이 아닌)이 있고 온전함을 지닌 채 자족하며, 세상을 더 나은 곳으로 만들고자 하는 마음을 가진 누군가를 원합니다. 당신이 그런 사람이라고 생각한다면 연락 주세요.

분노의 열정과 분개의 고착

1유형은 8유형, 9유형과 함께 분노anger의 트라이어드에 속해 있다. 그러나 당신이 완벽해지고자 하는 것에 초점을 맞춘다면 타인을 향해 당신의 분노를 투사할 수 없다(또는 해서는 안 된다고 느낀다). 그 결과, 분개resentment 속에 앉아 부글부글 끓고 있다. "왜 일을 제대로 하지 못하지?" 1유형은 한탄한다. 관계의 초기 단계에 있을 때 1유형의 행동은 7유형과 같이 상당히 재미있고, 모험적이며, 즉흥적이다. 첫 번째 콩깍지가 벗겨지고 나면 보다 1유형스러운 속성이 나타날 수 있다. 파트너는 "도대체 이해가 안 돼."라고 하며 분노와 분개가 뒤따른다.

1유형의 침실 엿보기

당신이 1유형의 침실로 걸어 들어가면 모든 것이 깨끗하고 제자리에 있다는 것을 발견할 것이다. 감히 침대를 정리하는 것을 잊거나 바닥에 속옷을 놔둔 파트너는 크게 혼날 수 있다. 결과적으로 파트너는 질책당하는 자신을 발견하거나 섹스가 미뤄질 수도 있다. 서랍에는 깔끔하게 접힌 옷들이 놓여 있고 종종 색상, 스타일 또는 계절에 따라 정리된다. 방은 어수선할 수도 있지만 모든 물건은 먼지가 털리고 정리될 것이다.

침실은 너무 화려하거나 과장된 것은 없지만 '고상할' 것이다. 마치 가구 카탈로그의 한 페이지처럼 보일 수도 있다. 중성적인 컬러와 파스텔톤으로 뒤덮이고, 예술 작품은 제자리에 놓여 잘 보존되고 있을 것이다. 당연히, 파트너가 '단정함과 청결함은 신앙심 바로 옆에 있다.'라는 격언을 이해하지 못한다면 다툼이 생길 것이다.

판타지와 에로티카

주름진 남색 스커트와 완벽하게 재단된 재킷을 입고, 단정하게 자른 스타일링을 한 헤어를 가진 1유형의 여성은 질서와 자기통제의 완벽한 이미지가 될 수 있다. 그러나 이들의 삶에서 너무 통제된(또는 통제하는) 사람들은 일탈을 통해 진정한 전환점을 찾을지도 모른다.

자신에게 판타지를 가질 수 있도록 허락한(많은 1유형은 이것을 방종이라고 여길 것이다) 1유형은 자신의 일상에서 용납될 수 없는 상상의 장소를 방문하기 쉽다. 순종적인 섹스에 대한 판타지는 억압된 분개와 격노 모두를 해방시켜 줄 수도 있다. 욕망은 금단의 열매에 의해 주도될 수 있다. 즉, 이들의 가장 친한 친구의 파트너, 종교 지도자, 너무 어린 상대, 또는 자신이 원하지만 일상적으로 허락되지 않은 어떤 것들이다. 그것은 '나쁨'이지만 강렬한 맛이 난다.

1유형은 자신이 '더럽다'라고 여기는 성적 행동을 하는 판타지를 가지고 자신의 감춰진 그림자를 탐구할 수 있다. 어떤 것들은 '옳은' 것이 아닐 것이고, 자신의 도덕적 신념과 종교적 교리에 어긋나며, 다른 사람들에게 받아들여지지 않을 것이다(그 반대가 아닌). 판타지 속에서 바닐라 섹스는 초코에서 로키 로드 아이스크림까지 다른 모든 맛으로 바뀔 것이다. 판타지에는 동성이나 여러 명의 파트너와 함께 섹스를 하는 것이 포함될 수도 있다. 그것은 1유형이 '옳다'고 믿고 있는 것과 충돌하는 것이다. 또 다른 판타지는 '나쁜' 행동으로 인해 벌을 받는 1유형을 바라보는 것이다. 즉, '못된' 행위로 묶이거나 당하는, 그래서 "그/그녀가 저를 그렇게 하도록 했어요."라고 말하며 무슨 일이 일어나도 책임질 필요가 없는 것을 말한다.

또한 여자들은 드레스가 찢겨 나간 상태에서 밀스 앤 분(Mills & Boon)*에

* 역자 주: 로맨스 소설을 출판하는 1908년에 설립된 영국의 출판사이다.

서와 같이 영웅에 의해 구출되는 곤경에 빠진 존재가 되는 판타지를 가질 수도 있다. 그것은 보존적인 사랑이며 열정이고, 잠재된 엉뚱함이며, 실제 일상적인 섹스의 부도덕함이 없는 것이다.

1유형은 사랑은 성적 욕구를 전달하는 부끄럽지 않은 방법이고, 선정적인 판타지는 가서는 안 될 영역이라는 믿음을 가지고 있다. 자신의 로맨틱한 4유형(왜곡의 선)의 특질과 연결되고, 육체적으로 감정을 표현하기보다 시나 산문을 쓰는 자기 자신을 발견할 수도 있다. 그러나 이들은 4유형이 아니기 때문에 애정의 대상은 1유형의 진심 어린 표현을 제대로 해석하지 못할 수도 있다.

많은 1유형이 허리 아래의 삶은 죄악이며 억누를 필요가 있다는 요구 속에서 섹스와 섹슈얼리티에 대한 문제들로 고통을 겪어 왔다. 억압된 욕구가 폭력적이고 서서히 스며드는 방식으로 표현되었을 때 나타나는 양극성만큼이나 이러한 유형의 사고가 성적 표출에 끼친 영향이 무엇인지를 상상하는 것은 슬픈 일이다.

한 섹스 치료사는 자신의 교회 목사에게 본인이 섹스하는 것을 관찰하게 하거나 또는 같이 섹스하는 판타지를 가진 매우 종교적인 고객에 대해 설명했다. 그 경험은 그 고객에게 죄책감과 비난을 초래했고, 그녀의 성생활에 활기를 띄게 해 준 그 목사에게 조용한 감사의 기도를 하는 대신, 그녀의 남편에게 이 '죄'를 고백해야 할 것 같은 도덕적 의무를 느꼈다.[6] 바로 이것이 1유형 스타일의 행위이다.

일반적으로 '나쁜' 것으로 간주되는 성애물erotica은 자기 자신의 부정적인 내면으로 들어가는 하나의 방법이 될 수 있다. 1유형은 아주 선한 사람이 되고자 노력하지만 수용되고 판단을 내려놓는 순간에 이를 때까지는 항상 그 반대인 '나쁨'에 매료된다. '선한 존재'가 되기를 거부하고 반항하고자 하는 욕망은 불에 뛰어드는 나방처럼 불행한 1유형을 성애물로 끌어당길 수 있다. 그들은 다음과 같은 규칙들로 욕망을 억제하고자 시도할 수 있다. ─"만약 내가 이렇게 저렇게 한다면, 나는 한 주에 15분 정도의 포르노를 나에게 허락할 거야." 또는 "포르노를 볼 것이지만 이성애 관련이고, 오직 아내가 출타 중일 때만이야."

유혹을 참지 못하고 포르노 시청에 대한 자신의 규칙을 깨면, 그들은 자선 행위를 하거나 자신의 믿음에 부합하는 어떤 방식을 찾을 것이다. 이들은 감정적으로 자기 자신을 채찍질하며 속죄를 행할 것이다. 1유형은 타인에게 엄격하다. 그러나 자기 자신에게는 더욱더 엄격할 수 있다.

성별이 다른 1유형

1유형의 여성: 착한 소녀는 예쁘고 여성스럽다. 나쁜 소녀는 섹시하다. 적어도 이것은 유명한 성 연구자인 이브^{Dr. Eve}가 다양한 여성 그룹과 함께 작업하며 밝혀낸 것이다. '여성스러움'은 '순수', '신부'와 같은 단어들을 끌어냈고, 그것들은 여성의 로맨틱한 시선을 반영하고 있다. 반면에 '섹시'는 '자신감', '생머리', '빨강' 그리고 '몸에 밀착된 옷'과 같은 단어들을 끌어냈다.[7] 1유형의 여성들은 섹시보다는 여성성을 추구한다.

나란조는 1유형을 '과하게 문명화된' 그리고 '과하게 도덕적인' 존재라고 말했다.[8] 1유형의 두 성별 모두에게서 청교도적인 특징이 나타난다. 여성 1유형은 만약 자신이 열심히 일하고, '착한 소녀'가 되고, 타인을 도우며, 분노를 억제하고, 자기완성을 목표로 하면 완벽한 짝을 찾게 될 것이라 믿는다. 그것이 이루어지지 않을 때 1유형은 혼란스러워하고 분노하며, 더 잘하기 위해 노력한다. 그리고 무시나 거절의 고통을 느끼지 않기 위해 비판을 사용하여 미래의 파트너들을 판단하기 시작할 수 있다. 이들이 기대하는 '이상적' 파트너와 현실의 괴리는 더욱 커진다. 비록 땀으로 흠뻑 젖은 로타리오에게 범해지는 것이 판타지 속에서 큰 성적 자극제가 될 수 있을지도 모르지만 하이킹을 다녀와 땀에 절고 진흙투성이가 된 파트너가 집에 도착하는 것은 감사하지 않을 수 있다.

457쌍의 연구에서 1유형의 여성은 대부분 9유형의 남성과 가장 많이 결혼하고 그다음이 5유형인 것으로 나타났다.[9] 이것은 태평스러운 9유형이 충돌을 피하거나 평화를 유지하기 위해 비판을 받아들일 것으로 예상되기에 타당하다. 반면에 5유형의 남성은 문자 그대로 또는 비유적인 남자동굴의 안전지대로 도피할 수 있다. 두 유형 모두 스스로를 통제할 수 있다.

1유형의 여성은 섹스보다 일, 육아, 집안일 또는 다른 활동이 더 중요하다고 생각할 수 있다. 섹스는 예정되어 있는 것이다. 오직 집안일을 마치고 커튼을 치고 침대를 정리하고, 샤워하고, 머리를 빗었을 때, 비로소 자신에게 섹스를 즐길 것을 허락할지 모른다. 일을 먼저 해야 할 필요성은 어떤 형태의 성적 활동에 대한 강박적이고 통제된 방어기제를 만들 수 있다. 그러나 1유형의 연인이 그렇게 열심히 일을 할 때 어떤 파트너가 불평을 할 수 있을까?[10]

분열된 1유형은 믿을 수 없을 만큼 의심이 많고 통제된 상태가 될 수 있다. 그러나 이들에게는 질투 어린 분노를 배출할 출구가 없다. —"저 창녀가 내 남편에게 무슨 권리가 있습니까?" 1유형은 복수를 원하지만 자신의 도덕적 완벽성이 그 행동을 저지한다. 그래서 그 분노는 곪아 원한이 되고 종종 수년 동안 지속된다.

1유형의 남성: 덜 통합된 1유형은 비용을 아끼려 할 수 있다. 첫 데이트에서 리츠칼튼Ritz Hotel을 기대하지 말라! 1유형의 여성과 마찬가지로, 1유형의 남성은 선하고 존경받을 수 있으며, 정직한 시민이 되기를 원한다. 보수적으로 옷을 입는 경향이 있고 신뢰할 수 있는 행동을 통해 자신의 짝을 찾고자 한다. 이들은 불법적인 섹스가 쉽게 다가올 때 그 유혹에 저항할 수 있다. 왜냐하면 그것이 옳은 일이기 때문이다.

457쌍을 대상으로 한 설문에 따르면, 1유형의 남성은 2유형과 결혼할 가능성이 가장 높았고, 그다음으로 9유형, 이어서 7유형과 4유형이 동수로 나왔다.[11] 2유형의 여성은 1유형의 파트너를 기쁘게 할 것을 찾고, 삶 속에서 그들의 사명을 지지하기를 원할 것이다. 9유형의 여성은 다른 유형에 비해 상대적으로 비판과 질책에 관대하다. 나란조는 1유형의 남성이 1유형의 여성에 비해 덜 일반적이라고 말한다. 덧붙여 1유형은 흔히 1유형의 부모를 가지고 있다.[12]

몇몇 1유형의 남성은 성기의 각도, 지속시간 또는 삽입 깊이 등을 연구하며 그들의 성생활과 성기에 집착할 수도 있다. 이러한 강박의 이면에는 자신이 완벽할 수 없다거나 기대에 부응할 수 없을지도 모른다는 두려움이 있다. 당신이 열심히 하려고 노력할수록 스트레스의 강도는 강해지고, 발기를 유지하거나 오르가슴에 이를 가능성은 낮아진다. 실패를 두려워하는 1유형은 스스로에게 일, 종교적 신념 또는 '고귀한' 이유로 섹스의 즐거움을 거부할 수도 있다.[13]

1유형은 연공서열의 수준을 매우 잘 인식하고 있다. 특히 그것을 옹호하는 종교에 소속되어 있다면 1유형은 가족이나 관계에 있어 스스로를 높은 서열로 여길 수도 있다.[14] 1유형의 남성은 남자와 여자가 각기 수행해야 할 역할이 있다고 믿을 수 있는데 이것은 단지 그의 역할에 복종하는 것이다. ─"남자는 가족의 가장이야, 그래서 나는 규칙을 만들지." 이들은 성적 규범을 포함한 모든 것에 대한 답을 가지고 있다고 생각한다. 그러므로 1유형은 자신의 견해가 도전받거나 비판받는 것을 호의적으로 받아들이지 않을 수도 있다.

1유형 여성과 마찬가지로, 1유형 남성은 완전무결한 행동이 자신에게 사랑할 권리를 얻게 해 준다고 생각한다. ─"나는 최선을 다했으니 너는 나를 사랑해야만 해."

사랑 유형: 부성애

나란조가 제시했던 바와 같이[15] 1유형의 부성애는 열정 그 자체라기보다는 일과 의무가 격정의 언어인 것처럼 어떠한 냉정함을 가지고 있다. 1유형은 자신의 파트너보다 더 나은 사람으로 보이기 위해 인정받을 필요성을 가지고 있다. ―"봐, 나는 여기까지 왔어. 나는 나무랄 데가 없어. 당신은 이 자리에 오를 수 없겠지만 나의 자리(고위급)만큼은 진심으로 존경할 수 있어.", "당신이 감정적으로 나에게 다가오지 못한다 해도 나를 존중해 줘." 이것은 그의 파트너를 가치 없다고 느끼게 하고 좌절하게 만들 수 있다.

섹스는 불결한가

완벽한 파트너가 되고자 하는 1유형은 자신의 파트너에게 불필요한 성적 행동을 하고 뒤늦게 분개할 수도 있다.

1유형은 어떤 것이 성적으로 허용되고 안 되는지를 결정하는 것이 어렵다는 것을 발견할 수도 있다. '옳은 일'을 하기 위해 노력하는 것은 자신의 규칙을 따르는 삶을 살고자 하는 것만큼이나 엄청난 스트레스를 만들어 낼 수 있다. ―"일주일에 두 번 이상의 섹스/자위를 한다면 그건 너무 지나쳐.", "내 파트너가 아닌 다른 누군가에 대한 욕정은 잘못된 거야.", "포르노는 악이야.", "동성애는 자연스러운 것이 아냐." 그들은 훨씬 더 많은 규칙과 판단을 엮어 낼 것이고, 그것은 자신이 이상적인 삶을 사는 것을 거의 불가능하게 할지도 모른다.

이 모든 것이 더욱 심각해질 때, 1유형은 일종의 일탈적인 행동으로 인식된 것에 몰입되어, 이제 자신의 '욕정'을 엄격히 제한하고 더 깊은 자기수양을 쌓겠다고 맹세할 수 있다. 섹스를 포함한 모든 것에 대한 절제와 억압은 파트너의 욕구를 존중하지 않은 채 규칙이 된다(또는 그들의 욕구).

이들은 섹스 토이나 기구들을 '부자연스러운' 것이라고 비난하는 동시에 비밀스러운 페티시를 가지고 있을지도 모른다. 예를 들어, 1유형의 남편은 그의 아내에게 바이브레이터를 허용하지 않으면서 은밀히 폰섹스에 의존하고 있을 수도 있다. 1유형은 섹스 직후 침대의 시트를 교체하기를 원할 수도 있거나 뭔가 떨어졌다는 흔적을 숨기고 싶을지도 모른다(글자 그대로, 육체적으로)!

비판

1유형은 어떤 형태의 비판도 좋아하지 않는다. 이들은 너무 자기비판적이기 때문에 타인의 비판을 극도로 고통스럽게 여긴다. 칭찬("와우, 새 네글리제*가 멋진 걸!")하고자 했던 시도조차도 잘못 해석될 수 있다(아, 내 예전 잠옷은 끔찍해 보였구나). 마찬가지로 섹스 중에 "조금만 천천히 해 줄래?"와 같은 발언은 행위에 대한 명백한 비난처럼 여겨질 수도 있다. '화는 나빠, 나는 화가 올라오면 억눌러야만 해.'라는 신념 때문에 1유형의 분노는 후에 퉁명스러운 발언으로 나타날 것이다. 파트너에게 이 문제를 해결하는 방법은 바로 사과를 하거나 재치 있게 칭찬을 시작하는 것이다. —"나는 당신이 하는 마사지가 좋아. 괜찮다면 좀 더 천천히 하면 어떨지 시험해 보자."

자신의 몸이 비판받는 것을 두려워하고, 신중함이 올바른 행동방식이라는 감각과 결합되어 1유형은 '침실에 불 끄기'라는 규칙을 선택할 수도 있다. 감히 파트너가 목소리를 높여 "나는 섹스를 더 하고 싶어."라고 말할 때 1유형의 답변은 "당신은 자신의 성적 충동에 문제가 있지 않은지 알아볼 필요가 있어."이다.

긍정적인 존재

1유형의 완벽주의 경향과 옳은 일을 하고자 하는 욕구는 부정적인 감정

---

* 역자 주: negligee, 가볍고 부드러운 소재의 실내 드레스 가운

을 포함하여 어떠한 부정적인 것도 용납할 수 없다는 의미이다. 이것은 특히 9번의 날개를 가진 1유형에게 해당되며, 상냥한 2번의 날개는 1유형의 인식을 부드럽게 할 수 있다. 섹스 기술의 부족에 대해 1유형에게 불평하는 것(또는 개선하는 방법을 제시한 것)은 환영받지 못할 것이다.

방금 자신의 약혼자와 파혼한 제정신이 아닌 남자에게 그의 1유형의 부모는 "힘을 내렴, 더 많은 물고기가 바다에 있어."라고 말해 줄 것이다. 만약 1유형이 사랑하는 사람을 잃거나 슬퍼하고 있는 파트너에게 말을 건넨다면 "그런데 너는 앞으로도 할 게 많아." 또는 "모든 게 잘될 거야. 두고 보자."라는 식의 답일 것이다. 심지어 1유형은 자신이 우울증에 빠져 있을 때조차 다른 사람들에게 정말 우울하지 않다고 말할 수도 있다.

이 긍정의 욕구는 육체적인 것으로 해석될 수 있다. 이들은 '완벽한' 성기 또는 질을 원한다!

천국에서의 휴가

많은 1유형에 대한 흥미로운 내용이 있다. ─이들이 잠재적인 비평가로 여기는 누군가에게서 벗어나고, 자신의 일상에서 벗어난다면, 진정으로 긴장을 풀 수 있다. 휴가지에서 1유형은 즉흥적이고 활기찬 7유형처럼 행동할 수도 있다.[16] 아마도 1유형이 여행을 무척 즐기는 이유는 바로 이것일 것이다!

파트너의 실수를 지적하고 혼란스럽게 하는 1유형의 욕구가 낭만과 재미를 통해 그림엽서 속 낙원 위에 해가 지듯 사라질 수 있다. 휴식은 열심히 일한 끝에 얻은 것이고, 스스로에게 이것을 즐길 자격을 부여한 것이다. 그리고 오랜 기간 군림하던 성적 좌절감은 (거의) 자유를 얻게 될 것이다. 만약 파트너가 끔찍하게 당황스러운 행동을 하지 않고, 숙소가 깨끗하며 약속한 대로 이행된다면 모든 것이 잘될 것이다.

휴가지에서 1유형의 싱글들은 섹시한 라틴 연인과 하룻밤을 보내는 것과 같은 전혀 예상치 못했던 일을 할 수도 있다. 그리고 집에 돌아오면, 그렇게 '터무니없이' 행동한 것에 대해 스스로를 비난하는 데 많은 시간을 할애할 것이다.

압박 속에서

잠재된 시한폭탄은 1유형이 평생을 '선한 자'가 되고자 하고, 타인에 대해 비판적이나 자신의 분노를 표현할 수 없을 뿐만 아니라, 화를 내는 대상을 상대하지 않음으로써 만들어진다. 1유형이 덜 통합될수록 폭발 압력은 더욱 커진다.

1유형의 의식 속에 등장하는 원하지 않거나 '역겨운' 성적 욕망이 더 커질수록 이들은 더욱 청교도적으로 변모한다. 타인을 향해 투사하고 도덕적인 사람이 됨으로써 자기 자신 속의 '악'에서 해방될 것이다.

사치로 여기는 섹스

삶에 중요한 사명을 가지고 있다고 믿고 있는 1유형은 섹스를 성취에 방해되는 불필요한 시간낭비로 여길 수도 있다. 또한 검소함은 적을수록 더 낫다는 믿음과 함께 섹스에 스며들 수 있다. 즉, 자신을 놓아주고 욕망에 굴복하는 것은 재앙으로 향하는 것이다.

에니어그램에서 1유형은 통합 방향인 7유형을 향해 이동한다. 그래서 이들의 절제는 7유형의 열정인 탐식의 반대이다. 7유형은 모든 것을 원하고 1유형은 그 어느 것도 원하지 않는다. 7유형은 재미를 원하고 1유형은 즉흥성, 자유로운 표출, 때로는 방종으로 여겨질 수 있는 타인의 즐거움조차 금지할 필요를 느낀다.

지그문트 프로이트는 배변 훈련 사고로 가혹한 훈계를 받은 아이는 종종 항문에 집착하거나 고착될 수 있다고 믿었다. 이 말은 극도의 통제나 질서를 원하게 될 수 있다는 의미이다.[17] 배변은 즐거울 수 있고, 1유형의 특징은 그 즐거움을 쥐고 놓지 않고 있다는 것이다. 따라서 이들이 가지고 있는 본능적인 욕망은 쾌감을 미루는 것이다(10개의 사과를 하루에 하나씩 먹는다면 제일 나쁜 것부터 먹는다).

  섹스, 욕망, 돈 또는 즐거움을 가져오는 것들에 대한 1유형의 충동은 지연된 보상이 도덕적으로 옳은 것처럼 보이도록 통제하거나 승화시키는 것이다.

경직 또는 냉담?

다음은 1유형의 남편을 둔 그의 파트너가 묘사한 것이다.

  우리는 둘 다 엄격한 종교인이었고, 결혼 전 성경험이 없었다. 그는(1유형) 이상적인 결혼 상대인 것 같았다. 썩 괜찮은 외모에 근면 성실했고 진지했다. 그러나 섹스에 관한 한 그는 집안의 '보스(boss)'로서 홀로 결정하고 섹스는 남성의 즐거움을 위한 것이라고 믿었다. 미숙하고 서툴렀지만(그러나 그것을 인정하기를 거부함) 그가 원한다면 우리는 섹스를 했다. 나는 할 말이 없었다. 전희도 없는 섹스는 고통스러웠고 불편했다. 그것은 단순히 그의 성적 긴장의 해소를 위한 수단일 뿐이었다. 나는 그의 정욕을 담아내는 그릇에 불과했다.

  그는 "당신의 역할은 나를 만족시키는 거야."라고 말했다. 그것은 나를 화나게 만들었다. 그러나 아무런 대책이 없었다. 그는 자신이 잘못하고 있다는 것을 믿으려 하지 않았다. 그는 나에게 '차갑고, 여성스럽지 않고, 제대로 된 여자가 아니다'와 같은 경멸적인 용어를 써 가며 말하기 시작했다. 그는 진실한 친밀감의 욕구가 없었다. 결국 우리의 결혼은 종교적인 신념에도 불구하고 파경을 맞았다. 그의 독선은 그가 나를 성적 욕구가 있는 사람으로 보았다면 있을 수 있는 것들을 보도록 내버려 두지 않았다. 나는 그럴 수도 있었을 일을 후회한다.

대부분의 1유형이 인정하는 데 실패하는 것들이 있다. 그것은 좋은 것을 하고자 하는 욕구나, 타인을 '개선'하고자 하는 것이 때로는 과하게 엄격하고 비판적이고 보복적이어서 상처를 만들어 낸다는 것이다. 자신이 타인에게 상처를 줬을지도 모른다는 것을 인정한다면 그것은 그 명분이 수단을 정당화하지 않는다는 것을 인정한다는 의미이다.

감사하게도, 일부 1유형이 성을 부정하거나 또는 '모든 악의 근원'으로 치부할지 모르지만, 다른 많은 이는 섹스를 즐거움에 이르는 길이자 관계를 굳건히 하는 접착제로서 볼 수 있다.

정의와 강박

때때로 도도한 태도를 지닌 1유형은 섹스의 본능적이고 동물적 속성이 도덕적이고 필멸적인 욕구 아래에 있는 것처럼 여긴다.[18] 섹스에 대해 완벽하다는 것은 성관계의 기술에 있는 것이 아니라 자기 자신의 주인이 되는 데 있다. 즐거움과 자연적인 성적 충동을 승화하거나 미루는 것은 더 나은 사람이 되는 방법으로 여겨진다. 같은 이상을 공유하지 않는 파트너에게 이것은 힘든 일이 될 것이다. 만약 파트너가 그들의 현 상태에 대해 의문을 제기한다면 정의로운 분노를 감당해야만 한다. 일단 1유형이 섹스를 함에 있어 올바른 방법을 설정했다면 그것은 올바른 방법이 된다.

보통 1유형은 종교나 채식 또는 '옳은 행동'의 길로 간주되는 모든 것에 대해 독선적이라는 인상을 준다. 종종 이들이 따르는 길이 일반적 사회의 통념에서 벗어나거나 잘못된 것처럼 보여도 일부 1유형에게는 그것이 옳은 것처럼 여겨진다. 그러므로 당신은 자유연애나 다수의 아내를 가지는 것이 올바른 행동방식이라고 굳게 믿는 1유형을 만날 수도 있다.[19]

했어야만 했던, 했었더라면

'해야 한다'는 1유형에게 가장 인기 있는 단어이다. 비록 그것이 자신이 바라는 마지막인 것이라 할지라도 옳은 일을 해야 한다는 의무감을 느낄 수 있다. 그것은 타인이 올바른 방법으로 일을 하도록 '가르치고' 또는 교정하기를 원하도록 유도한다. 그래서 다수의 1유형이 교직자 또는 성직자이다. ─"나는 옳은 일을 함으로써 사랑과 존경을 얻는다."

만약 1유형이 "우리는 일주일에 한 번 섹스를 해야 돼."라고 말하면 일주일에 1회는 그렇게 될 것이고, 즉흥적인 기회는 거의 없거나 존재하지 않을 것이다. 충동은 반드시 통제되어야만 한다. 자유로운 유연함은 단단한 경직성에 의해 억압된다. 4유형과 마찬가지로, 이들은 자신의 권리를 누릴 자격을 느낄 수 있고, 이것은 섹스를 포함한다. 그러나 그 자격은 모범적인 행동에 대한 보상의 필요를 인지함으로써 발생한다.

좀 더 자유로운 1유형도 여전히 '해야 한다'라는 단어를 조금 다르게 사용한다. ─"당신은 파트너와 정기적으로 섹스를 해야 한다.", "우리는 좀 더 쉬어야 한다.", "우리는 우리의 섹슈얼리티를 탐구해야 한다."[20]

너무 많은 '해야 한다'는 새로운 맛(플레이키 필링 또는 체리!)이 없는 바닐라 섹스로 이어질 수 있다.* 섹스는 반복적이고 통제되어 있으며, 심지어 고정된 일처리 방식과 반복된 일상을 벗어나기 위해 애쓰는 1유형처럼 지루할 수 있다.

본능적 추동

자기보존적 1유형: 이 하위유형은 스스로 완벽해지고자 하는 것과 가장 관

---

* 역자 주: 배스킨라빈스의 다채로운 아이스크림을 떠올리면 이해가 쉬울 것이다.

련이 깊다. 자기보존적 1유형의 불안과 주안점은 '내 파트너는 완벽한가?'보다 '난 좋은 연인인가?'이다. 그리고 자신의 파트너가 가지고 있거나 있을지 모를 결점이 무엇이든 용서될 것이다. 섹스와 사랑에 대한 질문에 있어 자기보존적 1유형은 이렇게 답한다. "[섹스는] 인생의 일부분이야. 그러나 죄를 범하지 말아."[21]

이 하위유형은 특히 자기보존적 문제와 관련하여 가장 불안해하는 유형이다. ─ "그 콘돔이 구멍나지 않았다는 걸 확신할 수 있어?", "당신 샤워했어? 난 침대 시트를 더럽히고 싶지 않아." 이들은 자기 자신을 거대한 압박감 속에 밀어 넣어 수행불안을 유발할 수 있다. 때로는 섹스를 그만두는 것이 제대로 수행하지 못했다고 믿는 것보다 더 쉽다.

1유형은 삶과 마음의 모든 문제에 대해 철저하게 예의 바른 접근법을 취한다. 만약 자신의 연인이 임신을 한다면 1유형은 옳은 일을 할 것이고 결혼할 것이다. 그러나 속지 말라! 자기보존적 1유형이 짜증을 보이지 않았다고 해서 화가 나지 않은 것은 아니다. 분노는 종종 실제 문제와는 상관없는 일에서 간접적으로 불쑥 찾아온다.

1유형의 통제하려는 욕구는 섹스를 미리 계획된 것으로 만들 수 있다. ─ "우리는 항상 일주일에 세 번의 관계를 가진다. 수요일, 금요일 그리고 일요일은 우리의 밤이다." 만약 파트너가 다른 날 밤에 섹스를 하고자 하거나 또는 다른 체위를 시도하려고 하면 넌지시 짜증을 낼 수도 있다. 왜냐하면 그것은 1유형에게 준비도 안 되고 통제도 안 된다는 느낌을 갖게 하기 때문이다.

사회적 1유형: 집단에 초점을 두고 있기 때문에, 사회적 1유형은 범인인 우리를 위해 롤모델이 되는 자신에게 자부심을 갖는다. 이들이 덜 통합됨에 따라 그 '옳은' 것에 대한 욕구는 자신이 타인을 '틀린' 사람들로 만드는 수단이 될 수도 있다는 의미이다.

이들은 섹스를 포함하여 사람들이 수행해야만 하는 방식에 대한 강한 견해를 지니고 있다. 얼마나 자주, 누구와 같이 사회적 1유형은 모든 답을 가지고 있다. 자기 스스로를 세상의 잘못된 방식을 바로잡는 임무를 수행하는 구원 자로 여긴다. 이들은 자신이 가진 목적에 있어 전도사에 가까울 수 있다. 사 회적 1유형은 자신의 육체적 욕망을 제한하는 점에서도 세 하위유형 중 가장 냉정하고 가혹하다. '진정한 사랑'을 추구하는 것은 해당 1유형의 성적 충동 과 연결되는 훌륭한 수단으로 등장할 수 있다. "당신 곁에 있는 사람을 사랑 하라. 그들은 당신을 더 나은 파트너가 되도록 당신을 지지하기 위해 거기에 있는 것이다."[22] 이것은 사랑과 섹스에 대한 사회적 1유형의 시각이다.

사회적 1유형의 의로움 아래에는 세상을 더 나은 곳으로 만들려는 진정으 로 고귀한 욕구가 있다.

성적 1유형(공포대항형): 이 1유형은 다른 사람들이 완벽해지기를 원한다. 자신이 더 높은 단계의 존재에 도달했다고 믿는 성적 1유형은 다른 사람들이 자신이 세운 규칙에 따라 행동하도록 주장할 권리를 가지고 있다고 느낀다. 섹스와 사랑에 관한 설문에서 성적 1유형은 다음과 같이 답했다. ─"사랑은 가슴에서 출발하여 헌신을 통해 공유된다. 반면에 섹스는 '증기의 배출'로 간 주된다."[23]

스포트라이트를 받게 되는 것은 그들보다는 당신의 수행이다. 그리고 성 적 1유형은 당신을 지배하고 가르치기를 원한다. 자극적인 사랑과 정욕의 초기를 넘어서면(눈에서 콩깍지가 벗겨지면) 성적 1유형은 섹스 중 파트너의 준비와 행동에서 흠집을 찾기 시작할 수 있다. 이들은 다른 사람들이 지켜야 할 규칙을 만든다. 왜냐하면 다른 이들이 전혀 이해하지 못한다고 믿기 때문 이다.

성적 1유형은 매우 열정적이고 강력하게 자신이 원하는 대상을 쫓을 수도 있다. 1유형은 위계질서를 깊이 의식하고 성적 하위유형에서 부성애적인 사 랑의 표현이 가장 강하게 느껴진다. 이들은 자기 자신을 파트너보다 더 우월하다고 느낄 수 있고 엄격한 정의에 의해 동기부여를 받을 수 있다.

나는 새로운 관계 속에 어려움을 겪고 있는 성적 1유형의 여성과 작업을 했었다. 그녀는 모든 문제가 개혁이 필요한 바로 그녀의 파트너에게 집중되어 있다고 믿었다. 그녀는 본인이 어떤 식으로든 잘못했을 수도 있다는 것을 알지 못했다. 그녀에게 자신의 행동을 살펴보라고 제안했을 때 나는 벽에 부딪쳤다.

또한 성적 1유형은 분노와 욕구를 표현할 권리가 있다고 생각하며, 다른 1유형의 본능적 하위유형보다 더 명백히 화를 내고 통제한다. ─ "당신의 남편으로서, 나는 일주일에 두 번 섹스할 권리가 있어." 이들은 다른 사람들을(개선되기를 원치 않을 수도 있는) 개선하기 위해 준비한 방법에 대한 열정과 자격이 있다.

덜 건강한 성적 1유형이 가지는 타인에 대한 완벽의 욕구는 종종 완벽한 행동 그 자체보다 못한 부메랑으로 돌아온다. ─ 예를 들어, 독신주의를 설파하는 성직자는 오직 결혼한 교구민을 대상으로 성관계를 한다. 이들은 "그/그녀는 개선되기를 원치 않는 것처럼 보인다."라고 말하며 애통해할 수도 있다. 그러나 본인의 결점을 들여다보는 것에는 실패한다.

날개

9번 날개를 가진 1유형(부성애와 모성애): 이 날개유형에서, 1유형의 완벽성은 9유형의 평화와 만난다. 9번 날개를 지닌 1유형은 섹스에 대한 이상적인 견해를 가질 수 있다. 섹스가 이상과 일치되지 않는다고 느낄 때, 이들은 비판적이고 분개할 수 있다. 이 유형은 '우리에게 맞는' 것이 무엇인지 알고 있는 다른 날개유형보다 더 엄격하고 냉담할 수 있다. 자기 자신을 높이려 하고 성관계를 갖는 '올바른' 방식으로 파트너를 '교육한다.' 이들은 다른 날개유형보다 더 감정적으로 분리되고 홀로 남겨지는 것을 좋아한다.

9유형과 1유형은 둘 다 장형에 속하며, 자율성을 추구한다. 반대편에 2유형의 날개를 가지고 있는 1유형은 가슴형인 2유형의 영향으로 더 따뜻하다. 감정이 충분히 열려 있지 않을 수 있는 9번 날개의 1유형은 "나는 설거지를 먼저 해야만 해." 또는 "나는 청구서를 지불해야만 해."와 같은 이유를 핑계삼아 섹스를 피할지도 모른다. 9유형과 달리 1유형의 과업은 일반적으로 더 높은 중요성이나 목적으로 간주된다. 그것은 교육, 지역사회 개선, 또는 가사의무의 이행 등을 포함한다.[24] 이 날개유형은 자신의 파트너가 섹스할 수 있는 권리를 얻었다고 생각하는 행위나 기준을 인정하지 않거나 그들 자신이 그렇게 하지 않았다는 것을 핑계로 삼을 수도 있다.

2번 날개를 가진 1유형(부성애와 모성애): 자, 1유형의 완벽성이 2유형의 따스함과 만난다. 덜 판단적이고 다른 유형에 비해 좀 더 매력적이다. 2번 날개를 지닌 1유형은 다른 사람들에게 선을 베풀고자 하는 욕구를 가진 2유형과 '선한 자'가 되고자 하는 1유형의 욕구가 결합된 것이다. 그러나 이들은 비판적이며 파트너의 '잘못'을 비난하게 될 수도 있다. 또한 스스로 어떤 형태의 비판이라도 받아들이고자 애쓴다. 진심 어리고 친절한 목적으로 말하는 것이 아니라면 어떠한 견해도 받아들이지 않는다(깊은 원한을 품고 있는 동안).

이들은 2유형의 영향으로 좀 더 타인의 욕구에 집중하고 덜 경직되며, 세상과 소통할 준비가 되어 있다. 좀 더 통합됨으로써, 2번 날개를 지닌 1유형은 파트너에 대한 소소한 것들을 기억하고 이러한 욕구를 충족시키기 위해 노력할 것이다. ─당신이 즐기는 와인이나 좋아하는 꽃다발을 가지고 나타나 그들의 욕망을 더욱 수용 가능하거나 더욱 높은 사랑의 표현으로 보는 것에 집중해 보고자 시도하는 것이다.

성적 존재로의 이동

1유형의 성적 완성을 방해하는 것들

마침내 아이들이 잠들었다. 그 커플은 사랑스러운 저녁을 함께했고 모든 것이 멋진 섹스를 향해 가고 있다. 그러나 섹스를 하려는 그 순간이 다가오자 1유형은 '옳지' 않은 것, 즉 어수선한 침실, 자신의 육체적 결함(나는 너무 뚱뚱해/말랐어), 파트너가 샤워를 하지 않았다는 사실, 벽에 액자가 삐뚤다는 것, 너무 적거나 너무 많은 전희, 기본적으로 자신이 해야만 한다고 믿는 것이 아닌 어떤 것 등을 알아차릴 것이다. 어쩌면 이것은 훌륭한 저녁을 실망으로 바꾸고, 다른 이유로 인해 두 사람의 기분은 가라앉을 수도 있다. 1유형이 가진 완벽에 대한 욕망은 성적 욕구를 약화시킨다. 1유형은 모든 것이 '개선'될 때까지 섹스를 미루거나 또는 그것을 얻기 위해 일을 하거나 충분히 희생했다고 생각할 수 있다.

1유형은 완벽을 추구한다.—완벽한 사랑, 완벽한 파트너, 완벽한 섹스. 그러나 만약 이들이 통합되었고 수용과 평온의 상태로 옮겨 간다면 침실에서 무슨 일이 일어나고 있는지를 판단할 것이다. 비판은 흥분과 즐거움이 표현되는 것을 방해한다. 나는 충분히 선한가? 그들은 충분히 선한가? 내가 좀 난잡했나? 내가 충분히 매력적이지 않았나? 너무 빨리 오르가슴을 느꼈나? 오르가슴을 관리하지 못했나? 몸에서 부끄러운 질퍽한 소리가 나지 않나?

계속해서 이 비난하는 내면의 비평가는 1유형을 현존으로부터 멀어지게 하고 정신을 헤집고 다닐 것이다. 섹스의 아주 작은 것들이 실패로 간주되고 미래의 관계 욕구를 방해할 것이다. 섹스가 주는 기쁨과 해방감 속에 휴식을 취하는 대신, 1유형은 섹스를 초조하고 스트레스받게 하는 또 다른 전쟁터로 경험할 수 있으며, 이는 오르가슴에 대한 능력이나 욕구를 제한한다.

1유형이 사랑에 빠졌을 때, 종종 판단을 초월할 수 있다. 만약 1유형이 그들 자신에게 휴식을 허락하거나 또는 자신의 환경이나 파트너가 완벽하다고 (이들이 통합됐을 때처럼) 느껴진다면 그들은 긴장을 풀게 될 것이고 자발적 연인이 되어 섹스를 즐길 것이다.

'옳은' 것을 하기 위해 노력하거나 이들의 믿음이 그것을 기대할 때 수행불안을 경험할 수 있으며, 그 결과 발기부전, 질 분비 부족, 또는 냉냉함 등이 나타난다. 그것은 또한 섹스를 1유형 자신의 욕구에서 비롯된 것이라기보다 충족해야 할 욕구에서 출발한 '인위적인' 것으로 느끼게 할 수 있다.[25]

최고의 섹스는 파트너를 지배하려고 하는 것이 아니라 아이디어와 이상의 결합이다. 그러나 1유형은 섹스가 다양한 관점의 결합이라는 것을 인정하기를 거부한 채 자신의 파트너와 공유되지 않는 기대 또는 규칙을 만들 수 있다. 남성의 관점에서 이것은 "나는 집안의 대장이야, 내가 말하는 대로 되지."라는 형태를 취할 수도 있고 여성은 논쟁할 수 없는 방식으로 변덕스럽고 의사소통이 되지 않을 수도 있다("나는 두통이 있어.").

만약 당신이 1유형이고 이러한 행동을 인식한다면 당신은 이러한 일이 발생했을 때 의식적인 깨달음을 이용할 수 있고 그것이 정말 당신에게 도움이 되는지를 되물을 수 있다.

1유형이 성적으로 현존할 수 있는 방법

자신을 수용하라: 만약 1유형이 비판이나 판단할 필요 없이 다른 이들과 자신의 잘못을 받아들일 수 있다면 이들은 평온한 수용으로 이동한다. 1유형은 파트너를 '고칠' 필요 없이 전부를 포용한다. 마찬가지로, '잘못'된 것을 찾기를 멈춘다면, 자신이 현존하도록 할 것이다. 완벽함이 자기 자신의 관점에 국한되지 않는다는 것을 이해함으로써, 진정으로 옳고 그름의 시소게임을 초월할 수 있고 모든 것을 평온하게 포용할 수 있게 된다.

균형을 이루라: 1유형은 자신의 일부인 비판/판단의 속성을 유지하면서 동시에 옳은 일을 하고자 한다. 자신의 훌륭한 욕망을 함께할 수 있을 때 이들은 균형을 이루고 분열을 초월한다.

통제되고 경직된 태도를 버리라: 1유형은 기대나 의견 없이 새로운 체위나 성적 역할을 시도한다. 이들은 보다 더 탐험적이고 즉흥적인 것을 자신에게 허락했을 때 치유될 수 있다. 통제는 자신의 자아감을 축소시킨다. 통제하고자 하는 욕구를 내려놓으면 1유형의 깨달음이 확장된다.

자신을 표현하라: 통합된 1유형은 신랄한 비평으로 자신의 분노를 표현하거나 또는 격노로 폭발하기 전에 화나고 속상한 자신의 진실된 감정을 표현하는 것을 배운다.

섹스는 얻어야만 한다는 생각을 버리라: 당신이 섹스를 하는 데 있어 조건을 붙일 필요가 없다. 의무를 다해야 할 목록이 아닌 각성이 당신을 이끌도록 허락하라.

'선함' 그 자체보다는 자기 자신을 사랑하라: 만약 1유형이 자기 자신이 하는 것이 아닌 있는 그대로의 사랑을 받아들일 수 있다면 이들은 자신에게 행복과 기쁨을 경험하도록 할 것이다(7유형의 건강한 속성).

비판을 수용하라: 이것은 완벽주의자인 1유형에게 힘든 일이지만 성적인 제안을 비판으로 보지 않고, 자신을 매질하지 않고 잘못을 받아들일 수 있다면 크게 변화할 수 있을 것이다.

도덕적으로 우월하다는 감정을 내려놓으라: 1유형이 파트너의 관점과 욕구를 모두 받아들였을 때 섹스는 완벽해질 수 있다. 1유형은 우월감을 느끼고 다른 이들을 '교정'하려고 하기보다 영감을 주는 진정한 자아의 고귀함을 개발할 수 있다.

성찰 질문

참조: 당신의 유형과 상관없이 이러한 질문에 답하는 것은 유용하다.

- 타인을 판단하고자 하는 당신의 욕구는 자신과 파트너의 성적 즐거움에 어떻게 영향을 미치는가?
- 당신은 파트너를 있는 그대로 받아들이기보다 개혁하기를 원하는가? 그리고 이것이 둘 사이에 자연스러운 성적 흐름을 방해하는가?
- 분개는 당신의 섹슈얼리티에서 어떻게 나타나는가?
- 성생활을 개선하기 위해 이것을 어떻게 사용할 수 있는가?

제**5**장

2유형:
섹시한 유혹자

2유형의 좌우명: "나의 사랑하는 당신을 위해서"

연인으로서의 2유형: 당신을 위해 최선을 다하는 관능적이고, 매혹적이며 자상한 연인 (은밀히 당신의 보답을 바라며)

2유형의 섹스는 조건적: 2유형은 자신이 파트너를 기쁘게 할 수 있다고 믿는 모든 것을 수행하여 보살핌을 받고 섹스를 한다: "나는 당신이 즐기는 게 무엇인지 알아요."

당신의 유형은 아니지만 2유형과 관련이 될 수 있는 측면: 당신이 1유형이나 3유형(날개) 또는 4유형이나 8유형(해방과 왜곡 지점)일 경우

사랑 유형(모성애): 2유형은 배려심이 많고 타인을 잘 보살핀다. 이들은 자신보다 타인의 모든 것을 사랑하는 자기 자신을 자랑스러워한다.

관계 신념: "나는 사랑하며 배려하는 파트너이다."

성적 좌절감: "나는 항상 관계에 있어 주는 쪽이며, 내가 파트너의 오르가슴과 성적 즐거움에 전념하는 것은 거의 보답받지 못하거나 인정조차 받지 못한다."

2유형의 섹슈얼리티 이해

간략한 요약

세상에서 가장 위대한 연인 가운데 상당수는 2유형이었다. 이들의 감성적이고 낭만적인 성품은 파트너의 욕구를 이해하려는 욕망과 함께 전형적인 연인을 탄생시킨다.

2유형은 파트너에게 도움을 주고 섹스를 손에 쥔다. 2유형의 남성은 꽃과 매혹적인 식사로 자신의 연인에게 구애할 것이며, 어떤 향수를 건넬지, 어떤 경험이 그들을 기쁘게 할지 알 것이다. 2유형의 여성은 파트너의 욕망에 불을 붙이기 위해 어떤 버튼을 눌러야 할지 아는 고전적인 요부의 역할을 맡을 수도 있다.

2유형은 성적으로 파트너를 기쁘게 하는 데 과하게 몰입하여 자신의 욕구는 잠시 미뤄 두거나 완전히 무시할 수도 있다. 유혹은 조작과 엮일 수 있으며, 파트너와의 관계를 유지하기 위해 극도로 몰입한다. 이들은 혼자 있는 것을 싫어한다. 그렇기 때문에 이들에게 있어 관계를 지속하는 것은 자기 자신의 욕구를 충족시키려는 시도가 될 것이다.

만약 감정적으로 건강하지 못하다면, 이들이 베푸는 모든 것은 결국 대가를 치르게 될 것이다. 2유형은 파트너가 자신에게 감사하지 않는다고 느끼는 단계에 도달하게 될 것이다. 이제 그들은 대가를 받길 원한다! 자신이 끝없이 주는 것에 행복해 보일지 모르지만, 어느 시점에서 무게추는 반대편을 향한다. ─낮은 수준의 8유형(왜곡의 방향)의 특성을 보이며 갑자기 관계를 끊거나, 요구하고 위협적이며 복수심이 가득하게 될 수 있다. 한때 '사심 없던' 기부자는 갑작스럽게 냉담해지고 단호해질 수 있다. 이러한 행동을 빗대어 '아이의 장갑 속에 강철 주먹'이라는 말이 나오는 것이다. 이제 2유형은 특정인에게 집착하려는 경향을 보인다. 때로는 자신의 범위 안에 있지 않은 사람들에게 놀라울 정도로 무관심하거나 도움을 주지 않을 수도 있다.

2유형의 발달

어린 시절의 어딘가에서, 2유형의 자아의식은 평가절하되었고 더 사랑스럽고 이상적인 자아를 만들려고 시도하게 되었다. 자신을 더욱 호감 있게 보이도록 만들기 위해 다른 이들의 욕구에 스스로를 맞추고 수용하게 되었다.―"내가 당신을 위해 하는 것을 봐, 나 없이 당신은 아무것도 대처할 수 없어." 섹스에서 이 말은 "나는 당신을 만족시킬 수 있는 게 뭔지 알아, 당신이 섹스를 즐기기 위해서는 내가 필요해."라고 번역될 수 있다. 2유형은 다른 이들을 위해 행동함으로써 자신의 가치를 부풀리려는 동시에 자신이 없어서는 안 될 존재라고 믿게 하려는 교만한 욕망을 가지고 있다.

아이가 먼저 타인의 욕구를 채워야만 자신의 욕구를 채울 수 있다는 것을 이해했을 때, 그것을 얻기 위한 베풂의 패턴이 만들어진다.―"사랑받기 위해서 나는 먼저 다른 이들을 사랑해야만 해." 자신의 욕구에 대한 고려는 이기적이고 자신이 가진 죄악이다. 이러한 신념은 순교가 용서이며, 바람직한 것으로 고양되는 특정 종교의 교리에서 비롯되었다. 마찬가지로, 2유형은 종종 자신의 기대를 인정하는 것에 실패하며, 다른 이들의 욕구를 채우기 위해 열심히 노력한다.

사랑에 빠진 2유형

통합된 2유형: 우리가 통합된 2유형과 관계를 맺는 것은 놀라운 경험이다. 이들은 개방적이고, 사랑스럽고 겸손하며, 진정성 있고, 깊이 배려하며, 따뜻하고 관대하다. 이들에게 큰 문제는 없는 것처럼 보인다. 빛나는 사랑의 마음

으로 시간과 노력을 바친다. 통합된 2유형은 인생에 특별한 사람을 사랑하는
만큼 자기 자신을 사랑한다. 그리고 파트너가 자신을 위해 배려한 모든 것에
진심으로 감사한다.

통합된 2유형은 매우 다정하면서도 다른 사람의 경계를 존중할 줄 안다.
이들은 2유형의 양육과 결합된 8유형의 강점을 가진다. 이것은 또한 전형적
인 여성과 전형적인 남성의 역동이다. ―사랑을(2유형) 지닌 힘이다(8유형).
이들은 4유형(해방의 지점)의 깊은 연결을 위한 능력과 직관을 가진다. 자기
자신에게 사랑을 줄 때, 통합된 2유형은 순수하고 열린 마음과 함께 조건 없
이 행동할 수 있다.

평균적인 2유형: 2유형이 자신을 좋은 연인으로 확신하기 시작함으로써, 자
신의 존재가 절대적이며 본인 없이는 어떠한 로맨스도 생길 수 없다고 믿기
시작한다. 파트너의 자위(행위)조차 자신의 성적 능력에 대한 모욕감으로 느
끼기 시작할 수 있다. ―"왜 당신은 나를 필요로 하지 않지?" 이것은 2유형에
게 고통스러운 거절처럼 느껴질 수 있으며, 파트너가 홀로 순간의 욕망을 채
우기 위해 한 선택이 관계의 끝을 의미하지 않는다는 확신이 필요할 수 있다.

2유형은 파트너가 가진 욕망과 판타지를 찾아내고 그것을 채우기 위해 노
력함으로써 상대를 유혹한다. 이들은 상대방의 경계에 대한 존중과 관련된
문제를 가질 수도 있다. 이들이 추구하는 열정과 끈기는 때로 공격적으로 보
일 수도 있다. 상대방의 '거절'은 다음과 같이 해석될 수도 있다. ―"그는 관심
이 없다고 말하지만 나는 그를 잘 알고 있어. 나는 그가 나와의 관계에 필요
한 진정한 욕구를 숨기고 있다는 걸 알 수 있어."

2유형의 관심은 관계에 집중되어 있다. 연애 초기에 2유형이 가진 욕망의
대상은 자신이 원하던 바로 그 형상일 수 있지만, 만약 연인이 자신의 숭배에
보답하지 않는다면 환멸을 느끼게 될 수 있다.[1] 이들은 과도한 교태와 성적
행동으로 몇몇 성기능 장애를 숨길 수도 있다.

2유형은 점점 더 자신의 능력과 가치에 대해 끊임없이 환심 어린 감사와 확신을 원할 수도 있다. 이 욕구가 채워지지 않는다면 퉁명스럽게 짜증을 내고 '드라마의 여왕'과 같은 모습을 보일 수도 있다.

분열된 2유형: 건강하지 못한 2유형은 만족이 없고, 교활하며 애정에 굶주린다. 만약 타인에게 자신의 욕구가 간과되고 있다고 느낀다면, 비이성적이고 반발적이 될 수 있다. 흥미롭게도, 이들은 화를 낼 때 공격적으로 행동하며 말할 수 있다. 그렇지만 다음 날에는 마치 아무 일도 없었던 것처럼 자신의 짜증과 잔인한 말들을 부인하거나 무시하고 넘어갈 수도 있다.

자신의 욕구를 충족하려는 이들의 바람은 파트너에게 가혹하게 행동하거나 자신의 병을 과장하고 아픈 척하는 것으로 나타날 수 있다. 만약 자신을 거절하거나 헤어진 연인의 사랑을 다시 끌어낼 수 없다면, 그들을 다시 가질 수 있다는 희망을 지닌 2유형은 스토킹을 시도할 수도 있다. 가장 암울한 상황일 때, '완벽한 사랑'을 찾고자 하는 2유형의 욕구는 끔찍하고 후회 없이 행동할 수 있는 영역을 파헤치게 할 수 있다.

분열된 2유형은 자신의 동기가 완전히 부정되는 모습이 나타날 수도 있다. 어린 시절 학대를 받았을 가능성이 있는 이들의 사랑에 대한 갈망은 모든 잘못된 장소에서 '사랑'을 구하게 만들 수 있다.[2] 분열된 마음속에서의 학대는 학대받는 이를 구출할 필요에서 발생될 수 있다. 즉, 이들의 '친절'에 대한 초점은 자신이나 타인에 대한 기만, 성적 좌절감, 그리고 지배욕구(8유형과 같은)라는 2유형의 거미줄에 사로잡힐 수 있다.

자기 자신과 파트너의 욕구에 민감한 2유형은 멋진 연인을 만들 수 있는 잠재력을 가지고 있다. 이들은 낭만적이고, 매력적이며, 애정이 넘치고 항상 다른 이들에게 가장 좋은 것을 찾는다. 타인의 말을 잘 들어주며, 보상의 필요를 느끼지 않고, 진심으로 돕고 싶어 한다.

2유형을 닮은 데이트 광고

넓은 마음을 가진 벤, 38세

나는 내가 여성을 사랑하고, 당신에게 꽃을 주고 문을 열어 주며, 당신이 어떤 향수를 좋아하는지 알고, 당신의 생일을 기억하는 전통적인 남성이라는 것을 인정합니다. 관계는 나의 삶에서 가장 중요한 것입니다. 나는 사랑받고 내가 잘 돌볼 수 있는 누군가를 찾고 있습니다. 그러나 당신이 알고 있어야 할 점은 내가 개들을 사랑한다는 겁니다(나는 세 차례 구출되었어요). 특별한 인연을 찾고 있다면 오른쪽으로 스와이프* 하세요.♡ ♡ ♡

이슬라, 42세

나는 대부분의 남자에게 관심이 없어요. 만약 당신이 감정적으로, 정신적으로 그리고 재정적으로 안정된 사람이라면 바로 당신이에요. 나는 여자를 대하는 방법을 알고 오랜 관계를 위해 준비된 누군가를 찾고 있어요(제대로 맞는 사람에게 가게 되어 행복해요). ☺

나: 저는 재미있고 애정이 넘치고, 관계를 만들 때 필요한 것이 무엇인지를 아는 섹시한 여자예요. 즐겁게 그리고 기꺼이 누군가와의 만남을 기대하고 있어요. 저는 특별한 돌봄과 함께 당신이 좋아하는 음식을 만들 수 있는 훌륭한 안주인이에요. 내가 당신의 판타지를 채워 주고 당신이 꿈에 그리던 여자가 될 거라고 믿어도 돼요. ☺

---

* 역자 주: 인터넷 데이트앱에서 상대편이 마음에 들었을 때 화면을 오른쪽으로 미는 행위

교만의 열정과 아첨의 고착

> 천사를 악마로 바꾼 것은 교만이었다. 사람을 천사로 만드는 것은 겸손이다.
>
> -성. 어거스틴(ST. AUGUSTINE)

루이스^{C.S. Lewis}는 그의 저서 『순전한 기독교^{Mere Christianity}』에서 교만^{pride}은 '신에 반대되는' 상태이며, 이기적인 자아는 신의 반대편에 있다고 기술했다. —"다른 모든 죄악은 벼룩에 비교할 수 있다."³⁾ 영국 성공회 사제이며, 타임스가 선정한 세계에서 가장 영향력 있는 100인에 선정되었던 작가인 존 스토트^{John R. W. Stott}는 말했다. —"교만은 당신의 가장 큰 적이며, 겸손은 당신의 가장 큰 친구이다." 에니어그램 전체를 볼 때 2유형의 교만은 다른 열정들에 비해 크게 나쁘지 않을 수 있다. 그러나 교만은 보통 '모든 죄악의 아버지'로 이해되며, 그것은 우리를 성서의 은혜로부터 멀어지게 한다.⁴⁾

교만은 우리를 고양시켜 부풀려진 자아감을 만들어 내고, 우리의 행동을 과장한다. 당신 혼자서는 자랑할 수 없기 때문에 교만은 아첨^{flattery}으로 다른 이들을 유혹하고 정서적 의존성을 만든다.

2유형은 자신을 존중하고 미화된 자아상을 유지하기 위한 파트너가 필요하다. 그러므로 이들은 유혹하고 싶은 사람들에게 아첨한다. 우리 모두는 침대에서 우리가 아름답고 섹시하고 놀랍다는 말을 듣는 것을 좋아한다. 그것은 끝없이 굶주린 우리의 자아에게 먹이를 던진다. 2유형은 직관적으로 우리가 듣고 싶어 하는 것을 말해 줌으로써 그들에게 유리하게 느껴지는 것을 위해 우리의 욕구를 이용한다.⁵⁾ 이는 '당신은 식초보다 꿀로 더 많은 파리를 잡을 수 있다.'라는 오랜 격언과 같다.

또한 2유형에게 교만은 이들 자신의 욕구를 끌어올려 자신이 타인에게 없어서는 안 될 존재라고 믿게 만든다. 한 2유형은 나에게 이렇게 말했다. —"나는 비행기에서 전에 담당했던 고객을 만났고, 나의 건강문제로 인해 몇 달 전 회사에서 내가 맡은 일을 줄여야만 했다고 설명했다. 그가 나의 부재를 알지 못했다고 답했을 때 그것을 받아들이기가 매우 힘들었다." 이처럼 누군가와의 관계가 끝났을 때 2유형은 자신의 예전 파트너가 그 관계가 끝난 것이 자신에게 얼마나 좋은지를 밝히는 것에 대해 힘들어할 수 있다. 2유형은 파트너가 어느 정도는 그들 없이 무너지기를 원한다. 그리고 서둘러 무너진 파트너를 구하러 갈 것이다.

교만과 달리 겸손은 우리가 의존하거나 인정받을 필요가 없는 행위에 대한 진실된 표현이다. 우리는 진정한 이타심을 가지고 행동하며, 교만이 우리에게 행하는 것처럼 다른 이들에게 '선한 행위'에 대해 떠벌리고 다니거나 말할 필요가 없다.

2유형의 침실 엿보기

2유형은 자신의 침실이 파트너를 유혹하기 위한 매력적인 환경이 되길 원한다. 기발한 그림, 감각적인 질감의 벽면, 잔잔한 조명, 그리고 초대형 침대 등이 일반적일 수 있다. 자기보존적 유형(2유형의 공포대항형)은 다른 본능적 추동들이 좋아할 만한 어둡고 관능적인 것보다 귀엽고 꼭 껴안고 싶은 스타일(푹신한 테디베어 또는 베개 뭉치처럼)을 선호할 수 있다. 특히 촛불을 좋아한다.

1번 날개를 지닌 2유형이 더 시원한 톤의 깔끔한 방을 가지는 반면에 3번 날개를 지닌 2유형은 '대통령과 나', '하버드에서의 나'와 같은 이상한 트로피나 거대한 사진의 진열을 거부할 수 없을 수도 있다. 만약 1번 날개가 강하지 않다면 많이 깔끔하지는 않을 것이다. 이들의 침대 아래 던져진 괴상한 양말을 찾을 수도 있다.

판타지와 에로티카

2유형의 그림자를 파헤치면, 이들은 자신의 이기적인 이면을 탐색하는 판타지를 즐길 수도 있다. 이곳은 이들이 사랑하는 대상이 아닌 오직 자기 자신만이 전부가 되는 장소이다. 판타지 속에서 2유형은 자신의 욕구와 만나거나 그것을 얻기보다 섹스를 요구한다.

다른 상대가 섹스의 모든 힘을 쥐고 있는 구속에 대한 판타지가 선호될 수도 있다. 이때 2유형은 '외설적인' 행위에 대한 어떠한 책임도 면제되는 상황에 놓인다. 주는 것의 그늘진 측면은 당신이 오직 받기만 할 수 있는 것이다. 즉, 당신이 묶여 있을 때 주는 것은 선택지가 아니다. 그러므로 2유형은 상대방이 자신에게 가하기로 정한 것이 무엇이든 즐길 수 있는 '강요된' 상태가 된다. 만약 판타지가 2유형을 지배자로 두고 펼쳐진다면 이들은 공공연하게 자기중심적이 될 수 있다(자신의 일상인 끝없이 베푸는 척하는 것과는 반대로). 특히 자기보존적 2유형은 나라의 모든 왕자에 의해 존경받는 공주가 되는 판타지에 빠질 수 있다. 또는 잘생긴 술탄이 할렘에서 가장 총애하는 사람이 되거나, 자신을 쟁취하기 위해 모든 반대 세력을 제거하는 연인을 가지는 즐거움일 수도 있다.

이러한 환상의 이면에는 대개 욕망의 대상에게 자신의 통제권을 넘겨주는 것이 존재한다. 다음과 같은 싸구려 연애 이야기 속에 그녀(2유형)는 강하지만 수줍음이 많고 다소 거리를 두는 것 같은 전형적인 여성 캐릭터로 연기할 수 있다.

그 남자는 유명하고 부유하거나 또는 다소 나쁜 스타일의 보스이다. 그녀는 스스로에게 자신은 그를 사랑하지 않는다고 말한다(사랑하지만). 그는 모든 권력을 가지고 있다. 그녀는 그를 싫어하는 척한다. 마침내 그는 겸손하고 착한 남자가 아니라는 것이 밝혀진다. 그는 사랑을 고백하고 둘은 이국적인 곳에서 열정적인 섹스를 하게 된다.

미국 정신의학회에서는 연극성 인격장애[HPD]의 특징을 다음과 같이 정의한다.

- 과도한 관심을 추구하는 감정
- 부적절한 유혹 행위
- 극적인
- 열렬한
- 추파를 던지는
- 조작된 행위
- 뛰어난 사회성
- 자신의 성격에 대한 자만심
- 다른 사람에게 피상적이거나 과장되게 보일 수 있는 급격한 감정상태의 변화
- 실제보다 그들이 더 친밀한 관계에 있다고 믿는 경향
- 개인의 실패나 실망을 타인에게 돌리는 행위
- 다른 사람에게 쉽게 영향을 받음(특히 그들을 인정하며 대하고 있다고 여기는 사람들에게)
- 연설(스타일)은 감동을 주기 원하지만 디테일이 부족함
- 피상적인 감정

HPD는 2유형과 관련이 있다.[6] 그러나 모든 2유형이 장애를 가진다는 의미는 아니다. 단지 2유형이 가진 일부 특성에 대해 그러한 경향이 있다는 것을 의미한다. 흥미롭게도, HPD와 반사회적 성격장애[APD]가 관련성이 있다는 것이 제시되었으며, 이는 8유형의 행위와 관련이 있다(2유형의 왜곡점).[7]

이것이 성적으로 행동하는 것과 무슨 관련이 있을까? 다소 드라마와 같은 사랑과 공감을 원하는 유혹적인 2유형에게 포르노스타가 된다는 생각은 잠재된 판타지가 될 수 있다. 멜로드라마의 2유형은 종종 성적으로 거리낌이 없는 것처럼 표현될 수 있는데 사실은 그 반대일 수도 있다.[8] 예를 들어, 수많은 남자와 잠자리를 가졌다고 고백하는 여자는 그 사람 중 누구와도 오르가슴을 느낀 적이 없을 수도 있다.

전형적인 2유형은 혼자일 때 불안해한다. 이들은 자신이 필요로 하는 욕구를 충족하기 위해 세상으로 나아가 관계를 찾고자 한다. 그렇다고 해서 이들이 집에서 보는 포르노를 외면하는 것은 아니다. 그러나 그것만으로는 이들이 가진 파트너와 존경을 향한 깊은 욕구가 충족되기는 어려울 것이다.

성별이 다른 2유형

2유형의 여성: 에니어그램 상징을 살펴보면, 당신은 8유형(가장 전형적인 남성성을 가진 유형)이 4유형의 반대편에 있는 것을 볼 수 있다. 4유형은 2유형과 함께 에니어그램에서 여성성을 가진 두 개의 유형 중 하나이다. 만약 8유형이 '전진하는'(공격적이거나 또는 남성적인 에너지와 같이) 성격을 특징짓고, 4유형이 '도피하는'(섹스를 하거나 섹스를 위한 여성적 도구가 되는 것과 같이) 성격을 특징짓는다면 2유형은 그 둘 사이의 균형점이며, 그 특징에는 사랑과 전쟁이 모두 포함된다.[9]

그것은 남성적인 2유형(또는 여성적인 8유형)이 없다는 것이 아니라 양육과 보살핌이라는 두 가지 2유형의 속성이 일반적으로 여성의 원형과 관련이 있다는 것이다. 또한 지배와 통제는 일반적으로 남성적 에너지와 관련이 있다는 것이다. 칼 융Carl Jung의 '외향적인 감정 유형'이라는 정의는 2유형에게 적합하고 그는 이 유형을 '거의 예외 없이' 여성으로 묘사한다.[10] 내가 여러 2유형의 남성을 만났지만 2유형의 여성이 더욱 많아 보이는 것은 의심할 여지가

없다.[11]

빅토리아 시대에는 '여성적인' 행위에 대해 어떻게 인식했는지 쉽게 알 수 있다. 이 시대의 권위를 잃은 여성들은 드라마 여왕이 될 수 있는 예민하고 변덕스러운 존재로 여겨졌고, 사고보다는 감정에 초점을 맞추고 있었다. 2유형의 외형적 특징 또한 둥글둥글한 부드러움을 가지고 더 쉽게 여성적으로 구별된다.[12]

흥미롭게도 2유형의 여성은 8유형의 남성과 결혼할 가능성이 높다. 즉, 여성성의 전형과 남성성의 전형이 확실한 매력을 만들어 낸다. 그러나 2유형의 남성은 4유형의 여성에게 좀 더 끌리는 것으로 밝혀졌고 1유형의 여성이 그 뒤를 이었다.[13]

2유형의 여성 중 특히 성적 하위유형에 속하는 이들은 아름다움과 매혹적인 속성을 동시에 가지고 있다고 묘사되어 왔다. ―즉, 아름다움과 위험한 속성 모두를 가지고 있다는 것이다. 이들은 위협적으로 보이지 않는 여성들에게는 매력적이지만 같은 매력을 발산하는 여성들에게는 극도로 경쟁적이고, 심지어 불쾌해하기까지 하다. 2유형의 여성은 성적으로 부적절하다는 감정을 보상받기 위해 자신의 섹슈얼리티를 과장할 수도 있다(예를 들어, 만약 그들이 성적 또는 신체적 장애를 가지고 있다면).

2유형은 '아버지의 작은 공주'였을 수도 있다. 2유형의 아버지들은 그들의 아내가 논쟁적이고, 딸에 대한 따스함이 부족하거나, 딸에 대한 관심에 화를 내는 것을 경험했을 수도 있다. 그 결과, 아버지와 딸은 긴밀한 유대를 형성했을 것이고, 딸의 오이디푸스 욕망이 발전됨에 따라 추파를 던졌을 수도 있다. 딸이 십대가 되었을 때 아버지는 그녀의 행동에 불편함을 느낄 수 있다. 그가 뒤로 물러서며 그녀에게 죄책감, 부끄러움, 거절 그리고 혼란스러운 감정을 남겼을 것이다.[14]

일부 2유형의 여성은 심하게 노출되거나 도발적인 스타일의 옷을 입는다. 이들은 앞가슴이 낮게 파인 드레스와 밝고 감각적인 색상을 선호할 것이다.

그리고 유쾌하며 경박해 보일 수 있다. 아이러니하게도 터무니없는 바람둥이 역할을 한 후 막상 그날이 왔을 때 2유형은 쉽게 따를 수 없다고 결정할지 모른다. —"갑자기 두통이 있어." 이들은 자신의 파트너가 침대에서 실망스럽고, 기술이나 배려가 부족하다고 길게 불평할지 모른다. 그러나 실제로는 자신의 섹스 능력이나 오르가슴에 도달하는 것이 부족할 수도 있다. 이들은 자신의 '미숙한' 연인을 비난함으로써 파트너가 자신을 기쁘게 하기 위해 더욱 노력하도록 압박한다. 이것이 바로 2유형이 원하는 것이다.[15]

2유형의 남성: 미성숙한 2유형의 남성은 더 부드럽고 감정적이다. 이들은 더 연극적이고 애정에 굶주린 속성(4유형과 더 비슷한)을 가질 수 있다. 반면에 미성숙한 2유형의 여성은 지배적이고 통제적인 욕구(8유형과 더 비슷한) 또는 그에 반대되는 욕구를 가질 수 있다. 여성적인 측면에 더욱 가까운 2유형의 남성은 1유형, 5유형 또는 6유형처럼 부성애적 유형 또는 좀 더 부드러운 모성애적 4유형과 관계하거나 끌릴 수 있다.

모든 유형과 마찬가지로, 2유형의 공격성과 수동성이 발견되는 양극단에는 긴장이 있다.[16] 이들은 8유형과 같이 자신의 짝을 추구한다. 그렇지만 8유형은 그것을 획득하기 위한 것이고 2유형은 주기를 원하는 것이다. 다른 사람을 파악하는 능숙함을 지닌 2유형의 남성은 순간적인 친밀감을 만들기 위해 자신의 능력을 사용할 수 있다. —"나는 당신이 그렇게 말할 걸 알고 있었어. 나는 당신이 느낀 걸 느꼈으니까." 갑자기 무관심하던 희생자는 관심을 가지게 된다. —"어떻게 당신이 나에 대해 알 수 있는 거지?"

2유형의 여성과 마찬가지로 2유형의 남성(모든 성적 지향의)은 노골적으로 성적이다. 이것이 바로 돈 주앙Don Juan의 세계이다. 종종 근본적인 성기능 장애 또는 성 중독조차도 감추며, 안도감을 주기 위해 상대를 붙들고 애무하는 것이 필요하다.

2유형의 남성은 어린 시절 자신의 아버지가 종종 정서적으로나 육체적으로 부재했음에도 불구하고 과도한 남자다움을 투사할 수 있다. 하지만 실제로 이들은 남성다운 활동에 참가하지 않았을지도 모른다. 그리고 이렇게 말할 수도 있다.―"맞아, 나는 풋볼을 정말 좋아했어. 참……, 좋을 때였지. 대학에서 우린 멋진 팀이었지." 실제로 그들의 팀은 최하위였고, 그는 가능한 한 모든 스포츠를 회피했었다. 대신에 어머니의 작은 비밀친구였을 수도 있다. 즉, 자신의 남편을 잃은(부재한) 어머니의 정서적 연결을 대신하여 제공하였을 것이다. 그들은 융의 아니무스animus 발달 제2수준인 '인간의 행동 또는 로맨스'에서 묘사된 것처럼 로맨틱한 길에서 자신이 여행가 또는 탐험가처럼 보이길 좋아할 것이다.[17]

일반적으로 남성 2유형은 자신의 여성 파트너에 비해 자각하기가 더 어려울 수 있다. 보통 우리 사회에서 여러 사람과 잠자리를 갖는 여성은 문란하다고 여겨진다. 그러나 경험이 많은 남성의 경우 다른 남성들에게 영웅처럼 여겨지기도 한다. 그러므로 2유형의 남성은 사회적 비난 없이 자신이 원하는 존경을 얻기 쉬울 수 있다. 만약 그에게 발기부전이 생긴다면, 그들의 파트너(들)가 비난을 받을 것이다. 동성 또는 양성애적 2유형의 남성은 더욱 다양한 연인과 스릴을 위해 격차를 벌린다.[18]

사랑 유형: 모성애

여성과 남성 2유형 모두 다정하고 양육적이며 애정 어린 존재이고, 자기 자신보다 다른 이에게 베푸는 것에 초점을 맞추는 모성애의 에너지를 보여준다. 통합된 2유형의 사랑은 무조건적이고 따뜻하며 관대하다. 이 보살핌과 자비로운 사랑은 더 높은 수준의 표현 속에 이타적이고 끝이 없다. 덜 통합된 2유형에게는 집착과 기만, 소유의 형태가 나타날 수 있으며, 죄책감을 주입하거나 순교자 유형의 행위가 포함될 수 있다.

의존성 생성

2유형은 존경심을 얻기 위해 다른 이들에게 지지를 호소해야 한다. 뒤로 물러서서 누군가 그들을 알아봐 주길 바라는 4유형과 달리 2유형은 파트너를 적극적으로 찾아나선다. 2유형은 관계로 그들을 유혹하기 위해 잠재적 연인들의 욕구에 고도로 동조된다.[19] 파트너가 자신의 욕망을 채워 주지 않을 때, 2유형은 매우 변덕스러워지고 그들의 새로운 가능성과 더욱 유망한 관계를 향해 쉽게 이동한다.[20]

덜 건강한 2유형은 연인을 재정적, 감정적, 방어적, 성적 또는 사회적으로 의존하게 만드는 쪽으로 활발히 활동한다. 그러면서 자기 자신의 독립성을 유지하고자 애쓴다. 이것은 이들이 파트너를 돕기 위해 행동하고 생각할 권리를 가지고 있고, 자기 혼자만이 파트너를 위해 무엇이 최고인지를 알고 있다고 믿기 때문이다. 이것은 이들에게 자격과 오만한 태도를 부여한다. 이것이 바로 종종 이들이 자신의 사랑과 배려에 의존하는 것으로 보이는 사람들을 위해 구조자 또는 조력자의 역할을 하는 것에 매력을 느끼는 이유이다. 이것은 자기애적 경향이 있는 연인에게 끌리는 상호의존적 유형의 형태를 취할 수 있다. 덜 건강한 2유형은 때때로 화를 내며 "나는 너를 위해 모든 걸 했는데!"라고 소리를 지르기도 한다. 자신의 마음속으로 자신이 셀 수 있는 수십 가지의 모든 선행을 끌어다 쓰면서 말이다. 2유형은 책임지는 것을 선호하지만 종종 자신의 욕구을 달성하기 위해 교묘하게 조작하고, 파트너의 의견을 순순히 따르며 이러한 욕망을 숨긴다.

경계

덜 통합된 2유형이 가지는 일반적인 문제 중 하나는 경계에 관한 것이다. 이것은 첫 데이트부터 새로운 파트너의 집에서 너무 많은 시간을 편히 보내는 것으로 해석될 수 있다. 즉, 냉장고 또는 옷장을 열거나 전화기 메시지를 확인하는 행위 등과 같다. 2유형과 썸을 타고 있는 연인은 돌아오는 금요일에 2유형을 만나기로 약속했다. 그러나 그 주 화요일이면 현관문에 서 있는 초대받지 않은 이들을 발견하게 될 것이다(음식과 꽃, 와인까지 한가득 짊어진 채). 또는 집에 돌아와 보니 행복하게 자신의 서랍을 정리하거나 부엌에서 뭔가를 고치고 있는 새로운 2유형의 연인을 발견할 수도 있다. 더욱이 그 2유형은 '단지 사려깊게 생각하고 있는 것'이었기 때문에 화를 내기도 어려울 것이다.

2유형은 파트너와 깊은 친밀감을 느끼거나 그들이 원하는 궁금증을 해소하기 위해 파트너의 이메일과 일기장을 뒤지거나 "월급이 얼마나 돼?"와 같은 개인적인 질문을 할 수도 있다. 연애 중에는 상대편의 과거 연애사를 꼬치꼬치 캐는 데 거리낌이 없을 수도 있고, 그들의 성적인 비밀을 밝히고자 압박을 가할 수도 있다.

시간이 지나면서, 2유형의 파트너는 그들이 필요로 하는 어떠한 욕구도 그 즉시 채워질 것임을 알고 지쳐 가기 시작한다. 그들은 자신이 원하는 것을 언급하기가 두려워질 수도 있다. 그러나 그것에 대한 감정적 대가를 치르게 될 것이다. 또한 2유형은 파트너가 편하게 여기지 않는 성적 행동을 하도록 부추길 수도 있다.

희생

2유형은 다른 이들을 위해 자신의 욕구를 희생함으로써 순교자의 역할을 맡는 경향이 있다. 사랑과 섹스에 대한 2유형의 답변을 보자. 이것은 관계에 있어 자기희생적인 접근 방식을 보여 주고 있다.

나는 내가 매우 열정적인 사람이라고 생각해요. 나는 주변의 사람들을 기쁘게 하려는 깊은 소망을 가지고 있어요. 가장 중요한 것은 제 가족을 기쁘게 해 주고 싶은 욕망이며, 사랑과 성적으로 (그것)이 되고 싶은 것입니다. 나는 종종 나 자신에게 완벽하다고 생각하는 일을 해야만 하는 사람이라고 생각합니다. 나에게 있어 사랑은 아무런 대가를 기대하지 않으며, 나에게 가까운, 나에게 소중한 사람들을 위해 이 세상 무엇이라도 할 수 있다는 것을 의미합니다.[21]

이 인용에서 마지막 몇 단어는 높은 수준의 통합을 보여 준다. '희생'이라는 단어가 있는 다음의 인용과 비교해 보도록 하자.

섹스와 사랑은 두 가지 모두 완전히 다른 것이죠. 사랑은 희생에 관한 것이에요. 나 자신의 욕구 이전에 다른 이들의 욕구를 우선시하는 것이죠. 그것은 배려, 존중, 인내에 관한 것이며, 섹스는 사랑을 표현하는 수단 중 하나여야 해요. 그러나 그것은 단지 육체적인 만족의 행동이 될 수도 있죠.[22]

이 2유형은 자신의 욕구를 부정하는 함정에 빠졌고, 일부에서는 이것을 훌륭하게 볼 수도 있다. 그러나 이러한 접근 방식은 균형 잡힌 것이 아니다.

거짓 친밀감

2유형은 친밀감을 원하지만 무의식적으로 그것을 회피할 수 있다. 친밀감에는 진정성이 포함되며, 통합되지 않았을 때 2유형은 자신의 모습을 보여주기를 두려워한다. 만약 파트너가 자신의 진정한 자아를 비롯하여 긍정적인 것과 부정적인 것을 포함한 모든 것을 좋아하지 않는다면, 그들은 거부당할 위험이 있다. 2유형은 확신을 추구한다. 그러므로 자신이 얻기 위해 준다는 것을 인정하기란 2유형에게 있어 고통스러운 과정이다. 이들이 이와 관련하여 치료를 받게 되었을 때 온전히 전념하지 못하거나 그것을 회피할 수 있다. 진정한 친밀감은 진실되지 않은 '친절'의 표현과 과시로 대체된다.

혼히 2유형은 파트너와 관계에 있어 '어려움'을 가지고 있다고 전해진다. 대개 자신의 연애와 관련된 상대 파트너들을 비난한다. —"내가 얼마나 사랑스럽고 사려깊은 사람인지와 상관없이 나는 항상 나를 이용하는 사람들을 끌어들이는 것처럼 보인다." 에니어그램 작가이자 지도자이며 심리학자인 헬렌 팔머Helen Palmer는 이것을 깊게 개입하고 친밀해지는 것을 피하고자 하는 욕구로 본다. [23]

얻기 위해 주는 것

2유형은 전략적으로 도움을 제공한다. 만약 이들이 통합되지 않았다면 처음에는 아무런 조건이 없는 것처럼 보이는 지원을 제공할지 모르지만 어느 시점에서 대가가 요구될 것이다. —"나는 당신과 데이트를 위해 정말 잘해 왔잖아. 이제 프랑스에 있는 당신의 집을 내게 빌려주는 것에 대해 얘기해 보자……." 관계에서 이들은 당신에게 성적으로 아무것도 요구하지 않을 수 있다. 그러나 후에 그들의 장난감은 간이침대 밖으로 던져지고, 그것들을 강하게 요구하는 당신을 추궁하고, 다시는 돌려주지 않으며, 그것을 지키고자 하는 당신을 수치스럽게 할 것이다. 만약 유혹이 그것을 필요로 한다면 판타지와 현실(거짓과 진실)은 뒤섞이게 될 것이다.

당신이 자기 자신을 희생하여, 자신의 삶을 다른 이들의 욕구에 집중하며 보낼 때, 당신의 감정과 성적인 욕구는 거리를 두고 분리된 것처럼 느낄 수 있다. 당신은 성적으로 자신이 원하거나 느끼는 것이 무엇인지 모를 수도 있다. 그 결과, 2유형은 지난밤에 당면했던 짜증, 파트너의 거절로 인해 느꼈던 상처, 이들이 사정하는 데 생긴 문제 등 자신이 불편하다고 생각하는 것에 대해 말하지 않게 될 수도 있다. 또한 그것은 그들 파트너의 즐거움이 파트너 자신만의 즐거움이 된다는 것을 의미한다. 2유형은 종종 자신의 성적 욕구와 욕망을 경시하고 전적으로 파트너에게만 집중한다. ─"내가 얼마나 훌륭한 연인인지 보라고, 당신에게 기쁨을 주기 위해 내가 얼마나 열심히 일하는지 봐." 이것은 연애 초기에 2유형을 훌륭한 파트너로 보이게 할 수 있다.

만약 2유형이 인정받지 못했다고 느끼거나, 만약 자신이 사랑에 빠진 파트너를 학교에 보내고자 시도하는 것이 저항에 부딪친다면 이들은 재빨리 상황을 바꿔 침실에서의 문제로 상대 파트너를 비난할 것이다. ─"내 전 애인은 매번 섹스할 때마다 오르가슴을 느끼게 했어. 그것도 몇 시간 동안이나 그랬지.", "나의 전 여자친구는 진짜 나를 끓어오르게 했지. 내가 발기불능이 된 건 명백히 당신 잘못이야." 즐거움은 혼자만의 것이 아닌 상호 간의 것이어야 한다. 바로 이럴 때가 2유형이 무너질 수 있는 시점이다.

때때로 이들이 무척 친절하고 도움이 되며 사랑스러워야 한다는 이상화된 믿음을 가지고 있다면 2유형과 함께 사는 것은 힘들 수도 있다. 양극성의 본질은 파트너가 반드시 2유형의 마음속에 있는 불친절하고 도움이 되지 않고, 사랑스럽지 않은(2유형의 어둠이 투사된) 정반대의 역할을 맡아야만 한다는 것을 뜻한다. 이로 인해 2유형이 가장 두려워하는 것은 혼자가 되는 것이다.

나는 당신이 원하는 무엇이든 될 겁니다

2유형은 자신이 원하거나 깊은 인상을 주고자 하는 상대에게 적응한다. 다른 사람들의 판타지를 탐구하고, 상대가 원하는 역할을 받아들이는 2유형의 능력은 사회의 관습을 뛰어넘는 성적 만족감에 이르는 길을 창조한다. 작가이자 에니어그램 지도자인 주디스 설Judith Searle은 2유형이 일반적인 섹슈얼리티를 탐구하든, 양성애자이든, 스윙swing이든지 간에 성적으로 탐구적일 가능성이 높다고 말했다. 그녀는 4유형과 8유형(여성과 남성)의 역동이 다른 유형보다 더 쉽게 젠더 역할을 탐구할 수 있는 2유형('2유형의 여성'에서 언급되었던)으로 인해 분리된다고 했다.[24] 나란조는 2유형의 경우 사고가 감정에 의

해 완전히 쓸려 나갈 때 그리고 사랑에 관한 것일 때 모든 것이 허용 가능하다고 말했다.[25]

다른 사람의 욕구를 활용하는 데 익숙한 2유형은 자신이 원하는 파트너의 이상적인 동반자상을 잘 집어낸다. 강하고 결단력 있는 사람을 필요로 하는가? 또는 재미있고 섹시하고 로맨틱한 사람을 필요로 하는가? 예술에 관심이 있는가? 음악에? 와인에? 그러면 나는 자신의 관심을 '개발'할 것이고, 우리는 더욱 친밀해지고 관심을 공유하게 될 거야. 만약 우리 둘 다 같은 것을 사랑한다면 틀림없이 우리는 가까워질 것을 의미하고 서로에게 좋을 거야.

이들의 정체성은 관계에 있다.[26] 이러한 '관심'은 일단 파트너가 바뀌면 거의 남아 있지 않는다. 또한 이들은 쉽게 성적 역할 놀이에 적응한다. 파트너가 간호사, 지배자, 요염한 귀염둥이, 스트리퍼를 원한다면? 2유형은 쉽게 수용할 수 있다. 그 결과는 상대에 대한 더 많은 권력과 통제이다.[27] 통합된 2유형은 자신의 파트너를 정확히 반영할 수 있고, 덜 통합되었을 때는 파트너의 거울이 된다.

관계의 필요성

모든 에니어그램 유형 중 자신이 관계를 맺지 않는 것이 가장 어려운 유형이라는 것을 알게 된 2유형은 중요한 다른 것을 보장받기 위해 이들의 선택을 양보할 것이다. 한 2유형은 새로운 파트너에 대해 나에게 말했다. ─"맞아요, 그녀는 꽤 엉망이죠. 그녀는 소유욕이 강하고 반응적이고 심지어 자기애적일 수 있어요. 그런데 대부분의 사람이 그 정도는 가지고 있잖아요."

만약 이들이 원하는 것을 얻지 못한다면 상처받은 순교자의 역할을 받아들여 상대를 거절하고 심지어 공격적으로 변할지도 모른다. ─"여자들은 내가 쉬운 상대이기 때문에 나를 이용하려 하지.", "너는 내가 없었다면 아무것도 아니야."

나를 봐, 나를 느껴

2유형은 지속적인 접촉의 확신이 필요하다. 상대와의 접촉은 미래를 위한 보증수표를 만든다. 이들의 견해는 "나는 애정이 넘치는 존재예요."인데 사실 이것은 로맨스를 가장한 통제로서 소유권에 대한 것이다.

2유형은 자신의 성적 능력과 업적에 자부심을 가질 수 있다. —"봐, 내가 얼마나 섹스에 천부적인 자질을 가지고 있는지.", "내가 당신에게 얼마나 많이 오르가슴을 느끼게 했는지를 보라고." 특히 여성 2유형의 경우 섹스로 남자를 조종할 수도 있다. 사랑에 대한 욕구로 온통 마음을 빼앗겨 버린 2유형은 갑자기 분노할 수 있다.

2유형은 파트너를 자극하는 것이 자기 자신을 위한 자극이라고 믿을 수도 있다. 심리학자인 산드라 페르토^{Sandra Pertot}는 2유형을 반응적 연인(2유형에 가장 가까운)으로 묘사했다. 이 사람들은 정말로 대부분의 다른 이와 섹스하는 것을 즐기는 사람들이다. 그리고 자신의 관계를 유지하기 위해 파트너의 욕구에 자기 자신을 바치는 사람들이다.[28] 에니어그램의 관점에서, 나는 첫 번째 설명이 2유형의 통합된 버전이라고 말하고 싶다.

함께 행복하자

9유형, 7유형과 같이 2유형은 에니어그램에서 '행복'을 상징하는 유형이다. 이들은 흥분과 자극을 만들기 위해 거짓으로 행복을 위장할 수 있다. 보통 2유형은 새로운 경험을 즐긴다. 그러므로 자신이 하고자 하는 목록에 항상 여행이 포함된다. 여행은 즐거운 시간을 만들고 파트너의 온전한 관심을 보장받는다는 두 가지 목적에 부합한다. 가정에서 파트너는 자신의 일이나 아이들에게 집중할 수 있다. 그러나 둘만의 여행에서 파트너는 온전히 2유형만의 것이다. —"당신의 모든 것이 나만의 것이야." 2유형에게 관계는 '멋진'

또는 '끔찍한' 동화나 악몽처럼 양극화될 수 있다. 간단히 말해, 관계는 자신을 이타적으로 보이도록 고양시키거나 그렇지 않은 것으로 해석된다.

본능적인 추동

자기보존적 2유형(공포대항형): 에니어그램 작가인 베아트리체 체스넛^{Beatrice} ^{Chestnut}은 "자기보존적 2유형은 '특권'의 의미 속에 전개되어 간다."고 말했다.[29] 이것은 전형적인 2유형의 추동이 다른 사람을 향해 외부로 나아가는 것과 반대되는 것으로 '나 먼저'[30] 식의 자기 자신을 향한 내부적 접근에 초점을 맞추는 것을 보여 준다.

이 하위유형은 너무 어른스럽거나 세속적인 사회적 2유형, 또는 거칠고 음란한 성적 2유형과 달리 여러 면에서 아이들 같은 순수함을 닮을 수 있다. 사랑과 섹스에 대한 유쾌한 자기보존적 2유형의 시각을 가져 보라. ㅡ"정말 아름다워. ☺ 그리고 그것은 무료라고! 당신이 이것을 무료로 제공할 때, 당신이 상상할 수 있는 것 이상을 돌려받게 될 거야! 아름다워. ☺"[31](2유형은 스마일과 하트 이모티콘을 좋아한다!)

어린이의 욕구는 종종 성인보다 앞서 충족된다. 바로 이것이 '나의 중요성'이라는 신념이다. 역사적으로 이 역동은 전통적인 방식과 관습에서 전개되어 왔다. 예를 들어, '강한' 남자(8유형의 전형)는 '약한' 여성(2유형의 전형)에게 자신의 재킷을 포기해야만 하거나 또는 마치 아이들을 대하듯 그녀를 보호하기 위해 길 끝에서 걸어야 한다.

이 하위유형은 자신을 보호해 주고 아껴 줄 파트너를 찾는다. 즉, 자신을 관심의 중심에 놓고 단순히 존재 자체로만 이들을 사랑해 줄 아버지나 어머니와 같은 모습이다. 누구도 거부할 수 없는 커다란 눈망울을 가진 아이, 선생님의 애완동물, 매력적이고 귀여운 어린아이를 떠올려 보라.[32] 이를 위해 자기보존적 2유형은 구조자를 초빙하기 위해 애교 섞인 요염하고 어린아이와 같은 행동을 취한다. 이들의 보디랭귀지 또는 어린아이와 같이 말하는 방식은 '나를 돌봐 줘'라는 메시지를 전달한다. 이들은 자신의 본래 나이보다 어려 보일 수 있고 어린아이와 같은 스타일로 옷을 입을 수도 있다. 이들은 순수한 감정을 이용하여 상대방을 유혹하려고 시도할 수도 있다. ―"아빠는 어린 딸을 상냥하게 대해 줘야지?" 흥미롭게도, 8유형의 미덕은 순수이고, 해방점은 2유형이다. 따라서 8유형의 남성은 2유형의 '순수한' 성인 패러디를 불러일으킬 수 있다.

또한 이 2유형은 유머, 농담, 즉흥적인 즐거움, 즐거운 에너지 그리고 장난기로 가득 찬 감각적인 재미(쾌락주의적인 7유형으로 보일 수 있는)로 유혹하고자 하는 대상을 매혹하고 무장해제시킨다. 파티에서 모든 종류의 컵케이크를 맛보는 것을 참지 못하는 것처럼 자기보존적 2유형은 스스로를 멈출 수 없을 수도 있다. 그 결과, 자기 자신에게는 특별히 끌리지는 않지만 관심을 갖길 원하는 누군가와 잠자리를 가질 수도 있다. 이들은 부적절한 성적 만남을 폭로하고 싶은 마음을 억누를 수 없을 수도 있다. 충동이 일어나면, 사무실 화장실에서 무방비 상태로 섹스를 하는 것과 같은 무책임한 행동을 할 수도 있다. 어린아이처럼, 책임감과 헌신(파트너의 첫 결혼에서 얻은 세 명의 아이처럼)을 감당하길 원치 않을 수도 있다. 그리고 자신의 욕망이 좌절되거나 또는 어떤 형태로든 거절당했다고 느꼈을 때 상대에게 미친 듯이 화를 낼 수도 있다.

2유형을 강박적 조력자이자 세상에 베푸는 자로서 보았던 사람들에게 자기보존적 2유형은 어떻게 그들이 잘못 인식될 수 있는지를 쉽게 보여 준다. 7유형은 고통에서 벗어나고자 재미를 찾지만 자기보존적 2유형은 보다 호감이 가는 것처럼 보이기 위해 재미를 사용한다. 자기보존적 2유형은 수줍음조차 자신의 연결성 속에 더 보호하려 한다. 그리고 이것은 불신하는 6유형으로 오인될 수도 있다. 왜냐하면 6유형과 같이, 자기보존적 2유형은 성적 2유형 또는 자신감이 넘치는 사회적 2유형보다 사랑에 있어 더 갈등적인 모습을 보일 수 있기 때문이다.

사회적 2유형: 여기서 교만은 상류층으로 이동하고자 하는 이들의 야망을 드러낸다. 사회적 2유형은 신분이 있는 사람으로 인정받기를 원한다. 자신감을 가지고 집단과 사회를 탐지하고 더욱 호감 있게 보이기 위해 리더 역할에 쉽게 빠져들 것이다. 이들은 종종 개인보다는 집단을 조종하고, 다른 이들보다 자신이 더 뛰어나다고 자부하기에 '야망'이라는 이름으로 불린다. 이들은 자신의 욕구를 충족하기 위해 다른 사람들을 끌어당기고 영향력을 행사하는 방법을 알고 있다. [33]

사회적 2유형은 자신이 중요한 사람이 된 것처럼 보이길 원한다. 그래서 자신과 연인이 될 가능성이 있는 파트너와 대화하는 동안 유명인사의 이름을 들먹이고, 자신이 다녔던 일류 대학(단지 2주짜리 코스를 다녔다는 것을 생략하고)을 언급하며, 자신이 유혹했던 연인의 수를 자연스럽게 흘릴 것이다. ㅡ"맞아, 나는 하버드에 다녔었어. 사실 빌게이츠는 내 친구 중 한 명이었지.", "나는 침실에서 나를 기다리고 있는 내 나이 절반쯤 되는 멋진 애를 만났지. 그녀는 충분하지 못했어." 또한 이러한 2유형은 자신의 파트너가 확실히 자신을 떠나지 못하게 하기 위해 파트너의 중독을 이용하고 '실수'를 받아 주는, 자신은 돕고 있지만 실제로는 남을 망치고 있는 유형의 조력자가 될 수도 있다. [34]

관계에 있어 타 유형에 비해 더욱 강한 소유욕을 가지고, 착취적이며, 통제적이다. 자신의 의도를 숨기고 힘과 명예, 부 등으로 상대를 유혹한다. 덜 통합된 사회적 2유형은 사랑에 있어 또는 감정적으로 더 연약한 감성을 가지고 있다고 말할 수 있다. 그러나 이것은 원하는 결과를 달성하기 위해 연출된 것일 수도 있다. 이런 의미에서 흔히 이들의 접근 방식은 좀 더 3유형(목표지향적인) 또는 8유형(장악하고 통제하는)에 가깝다. [35]

덜 통합되었을 때는 파트너보다 자신이 더 나은 사람이라고 느끼고 싶어한다. 이들은 더 많은 여행을 다니고, 더 많이 성취하거나 돈을 많이 벌 수 있다. 이것은 자신이 없어서는 안 될 존재로 느끼게 하기 위해 매우 중요하다. 반면에 파트너는 2유형이 자신에게 필수불가결한 사람이라는 느낌을 주는 것을 원치 않는다. 사회적 2유형은 사랑과 섹스를 요구할 때 '성취'라는 단어를 사용한다. ─"나는 항상 가까운 사람들에게 사랑을 보여 주거나 성취하기를 모두 갈망해."[36]

　사회적 2유형인 여성은 이들의 거친 성적 하위유형의 자매들과 다르다. 이들은 사회적 지위를 필요로 하고 지적이고 성취한 사람으로 보이기를 원한다. 다른 두 하위유형과 달리 더 조용하고 어른스러우며, 위축된 측면이 있다. 이들의 패션 스타일은 덜 화려하고 덜 노출함으로써 이를 반영한다.

　성적 2유형: 이 하위유형은 2유형의 가장 전형적인 모습이다.[37] 만약 사회적 2유형이 집단을 유혹한다면 성적 2유형은 개인을 유혹한다. 사회적 2유형이 자중감을 통해 관심을 얻는다면 성적 2유형은 섹슈얼리티와 유혹으로 관심을 얻는다. 따라서 하위유형 가운데 가장 성적이다. 일반적인 2유형은 비밀을 털어놓기 원하고, 성적 2유형은 파트너의 비밀을 듣는 것으로 특별한 친밀감을 즐긴다. 누군가를 유혹하기 위해서 이들은 자신의 파트너가 찾는다고 믿는 것에 자신이 일치한다고 생각할 수 있거나 그들과 연결성을 만들기 위해 비슷한 취향과 흥미를 말할 수 있다.

　성적 2유형의 남성은 더욱 유혹적인 경향이 있는 반면에 여성은 애정 어린 관심을 추구하고 관계에 더욱 집착하게 되는 공격적인 '팜므파탈'[38]이 될 수 있다. 성적 2유형의 여성은 거부할 수 없다. 그러나 암컷 거미처럼 목표가 달성되었을 때 자신의 사냥감을 다 먹어 치울 수 있다. 이 여성의 약탈적 공격성은 이 책에 나오는 모든 매혹적인 속임수를 이용하여, 부유하고 나이 많은 남성을 대상으로 하는 매력적인 여성에게서 볼 수 있다. 예를 들어, 그녀는 그의 재산에 아무런 관심이 없는 것처럼 그가 믿도록 하기(사기 치기) 위해 초기에는 자신의 돈을 뿌릴 것이다. 즉, 무언가를 얻기 위해 주는 것이다. 아니면 교활한 머리를 감추며 그들의 구혼자에게 접근하는 '멍청한 금발(백치미)'의 행동을 생각해 보라. 이러한 행동에는 파트너를 신뢰에 빠지게 만들기 위해 '몸만 달아오르게 하는' 것도 포함될 수 있다. 덜 통합된 성적 2유형은 자기 자신을 사랑스러운 연인이라고 말한다. 그러한 이름으로 그들은 착취와 같은 상처를 주고 해를 입히는 방식으로 행동할 수 있다. 이들은 책임감이 아주 적거나 전혀 책임감을 갖지 않을 것이다.

이들의 왜곡점인 8유형에서, 성적 2유형은 "너는 내 거야."와 같이 과도한 소유욕을 가질 수 있다. 이들은 8유형과 같이 사랑받는 데서 오는 힘을 즐기고 관능적이기도 하다. 성적 2유형은 섹스와 사랑을 "와인과 음식과 같은……, 우리 몸속에 살아 있다고 느끼게 해 주는 모든 감각적인 경험이다."라고 묘사한다.[39] 성적 2유형은 자신이 욕망하는 대상을 정복하기 위해 자신의 외모에 자부심을 가지고 이들이 가지고 있는 깊은 감정을 전달하기를 좋아한다(만약 그것이 연기일지라도). 좀 더 내성적인 성인이나 지적인 사회적 유형과 다르게 이 유형은 재미있고, 거절할 수 없이 매력적이며, 즉흥적이고 바람기가 있다.

만약 사업에 있어 힘 있는 지위를 유지한다 해도, 성적 2유형에게 관계와 성적인 요구는 그 모든 것보다 우선시된다. 이들에게는 위험한 측면이 있고, 자신이 원하는(그것은 모든 것이다) 것을 얻기 위해 다른 이들의 열정을 만들어 내는 채워지지 않는 욕구가 있다. 자신에게 한도가 없는 신용카드를 제공할 수 있으며, 힘이 있고 돈 많은 부자에게 끌린다. 그러나 성적 2유형을 묘사한 다음과 같이, 사랑과 섹스는 극도로 고통스러울 수 있다.

사랑은 때로는 매우 어렵고 당신을 연약하게 만든다. 나의 사랑에 대한 경험과 기대는 여러 해를 거치면서 발전해 왔고, 내가 상상했던 것보다 더 아름다운 그림이 되었다. 반면에 섹스는 다르다. 섹스에 대한 나의 기대는 아직까지도 현실과 맞지 않는다고 생각한다. 그것은 이타적인 행동이지만 당신이 그것에 가져오는 수많은

자아가 있다. 이러한 긴장감을 어떻게 다룰지 알아내는 것은 매우 어려운 일이다.[40]

날개

1번 날개를 가진 2유형(모성애와 부성애): 이 날개유형에서, 2유형의 따뜻함은 1유형의 완벽함과 만난다. 통합되었을 때 이 유형은 특정한 목적을 가지지 않아도 순수하고 진정성 있는 마음으로 세상을 개선하고자 하는 데 동기부여가 될 수 있다. 당신은 보통 교사, 목사, 정치가 또는 보건과 관련된 분야에서 그들을 찾을 수 있다. 이들은 칭찬이나 대가의 필요 없이 봉사한다. 이 유형은 3번 날개를 가진 2유형에 비해 더 차분하고 내성적이다(부성애의 영향으로). 상호 간의 경계는 더욱 명확하게 그어질 것이다.

이들의 정서적인 건강 수준이 평균에 도달했을 때, 이 날개유형은 개인적이고 감정적인 관계에 대한 2유형의 욕구와 비인간적이고 더 통제된 접근 방식을 취하는 1유형의 이성적인 욕구 사이에서의 역설을 더욱 명확히 보여 준다. 이들이 파트너를 위해 하는 것들에는 '좋은' 부인 또는 남편이 되고자 하는 더욱 큰 의무감이 있다. "사랑/섹스는 당신의 파트너를 향해 당신이 가져야만 하는 열정이다."[41] 이것이 자신의 관계를 묘사하는 2유형의 방식이다. 여기서 1유형이 가장 선호하는 단어인 '해야 한다'를 사용했다는 것에 주목하라.

이 2유형은 연인에게 주려고 하는 자신의 욕구를 자기방임으로 여길 수 있다. 이들의 행동은 '당신에 관한 모든 것'을 암시하지만 따뜻한 표면 아래에는 분노가 자라나고 사랑하는 사람에 대한 비판으로 표현될 수 있다.

또한 이 날개유형에서 섹스는 더욱 통제되고 덜 표현될 것이다. 이들은 파트너를 개선할 필요를 느끼기 때문에 파트너를 짜증나게 할 수 있다. 1유형의 영향력으로 다른 날개유형에 비해 더 도덕적이고 더 독선적일 수 있다.[42] 자신이 틀렸다는 것이 증명되는 것을 좋아하지 않고 그렇게 하려는 어떤 시도에도 거부하거나 저항할 수 있다.

3번 날개를 지닌 2유형(모성애와 성애): 통합되었을 때 연결하고자 하는 2유형의 욕구와 3유형의 진정성이 결합되어 진정한 친밀감을 만들어 낸다. 3유형의 속성으로 더욱 매력적이고 외향적인 모습을 보인다. 이들은 우리가 일하는 회사를 더욱 편안하게 만들고, 성적으로 더욱 요구하게 된다. 관계는 이들이 가진 의제 중 가장 우선적인 것이다. 이들은 단순히 다른 이들을 돌보기를 원하기보다 자신의 재능을 주는 것을 더욱 선호한다. 이들이 덜 건강할 때 타인의 가십을 즐기고, 연결을 위해 다른 사람들의 은밀한 비밀을 교환한다.

둘 다 수치심의 유형으로, 평균적인 감정 수준의 2유형과 3유형은 수치심의 이중고를 만든다. 그러나 2유형은 자신이 가진 수치심을 다른 사람들을 위해 더 많이 행동하는 것으로 숨기려 한다. 그리고 3유형은 성공한 존재가 되는 것으로 그들의 수치심을 숨긴다. 3유형처럼 자신의 내적 작업을 피하기 위해 일의 성과를 이용할 수도 있으며, 그 결과 워커홀릭이 될 수도 있다. 거기에는 더 큰 야망과 사회적 상승 욕구가 있다. 이들이 파트너를 고를 때 상대에게 고려하는 것은 '그/그녀가 나의 지위를 더욱 상승시켜 줄까?'라는 것이다. 자신의 명성을 떨치고 사회적 성취에 집중하는 것이 중요하다.

이 날개유형에서 이들은 자신의 욕구에 대해 더욱 직접적이고 더 강하게 요구할 수 있다(성적 3유형의 영향으로). 다른 날개유형인 비판적 1유형의 시각이 약하기 때문에 자신과 타인이 가진 실수를 덜 찾으려 한다. 그러나 자기 자신을 높이려는 경향이 있다(3유형처럼). 무엇보다도 이들은 선망하고 존중받는 사람이 되기를 원한다.

성적 존재로의 이동

2유형의 성적 완성을 방해하는 것들

통제는 섹스에 있어 매우 중요한 부분이다. 2유형이 타인의 욕구를 만족시키기 위해 일을 할 때 이들은 본질적으로 통제력을 가진다. 이제 이들은 언제, 어디서, 얼마나 그리고 무엇을 줄 것인지 결정한다. 때로 주기보다 받는 것이 더욱 어려운데 받는 것에는 파트너가 선택한 것이 무엇이든지 간에 자신의 권한을 포기한다는 것이 포함되어 있기 때문이다. 받을 수 없다는 것은 통제력을 유지하기를 바라는 마음과 권리를 포기해야 하는 무능이 반영된 것이다. 이는 덜 통합된 8유형과 유사한 힘의 역동성을 만들어 낸다. 만약 당신이 2유형이 주는 것을 무시하거나 충분히 감사를 표하지 않는다면 2유형은 그것을 좋아하지 않을 것이다. 나란조가 말한 것처럼, 2유형은 사랑을 나누지만 공격적인 성향(8유형과 연계된)을 통해 전쟁을 하기도 한다.[43]

자신의 욕구는 무시하거나 알아채지 못하는 대신, 타인을 기쁘게 하는 데 집중하는 것은 불균형을 만들어 낸다. 2유형은 자신이 항상 주는 사람이라는 교만한 믿음을 내려놓을 때, 순종이 가져오는 많은 선물을 받는 법을 배운다. 진정한 힘은 자신의 의지와 상관없는 것을 거절하거나 또는 상대의 호의를 받아들이는 데 있다. 2유형은 친밀감에 익숙한 것처럼 행동하고 말할 수 있지만, 진실은 이들 대부분이 진정한 친밀감을 거의 경험하지 못했다는 것이다. 섹스가 반드시 친밀감과 같지 않다는 것을 배울 필요가 있다. 진짜 친밀감에 이르는 길은 진정성에 있는 것이다.

2유형이 성적으로 현존할 수 있는 방법

당신의 욕구를 인정하라: 만약 2유형이 자기 자신의 욕구(성적이든 아니든)를 깨닫고 표현하며, 파트너의 욕구가 중요한 만큼 자신의 욕구도 중요하게 바라본다면 진정으로 현존할 것이다.

자신에게 받는 것을 허락하라: 당신의 파트너에게 제공한 것에 따라 섹스를 조건부로 만들지 말라. 만약 2유형이 자신의 추동을 깨닫고 누군가에게 왜 주고 싶어 하는지를 바로 인식하기 시작한다면, 이들은 받을 수 있게 됨으로써 인간관계에서 더욱 진정성 있게 보이기 시작할 것이다.

겸손으로 이동하라: 2유형은 교만의 열정이 자신의 행동 어디에서 나타나는지를 인정하고 보상을 바라는 숨겨진 욕구를 인정해야만 한다. 이것은 상호의존적인 관계에서 이들이 가진 피상적인 관심이 진정한 공감으로 바뀌고 가슴으로부터 자유롭게 흐르는 무조건적이고, 진정한 사랑의 관계로 움직일 수 있다.

진정한 친밀감을 허용하라: 이것은 2유형으로 하여금 깊고 친밀한 사랑과 피상적인 섹스 사이의 차이를 인식하고 그것들을 구별하는 법을 배우는 데 도움을 준다. 사랑이 진실되기 위해 드라마가 될 필요는 없다. 다른 이들을 구하거나 의존성을 만드는 형태가 될 필요도 없다. 누군가의 손을 잡거나 팔을 끊임없이 쓰다듬는 것은 반드시 필요한 친밀감의 행동이 아니다. 그것은 소유행위 또는 다른 이들을 붙들고 싶은 욕망일 수 있다. 통합된 2유형은 요구하지도 애정에 굶주리지도 않는다.

자신의 관심사를 개발하라: 2유형은 파트너의 관심사를 따라 하려고 시도하기보다 자신의 것을 발전시켜 나가야 한다. 이 방식을 통해 온전함이나 성취감을 느끼기 위해 다른 누군가를 필요로 하지 않고 자기 자신을 완전하게 만든다. 이것은 2유형이 끊임없이 주는 역할이 아닐 때 자기 자신을 찾기 위한 혼자만의 시간이 필요하다는 것을 의미할 수도 있다.

자기 자신의 감정과 소통하라: 자신의 감정을 피하거나 사건들을 '나쁘다' 또는 '좋다'로 이해하는 대신, 2유형은 그것을 부인하거나 무시할 필요 없이 불쾌한 일로 인정하려고 시도할 수 있다. 논쟁을 통해 대화(타인을 비난하는 것이 아닌)하고 그 속에서 자신의 역할에 대한 주도적인 마음을 갖는 것은 진정성에 이르는 길에 매우 유익하다. 그리고 2유형이 더 깊고 더 진실된 연결고리를 만드는 데 도움이 될 것이다.

자기 자신을 부양할 필요를 버리라: 2유형의 성장을 위해서는 사랑받을 가치가 있다고 느끼기 위해 존경받는 사람이 되어야 할 필요를 버려야 한다. 이미 그 자체로 충분하다.

성찰 질문

참조: 당신의 유형과 상관없이 이러한 질문에 답하는 것은 유용하다.

- 당신이 가진 성적 욕망은 무엇인가?
- 당신이 섹스를 할 때 파트너에게 받는 것보다 주는 것이 얼마나 쉬운지를 깨닫고 있는가? 왜 그러한가?
- 파트너에게 진정한 칭찬을 주는 대신 아첨하고 있는가?
- 당신의 주는 행위에서 교만은 어떻게 드러나는가?

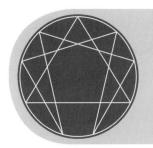

제**6**장

6유형:
충성스러운 연인

6유형의 좌우명: "잘되지 않을 것이라는 두려움에 직면하여 사랑할 용기를 찾는 것"

연인으로서의 6유형: 재미있고, 믿음직하고, 매력적인 6유형은 관계에 있어 굳은 의지를 보여 준다. 그러나 6유형이 가진 양면적 본성은 이들로 하여금 사랑을 의심하게 할 수 있다. ─"그/그녀는 정말 있는 그대로 나를 사랑할까? 관계에 있어 그들의 동기는 뭘까?" 그 결과, 파트너의 사랑에 대한 확신을 갈망한다.

6유형의 섹스는 조건적: 자신의 의무를 지고, 열심히 일하며, 파트너를 돌보고 지원한다. 이들은 잠재적인 위험으로부터 '안전'한 상태여야 한다(성병, 원하지 않는 임신 등).

당신의 유형은 아니지만 6유형과 관련이 될 수 있는 측면: 당신이 5유형이나 7유형(날개) 또는 9유형이나 3유형(해방과 왜곡 지점)일 경우

사랑 유형(부성애): 6유형은 자신이 지닌 능력을 의심하면서 자신이 존경하거나 따를 수 있는 권위주의적인 인물을 찾는다. 또는 자기 스스로 권위적인 인물이 될 수도 있다. 머리형에 속하는 6유형은 감정으로 느끼기보다는 생각하는 경향이 있다.

관계 신념: "나는 나의 관계에 헌신한다. 파트너는 나에게 의지할 수 있다."

성적 좌절감: "나의 파트너는 자신의 역할을 다하지 않는다. 결국 나는 항상 더 일해야 하는 상황에 처한다.", "어느 누구도 나만큼 충성스러울 수 없다.", "내가 사랑을 할 때 내가 하는 모든 일이 잘못된 것 같다."

6유형의 섹슈얼리티 이해

간략한 요약

6유형은 모순덩어리가 될 수 있다. 즉, 어느 한 가지가 6유형에게는 진실이 될 수 있는 만큼 그 반대의 경우도 가능하다. 이들은 두려움(공포)을 가진 세 유형 중 하나이지만 6유형의 강한 성적 공포대항형은 두려움에 저항한다. 불안한 6유형이 때로는 용감하고 두려움이 없는 것처럼 보일 수 있다. 비행기 안에서 다른 모든 사람이 잠을 자거나 혹은 잡지를 읽고 있는 동안 6유형은 항공기 안전매뉴얼을 읽고 비상탈출구가 어디에 있는지를 확인한다. 그리고 산소마스크의 사용법을 익히며 구명조끼가 어디에 있는지를 숙지한다. 만약 비행기에 문제가 발생한다면 6유형은 이미 기술을 숙지했으므로 비상탈출을 준비할 것이다.

6유형의 연인은 파트너 선택에 있어 신중을 기할 것이다. 이들은 신뢰할 수 있고, 자신을 안전하다고 느끼게 해 줄 수 있는 누군가를 원한다. 왜냐하면 충성스러운 사람은 버리지 않기 때문이다. 흔히 보호하는 성향인 8유형의 남성과 두려움이 있는 6유형의 여성이 짝이 된다. 마찬가지로, 6유형은 종교적인 규칙, 팀, 또는 머리수로 안전을 제공하는 조직의 일원이 되기를 선호할 수 있다.

6유형은 어떤 상황이 발생하기 전에 직관적으로 알아채는 능력을 가지고 있다. "나는 길을 건너가야만 한다는 느낌을 받았어. 그리고 나는 바로 행동했지. 잠시 후 차가 갑자기 튀어나왔고 내가 걷고 있던 길에 충돌했어." 문제는 6유형이 항상 이러한 직관을 신뢰하지 않는다는 것이다. ─이게 정말 내가 인지한 것일까? 아니면 단지 계속되는 의심일까? 그것에 대해 언제 행동하고 하지 말아야 할까? 음……. 내 상사/친구에게 전화로 물어볼까? 시스템 관리부에 체크해 볼까? 매뉴얼을 다시 확인할까? 자신감이 부족할 정도로(통합되지 않았다면 그러하다), 이들은 자신의 내면을 신뢰하기 위해 힘겹게 노력한다. 그리고 다른 사람들의 의견을 구한다(그들이 가진 통찰이 없을지도 모를 사람). 6유형의 마음 깊은 곳에서, 파트너의 조언이 올바르지 않다는 것을 알면서도 그것을 따르는 것은 매우 불만스러운 일이다. 그러나 이들은 모선에서 떨어져 홀로 가는 것을 두려워한다.

팔머는 이러한 6유형의 우유부단함을 일부러 반대 입장을 취하는 '악마의 옹호자'[1]의 역할이라고 표현한다. 왜냐하면 6유형은 이야기의 양면을 모두 볼 수 있기 때문이다. 행동하는 것은 이들로 하여금 타인의 입장에서 생각할 수 있게 하고, 그 결과 이들은 잠재적으로 가장 동정심이 많은 유형이다.

또한 6유형은 권위 있는 인물에게 양면적인 모습을 보인다. 어떤 사람은 이들에게 엄포를 놓을 수도 있다. 이와 반대로 자신이 보호받고 있다고 느끼기 위해 자신이 그들의 일부가 되길 원할 수도 있다. ─"만약 그가 그렇게 해야 한다고 말한다면, 나는 지지할 것이다. 그러면 나 혼자 음악을 듣는 일은 없을 것이다." 그러나 그렇게 하는 것은 올바른 행동을 알고 있는 6유형 자신의 감정을 희생하는 것이다. 더 높은 권위에 복종하는 것과 함께 그것에 반항하려는 욕구가 생긴다.

관계에 있어 이것은 다음과 같이 보일 수 있다. ─"내가 스스로 받아들인 그 대단한 권위를 은밀히 무시하며, 당신이 말한 모든 것에 동의하는 것처럼 표현할 수 있다." 그럼에도 6유형은 다른 이들과의 관계를 유지하는 것을 즐긴다. 홀로 떨어져 있는 것보다 함께 있는 것이 더 안전하기 때문이다. 이들은 사랑을 갈망하지만 자신의 행복을 연인의 손에 맡기는 것은 그 자체로 두려운 일이 될 수 있다.

6유형의 발달

당신은 다섯 살 아이이다. 형의 격려를 받으며 올라간 벽 위에서 균형을 잡고 서 있다. 밑을 바라보고 갑자기 큰 두려움을 느낀다. 당신은 분명히 떨어져 다칠 것이다. 엄마는 불같이 화를 낼 것이고 친구들은 당신의 어설픔을 비웃을 것이다. 갑자기 세상이 너무 무섭게 보인다. 당신은 지지받지 못했고 혼자라고 느꼈다. 당신은 안전하게 내려갈 수 있을 거라고 생각하는 자신을 믿지 않는다. 당신을 도와줄 어느 누구도 믿지 않는다. 또한 당신은 겁쟁이처럼 보이고 싶지 않다. 누구에게 도움을 구할 것인가? 무엇을 해야 하는가? 당신은 자신의 능력에 대한 신뢰를 잃었다. 그리고 그 벽에 첫발을 내딛었을 때 당신이 가졌던 용기는 사라졌다.

이것이 바로 6유형의 세계이다. 이들은 어릴 때부터 자신과 세상에 대한 신뢰를 모두 잃었다. 이들이 안전하게 점프하길 원했을 때, 강한 아버지라는 인물은 그들을 잡아 주기 위해 또는 모든 것이 괜찮을 것이라고 말해 주기 위해 곁(감정적으로나 육체적으로)에 있어야 했지만 그렇지 않았다. 이들이 독립하기 위해 이끌어 줄 강한 아버지와 같은 모델 없이 6유형은 어머니나 또는 어머니상에 의해 압도됨을 느껴야만 했을지 모른다. 아버지의 부재는 세상이 안전하지 않다는 감정을 만들어 냈다. 그리고 과보호된 어머니의 관심이 이것을 확인시켜 주었다. 두려움과 용기는 내부에서 전쟁을 벌였다. 이제 삶은 믿을 수 있는 것과 그렇지 않은 것에 관한 것이다. 충성은 사랑보다 더 중요하다. 그렇다면 신뢰와 충성이 아니라면 사랑은 무엇일까? 인생에서 6유형은 항상 경계하고, 위험 또는 뭔가 잘못될 가능성이 있는 것을 찾는다. 이들이 보기에 다른 사람들은 외부에 존재하는 위험을 이해하지 못하는 것 같다.

사랑에 빠진 6유형

통합된 6유형: 6유형은 관계의 신전을 지탱하는 나 외에 다른 한쪽 기둥인 파트너를 가지고 있다고 느낄 때, 그 파트너가 충실하다고 느낄 때, 상상하는 것과 실제 위험을 구별할 수 있을 때 마음 편히 존재할 수 있다. 비로소 이들의 내적 지식은 끊임없는 안내의 자원이 되고, 외부의 확신을 구할 필요성을 못 느끼게 된다. 자신의 직관을 믿고 행동의 올바른 길을 알며, 선택을 하기 위해 세 개의 중심인 머리, 가슴, 장 모두가 관여한다.

거절에 대한 두려움뿐만 아니라 모든 것과 모든 사람을 의심할 필요를 내려놓는다는 것은 통합된 6유형이 자신의 섹슈얼리티와 관계에 더 개방적이라는 것을 의미한다. 파트너의 모험을 지지할 수 있고, 즐거운 유머감각을 소유한, 정직하고 따뜻하며 믿을 수 있는 동반자가 될 수 있다. 6유형은 동정심이 많고 잘 들어주는 경청자이다. 이러한 속성은 이들을 치유 분야에 경력을 쌓을 이상적인 후보자로 만든다. 통합된 6유형은 반응성을 낮추고 그것을 용기 있는 행동으로 대체한다. 자신과 타인을 신뢰하며, 작은 것에 전전긍긍하는 것을 멈추고, 차분하고 용기 있게 도전을 받아들인다.

평균적인 6유형: 만약 6유형이 관계에서 안전함을 느끼면, 이들은 함께하기 쉽고, 이들이 가진 충성심은 결혼생활을 오래 지속할 수 있다는 의미가 된다. 자신에 앞서 파트너의 욕구를 충족시키는 것을 기쁘게 여기지만, 2유형과는 달리 충성심 외에는 아무것도 기대하지 않는다. 이들에게는 의심하거나 양면적이지 않을 때 존재하는 따뜻한 동지애가 있다.

6유형이 분열됨에 따라 거절에 대한 잠재적 가능성 혹은 계획한 대로 되지 않을 수 있다는 두려움으로 관계에 대한 욕망이 틀어질 수도 있다.[2] 이제 '잘못될 수 있는 것은 무엇인가?'에 대한 답은 '모든 것'이 된다. 어느 날은 서로의 관계에 전념한 것으로 보일 수 있지만 다음 날에는 의심과 두려움이 싹트고, 모든 것을 끝내기로 결심할 것이다. 또한 자신이 가진 감정을 의심하기 시작할 것이다. ―나는 진짜 그녀를 사랑할까? 진정한 사랑이 뭐지? 그녀는 발을 위아래로 툭툭 차며 짜증나는 짓을 해. 이건 내가 결국에는 더 짜증을 낼 것이라는 걸 의미하나?

6유형은 동기를 찾는다. ―"당신이 나를 사랑한다고 말하는 건 알겠어. 근데 그게 정말 무슨 뜻이야? 아마 그건 단지 내가 가장이기 때문이야." 이들은 자신의 걱정거리에 집착하게 될 수 있으며, 시끄러운 마음속monkey minds*3]은 논리로 게임을 하고 머릿속 음성은 서로 다른 이야기를 들려 줄 것이다. 6유형은 가슴보다 머리를 더 따르기 때문에 불안감을 느낀다. 이들에게 결혼은 사랑보다 안정에 관련된 것을 의미할 수도 있다. 때로는 기존의 불안정한 관계나 불행한 가정생활에서 벗어나기 위해 결혼을 선택할 수도 있다.

이들은 일상을 즐기고, 알고 있는 것 이상을 넘어가지 않으려는 편안한 마음으로 자기 분수를 지키며 만족하는 안분지족(安分知足)한 삶을 살 수도 있다. 이들은 결혼을 결심(큰 결정)하기까지 문제가 없을 수 있지만, 결혼식에서 무엇을 입을지를 결정(작은 결정)하는 데 어려움을 겪을 수도 있다.[4] 파트너에 대한 이들의 보호는 특히 자유를 즐기는 유형에게 숨막히는 경험을 하게 할 수 있다. 성적으로 6유형은 침대에서 새로운 것을 시도하는 경향이 덜할 수 있으며, 심지어 점잔을 빼고 보수적일 수도 있다(그들이 성적 공포대항형이 아닌 이상).[5]

분열된 6유형: 외롭고 소외되었다는 느낌을 받는 6유형은 쉽게 우울해지고 자신을 충성스럽게 느꼈던 사람들에게서 버려졌다는 느낌을 받는다. 그것은 공포와 최악을 예상하며 자동차 전조등 앞에 서서 얼어 버린 사슴과 같다. 6유형은 자신을 돕고자 하는 상담사의 동기와 진실성에 의심을 가질 수도 있

---

* 역자 주: 불안하고, 분주하고, 우유부단하고, 변덕스러운 정신 상태를 가리키는 불교 용어

다. 그러나 그 치유는 6유형에게 도움이 될 수 있다.

6유형이 분열됨에 따라, 이들은 더 반응적이 되고 이성은 창문 밖으로 날아가 버린다(도자기 한두 개와 함께). 시간이 갈수록 점점 더 예측하기 어렵고 까칠해진다.―"나는 결코 이 관계를 맺지 말았어야 했어. 시작부터 불행한 결말이었어. 난 당신이 신뢰할 수 없다는 것을 알아야만 했어." 분열된 의식 속에서 끊임없이 의심하고, 통제하며, 편집증적이고, 편협하고, 융통성이 없고, 냉소적이게 될 수 있다. 이 수준의 6유형은 분열되고 상대를 지배하기 원하며, 파트너를 친구 또는 적으로 인식하여 마음이 동요할 수 있다.

더 이상 머리와 가슴이 소통하지 않을 때, 6유형은 어느 누구도 의지하거나 신뢰할 수 없는 불안과 공황 상태에서 살아간다. 이들은 지배와 순종 사이를 오간다. 자신이 신뢰했던 사람들은 이제 멀리 쫓겨났다.

6유형은 결혼과 관계를 유지할 수 있는 강점을 가지고 있다. 만약 파트너가 험난한 관계를 가진 길을 걸어왔다면 이것은 편안하고 사랑스러운 자질이 될 수 있다.

6유형을 닮은 데이트 광고

라시드, 43세

안녕, 내 이름은 라시드예요. 나는 싱글 남자이고, 키는 185입니다. 꽤 괜찮은 체형이죠(조금 길겠죠). 나는 멋지고, 직관적이고, 재미있다는 이야기를 들어요. 소통도 잘하는 편이죠(우리 엄마가 하는 이야기니 당신은 그녀의 말을 믿어야만 해요!). 나는 게임하는 것에 지쳤어요. 내가 바라는 것은 나만큼 '충성'과 '진실'이라는 단어에 가치를 두고 있는 누군가를 찾고 싶다는 겁니다. 나는 관계에 있어 나의 100%를 내어 줄 의향이 있습니다. 나는 병뚜껑을 열기 위해 씨름

하고, 거미를 무서워해요(진짜 무서워요). 그래서 그건 당신일 수밖에 없어요. 나는 우리가 친구가 되길 희망합니다. 그동안 미소를 짓고 우리 모두가 사랑을 받을 자격이 있다는 걸 기억하세요.

간호사 올리비아, 32세

좀 더 읽기 전에, 내가 아이스크림(대부분 록키 로드)을 먹을 때마다 어떻게든 나한테 엎지른다는 걸 말해야만 할 것 같아요. 만약 이게 당신에게 문제가 안 된다면 계속 읽어 나가세요…….나는 간호사이고 내가 하는 일을 사랑해요. 무엇보다 나는 병원에서 함께 일하는 사람들을 좋아해요. 우리는 한 팀이죠. 나는 슈퍼모델은 아니에요. 그렇지만 스포츠를 즐깁니다(오래 달리기). 나는 요리를 사랑하고 줄리아 차일드 흉내도 내죠(언젠가 나는 내 레스토랑을 가질 거예요). 내 특별한 기술(요리보다 더 특별한)은 코에 병을 얹고 한 발로 균형을 잡으며 서 있는 거예요. 원한다면 비웃어도 좋아요. 그러나 펍에서 가끔 무료 음료를 제공합니다! 만약 당신이 괜찮고, 관계를 망치지 않는다면, 그리고 72%는 멋지다면(그리고 만약 당신이 나의 누텔라 중독을 견딜 수 있다면), 저에게 전화 주세요!

두려움의 열정과 근심의 고착

앞으로 벌어질 수 있는 모든 결과를 상상할 수 있는 6유형은 이 세상의 시나리오 작가이다. 그가 오늘밤 왜 나를 볼 수 없을까? 그는 정말 회사에 있는 걸까? 최근에 좀 냉담하지 않았나? 아마 나를 좋아하지 않을지 몰라…….잠깐…….우리는 평소 목요일에는 섹스를 하지 않았어. 그가 학교 행사가 있었기 때문이지…….혹시 다른 사람을 만나는 건 아닐까? 계속해서 예상 가능한 모든 시나리오가 6유형의 머리에서 펼쳐진다. 아마도 그녀의 남자친구는 늦게까지 일했을 것이다. 그러나 결국 6유형은 그가 새로운 사랑을 찾았다고 거의 확신한다.

또한 6유형은 좀처럼 생기지 않을 미래의 일들에 대해 걱정한다.

> 데이브와 질의 관계가 끝난 지 6개월이 넘었네. 난 진짜 그녀에게 데이트를 신청하고 싶지만 데이브가 나에게 화를 내지 않을까? 혹은 질이 친구의 전 애인과 데이트를 하려고 하는 나를 나쁘게 생각하지는 않을까? 아마 친구들은 이상하다고 생각하겠지. 만약 내가 전화했는데 그녀가 거절한다면? 혹은 그녀가 받아들였는데 첫 데이트가 어색하지는 않을까? 데이브가 그녀에 대해 한 말을 믿을 수 있을까? 그녀가 어떻게 생각하는지 알아보기 위해 테드에게 전화를 걸어 봐야겠어.

6유형을 둘러싸고 있는 신념은 만약 자신이 잘못될 가능성이 있는 모든 것에 대해 구상한다면 사전에 그것에 대비한 방어막을 만들 수 있다고 믿는 것이다(종종 상상하지 못한 것 중 한 가지는 실제로 일어나는 일이다!).

두려움은 모든 형태를 통해 나타날 수 있다. 관계에서 두려움은 거절, 배신, 발기부전, 조루, 외로움에 집중되는 경향이 있다. 이들은 섹스를 하는 동안 통제를 잃고, 죄를 지은 후 사랑에 빠지며, 좋은 연인이 되지 못하거나 혹은 파트너의 전 연인만큼 제대로 실행하지 못하는 상태가 된다. 어떤 식인지 감이 올 것이다. 이러한 두려움이 더 큰 스트레스를 만들어 내고, 그 스트레스가 다시 심각한 문제로 이어지는 것은 놀라운 일도 아니다.

6유형은 자신의 생각, 동기, 욕망, 감정 그리고 두려움 등을 다른 사람들에게 투사하여, 다른 사람들이 스스로 죄를 짓고 있다고 비난한다. 자기 자신(그/그녀)이 충실하다고 믿지 못하는 6유형은 파트너에게 불신을 투사하며, 그들이 불법적인 관계를 갖고 있다고 상상한다. 그 과정에서 6유형 자신의 죄책감이 비난으로 바뀔 수 있다.[6] "그는 의도적으로 조루증을 가지고 있어, 나는 만족할 수가 없어.", "그녀는 내가 연인으로서 실패한 것처럼 느끼게 하기 위해 자기 자신이 오르가슴에 도달하도록 허락하지 않을 거야."[7]

6유형의 침실 엿보기

6유형은 자신만의 우선순위가 있다. 1유형과 달리 이들은 깔끔하지 않다. 왜냐하면 '올바른' 일을 하기 위함이 아니라 그 질서(또는 그들의 침실) 속에 있을 때 더 안전함을 느끼기 때문이다. 침실의 인테리어는 자신이 소속된 커뮤니티 또는 어린 시절의 '규칙'을 따른다. 6유형이 원하는 스타일은 전통적이거나 보수적으로 될 수 있다. 그리고 가족과 관련된 장식품이 포함될 가능성이 높다. 이들은 종종 무엇과 어울릴지를 아는 타고난 감각을 가지고 있다. 또한 안전을 책임지는 훌륭한 보안 시스템을 가지고 있다고 확신한다!

판타지와 에로티카

6유형의 여성은 "나는 판타지가 거의 없어."라고 말한다. "만약 내가 다른 남자를(침대에 다른 사람이 있는 것처럼) 생각한다면 내 남편에게 불성실하게 느껴질 거야. 그러니 차라리 나는 지금 침대에서 일어나는 일에 집중하는 게 더 나아. 다른 방식은 옳다고 느껴지지 않아."

6유형은 파트너들이 충격받고 거절한 것이 두려워 자신이 가진 판타지를 공유하지 않을 수도 있고, 자신이 상상한 도덕적이지 못한 행동에 대해 파트너가 질투를 가지고 복수할 것을 두려워할 수도 있다. 이들이 가진 편집증과 투사는 성적인 소통과 표현을 억제한다.[8]

이들이 가진 판타지에는 두려움과 책임감이 동반되지 않는 섹스(그리고 인생)가 어떨지에 대한 탐험과 섹스에 대한 파트너의 생각이나 부정적 측면에 대한 과한 걱정을 내려놓는 상황이 포함될 수 있다('성병에 걸릴까?', '내 외도가 드러날까?').

3주간 48쌍의 커플을 대상으로 진행된 번바움^{Birnbaum}의 연구에 따르면, '불안정 애착'이 높게 나타나는 사람들의 판타지는 상대에게 지지받고, 친밀감을 형성하며, 애정을 보이는 데 집중되어 있다는 것이 확인되었다. 이들은 모든 관계에 걸쳐 자신이 가진 안정과 안전에 대한 욕구를 반영하기 위해 힘겹게 노력할 뿐만 아니라 개인을 통제하고 굴욕감을 주는 것(불안정을 위해 대변하는)에서 즐거움을 느끼는 강력한 파트너(안전을 대변하는)가 등장하였다.[9] 결국, 안전과 안정에 대한 욕구는 자율성을 대가로 치른 후에야 얻을 수 있는 것이다.

우리의 성적 신념은 종종 어린 시절에 형성되며, 우리가 자라 온 환경에 따라 달라진다. 6유형은 흔히 의사결정을 이끌기 위해 높은 권위를 제공하는 종교적 집단에 끌린다. 이러한 '규칙들'은 그것을 깨는 것을 두려워하는 동시에 그것에 반항하고자 하는 욕구를 지닌 6유형의 삶에 대혼란을 가져올 수 있다. 이로 인해 위축되고 억압된 성적 관점이 생겨날 수 있다. 다른 많은 신념체계에서 발견되는 이러한 규칙의 일부는 성적 지향, 혼전 섹스, 쾌락을 위한 섹스(출산이 아닌), 자위 또는 성애물에 대해 탐탁지 않게 여기는 생각들을 포함할 수 있다.

6유형은 자신의 욕망과 이들이 따르는 교리의 사고 사이에서 깊은 딜레마에 빠질 수 있다. 어떻게 해야 할까? 이것이 바로 종교적이거나 더 보수적인 가치를 지니고 있다고 여겨지는 일부 미국의 주에서 더 많은 포르노를 정기 구독하는 것으로 밝혀진 타당한 이유가 될 것이다.[10] 이러한 양극 사이의 긴장은 성이 '음성화'되도록 몰아간다.

여행이나 혹은 성관계를 통해 질병에 감염되는 것을 두려워하는 6유형은 자극을 얻기 위한 안전한 방법으로 포르노를 선택할 수 있다. 한 6유형은 다음과 같이 말했다.

섹스를 하고자 하는 나의 욕망은 내가 헌신적인 관계에 놓여 있지 않기 때문에 규칙적으로 만나기를 원한다는 것을 의미한다. 하지만 문제는 내가 알고 신뢰하는 사람과 같이 있는 게 아니라면 섹스를 하고 싶다고 느껴지지 않기 때문에 발생한다. 이러한 두려움을 극복하고자 시도하였던 나의 도전은 처절하게 실패했고 더 안전하지 않다는 느낌을 갖게 되었다.

성별이 다른 6유형

6유형의 여성: 전형적인 1950년대 여성은 미디어에서 신비롭고, 변덕스럽고, 의무감을 가지며, 불안하고, 권위를 존중하고(그녀의 남편), 보호가 필요하고, 주부이며, 좋은 결혼을 간절히 바라는 사람(안정된)으로 묘사되었다. 안전감을 느끼기 위해 강하고 지배적인 8유형을 선택하는 6유형의 여성에게는 많은 유사점이 보인다(흔히 6유형의 남성이 2유형이나 9유형에게 끌리는 것과는 반대로).[11] 그러나 강한 파트너를 갖는 것은 종종 자신의 자유를 대가로 지불해야만 했고, 자신의 욕구와 안전에 대한 욕망을 내주어야만 했다. 6유형은 자신의 파트너를 기쁘게 하고 싶다는 생각에 집착하여 긴장하게 될 수 있다. 특히 일부 여성은 자신이 가진 욕구에 대해 말하는 것이 거절이나 모멸을 가져올 수 있다고 믿을 수 있다. 그 결과, 편집중을 가진 6유형 여성은 파트너에 의해 철저히 희생되지만 행동하기를 두려워한다.

6유형 여성은 다른 사람들과 섹스에 대한 판타지를 가질 수 있지만 건강, 임신, 또는 발각될 것이라는 두려움 때문에 실제 섹스를 거부할 수도 있다. 이들에게 오럴섹스는 모멸감이나 수치심을 느끼게 할 수 있다. 여성들은 상처받거나 어떤 식으로든 '더럽혀'지고, 혹은 그녀의 파트너가 단지 자신을 이용하고자 하는 것을 두려워한다.[12]

6유형의 남성: 다음은 6유형의 남성에 대한 예전 스타일(구식)이 될 수 있다.

누군가에게 데이트를 요청하기 위해 문자 메시지를 보내는 것은 잘못된 것이다. 나는 새로운 기술 뒤에 숨기보다는 전화기를 집어든다. 가장 좋은 것은 그녀가 나에게 전화하는 것이다. 왜냐하면 나는 거절의 위험성을 원치 않기 때문이다. 그러나 그것이 비겁한 방법이라는 것을 알고 있다.

6유형 남성은 그들이 제공하는 보호와 보살핌을 소중하고 감사하게 생각하며, 당신이 같은 팀이라는 것을 알고 싶어 할 것이다. 그렇지만 어떤 사람들은 섹스를 자신의 인생을 내놓도록 유혹하기 위해 설계된 함정으로 바라볼지도 모른다. 그러나 일반적인 6유형 남성은 이상적인 파트너가 되고자 한다. 만약 이들이 여행을 좋아하는 유형과 결혼한다면, 비록 그것이 자신의 안전지대에서 그들을 밀어낸다 해도 파트너와 함께함으로써 기쁘게 하기를 원할 것이다. 아니면, 집에 혼자 머무는 것에 아무런 저항도 하지 않을 것이다. 만약 파트너를 따르지 않는다면 자신의 파트너가 그들을 떠날 수도 있다고 걱정하지만 동시에 파트너가 자신을 통제할 권위를 갖는 것을 원하지 않는다. 일부 6유형은 자신의 안전지대에서 밀려나는 것을 즐기고 다음과 같은 파트너를 선택한다.

직장에서 나는 리더 역할을 하고 있기 때문에 성적으로 복종하는 역할을 하는 것이 더욱 편안하게 느껴진다. 나는 내 파트너가 주도권을 갖는 걸 즐긴다. 그러나 침실에서는 주도적인 역할을 할 준비가 되어 있지만 관계에서 순종적인 사람을 찾는다는 것은 힘든 일이다.

이들은 일상적인 관계를 즐긴다. 강한 5번 날개를 지닌 6유형은 이렇게 말한다.―"나는 규칙적으로 정해진 섹스를 즐긴다. 나는 우리의 몸이 어떻게 함께 작동하는지를 바라보며 개선하기 위한 방법을 떠올린다."

6유형의 남성이 미성숙할 때, 특히 종교적으로 '규칙'이 이들의 욕구를 뒤덮는다면 성적인 행위에 관해 편집증적인 모습을 보일 수 있다. 한 6유형 남성은 말했다.—"나는 자위를 할 수 있어.", "여자들에 대해 생각하지 않는 한."

6유형은 언론의 기사를 너무 개인적으로 받아들일 수 있다. 그 이유는 그것이 이들의 두려움을 유발하기 때문이다.—"너는 그것을 믿을 수 있니? 이 남자와 여자가 잠자리를 가졌는데 그가 오르가슴을 느끼는 동안 그녀는 그를 살해했어!"(프레드와 나 사이에 이런 일이 가능할까?). 안전하고 지원을 아끼지 않는 결혼생활의 신성함을 추구하는 것이 궁극적으로는 가장 좋은 선택처럼 느껴질 수 있다. "우리는 세상의 타락에 맞서고 있어."[13]

사랑 유형: 부성애(대항형)

6유형은 권위 있는 인물, 권력자, 영웅 또는 자신이 존경하거나 우러러볼 수 있는 다른 누군가를 찾는 부성애의 대항형이다(다른 부성애 유형인 1유형과 5유형은 그들 자신이 권위적인 인물이 되기를 원한다). 예외는 공포대항형 성적 6유형으로, 그들은 더 권위적인 역할을 맡는 경향이 있으며 부성애(대항형)를 가진 성향이 덜하다.

6유형은 5유형, 7유형과 함께 에니어그램의 사고(머리) 유형에 속해 있다. 5유형처럼 관계에 있어 다소 냉담하고 거리를 두는 것처럼 보일 수 있다. 흔히 자기보존적 유형이 '따뜻한' 존재로 묘사되기도 하지만 이 유형 안에서조차 '내적 냉담'이 느껴질 수 있다.[14] 이들이 충성심을 찾는 동안 로맨스는 상실될 수 있다.

부성애 유형의 6유형은 스스로가 영웅이 되길 선택하기보다 영웅을 숭배할 수 있다(또는 이 두 역할 사이에서 동요하거나). 권력자들은 이들에게 두려움을 덜 느끼도록 만든다.

남편은 왜 내가 강한 남자들에게 빠지는지 그 이유를 이해하지 못했어요. 성적으로는 아니더라도 나는 그들과 함께 있는 게 즐거웠고 그들을 받아들이기 위해 엄청 애를 썼지요. 에니어그램을 통해, 나는 왜 그들과 함께 있을 때 안전 하다고 느꼈는지를 알게 되었어요. 그건 마치 뭔가 잘못되었을 때 내가 지지받을 수 있다는 안도감을 원했던 것 같아요.

일반적으로 부성애적 이익이 우선하는 우리 사회에서, 아버지 또는 부성적 인물은 종종 다음과 같은 방식으로 왜곡된다.

- 그/그녀는 부재했을지도 모른다.
- 그/그녀는 폭군이었고 그래서 6유형의 아이는 그들을 두려워했을지도 모른다.
- 그/그녀는 힘 있는 지위를 남용하고 지나치게 권위적이거나 폭언을 행사했을 수도 있다.
- 그/그녀는 지나치게 두려워 6유형의 세계관을 의심, 두려움, 주의 중 하나로 만들었을 수 있다.
- 아마 그/그녀는 정반대로 지나치게 보호되어, 6유형의 아이가 일반적인 삶을 두려워하고 숨 막히도록 느끼도록 만들었을 것이다. — "만약 그들이 나를 과하게 보호했다면 그렇게 나를 보호할 필요가 있는 많은 나쁜 것이 있을 것이다."[15]
- 아이는 부모의 욕구를 충족시키기 위해 자신의 욕구를 포기해야만 했을 것이다.

양가감정

6유형은 가늠하기 어려울 수 있다. 왜냐하면 복종과 불순종, 이끌기와 따르기, 공격을 두려워하거나 공격적인 것, 지배적이거나 복종하는 것, 그리고 기타 수많은 모순된 행동 사이에서 오락가락하기 때문이다.

이용당하는 것에 대한 두려움

결혼생활에서 6유형은 성공적인 관계를 만들기 위해, 긴 시간 열심히 일할 것이다. 이들에게는 학대당하거나, 버려지고 혹은 이용당하는 것들에 대한 두려움이 있다. 그래서 파트너가 함께하고자 한다면 모든 것이 순조롭게 진행될 것이다. 이들이 혼자 짐을 지고 있다고 느끼는 것은 소용이 없을 것이다.[16]

6유형은 친구들에게 자신의 관계, 성생활 혹은 그 결핍에 대해 끝없이 불평을 늘어놓을 수 있다. 그러나 불평은 상황을 바꾸는 데는 거의 도움이 되지 않는다.[17]

잘못될 가능성이 있는 것은 무엇일까

6유형은 가끔 스스로 감당하지 못할 약속을 하고 사람들을 실망시키는 것을 두려워한다. 덜 통합되었을 때, 이들은 세상과 관계에 대한 우울한 시각을 가질 수 있고, 좋았던 모든 시간을 잊고 최악의 것을 예상한다. 실수를 하거나 만일 자신의 파트너를 기쁘게 하지 않을 때 일어날 수 있는 일들을 두려워한다. 사소한 말다툼은 서로의 관계가 파멸된 것처럼 느끼게 할 수 있다. 6유형은 이러한 시나리오와 함께 미쳐 가고 행동하기 전 결정에 대해 오랜 시간 스트레스를 받는다. 이미 배가 전복되고 다른 사람들이 짜증을 낼 때 6유형은 안심시키려 할 것이다. ―"나는 우리가 합의했다는 것을 알고 있고, 내가 최선을 다하지 못했다는 것은 유감이에요. 내가 아직 당신 삶에서 의미가 있나요?"

무언가 잘못될 수 있다는 두려움은 데이트를 할 때 다음과 같이 6유형을 망설이게 할 수 있다.

장기적인 관계에 대한 전망은 절망적이에요. 나는 4년간 데이트를 하지 않았어요! 왜 남자들이 나에게 끌리는지 확신할 수 없어요. 나의 동료들과 함께하는 우정은 멋지지만, 퇴근 후 술 한 잔 하러 가는 것 외에는 아무것도 없어요. 데이트는 나를 불안하게 만들어요. 그래서 나는 온라인에서 유망주를 찾기보다는 친구, 스포츠, 나의 고양이, 그리고 커리어에 나 자신을 내려놨어요. 그것이 내가 원하는 것은 아니지만 나는 낯선 이들과 함께 교제하는 것에 대한 두려움을 넘어서는 방법을 모르겠어요. 나는 스스로 내 성적 욕구를 돌봐야 해요.

6유형은 파트너에게 배신당하기를 두려워한다. 상대방에게 거절을 경험하기보다 관계를 끊을지도 모른다(3유형이 하듯이). 또한 동시에 여러 관계를 가질 것을 결정하고 그 가운데 하나를 결정하지 못할 수도 있다. ─"이 사람은 지적으로 내게 영감을 주고 내가 토론하는 것을 즐기는 사람(머리), 저 사람은 내가 진정으로 사랑하지만 함께 있는 것이 두려운 사람(가슴), 그리고 저 사람은 내가 섹스하는 사람(장)."

의심하는 마음

엘비스Elvis의 노래를 기억하는가? 그것은 6유형을 위해 쓰인 것일 수 있다. 이들은 위대한 탐정으로 거듭나는데 그 이유는 끊임없이 증거를 찾고 본능적으로 다른 사람들이 놓친 것을 잡아내는 데 익숙하기 때문이다. ─"당신이 5일 연속으로 야근을 한 게 무슨 의미일까?", "당신의 차에서 다른 냄새가 나는걸. 다른 사람의 향수인가?", "만약 당신이 늦게까지 일하고 사무실에서 식사를 했다고 하면, 그 토스트는 왜 먹지?"

때로는 파트너가 그들의 사랑인 6유형을 안심시키기 위해서 하는 모든 것이 더 많은 의심을 불러일으키는 것처럼 보일 수 있다(다음 질문에 답을 하기 위해 노력하는 것과 다소 비슷하다. ─"나 살쪄 보여?"). 두려움은 6유형으로 하여금 칭찬을 받아들여야 할 때 서툴게 만든다. —그녀가 내가 침실에서 잘한다고 말하는 건 다른 데서는 내가 쓸모가 없다는 건가? 아니면 그녀가 섹스를 더 자주 하고 싶어 하는 걸까?[18] 끝없는 자기의심과 불안정을 이유로 6유형은 자신이 가지고 있는 관계에 의문을 제기할 수 있다. —그는 진정으로 나를 사랑하고 있을까? 아니면, 내가 단지 잘 꾸며진 집과 안전을 제공했을까?

6유형과의 대화는 다음과 같이 시작해서 불안정한 내리막길로 향할 수 있다.

"당신 진심으로 나를 사랑해?

"응, 당연하지, 그렇지 않았다면 나는 당신과 결혼하지 않았을 거야."

"당신 너무 확신에 찬 거 아냐……?"

"난 절대적으로 확신해."

"그럼 왜 어제 자전거 타고 지나가던 그 남자를 봤어?"

만약 당신이 6유형과 관계를 맺고 있다면, 이들이 가진 불안감을 가라앉히기 위해 안심시킬 필요가 있다는 것을 이해하는 것이 바람직하다. 그리고 이것은 관계에 도움이 될 것이다. —"자기야, 내가 일에 너무 전념해서 당신이 힘들었다는 걸 알아. 왜냐하면 내가 정말로 당신이 보고 싶거든. 우리 다시 만나기 위해 저녁을 같이하자." 4유형처럼 그들은 관계에 있는 것보다 관계에 있지 않은 것에 집중할 수도 있다. 6유형은 파트너가 자신에게 개방적이기를 원하지만 자신을 지키는 것이 스스로를 보호하는 방법이기 때문에 보답할 수 없을 수도 있다.

그것이 균형을 찾는 것이다. 6유형의 욕구는 질식한다고 느끼거나 버림받았다고 느끼는 것이 아니라 이들이 사랑받고 있다는 것을 확인하기 위해 파트너가 필요하기 때문이다. 이 때문에 자기 스스로 파트너와 거리를 두는 것처럼 보여져 상대방을 혼란스럽게 할 수 있다.

긴장을 풀기 위한 섹스

특히 여성의 경우, 불안하거나 산만할 때 또는 걱정이 많을 때 섹스를 하고 오르가슴에 다다르기는 어렵다. 그러나 헤르트 홀스테헤^{Gert Holstege} 교수에 따르면, 불안은 오르가슴을 통해 감소되며,[19] 딜레마^{catch-22}를 만든다. 6유형에게 특히 새로운 관계에서 건강과 불안을 줄여 주는 섹스에 대한 신경질적인 기대는 그 자체로 스트레스를 만들어 낼 수 있다. 스포츠는 이러한 긴장을 풀기에 좋은 방법이다(섹스도 마찬가지이고!).

만약 6유형이 스트레스를 풀기 위한 방법으로서 섹스에 익숙해진다면, 반대로 섹스가 없다면 짜증을 낼 수도 있다. 파트너는 단지 6유형과의 행복을 유지하기 위해서 섹스를 해야 한다는 압박감을 느낄 수 있으며, 자기 자신을 연인보다는 도구처럼 여길 수도 있다. 6유형은 기계적이고 비인간적으로 되어 가는 경향을 인지해야 하며, 자신이 상대방의 감사와 존중을 필요로 하는 만큼 파트너에게 감사하고 존중해야 한다.

예정된 섹스

6유형은 종종 의사결정에 어려움을 겪는다. 그러므로 규칙적으로 정해진 섹스는 이들이 정확한 시기를 파악해야 할 필요성을 줄여 줄 수 있다. 한 6유형은 이렇게 말했다. ―"우리는 일주일에 3회의 섹스를 계획하죠. 나는 어느 밤을 준비해야 하는지 미리 알기를 원합니다. 나는 섹스에 있어 즉흥적이지 않아요. 오히려 우리는 달력에 표시를 하죠!"

이것은 흥미를 대가로 지불할 수도 있다. ―"매번 지겹게 똑같아."는 화끈한 섹스를 위한 대본이 아니다. 파트너는 지루해질 수 있다. ―"그녀는 오직 보수적인 스타일로 하고 싶어 해……. 나는 좀 더 다른 것을 시도해 보고 싶은데." 관계에 있어 6유형이 가진 충성심과 착실함은 매우 중요한 것이지만 여행 중 잘 닦여진 길에서 약간만 벗어나도 관계를 증진시킬 수 있다는 것을 이해하면 이득을 얻을 수 있다.[20] 그에 반해, 자신의 공포대항형 측면에 쉽게 접촉할 수 있는 6유형의 경우 더 거칠고, 탐색적이며, 비계획적인 섹스에 관심이 많을 수 있다. 즉, 이들이 두려워하지 않는다는 것을 자신과 파트너에게 보여 주기 위한 모습인 것이다. 6유형은 자신이 신뢰할 수 있는 사람들과 함께 있을 때, 특히 파트너가 더욱 모험적이라면 그들과 함께 기꺼이 탐색적인 사람이 될 수 있다.

내가 통제할 수 있고 믿을 수 있는 사람과 함께하는 한 나는 새로운 것들을 시도할 수 있어. 나는 그것이 내게 효과가 있는지 그렇지 않은지를 알 수 있어. 나는 불편이 느껴진다면 상대에게 그것을 중단하도록 요청할 수 있다는 것을 느껴야 해. 나는 종종 먼저 포르노 채널을 볼 것이고 그래서 나는 무엇을 기대하는지 알아.

본능적인 추동

자기보존적 6유형: 이 유형은 6유형의 세 하위유형 중 가장 따뜻하며, 특히 상대와의 연결을 원한다. 매력적이고 재미있다는 것은 그들이 다른 이들에게 해를 끼치지 않는다고 안심하도록 한다. 이들은 상대방의 도움을 원한다. ─ "내가 당신을 위해 있을 겁니다. 그런데 당신은 나를 위해 있어 줄 건가요?"

자기보존적 6유형은 사람들과 가까워지기 전에, 사람들을 신뢰하는 데 시간을 할애해야만 한다 해도 안전과 보안에 대한 자신의 욕구를 만족시킬 모임이나 강하고 능력 있는 파트너를 찾는다. 이들은 자신이 그룹의 일원이 되는 걸 좋아하고 소외되었다는 것을 느낀다면 매우 화를 낼지도 모른다. 자기보존적 6유형은 세상에 혼자 남겨진 것 같은 버려짐을 두려워한다. 이들은 종종 열외로서 타인을 경험할 수 있다. 그것은 자기 자신을 투사하는 것이다.

누군가와 데이트를 할 때 나는 몇 가지를 물어봐. 만약 그들이 몇 분 내 대답을 하지 않는다면, 그들이 응답을 했을 때 나는 이미 그들이 다른 누군가를 찾았고 나와 끝내고 싶다는 걸 스스로 확신해. 그들이 단지 긴 만남을 가졌을 뿐이라고 나에게 행복하게 말할 때면, 나는 아무런 실질적인 이유 없이 그렇게 빨리 포기한 내가 참 어리석게 느껴져.

자기보존적 6유형은 4유형과 2유형처럼 파트너가 없을 때 우울해지고 깊은 외로움을 느낀다. 그럼에도 충성심과 안전에 대한 욕구는 이들을 해로운 관계에 고립시키고, 관계가 악화되어 감에 따라 더욱 불안하고 애정에 굶주리게 될 수 있다.

이들은 금전을 지출할 때 신중을 기한다.[21] 만약 과도한 소비를 즐기는 유형의 사람과 결혼하게 된다면 마찰이 발생할 수도 있다.

사회적 6유형: 사회적 6유형은 다른 사람을 지배하거나 그들에 의해 보호되지 않은 것처럼 보인다. 오히려 자기 자신이 충성을 다할 수 있는 명분이나 비인격적 권위를 위해 사회적 영역에 기대를 건다.[22] 이것은 기업, 종교 지도자, 군대와 같은 조직이나 또는 세상과 계약을 맺는 규칙을 제공하는 철학적 신념체계일 수도 있다.

사회적 6유형은 세 하위유형 가운데 좀 더 가족 지향적이다. 미래의 파트너는 자신의 가족과 잘 어울리는 것이 중요하다. 비록 이들이 누군가를 좋아한다 해도 가족의 수용 여부가 그 관계를 계속 이어 나갈지 말지를 결정할 수 있다. 일단 이들이 자신의 가족을 가지게 된다면 그것을 유지하기 위해 열심히 노력할 것이다.

이들은 정확하고 지적이며, 단정하고 철학적인 경향이 있다. 1유형과 매우 흡사하게 자신의 규칙을 준수한다. 그러나 그 동기는 '올바른' 일을 하는 것보다 하지 않았을 때 발생할 것에 대한 두려움에 있다. 섹스와 사랑에 대해 질문했을 때, 이 하위유형은 자신의 관계 욕구에 필수적인 '헌신'이라는 단어를 사용했다. ―"섹스와 사랑은 헌신적인 관계의 일부이다."[23]

성적 6유형(공포대항형): 이 하위유형은 종종 에니어그램의 공포대항형 유형 중 가장 명확하다(공포대항형 유형은 그 유형의 열정에 맞서는 쪽으로 움직인다). 이 경우, 성적 6유형은 두려움에 맞서 움직인다. 이들은 자신이 두려워하지 않는다는 것을 증명하기 위해 자신이 무서워하는 일을 하고 싶어 한다. 이것은 다른 사람이 아닌 이들의 특정 삶의 영역에서 나타날 수 있다. 성적 6유형은 다른 두 하위유형의 본능적 추동처럼 일반적으로 순응하지 않는다. 오히려 스스로 순종하고 복종하기보다 자신의 파트너에게 복종과 순종을 요구한다. 이들은 침실에서 책임을 다하거나 새로운 지위를 찾음으로써 자신이 가진 두려움을 잠재우려 할 수도 있다. 그러나 이것은 단순히 뿌리 깊은 두려움을 피하는 또 다른 방법일 뿐이라는 것을 자각할 필요가 있다.

이들이 무력감을 느낄 때, 자신의 타고난 성향과 반대가 되고자 작동하는 것이다. 성적 6유형은 다른 사람들이 존경할 만한 속성을 지닌 강한 파트너를 끌어들이고 유지하기를 원하며, 자신의 외모에 신경을 쓰고 몸관리에 공을 들인다. 팔머Palmer는 이 하위유형을 '힘과 아름다움'[24]이라고 부른다. 이들은 회피하기보다 대체로 싸우려 한다. 그 결과, 보통 육체적으로 더 강인하다.[25]

흥미롭게도 이 6유형은 종종 이들의 외모에서 젠더 역할의 혼합된 모습을 보인다.[26] 여성은 꽤 남성적으로 보이거나 양성적이며, 심지어 톰보이 tomboyish 같기도 하다. 그러나 여성스러운 드레스를 입고 유혹적인 성향이 될 수도 있다. 남성들은 어떤 면에서는 남성성이 보이지만 다른 면에서는 여성적이다. 아마도 자신의 성적 취향에 대해 혼란스러운 신호를 보낼 정도일 것이다. 또한 이 유형은 더 강렬하다. 관계에 있어 성적 6유형은 파트너의 헌신을 테스트할 필요를 느낄 수도 있다. 확신이 필요하다는 것은 이들의 자아감이 파트너들에 의해 결정되기 때문에 무력감을 느낄 수도 있다는 것을 의미한다. 사고형인 6유형에게 논리는 사랑을 지배하고 사랑에 있어서 신중을 기하는 것은 현명한 일이다.[27]

날개

5번 날개를 가진 6유형(이중 부성애): 이 유형에서 6유형이 가진 지원의 부족에 대한 두려움은 지적으로 부족하여 무능할지도 모른다는 5유형의 두려움과 만난다. 이 조합은 지식과 원인을 좇고 행동하는 용기를 결합함으로써, 더욱 내성적인 날개유형을 만든다. 5유형은 다른 날개유형에 비해 외적으로 덜 매력적이도록 영향을 미치고, 아이디어와 시스템에 도전하는 경향을 가질 수 있다. 이것이 5유형의 인습타파적인 공격성과 함께한 6유형의 반응성이다. 그 결과, 따뜻한 다른 날개유형에 비해 관계를 덜 맺게 될 수도 있다.

7번 날개를 가진 6유형(부성애와 성애): 이 날개유형에서 6유형의 안전은 위험을 감수하는 7유형과 만난다. 이 이중적 공포를 지닌 유형(6유형, 7유형 둘 다 두려움의 유형이다)은 다른 날개유형에 비해 더 따뜻하고, 더 외향적이며, 즉흥적이고, 매력적이고, 개방되어 있는 것 같은 인상을 준다. 그 결과, 섹스는 덜 규칙화되고 보다 더 탐험적이다. 일반적으로 가족과 관계에 헌신적이며, 이들과 함께하는 것은 즐겁다. 의사결정에 있어 파트너의 조언은 매우 중요하다. 많은 날개유형이 그렇듯이 재미와 경험(7유형)에 대한 욕구와 안전과 책임감, 그리고 일상적 규칙(6유형) 사이에서 양극성이 발생한다. 그것은 결과에 대한 두려움을 가지고 모험적인 섹스를 하려는 욕구와 아직은 미루고 있지만 친밀한 관계를 원하는 욕구 사이에서 양가감정을 연출할 수 있다.

성적 존재로의 이동

6유형의 성적 완성을 방해하는 것

성관계에서, 앞으로 발생할 가능성이 있는 문제(원치 않는 임신, 조루, 성병, 연인을 실망시키는 것)들을 미리 내다보는 것은 장애를 초래할 수 있다. 성과에 대해 걱정하는 것은 자기충족적 두려움일 수 있다. 인간 섹슈얼리티의 심리적 기초를 이해하는 데 선구자인 정신과 의사 아노다 오핏Anodah Offit은 자신의 성적 불만족을 파트너에게 투사하고 그녀가 자신의 노력에 만족해하지 않는다고 믿는 남성은 결과적으로 발기부전이 될 수 있음을 시사했다.[28]

일반적으로 마음과 삶의 문제에 대해 보장된 것은 없지만 의심을 가지고 있는 6유형은 파트너가 영원히 그곳에 있을지에 대해 궁금해한다. —"지금은 그들을 믿지만 5년 후에는 어떻게 될까?" 이들이 알지 못하는 것을 받아들이고, 있는 그대로 평화를 누릴 수 있게 된다면 자신이 가진 경계심을 내려놓을 수도 있다. 만약 6유형이 앞으로 발생할 일에 집중하는 것이 아니라 지금 이 순간에 있을 수 있다면, 자신의 섹슈얼리티를 마음껏 즐길 수 있을 것이다.

6유형이 성적으로 현존할 수 있는 방법

신뢰를 배우라: 6유형은 자기 자신을 신뢰하기 시작했을 때 성적으로 현존한다. 본인이 가진 충성심을 인정하는 동시에 불충실한 부분을 받아들일 때 이들의 치유가 시작된다(자기 자신에게나 타인에게).

만약 누군가와 함께 있고 서로가 신뢰를 가지고 있다면, 지금 그것이 그들에게 중요하다는 것을 알아야만 한다. 즉, 내일의 섹스도 아니고, 이 관계가 얼마나 지속될지에 관한 것도 아니다. 그리고 5분 뒤에 생기는 일도 아니다.

그러면 6유형은 단순하게 지금을 즐길 수 있다.

두려움을 내려놓고 수용적이 되라: 때때로 섹스를 하는 도중에 일이 잘못될 수 있다. 그럴 때 덜 통합된 6유형은 몹시 당황할 것이다. 반면에 통합된 6유형은 그 상황에서 유머를 찾고, 그것을 삶의 일부로 받아들일 수 있다. 두려움(불안은 최음제가 아니다)에 초점을 맞추기보다 있는 그대로 존재하는 것이 치유이다.

의식을 가지라: 우울감, 의심, 암울한 생각 등이 생겨나는 것을 인지하라. 자신에 대한 비관이 생겨날 때 완전한 현존으로부터 멀어지고 있다는 것으로 보고 행동하라. 의식은 선택을 가져온다. 당신은 그 공간 속으로 계속 빠져들어갈 것인지, 그곳에서 나갈 용기를 찾을 것인지 둘 다 선택할 수 있다.

조건적인 섹스: 성적인 탐구가 조건적이어야 한다고 느끼는 필요성을 내려놓으라. 사랑을 얻어야만 한다는 생각 없이 자신과 파트너의 몸을 즐길 수 있도록 허락하라. 지나친 생각을 버리라. 긴장을 풀고 오르가슴의 흐름을 따라가라.

안전은 당신의 내면에 있다는 것을 이해하라: 안전은 금전, 빌딩, 또는 파트너가 아닌 자기 자신에 대한 믿음을 가지는 것으로부터 온다. 그것은 당신과 함께 시작한다. 자신을 알고 신뢰하며 당신의 공간을 찾으라. 그것은 용기 있고 강한 것이다.

현존하라: 지금 이 순간에도 셀 수 없는 아름다움이 있다. 그곳은 친밀감이 느껴지는 곳이다. 당신의 생각이 미래에 초점을 맞추고 있을 때, 당신의 가슴과 연결되어 있지 않다. 충분히 경험한 순간은 강렬한 기억으로 남을 수 있

다. 그러나 우리가 미래에 집중할 때 우리는 그 순간과 그 순간이 가진 친밀감 모두를 그리워하게 된다.

성찰 질문

참조: 당신의 유형과 상관없이 이러한 질문에 답하는 것은 유용하다.

- 섹스에서 무엇이 잘못될 수 있는지에 대한 과한 생각이나 불안이 당신의 편안한 성적 표현을 제한하는가?
- 예측 가능한 안전성이 당신과 파트너의 성적 흥분을 방해하는가?
- 당신에게 충성심이란 무엇을 의미하는가?
- 당신이 섹스를 하기 위해 충족되어야 한다고 느끼는 조건들을 탐색해 보고 그것이 진정으로 유효한지 자문해 보라.

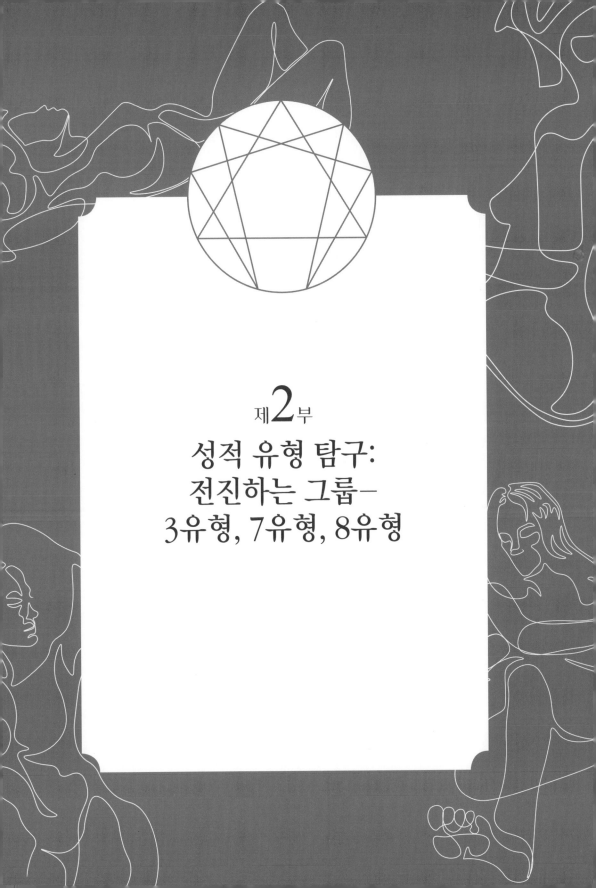

제2부

성적 유형 탐구:
전진하는 그룹–
3유형, 7유형, 8유형

제**7**장
3유형:
끝내주는 오르가슴

3유형의 좌우명: "할 수 있을 때까지 속여라."

연인으로서의 3유형: 사랑을 자신의 성취를 통해서 얻을 수 있다고 생각하는 목표지향, 최고의 성과, 자기계발, 지위지향, 경력 중심의 연인이다. 3유형은 직장에서 문제를 해결하듯이 같은 방식을 통해 친밀감의 문제를 '해결'하고자 한다.

3유형은 자신의 명분을 가지고 전진한다: 인지할 수 있거나, 실제적인 성공으로 다른 이들에게 깊은 인상을 주거나, 또는 자신의 수치심을 극복하기 위해 주의를 끈다. 3유형은 연인을 매혹하기 위해 관심의 중심에 서고자 한다. 섹스는 연기를 펼치는 것처럼 느껴질 수 있다.-"나 대단하지 않았어?", "이 멋진 기술을 얻기 위해 꽤 많은 파트너가 거쳐 갔지. 딱 보이잖아!" 3유형은 다른 사람들을 유혹하기 위해 자신이 가진 성공의 빛을 내비추길 원하지만(외적으로) 내면은 덜 충족된 감정을 느낄 수 있다.

당신의 유형은 아니지만 3유형과 관련이 될 수 있는 측면: 당신이 2유형이나 4유형(날개) 또는 6유형이나 9유형(해방과 왜곡 지점)일 경우

사랑 유형(성애): 3유형은 밝게 빛나기를 원하는, 자신에게 초점을 맞추는 어린아이와 같다.-"나를 봐! 내가 성취한 것들을 보라고!"

관계 신념: "나는 다른 이들보다 뛰어나다. 나는 침대에서 더 많이 성취하기 때문에 최고의(super) 연인이다."

성적 좌절감: "나의 파트너는 내가 가진 놀라운 능력을 이해하지 못한다. 나는 그들이 이렇게 좋은 섹스를 해 본 적이 없다고 확신한다."

3유형의 섹슈얼리티 이해

간략한 요약

3유형은 성취에 초점을 맞춘다. 이들에게 삶은 존재하는 것이 아니라 행동하는 것이다. 신성^{divine}과 단절된 느낌의 어딘가에서, 3유형은 자기 자신 안에서 신성을 모방하고자 하는 무의식적인 신념을 만들어 낸다. 덜 통합된 3유형은 자신이 충분치 않더라도 수치심을 피하기 위해 신/여신이 되어야만 하는 것처럼, 괜찮다는 감정을 느끼기 위해 성공과 성취를 투사하려고 함으로써 이것을 드러낸다. 3유형은 '그 이상'이 되고자 하는 필요성을 느낀다(더 잘생기고, 더 숙련된). 이 욕구를 섹스에 더하면, 단순히 경험하는 사람이 아닌 실행하는 자가 될 수 있다. 나란조는 3유형에 대해 다음과 같이 말했다.[1]— "그들은 관계시장에 뛰어들어, 사랑받을 가치가 있는 사람이 되기 위해 자신을 팔아야만 하는 '마케팅 지향' 유형이다."

'더 나은 연인이 되는 10가지 팁' 또는 '고수가 되기 위한 21가지 놀라운 섹스 동작', '매 순간 오르가슴에 도달하는 법' 등과 같은 잡지의 기사들은 3유형의 관심을 끌 것이다. 왜냐하면 이들은 '내가 경험한 적이 없는 최고의 섹스'로 기억되고 싶어 하기 때문이다. 3유형은 다람쥐가 쳇바퀴 도는 것과 같은 감정을 느끼기 시작할 수 있다. 이들이 읽어야만 할 자기계발 관련 서적들과 목표 설정은 얼마나 많을까? 얼마나 더 해야만 하는 걸까? 충분하다는 말로는 결코 부족을 메울 수 없다.

3유형은 성공을 위해 살고, 이것을 통해 바라는 것은 칭찬과 관심이다. 이들은 여러 일을 동시에 처리하고, 사적이고 비즈니스적인 모임을 조직하는 데 탁월하다. 나란조는 3유형을 일컬어 '자아적' 존재[2]라고 말했다. 소위 에니어그램의 카멜레온[3]이라고 불리는 3유형은 자신의 기술을 개발하고 자신을 어필하기 위해 가장 잘 팔기 위한 환경을 따라 변화한다. 집에서 만든 비건 초콜릿(윤리적으로 조달한 코코아와 재활용 포장)을 파는 힙스터hipster 3유형은 스키니 진과 빈티지 티를 입을 수 있지만, 이들의 일하는 장소가 법률 사무소로 바뀐다면 아르마니 정장과 넥타이를 착용할 것이다.

2유형, 3유형, 4유형은 에니어그램의 가슴(감정) 중심에 속한다. 이 트라이어드의 핵심에는 수치스럽고 가치가 없다는 감정이 있다. 각 힘의 중심은 우리의 건강한 곳보다는 상처받은 곳을 보여 준다는 것을 기억해야만 한다.[4] 3유형은 자신의 감정 중심에서 가장 많은 상처를 받고, 무가치한 존재에 대한 두려움의 표출[5]은 수치심을 불러일으킨다. 이를 은폐하기 위해, 분열된 3유형은 성취에 대해 거짓말을 할 필요를 느끼거나 또는 아무것이 아닌 것이 될 수 있다(열정과 고착). 그렇기 때문에 3유형이 감정 중심이라 할지라도 자신의 진정한 감정을 숨길 수 있고, 인상적인 페르소나를 만들어 내기 위해 열심히 일할 수 있다. ㅡ'뛰어난 성공을 이룬 나', '다른 이들보다 우월하고 중요한 존재인 나', '쥐들 가운데 인간으로서의 나'. 이것은 호나이가 '신경증적인 야망'과 '보복적인 승리'로 불렀던 것과 관련될 수 있다. 이것은 자신의 성공을 내세워 다른 사람을 수치스럽게 만들려는 시도이다.[6]

3유형은 진정한 자아와 우월하거나 또는 이상화된 자아와의 관계를 분리함으로써, 더 자주 그리고 더 완전하게 자신의 실제 자아를 묵살하거나 오직 이상화된 자아에 집중함으로써 자신의 페르소나를 유지한다.[7] 덜 통합된 3유형에게 이상화된 자아는 자신의 진정한 자아보다 더 실제가 되기 시작한다.[8]

오만하고 야심적인 이상화된 자아는 돈을 많이 벌지 못하고, 매력적이지 않거나, 성취하지 못하고, 성적으로 덜 경험한 사람들을 무시한다. 그것은 재능을 통해 무엇이든 이룰 수 있다는 강한 신념이다. 통합되지 않은 3유형은 인정을 받고, 끊임없이 칭찬을 받고자 하는 그들의 욕구 속에서 공격적으로 될 수 있다. ―"자기야, 당신은 침대에서 정말 대단해. 정말 최고야." 침대에서 이들은 자신이 무엇을 해야 할지 사전에 알고 있어야 한다고 생각한다. 자신이 먼저 도움을 요청할 수 없고, 파트너가 원하는 것이 무엇인지 묻기를 불편해하는 것은 이들의 자기만족과 성공에 대한 문제를 일으킬 것이다.

이에 반해 3유형의 감춰진 자아는 무기력하고, 애정에 굶주리며, 무능하고 나약하다. 이를 보상하기 위해 필사적으로 관심과 애정을 추구한다. 진정한 자아는 성공만을 손에 쥔 채 실패를 받아들이지 않으려는 두려움을 초월하는 것이다. 진실된 자아는 성공과 실패를 모두를 인정하고, 행동하는 것이 아닌 존재하는 것으로 만족한다. 그것이 바로 통합된 3유형이다.[9]

평균적인 3유형의 세련되고 외향적인 페르소나의 문제는 진정한 내면의 자아가 부끄러운 일인 양 방치되고 공허하게 느껴지는 것에 있다. 이것은 덜 통합된 3유형에게 자기애적 행위로 발전될 수 있다(일부 에니어그램 전문가들은 나르시시즘을 7유형과 관련된 것으로 간주한다). 나르시시즘에 대한 호나이의 견해는 프로이트를 포함한 다른 주류 정신분석가들과 달랐다. 호나이는 나르시시즘이 타고난다기보다는 양육에서 비롯된 것이라고 믿었다. ―그녀는 나르시시즘이 생겨나는 환경은 결핍보다는 방종에 의해 정의된다고 주장했다.[10]

짐작건대, 나는 3유형이 현재 서구와 중국에서 가장 빠르게 성장하고 있는 에니어그램 유형이라고 본다. SNS에서 *Selfies*, *Myopic* 등의 어플을 사용하고(나의 경험/기분/생각/휴가 등), 『타임』지가 '나, 나, 나 세대Me Me Me generation' 라고 불렀던 것을 생각해 보자. 이들은 손쉬운 탁월함과 순간적인 명성을 원하는 세대이다. 작가인 윌리엄 스트라우스William Strauss와 닐 하우Neil Howe는 밀레니얼 세대의 특징을 특별함, 보호됨 그리고 성취감으로 꼽았다.[11] 진 트웬지Jean Twenge는 그녀의 책 『Generation Me』에서 밀레니얼 세대가 자신감과 특권의식이 있고 자기애적임을 확인했다.[12] 4유형에 더 적합한 '특별함'을 제외하고 이러한 모든 특성은 3유형을 설명하고 있다.

3유형의 발달

어린 시절부터 3유형은 자신의 롤모델을 찾아 나선다. 유명한 블로거, 영화배우, 성공한 지위를 가진 사람 혹은 사회가 우러러보는 무엇이든지 말이다. 이들은 스스로 사랑이 성공을 통해 얻어지는 것이라고 믿기 시작한다. — "나는 사랑받기 위해 성취해야만 해." 흔히 어린 시절 3유형은 뛰어났고 존경받았다. 이들은 집안의 작은 영웅/여주인공이었다.

3유형의 초기 성적 탐구는 억압된 부모들에 의해 좌절되었거나, 또는 부모(대부분 반대 성별을 가진)가 아이들의 관심을 거부했을 수 있다. 또는 형성기 동안 이성부모(또는 그 역할을 하는 누군가)가 부재(신체적으로 혹은 정신적으로)했거나 또는 아이는 어머니(또는 어머니의 모습)의 눈에 보이는 아버지(또는 아버지의 모습)를 만회하려 할 수도 있다. — "나는 그가 하지 못한 것을 해낼 거야."[13] 이들은 종종 부모와 같은 직업 분야에 뛰어드는데, 그것은 아마도 자신의 부모를 감동시키거나, 기쁘게 하거나 혹은 그들을 능가하기 위해서일 것이다.

이들은 일반적으로 자신을 양육하는 인물과 긴밀한 유대감을 가지고 있다. 그에게 인정받기를 원하면서 자신의 머리를 쓰다듬게 만드는 방법을 찾는다. 이것은 필연적으로 그들이 인정받기 위해 자신이 되고자 했던 것의 희생을 의미한다.[14] — "내가 정말 되고 싶어 했던 건 아티스트였어요. 그러나 엄마는 회계가 더 전망이 있다고 여겼죠." 3유형은 곧 자신의 가슴에 있는 욕망과 감정의 접촉을 잃고, 자신의 진정한 자아로부터 멀어지게 된다.[15]

사랑에 빠진 3유형

통합된 3유형: 최상의 상태에서 3유형은 진실되고, 피상적인 연출과 달리 진정한 깊이와 아름다움에 열려 있다. 이들은 자신이 사랑받고, 사랑받아야 할 자연스러운 권리를 가지고 있음을 인지한다. 다음은 섹스와 사랑에 관한 통합된 3유형의 답변이다.[16]—"섹스와 사랑은 취약성과 진정성, 지적이고 육체적인 충만함의 놀라운 경험을 위한 플랫폼을 만들고 허용합니다."

통합된 3유형은 겸손하고 수용적이며, 더 이상 그것에 굴복하지 않음으로써 사랑에 저항하지 않는다. 이들은 도움을 요청하는 것에 개방적이며, 삶이 성취 목록과 상당한 은행 잔고 이상의 의미를 가지고 있음을 알 수 있다. 사랑의 반응과 성적인 반응 사이의 분열은 치유되었고, 파트너와 깊이 연결될 수 있는 능력이 생겨났다. 통합된 이들은 진실되고 감정적으로 정직하다. 연인과의 관계에서 불 속에 발을 들여놓고 헌신하는 것을 두려워하지 않는다.

자신의 '결점'을 받아들이면서, 더 이상 이상화된 자아의 필요성에 매달리지 않는다. 자신의 성취를 인정할 수도 있으나, 그것들을 은혜롭게 보여 준다. 왜냐하면 진실되고 열린 가슴보다 더 큰 성취는 없다는 것을 깨달았기 때문이다. 이제 통합된 3유형은 물욕적이기보다 감사하는 방식을 지닌 아름다움을 사랑하는 연인이다. 이들은 인생 그 자체뿐만 아니라 다른 이들과 사랑에 빠진다. 그리고 최고가 되어야 할 필요성을 잃는다.

평균적인 3유형: 이 수준에서 3유형이 파트너를 선택하는 기준은 사회적 지위와 강하게 연관될 것이다. 자신의 연인이 될 상대에게 요구되는 자질을 정리한 긴 목록은 둘 사이가 더 진전이 있기 전에 확인되어야 한다. —"그건 효율적이라고 하지, 맞지?"

이제 잠재적인 '매력적인 여성(남성)'에게 깊은 인상을 주기 위해 자신의 능력을 마케팅하기 시작한다. 3유형의 농담은 진실된 대화를 대체할 수 있고,

흔히 SNS를 통해 동시다발적으로 여러 유망주(잠재적 연애상대)와 함께 '즐길 수' 있다(왜냐하면 너무 바빠서 실제로 사귈 수 없기 때문이다). 가끔 3유형은 관계에 있어 완벽한 파트너의 역할을 연기하는 영화 속 주인공 같은 역할을 맡는다. 왜냐하면 자신이 상대방과의 관계에서 우세하거나 우위를 점하는 동안 통제력을 유지할 수 있기 때문이다. 이들은 자신의 취약함을 느끼기보다는 그런 자신의 모습을 숨길 수 있다. 평균적인 3유형이 비종교적이라면 누군가에게 자신이 성에 대한 경험이 없음을 인정하는 것은 굴욕적으로 보일 수 있다.

이들이 분열되었을 때, 파트너와 장기적인 관계를 유지하기가 어렵게 느껴질 수 있다. 섹스는 즐거움과 감정적인 연결보다는 욕망과 존경받고자 하는 느낌에 관한 것이 되어 버린다. 만약 독신주의자라면, 더 많은 업적 속으로 자기 자신을 던져 버릴 것이다. 관계는 '자유'를 포기하는 것처럼 느껴지기 시작한다. 성가신 사랑을 감수하기보다 스스로를 억제하며 자신의 성취를 나누지 않을 것이고, 냉정을 유지하며 거리를 둘 것이다.

분열된 3유형: 분열된 3유형은 자기 자신의 소망, 욕망 그리고 감정을 지닌 개인으로서의 파트너를 자각하지 못하고, 그들을 3유형의 욕구를 충족시키기 위한 헌신적인 숭배자로 보거나 음모를 꾸미고 있는 적으로 간주한다. 이 3유형은 스스로를 성공으로 인지하는 반면에 파트너는 실패자로 본다.[17] 마찬가지로, 자신이 숙련되고 재능 있는 연인이라고 믿으며, 파트너는 성적으로 부적절하다고 여기기 쉽다.

3유형은 어떠한 형태의 성기능 장애도 인정하지 않을 가능성이 높다. 그것은 자신에게 있을 수 없는 일이다. 그렇지 않나? 만약 그 문제에 대해 타인에게 도움을 구한다면, 자기 자신이 가지고 있을 수 있는 문제를 인정하기보다 자신이 파트너의 '문제'에 동조해 주는 좋은 사람으로 보이는 것이 더 중요할 것이다.[18]—"커플 상담을 다녀왔어. 왜냐하면 내 파트너 수^{Sue}가 도움이 필요했거든.", "남자들은 나를 거부할 수 없어. 그건 꽤 짜증난다고. 그래서 내가 어떻게 할지 보러 간 거야?" 예를 들어, 만약 3유형이 섹스에서 조루를 경험한다면, 자신의 파트너를 비난할 수 있다. ―"당신이 먼저 펠라티오를 하지 말았어야만 했어." 이들에게 실패는 선택사항이 아니다. 만약 파트너가 자신을 떠난다면, 분열된 3유형은 이렇게 바라볼 것이다. ―"저 바보는 자신이 뭘 놓쳤는지도 몰라."

이들은 세상 사람들에게 쾌활하고 성공적으로 보일 수도 있지만, 분열된 3유형의 이상화된 자아상은 왜곡된다. ―삶은 모두 3유형에 관한 것이며, 자기 자신의 욕망을 따르고, 종속적인 역할을 수용할 파트너를 필요로 한다. 3유형은 자신의 문제를 상대편의 탓으로 돌린 후, 스트레스 증상을 보이는 자신에게 짜증을 느낄 것이다. 영광을 향한 3유형의 욕구는 끝을 모르게 되고, 만약 계획대로 일이 진행되지 않는다면 과정 속에 진실을 잃어버리고 큰 좌절감을 겪을 수 있다.

3유형은 자기 자신에게 최선의 이익을 고려하지 않기 시작할 것이다. 즉, 더 이상 '나는 최고가 되고 싶다'가 아닌 '모든 대가를 치르더라도 나는 최고가 되어야만 한다'는 강박을 갖게 된다. 분열된 3유형은 결국 직장 내 상사나 권력자와 잠자리를 가지게 될 수 있다. 비록 그 사람이 육체적으로 저항한다 할지라도, 그것이 자신을 목표에 더 가깝게 만든다면 말이다. 그것이 의미하는 것이 부자들과의 결혼이든, CEO를 유혹하는 것이든 상관없이, 자신의 성취에 도움이 된다면 3유형은 완벽하게 자신의 성격을 바꿀 것이다.[19]

분열된 3유형은 종종 다른 사람들을 물리치고 굴욕을 주고 싶어 하는 무의식적인 욕망을 가지고 있다. 그들은 자비나 반성 없이 잔인하고 악의적으로 행동하며 그것들에 초연해질 수 있다.[20] ―승리하기 위해 다른 사람들은 패배해야만 한다.[21] 이것은 분열된 3유형의 파트너에게 엄청난 충격이 될 수 있다.

훌륭한 성 행위자 또는 성적으로 매력적인 존재여야만 한다는 자신의 신념을 유지하기 위해, 이들은 불륜과 짧은 성적 만남을 통해 외적 확신을 구할 수도 있다. 결국, 자기 자신이 혼자라는 사실을 알게 될지라도, 여전히 이들은 '다음의 큰 건'에 대한 판타지를 만들어 내며, 낙관적인 모습을 보일 것이다.

이들이 점점 더 정서적으로 공허하고 불행하다고 느낄수록 실제 자아와 이상화된 자아 사이의 간극은 넓어진다. 이 틈을 감추기 위해 자기 자신을 몰아붙이는 압박감은 이들이 번아웃에 이르고 그 전투를 완전히 포기한다는 것을 의미할 수 있다. 분열의 어느 수준에서든 소외되고 자기 자신을 유지하는 것에 관심이 없다면, 무능력해지고 심지어 긴장증catatonic을 보일 수도 있다.

연인으로서 3유형은 진실되게 사랑하고 자신을 수용할 수 있으며, 종종 자신이 가진 기술을 인류의 발전을 위해 사용할 수 있다. 더 이상 완벽한 연인을 연기할 필요가 없을 때, 이들은 이미 자신이 그러한 상태로 존재한다는 것을 발견한다. 뛰어난 성취와 성공을 이룬 3유형은 다른 사람들이 자신과 동일하게 될 수 있도록 영감을 준다.

3유형을 닮은 데이트 광고

론, 35세

안녕, 멋쟁이들! 나는 싱글 백인 남자예요. 키는 183cm이고 근육질 체형입니다(맞아요, 운동을 많이 하죠). 잘생기고, 말을 잘한다는 얘기를 들어 왔어요(최근에 대중연설 코스를 마쳤어요). 그리고 함께 있으면 즐거워요(나는 많은 친구가 있습니다). 나는 사람을 좋아해요. 나는 열심히 일하고 열심히 놀아요. 어떤 사람들은 나를 보고 만능형 '승자'라고 표현하죠. 내 소유의 아파트와 두 대의 멋진 고급 스포츠카를 운전합니다(좀 페트롤헤드petrol-head*죠. 네, 인정합니다). 나는 멋진 레스토랑과 이국적인 장소로 당신을 모실 수 있기를 기대합니다. 만약 당신의 마음만큼 몸매도 아름답다면 최고겠죠. 당신이 최근에 찍은 사진을 보내길 바라요. 그 사이에 웃으며 기억하세요. "당신의 인생이 곧 바뀔 겁니다."

바트야, 34세

대학까지 다녔고, 똑똑하고 재밌으며, 섹시합니다. 다음 박스에 체크할 35~45세 사이의 남자를 찾고 있어요.

☐ 자신의 집과 차를 소유하고 있어야 합니다(비즈니스는 훌륭해야 하고요).

☐ 소득은 약 6만 불 정도이거나 그 이상이어야 해요.

☐ 싱글이어야 하고, 초혼이어야 해요.

☐ 자녀와 애완동물이 없어야 해요.

☐ 건강해야 합니다.

☐ 스타일이 좋아야 해요.

☐ 에드 시런Ed Sheeran을 닮았다면 큰 보너스겠죠.

추가사항: 주말에는 가족 모임에서 데이트 상대가 되어야 해요(모든 비용은 지불). 종교적이거나 기꺼이 그럴 수 있어야 해요. 만약 이런 조건에 부합하지 않는다면 답하지 마세요.

기만의 열정과 진정성의 미덕

3유형의 열정인 기만은 진정성의 소멸과 함께 등장한다. 이것은 거짓말을 하는 것이 아니라 자아에 대한 기만이다(분열되었을 때 이렇게 할 수 있지만).[22]

---

* 역자 주: 과거에 모터스포츠에 종사하거나 자동차에 푹 빠져 광적인 사람들을 지칭함.

3유형은 자신의 이상화된 자아가 요구하는 것은 무엇이든 될 수 있다.

이상화된 자신을 우월하고 성공한 사람으로 유지하는 데 많은 투자를 하는 동시에 실패하고 순응적이며, 궁핍한 자신의 모습을 억누를 때 거대한 내적 긴장감이 생겨난다. 왜냐하면 모든 결점이 실패로 보이기 때문이다. 3유형은 성적으로 서투른 것에 대한 자신의 두려움을 감추기 위해 스스로에게 "나는 놀라운 연인이야."(이상화된 모습)라고 말할 것이다. 진실된 자아는 당황해하고, 거짓된 자아는 탁월하다. 누군가가 자신의 진정한 자아와 그것을 실패로 볼 것이라는 두려움은 더 큰 자기반감으로 이어진다.

자신의 실제 자아는 다른 이들에게 숨겨져야만 하고, 들키지 않을까 하는 두려움 속에 감춰진다. 그렇기 때문에 내면의 순수한 소통은 어려울 수 있다. 진실이 발각될지도 모른다는 두려움 속에 분열된 3유형은 점점 더 기만적이고 성취에 대해 거짓을 말하게 된다. 자신이 이룬 성공이 아닌 것에 대해 소유권을 주장하거나 심지어 이상화된 자아를 유지하기 위해 반복적인 성형수술을 하게 된다.

3유형의 침실 엿보기

특히 3유형이 독신인 경우 이들의 침실은 트로피, 메달, 학위 및 부유하고 유명한 사람들과의 사진으로 전시되거나 이국적인 장소에서 휴가를 보낸 사진 등 자신의 성공을 위한 성전이 될 수 있다. 이것은 특히 2번 날개를 가진 인상적인 스타일을 지향하는 사람들에게 해당된다. 4번 날개를 사용하는 3유형은 간소하지만 아름다운 가구들을 사용하여 독특하고 예술적인 장식 방법을 선보일 수 있다. 자기보존적 3유형은 다른 사람에게 돈을 지불하고 침실을 '정리하도록' 하지 못한다면 인테리어에 크게 공을 들이지 않는다(왜냐하면 그들은 너무 바쁘기 때문이다).

판타지와 에로티카

판타지를 통해 자신의 그늘진 이면을 탐구할 때, 3유형은 더 이상 자신을 연기할 필요가 없는 곳에서 쉬거나 혹은 정서적인 불안감을 스스로 수용한다. 이들은 자신이 책임지기보다는 파트너에게 내둘린 곳에서 섹스에 대한 생각을 즐기고 있는 자신을 발견할 수 있다. 누군가의 연애작업으로 자신이 유혹당하는 것은 본인의 잘못이 아니기에 그들의 책임감은 멀어져 간다. 이는 3유형이 가지고 있는 수행에 대한 불안을 덜어 준다.

사회적이고 성적인 3유형은 멋지게 외모를 가꾸고 자신이 파티의 주인공이 되는 값비싼 클럽을 자주 찾으며 자신의 삶을 소비한다. 그리고 이 모든 '멋져 보이는 것'이 점점 피곤해진다는 걸 알게 된다. 만약, 판타지 속에서 자신이 나쁜 사람이 되는 것을 스스로에게 허용하면서도 통제력을 유지한다면? 이들은 타인으로부터 비롯된 사회적 요구에 부응하기보다는 자신이 지배자가 되는 판타지(또는 현실)를 즐길 것이다. 자신이 통치할 때 다른 이들은 복종하고 존경해야만 한다. 또는 땀에 젖은 트럭기사가 끓어오르는 욕정으로 상대의 섹시한 속옷을 잡아 뜯는 곳에서 마음 편하게 '타락한 성녀' 판타지를 즐길 수 있다.

특히 성적인 3유형에게 판타지는 너무 매혹적이어서 그 유혹에 저항할 수 없는 사람들이 포함될 수 있다. 더 많은 연인이 자신을 빛나도록 숭배할 때, 기분은 더욱 고양될 것이고 자신이 가지고 있는 불안함을 감출 것이다.

아무도 당신이 누군지 모르는 휴가지에서 터무니없는 일을 한 적이 있는가? 감정이 개입되지 않은 캐주얼한 섹스는 3유형에게 인기가 있다. 즉, 만나고 섹스하고 헤어지는 것이다. 가끔 판타지 속에 등장하는 낯선 사람의 얼굴은 감춰지거나 또는 3유형의 여성은 상대에게 등 뒤에서 찍어 눌리며 서로가 가까워질 기회가 줄어든다. 이 판타지 속에는 3유형의 평소 통제된 삶에서는 허락하지 않았을 원초적인 측면이 있다. 오이디푸스 콤플렉스의 경향으로

3유형의 여성은 자기 스스로를 나약한 존재로 경험할 수 있다. 그리고 강하고 힘 있는 아버지의 모습을 가진 섹스에 대한 판타지를 갖도록 할 수 있다.

2유형이 요구하는 애정과 숭배처럼, 일부 3유형은 스트리퍼가 되는 환상을 즐길 수도 있다. 자신을 과시하는 것은 섹시하다. 그러나 친밀감을 동반하지 않고 뜨겁게 갈망하는 것은 자극적일 수 있다. 이것은 또한 실제 삶에서 완벽한 몸을 갖지 못하는 것에 대한 두려움을 떨치는 데 도움을 줄 수도 있다.

남성 3유형에게 판타지는 처녀를 유혹하는 데 집중될 수 있다(아마도 치어리더나 또는 젊은 여교사). 순결을 깨뜨리고 무너뜨리는 것은 강렬하다. 처녀들은 항상 누가 그들의 첫경험(섹스) 상대였는지를 기억하는데 그것은 높은 성취욕구를 지닌 3유형의 즐길거리이다. 경험이 풍부한 파트너로서 통제력을 가지는 것은 3유형이 우월감을 느끼고 비판은 없을 것이라는 확신을 갖도록 한다.

성별이 다른 3유형

3유형의 여성: 마리 앤 로빈슨^{Marie N. Robinson}은 그녀의 논란이 많았던 저서인 『성적 순명의 힘^{The Power of Sexual Surrender}』*에서 "오르가슴은 순명의 육체적 행위이다."라고 서술했다.[23] 그녀의 삶 전반을 여성들을 치료하는 데 헌신했던 코넬 대학교의 정신과 의사 로빈슨은 수백만 미국 여성이 불감증으로 고통받았다고 주장했다. 그리고 나는 그 대상의 상당수가 3유형이라고 추정한다. 3유형의 여성은 증가 추세에 있다. 특히 미국에서 여성 3유형은 가장 흔한 에니어그램 유형이다.[24] 불감증은 거절당할 것에 대한 두려움으로 자유로운 성적 표현을 억누를 필요를 가진 문제가 될 수 있다. 불감증을 겪는 모든 여성이 3유형이라거나 또는 모든 3유형이 불감증이라는 것은 아니지만

---

* 역자 주: 국내에서는 2018년도에 『불감증의 심리학』이란 제목으로 번역 출간되었다.

그러한 경향을 일부 가지고 있다.

로빈슨은 여성 불감증이 증가하고 있는 원인을 다음과 같이 말했다.[25] "불감증이 있는 여성은 육체적 사랑을 두려워하고 그것으로부터 도망치는 것을 배웠다. 그리고 이 두려움은 남성과의 관계에 깊은 영향을 끼쳤다. 그녀가 가진 두려움의 원인은 자신에게 숨겨져 있고, 무의식 속에 잠겨 있다."[26] 전통적인 남성 중심의 환경에서 성취하고자 하는 3유형 여성의 욕구를 면밀하게 실증하며, 그녀는 다음과 같이 이야기한다. "페미니스트 신조는 여성의 욕구와 특성을 완전히 부정하고 여성의 목표를 남성의 목표로 대체했다."[27] 이 주장은 페미니즘 이데올로기에서는 인기가 없다.

이어서 로빈슨은 만약 여성들이 자신의 여성성과 파트너의 사랑을 불신한다면 그녀는 통제력을 갖기를 원할 것이라고 설명한다. 반대로 "진짜 오르가슴에서 여성은 분명히 통제불능일 것이고, 기꺼이 그래야만 하고 기쁘게 그렇게 되길 원할 것이다."[28] 내가 아는 3유형의 여성은 꽤 많은 남자와 잤다고 시인했는데 대부분은 결혼 전이지만 그 후에도 꽤 많았다. 그러나 그들은 결코 오르가슴을 느껴 본 적이 없다고 고백했다. 그녀가 갈망했던 것은 그녀에게 넘어온 그들을 능가하는 힘과 욕망하는 존재감이었다.

다른 이들의 도움을 구하지 않기 위해, 그들을 필요로 하지 않기 위해, 강하게 보이기 위해 부단히 노력했던 3유형의 여성은 결국 통제력을 포기하기가 어렵다는 것을 알게 된다. 만약 이들의 온 자아가 거리낌 없이 관능적인 경험에 휩쓸린다면 자신은 무너져 내릴 것이라고 느낀다. 이들은 흔히 얼음처녀 또는 유혹자라고 불리는 경우가 많다. 다른 이들에게 달콤한 성적 대접을 약속함으로써 욕망을 통제하고 만들어 내지만 좀처럼 기대하던 결과를 내놓지 못한다.

만약 가짜 오르가슴이 상대방에게 자신을 더욱 숙련된 연인으로 보이게 만든다면, 거짓된 기쁨으로 크게 소리칠 것이다. 자신을 좋은 연인이라는 이상화된 이미지에 맞추기 위해서 연인의 자아를 어루만질 것이다. 그러나 그것은 또 다른 형태의 기만일 뿐이다. 자신의 성적 욕망을 억누르는 것은 스트레스와 정신신체(심인성) 증상으로 표출될 수 있다.

외모에 대한 사회적, 성적 하위유형의 초점은 최고의 친구, 연인, 아내 혹은 직원이 된다는 약속으로 세상을 황홀하게 하는 스타일리시하고 완벽하게 옷을 입은 여성을 만들어 낼 수 있다. 그러나 타인의 인정에 의존하면서 독립적이고자 하는 욕구의 좌절이 있다. 3유형이 가진 다른 사람에게 보이기 위해 옷을 입는 경향은 화려한 외관과 함께 공허한 내면을 만들어 낼 수 있다 (자기보존적 3유형은 유사한 행동을 보일 수 있다. 그러나 동기가 다르다).

3유형의 여성은 관계에 대한 깊은 갈망을 가질 수도 있다. 그러나 거절에 대한 두려움은 상대의 관심을 받아들이지 못하고 거부하게 할 수 있다. 그것은 자신의 마음이 누군가에 끌리는 순간에도 그렇다. 많은 3유형의 여성이 오이디푸스 콤플렉스를 가지고 있다. 이들은 '아빠의 작은 공주'였고, 아빠가 성공하도록 공감하고 이끌 수 있었던 딸이었다. 성장기를 거쳐 성적으로 성숙해지면서 아빠에게 거절당하고, 모든 남성이 자신을 거절한 것 같은 경험을 하게 될 수 있다.[29]

일부 여성 3유형은 유부남이나 또는 장거리 연애에 끌리는 자신을 발견할 수도 있다. 내가 만난 적이 있던 몇몇의 지적이고 매력적인 3유형의 여성은 많은 싱글 남성을 매혹시킬 수 있었지만 반복적으로 유부남(그들의 아내와 이혼할 마음이 전혀 없는) 또는 너무 어린 남자(나이 많은 여성의 관심을 즐기지만 계속 연애할 마음은 없는)들을 쫓아다녔다. 그러나 만약 상황이 변화하고 남성들이 더 깊고 장기적인 만남을 형성하려는 경향을 보이면, 3유형은 관심을 잃었다. 이런 의미에서의 '사랑'은 계층에 있는 누군가를 끌어당기는 것 그리고 보여지고 사랑받는다는 것에 대한 확인이다.

3유형의 여성은 강하게 질투하며 경쟁적일 수도 있다. 만약 파티에 갔을 때 자기보다 더 매력적인 누군가가 있다고 느껴진다면 그 자리를 떠나겠다고 말했던 3유형의 친구가 떠오른다. 3유형은 '최고'가 되기를 원하며, 자신의 영리한 두뇌와 재치를 사용하여 상대를 폄하할 수 있다.

  3유형의 남성: 3유형의 남성은 성공적인 이미지를 투사한다. 사랑을 찾지만 파트너와 가까워지기를 두려워하며, 사랑과 섹스를 혼동할 수도 있다. 남성은 상대를 유혹하는 스릴에 중독될 수 있지만 자신의 욕망이 줄어들면 쉽게 차선책으로 넘어갈 수 있다. 이들은 사랑에 빠지는 것 자체를 사랑한다.

  3유형의 남성은 상대에게 이상적인 파트너로 보일 수 있다. 그렇지만 시간이 지나 특히 4유형과 같은 일부 유형에게 이들의 정서적 깊이의 부족은 좌절감을 줄 수 있다. —촛불(로맨틱한)은 켜져 있지만 집(정서적인)에는 아무도 없다. 3유형의 남성은 품 안에 있는 매력 있는 여인을 포함하여, 성공 그리고 그와 관련된 모든 것을 욕망한다. 그들은 성공한 사업가 혹은 명성이 자자한 유명인 역할에 빠질 수 있다. 누군가와의 만남은 너무 부담이 크고, 비용이 많이 들며, 많은 시간을 빼앗긴다고 불평할 수도 있다.

  이상적인 로타리오 혹은 성행위에 대한 압박감은 이들에게 불안감을 조성할 수 있고, 스트레스는 발기부전으로 이어진다. 실패는 무척 굴욕적인 일이기에 미래의 의미 있는 만남에 스스로 거리를 두고, 캐주얼하거나 돈을 지불하고 만나는 것을 선택한다(매춘부들이 그들과의 관계를 즐긴다고 믿으며).

  분열된 3유형의 남성은 자기 자신과 부속물에 과도하게 집중하여, 만약 자기 자신을 고양시키기 위한 수단이 아니라면 파트너의 즐거움에는 전혀 관심을 보이지 않게 될 수도 있다. —"너를 네 번이나 오르가슴에 빠지게 했어. 역시 난 상남자야!"[30]

  오핏Offit은 그녀의 저서 『성적인 자아: 성격은 어떻게 성적 경험을 형성하는가?The Sexual Self: How Character Shapes Sexual Experience』에서, "우리의 역사 속에서 종교는 다수의 터무니없는 주장처럼 자위행위가 실명의 원인이라는 견해를 부각시키기 위해 끈질기게 노력해 왔다."라고 말했다. 오핏은 3유형과 가장 밀접한 관련이 있는 '성적 자아중심성'을 발견했다. 3유형의 남성은 섹스보다 자기만족(자위)을 즐길 것이라고 예상할 수 있다. 성적 자아중심성을 가진 사람들에게 자위행위는 자신이 충분히 가치 있는 사람(성적 매력이 있는)이 되지 못하고 실패했다는 당혹스러운 증거이다.[31]

사랑 유형: 성애

나란조는 3유형의 사랑은 자기중심적인 경향이 있고,[32] 에니어그램의 세 가지 성애 유형 중 하나가 된다고 말했다. 그것은 더욱 유치하고, 쉽게 만족하지 않는 자기중심적인 사랑이다.

고대 그리스에서는 에로스(그리스의 사랑의 신)가 그의 친구인 포토스, 히메로스(갈망과 욕망), 그의 조수 큐피드와 함께 남자와 여자에게 욕망을 일으키기 위해 화살을 쏘았다고 믿었다. 알렉산드리아의 시에서, 에로스는 타락하여 젊은이가 아닌 장난꾸러기 아이가 된다. 시간이 흘러, 헬레니즘 시기에 이르자 에로스는 아기로 보일 정도까지 더 어려진 모습으로 그려졌다. 이제 에로스는 아이와 같은 사랑(자기애)과 연관되어 있고, 3유형(7유형과 8유형뿐만 아니라)의 사랑 유형과 관계가 깊다.

관계는 나의 관심사가 아니다!

3유형은 연인과의 관계에 있어 취약한 경향이 있다. 왜냐하면 외적으로 화려하고 성공적인 자신의 모습을 통해 누군가 자신이 느끼고 있는 내적 공허함을 볼지도 모른다는 두려움을 감추기 때문이다. ―"만약 누군가 내가 가짜라는 것을 알아보면 어떡하지?" 또한 3유형은 비판과 거절에 매우 민감하다. 이들이 가지고 있는 타고난 성적 충동은 통제되고 일로 전환될 것이다. 이들이 스스로 느끼는 멸시는 연인에게서 그들이 두려워하는 경멸이 된다.[33]

3유형은 자신의 얄팍한 사기가 드러날 수 있다는 것을 두려워한다.[34] 그것은 남녀 성별 모두에게 잠재되어 있는 두려움이다. ─"내가 있는 그대로 나로서 사랑받는 걸까? 아니면 내 자산/내가 제안하는 라이프스타일/내 직업/내가 파트너의 자아에 더한 빛으로 인해 사랑받는 걸까?"

나르시시즘

정신의학에서 나르시시즘Narcissism은 기질, 상태, 발달 단계 또는 장애 등으로 볼 수 있다.[35] 그리고 3유형은 자신이 분열됨에 따라 앞서 언급된 것들을 통해 움직인다. 많은 남성이 여성에 비해 더욱 완전하게 발달된 나르시스트이다.[36] 3유형의 자기애적 측면은 성적 자기중심성을 초래하고 그것은 이들이 욕망하는 사람이 되도록 한다. 다음에 쓰인 데이트 앱의 프로필처럼 자아를 자기 자신 그 이상으로 바라본다. ─"평균보다 뛰어난 외모, 뛰어난 유머감각 그리고 훌륭한 재정" 남들에 비해 자기 자신을 특별하고 재능이 있는 사람이라고 여기더라도 여전히 자기혐오를 숨기고 있다. 자신의 이상을 달성하지 못했다고 자책하는 경향이 있다.

자신에 대한 사랑이 부족한 자기애적 3유형의 여성은 화장과 성형수술로 자신이 가진 '결점'을 가릴 수도 있다. 반대로, 분열된 3유형의 남성은 볼품없는 옷을 입고 과체중이며 끔찍한 헤어스타일을 하지만, 여전히 자신을 거부할 수 없고 자신의 페니스가 파트너에게 선물이라고 믿는다. 만약 자기 자신에 대한 숭고한 관점이 위태로운 상태에 놓일 경우 스스로 성적 표현을 제한할 수 있다.

자기애적 3유형의 연인은 잘한 행위에도 불구하고 칭찬을 받을 가능성이 낮다. 만약 그녀가 멀티 오르가슴에 오른다면 분열된 남성은 몸 파는 여성처럼 취급할 것이다. 그러면서 연인으로서 자기 자신의 기술을 칭찬할 것이다. 만약 그가 한 번의 오르가슴조차 제대로 해낼 수 없다면, 그 상황을 모면하려 애쓸 것이다. ─"난 잘못이 없어. 이건 당신 잘못이야."

수치심

일반적으로 우리의 수치심은 성적 경험과 관련이 있고, 파트너와의 관계에 큰 피해를 줄 수 있다. 수치심은 에니어그램의 모든 유형에 영향을 미치지만 2유형, 3유형 그리고 4유형과 더 깊은 연관성을 가질 수 있다.

어린 시절의 성적 표현은 거친 배변 훈련부터 '허리 아래에서' 노는 것에 대한 꾸지람, 노골적인 학대까지 굴욕으로 가득 찰 수 있다. 사춘기의 시작과 함께 완전히 새로운 범위의 잠재적 굴욕과 수치스러운 경험이 십대 시절 동안 생겨난다. 생리가 새고, 부적절한 때에 발기하고, 야한 꿈을 꾸고, 자위행위를 들키는 것 등은 삶을 통해 반복적으로 촉발되고, 우리의 성적 자신감 상실을 증대시킨다.[37]

정신의학자이자 『수치심과 자신감: 영향, 섹스, 그리고 자아의 탄생Shame and Pride: Affect, Sex, and the Birth of the Self』의 저자였던 도널드 나단슨 박사Dr. Donald Nathanson는 성적으로 억압된 양육만이 수치심을 만드는 것은 아니라고 주장했다. ─더 깊은 문제는 사랑받지 못한 것에 대한 수치심이다. 수치심은 우리가 거절당했거나 혹은 우리 자신을 매력적이지 않다고 보거나, 용기가 부족하거나, 실패를 했다거나, 또는 불충분하고 무가치하다고 생각하는 특정 경험과 함께 시작된다. 그리고 섹스는 이러한 모든 잠재적인 수치심을 유발할 수 있다. 나단슨 박사는 우리는 네 가지 대응 전략 중 한 가지를 이용하여 수치심에 반응한다고 말했다. 그것을 '수치심의 나침반(위축, 자기공격, 회피, 타인공격)'이라고 불렀다.[38]

'위축'은 5유형이 하는 바와 같이 다른 이들로부터 멀리 숨는 것이다. '자기공격'은 자해와 같이 자신을 비하하기 위한 마조히즘적 수단이 될 것이다. '회피'는 마약 또는 술에 빠지거나, 스릴을 얻으려는 경험을 찾는 것 또는 문제가 있음을 부인하는 것을 유발한다. '타인공격'은 언어적으로, 신체적으로, 성적으로 다른 이들에게 수치를 주거나 비난을 하는 것 혹은 에니어그램의 전진

하는 유형들에서 나타나는 것처럼 타인의 자산에 피해를 주는 것이다.[39]

나는 대다수의 3유형이 자신의 수치심을 다루기 위해 이러한 세 가지 기술을 사용한다는 것을 말하고 싶다. 성적 3유형은 7유형과 같이 쾌활하게 굴며 수치심의 회피를 연출할 것이다.[40] 자기보존적 유형은 자율성을 찾기 위해 위축될 가능성이 있다.[41] 3유형의 가장 공격적인 사회적 유형은 타인을 공격하려는 경향이 가장 강할 것이다.[42] 수치심 척도의 나침반 관련 연구에 따르면, 남성은 회피를 더 많이 보였고 여성은 위축을 더 많이 보였다. 타인을 공격하는 것은 여성이 약간 높았지만 크게 유의미하지는 않다.[43]

3유형은 타인이 자기 가치의 부족 또는 '결함이 있는' 자신을 발견하는 것을 원하지 않는다. 그렇기 때문에 자신의 성취를 과시하거나 자신의 몸을 아름답게 유지함으로써 스스로 부족하다고 인식하는 것에서 관심을 돌리기 위해 열심히 일한다. 나단슨 박사는 수치심을 경험하는 사람들이 흔히 본받을 영웅이나 또는 여주인공을 찾는다고 말한다. 이들이 어떤 전략이나 조합을 사용하든지 간에, 스스로가 결함이 있다고 느끼는 사람과 상반된 외적 이미지를 보여 준다.[44]

능력 있고, 자신감 있고, 섹시하고, 바람직한 자질들은 이들이 무의식적으로 스스로에 대해 느끼는 무능하고, 약하고, 사랑스럽지 못하고, 수치스럽고, 성적으로 부적절하고, 바람직하지 못한 것들을 가릴 것이다. 일은 그들에게 보람을 느끼게 한다.[45]

본능적인 추동

자기보존적 3유형(공포대항형): 다른 두 본능적 3유형은 이상화된 자아와 인식된 자아 사이의 간극을 줄이기 위해 과도한 시간과 에너지 그리고 돈을 쏟아부을 수 있다. 그러나 자기보존적 3유형은 공포대항형으로서 그와 정반대의 행동을 한다. 스스로 자신의 사소한 문제를 넘어 이미지보다 더 중요한 것은 성과라고 이야기한다. 그리고 신경 쓰지 않는 척하지만 은밀하게 실행한 다.[46] 공포대항형은 타인이 알아채기를 원치 않으며, 조심스럽고 소리 없이 다가온다.

자기보존적 3유형은 종종 자신의 외모를 비하한다. 왜냐하면 이상화된 자아는 거울을 통해 자신을 바라보지 않기 때문이다. 이들은 자신의 이미지에 집착하는 것처럼 보이길 원치 않는다. 허영심을 가지지 않은 것에 대한 허영이 있고, 자신의 외모에 더욱 겸손하다.[47] 그래서 자기보존적 3유형의 여성은 화장을 하지 않고 남성은 체육관에 가는 것을 비웃을 수도 있다(그러나 집에서 운동을 한다).

이들은 3유형의 하위유형 중 워커홀릭이 될 가능성이 가장 높다. 이 하위유형은 재정적인 안녕과 업무 능력을 통해 안정을 원한다. ─"만약 내가 일에서 최고라면, 회사는 나를 해고할 수 없어.", "나는 많은 것을 준비해 놨지. 만약 직업을 잃더라도 미리 준비한 투자는 나를 지킬 거야."

자기보존적 3유형은 겸손할 수 있으며 공포에 대항할 수 있다. 왜냐하면 이들은 자신이 보여 주는 이미지에 무관심한 것처럼 보일 수 있기 때문이다.[48] 다시 말해, 이들은 '좋은' 사람이 되고자 하고, 좋은 사람은 이미지를 걱정하지 않는다. 그것은 허영이며 받아들일 수 없는 것이 된다. 이러한 성향은 이들을 1유형으로 오인하게 할 수 있다. 누군가와의 관계에서 자기보존적 3유형은 다음과 같은 스타일의 메시지를 보낼 수 있다. ─"나는 특별히 데이트에 관심이 없어. 다른 관심거리가 있거든.", "시시덕거리는 것은 관심을 끌 다른 방법이 없는 멍청한 금발들을 위한 것이야."

자기보존적 3유형은 상대에게 좋은 연인이자 파트너가 되길 원하고, 그들의 재정적인 그리고 직업적인 성취에 대한 존경심을 불러일으킨다. 비록 재물을 모으려는 욕망이 크다 보니 좀처럼 그것을 즐길 시간을 가질 수 없지만, 이들은 역량 있고, 자원이 풍부하며, 자기 가족들의 재정적 욕구를 보살필 수 있다. 파트너는 자기보존적 3유형이 종종 재정적인 안정을 위해 너무 사로잡

혀 있어 그들과 성적으로 혹은 정서적으로 연결되기 힘들다는 것을 알게 될
수 있다.

이들은 다른 두 본능적 추동에 비해 자신의 감정을 연결하는 것이 더 어렵
다는 것을 안다. 다른 사람들을 위해 무엇을 함으로써 혹은 자유분방한 사
랑보다는 의무를 충족함으로써 자신의 사랑을 보여 줄 수도 있다. 효율적으
로 기능하는 것은 정서적인 상호작용을 파괴할 수 있다. 즉, 파트너는 그 '모
든 박스에 체크 표시'를 했는지 안 했는지에 따라 판단될 수 있다. 분명히 이
들은 감정 유형 가운데 하나임에도 불구하고 사고가 감정을 압도할 수 있다.
나란조는 일반적인 3유형을 알렉산더 로웬 박사Dr. Alexander Lowen와 심리학
자 스테판 엠 존슨Stephen M. Johnson의 '경직된' 성격으로 설명한다. 그들은 사
랑과 자신의 성적 반응이 분리된 사람들이다.[49] 체스닛Chestnut은 자기보존적
3유형을 3유형 가운데 가장 경직된 존재로 묘사했다.[50]—다른 모든 것을 희
생해서라도 효율적인 사람. 자기보존적 3유형은 이렇게도 말할 수 있다. —
"건강상의 이유로 섹스를 해야 하죠."[51](그러나 그들에게 섹스는 길게 늘어진 할
일 목록 중 체크해야 할 또 다른 과제이다!)

이들은 통제하기를 원하고 약한 감정과 연결되기를 원치 않는다. 그렇기
때문에 파트너는 3유형 연인이 성적 접촉을 갈구하지만 그것으로부터 멀어지
는 것을 느낄 수 있다. 섹스에서 사랑을 분리하는 것은 진정한 사랑을 경험하
기 위한 능력이 없는 것으로 해석된다. 그리고 항상 무엇인가가 결여되어 있
다. 일부 3유형은 끌리기는 하지만 성적 매력을 느낄 수 없는(사랑) 상대와 그
들이 욕망하는 연인이지만 감정이 거의 생겨나지 않는(섹스) 파트너들을 가짐
으로써 이를 극복해 보고자 시도한다. 3유형이 편안함을 느끼도록 하는 것은
쉽지 않을 수 있고, 오르가슴에 이르는 것은 다소 노력이 필요할 수 있다.

나란조에 따르면, 자기보존적 3유형은 부모의 질병, 알코올중독 혹은 궁핍
하거나 정서적으로 도움이 되지 않는 부모로 인해 자신의 관심에 대한 욕구
가 좌절되었던 일종의 혼돈스러운 경험을 했을 수 있다.[52] 그러면서 어린 3유

형은 자기 스스로를 돌보는 것을 배우고 관심을 얻는 다른 방법을 찾는다.

다른 본능적 추동과 달리, 허영심(이들의 열정)뿐만 아니라 기만(이들의 고착)에도 맞서 움직인다. 이들에게 바람을 피웠는지 물어보라. 그러면 다른 두 하위유형보다 자신의 불륜에 대한 진심을 드러낼 가능성이 더 높다.

사회적 3유형: 항상 자신을 연기하고 부모가 들어주기를 요구했던 아이처럼, 사회적 3유형은 무대의 중심에 서는 것을 즐긴다. 그 결과, 이들은 가장 허영심이 많을 뿐만 아니라 3유형 중 가장 적응력이 뛰어나다. 사회적으로 숙련되어 있고 사람들과 어울리며 돌아다닐 수 있는 사교적인 행사에서 빛을 발하며, 자신에 대한 숭배자와 필요한 연줄(학연, 지연, 혈연 등)들을 만들어 낼 수 있다.[53]

능숙한 운영자이며, 목표를 달성하기 위해 냉정하게 감정적 연결을 사용할 수 있다. 사회적 3유형은 자기 아래의 사람들을 뛰어넘어 복수심이 가득한 승리를 보여 주기 위해 '정상을 향해 이를 악물고' 전진할 수 있다.[54] 3유형의 새로운 파트너의 전 애인은 전투의 패배로 인한 굴욕감을 느낄 수도 있고, 그들이 입은 상처는 승리를 주장하는 3유형에게 필수적인 요소로 여겨진다. 사회적 3유형은 선언한다. "섹스는 긁어야만 하는 욕구이고 그러면 끝이 난다."[55]

인생이 당신의 성취를 미끼로 미래의 숭배자들에게 매달릴 때, 거기에 진정한 자아가 남아 있기는 어렵다. 두 명의 아름답고 성공한 여성 3유형이 회사의 CEO가 되는 것은 자신이 외로워지는 것이라는 것을 스스로 인정했다. 이 둘 모두는 계속 오르기만 했던 회사 내 사다리가 진정으로 자신이 오르길 원했던 것인지 의문을 제기했다.

성적 3유형: 이 하위유형은 경력에서의 존경보다는 성적인 존경을 갈망한다. 이들은 위대한 연인으로 자신을 내세운다. 그리고 성적으로 매력적인 롤모델을 연구하기 위해 노력을 기울이고 자신의 매력을 끌어올리기 위해 그들을 모방한다. 또한 다른 사람들이 자신의 욕망을 투사하는 사람이 될 수 있고, 자신의 파트너가 가진 판타지와 결합할 수도 있다.—"당신이 나를 따라올 수 있도록 내가 응큼한 양치기가 되길 원하는 거야?" 이들은 '나를 사랑하는 이유는 단지 내가 잘 어울려 주기 때문일까?'라는 딜레마에 빠진다.

성적인 정복은 자신의 성공을 확인시켜 준다. 사이렌^{sirens}처럼 성적 3유형은 누군가를 유혹하고, 마법에 빠진 사람들을 매혹시키고, 자신을 돌보게끔 홀린다(다른 사람들을 돌보기를 원하는 자기보존적 3유형과는 달리). 이들은 세상의 이목에서 벗어나 있는 것에 행복해하고, 나폴레옹의 조세핀처럼 '왕좌 뒤의 숨은 권력'이 될 수 있다. 이것은 점점 더 내성적이 되도록 만들고, 회사에서 사업 PT를 하기보다 자기 자신에 대한 즐거운 PT를 만드는 데 집중하도록 한다.[56] 즉, 이들의 이상화된 자아는 광고를 구성하는 재료인 완벽한 자녀와 함께, 완벽한 파트너십 속에서, 완벽한 부인/남편/연인이 되는 것이다.

사랑의 이상적인 형태가 부서져 내릴 때, 진정한 자아를 위해 그 잔해를 뒤지는 것은 트라우마가 될 수 있다. 마치 가면은 거기에 있지만 배우는 무대를 떠난 것과 같다. 침대에서 이것은 마치 당신과 여러 번 잠자리를 한 사람이 여전히 낯선 사람처럼 느껴질 수도 있다. 즉, 육체적으로는 여기에 있으나 감정적으로는 부재한 것이다. 다음은 전형적인 성적 3유형의 답변이다.—"둘(섹스와 사랑) 다 중요하죠. 그런데 가끔씩은 스트레스가 너무 심해서 내 삶의 이 부분에 많은 시간을 할애할 수 없어요."[57]

날개

2번 날개를 지닌 3유형(성애와 모성애): 이 날개유형에서 3유형의 야망은 2유형의 따스함과 만난다. 이 3유형이 통합되었을 때 이들은 외향적이고, 매력적이며, 재미있다. 그리고 다른 날개유형보다 연인과의 관계에 있어 더 부드럽게 접근한다. 이들은 일과 관계에 균형을 유지하고, 자신의 감정과 연결된다. 파트너와의 관계는 무엇인가를 성취하고자 하는 욕망만큼 중요하다. 덜 통합되었을 때는 자신을 완벽한 파트너나 연인으로 투사하길 원한다. 침대에서는 육체적으로나 감정적으로 최고가 되길 원할 수 있다. 대외적으로 이들은 자신이 마땅히 받아야 한다고 생각하는 존경을 얻기 위해 침실을 찾고자 할 것이다.

4번 날개를 지닌 3유형(성애와 모성애 대항형): 3유형이 가진 야망이 예술적인 4유형을 만난다. 이들은 다른 날개유형보다 더 내성적이고, 쿨하며, 사적이고, 자신의 감정을 잘 조절한다. 이것은 통합된 4유형과 무척 흡사하다. 덜 건강할 때는 감정적 거리감과 침울함으로 해석될 수 있다. 침실에서 어색해하고 자의식적일 수 있으며, 평소답지 않게 자신에 대한 확신을 갖지 못할 수도 있다. 이들이 가진 거절에 대한 두려움은 연인과의 관계에서 훨씬 큰 역할로 작용한다. 그러므로 이들에게 짧은 연애는 쉬운 선택지처럼 여겨질 수 있다.

성적 존재로의 이동

3유형의 성적 완성을 방해하는 것들

성취의 깃발을 흔들며 다른 이들을 향해 전진하는 것은 3유형이 진정한 자아로부터 단절될 수 있다는 것을 의미한다. 자신이 이룬 성과와 상대에게 받고 싶어 하는 칭찬에 집중하면서, 여기 그리고 지금과의 연결을 잃는다. 그것은 마치 자신의 일부를 연기하는 것처럼 느껴질 수 있다. 만약 과거의 정복에 대해 자랑하는 것이 다른 사람들을 무능하게 느끼게 하고, 타인이 보이는 관심에 기뻐한다면, 덜 통합된 3유형은 그곳에 머무를 것이다. 그리고 모든 진리의 아름다움을 놓치게 될 것이다. 진짜가 되기 위해서는 자신의 진정한 자아를 소중히 여겨야 하며, 섹스는 감동을 추구하기보다 친밀감과 상호 간의 보살핌이 되어야 한다.

자신이 가진 솔직함을 내보이는 것은 파트너에 대한 엄청난 신뢰가 필요하며, 만약 이 신뢰가 깨지면 정서적으로 파괴적으로 변할 수 있다. 3유형은 그것을 다음과 같이 설명한다. ㅡ"마치 누군가가 들어오도록 하기 위해 마침내 벽의 일부를 부순 것처럼 느껴졌다. 만약 그들이 나를 거절하려고 한다면, 나는 이제 자신에게 다시는 벽을 허물도록 허락하지 않을 것이다."

스스로를 기만하는 또 다른 방식은 3유형이 나에게 말해 준 것처럼 혼잣말을 하는 것이다. ㅡ"나는 관계를 맺기에는 너무 바쁘다. 파트너에게 그것은 공정하지 않다. 나는 너무 오랜 시간을 일하고 많은 출장을 다닌다."

3유형은 파트너와 거리를 두는 것이 더 안전하다는 것을 알 수 있고, 나비처럼 날아다니면서 한 연애에서 다음 연애로 이동한다. 과거의 지나간 많은 연인은 자신의 성적 기량을 과시할 뿐만 아니라 결코 누구와도 깊은 관계를 갖지 않을 것임을 의미한다. 일부는 손에 넣을 수 없는 파트너를 선택하거나 혹은 간편하게 독신으로 남아 있을 수 있다. ㅡ"내 친구의 파트너들은 모두 완전한 실패자들이야. 그런 사람들과 얽히는 것보다는 혼자 있는 게 더 낫지."

3유형이 성적으로 현존할 수 있는 방법

당신의 진정한 자아와 연결하라: 3유형은 자신의 내면과 연결됨으로써, 이들의 진정한 감정을 자각하게 된다. 성과보다는 성적인 것이 모든 것을 아우르는 경험이 되고, 성취는 자기 자신을 과장하기보다 진정성을 가진다.

사랑, 친밀감 그리고 섹스는 3유형이 공허함에 대한 두려움을 가지고 위대한 연인이 되고자 하는 그들 욕구의 역설을 품을 수 있을 때 하나가 된다. 섹스는 최고가 되거나 혹은 파트너와 경쟁하는 것이 아니다. '사랑의 슈퍼스타'가 될 필요성을 잃은 이들은 진정으로 비범한 사람인 사랑하고 사랑받는 사람이 될 수 있다.

수용: 3유형은 초기 부모에 대한 성적 갈망에 대한 자기판단과 당혹감뿐만 아니라 과거의 성적 만남으로부터 유발된 수치심과 죄책감을 해소시킬 필요가 있다. 자신을 받아들였을 때 더 이상 거절당하는 것을 피하기 위해 거절할 필요를 느끼지 않는다.

당신의 내면세계를 개방하라: 성에 대한 자신의 가면을 벗어 놓을 때, 3유형은 사랑하는 사람에게 자신의 내면세계를 노출시키는 것에 대한 두려움과 직면한다. 자신의 외모를 개선하려는 끊임없는 욕구를 상실함으로써, 더욱 자연스러운 접근을 받아들이고 자신의 고유한 아름다움을 발견할 수 있다.

건강한 일과 삶의 균형을 만들라: 3유형은 가끔 자신의 직업적인 일들을 후순위로 두는 것을 허용해야만 한다. 삶이 균형을 찾아갈 때 스트레스는 줄어든다.

실패에 대한 두려움과 통제에 대한 욕구를 내려놓으라: 통합된 3유형은 침대에서 일어난 실패에 대해 웃을 수 있고 성적인 도움과 피드백을 구할 수 있다. 이러한 자신의 취약성을 통해 신뢰를 배운다. 진정한 승리는 항복을 포함하며, 그것은 자신과 타인에게 약점이 아닌 강점이 된다.

성찰 질문

참조: 당신의 유형과 상관없이 이러한 질문에 답하는 것은 유용하다.

• 당신은 섹스가 노력을 필요로 하는 것이라고 믿는가?

- 당신은 즐거운 성생활을 누릴 자격이 있다. 그 이유는 무엇인가?
- 당신은 섹스를 함에 있어 위대하고 최고가 될 필요로 인해 스트레스를 받고 있는가?
- 당신은 가짜 오르가슴을 연출한 적이 있는가? 만약 그렇다면 이유는 무엇인가?
- 당신의 성적 표현이 더 진실되려면 어떻게 해야 하는가?

제**8**장
7유형:
즉흥적인 구혼자

7유형의 좌우명: "열정, 즐거움, 그리고 사랑의 추구!"

연인으로서의 7유형: 7유형은 흥분, 새로운 자극제, 혹은 피를 끓어오르게 할 그 무엇을 원한다. "나는 나를 만족시킬 무언가가 필요해. 당장!" 7유형은 자신의 자유가 속박되는 것을 참지 못한다. 그래서 장기간의 헌신은 어려울 수 있다. 연인과의 관계에서 갈등을 피하는 경향이 있다. 이들은 모든 것이 재미있고 행복하기만을 바란다.

7유형은 자신의 명분을 가지고 전진한다: 7유형은 자신이 중요하고 매력적인 인물이며, 이들의 존재가 그룹에 활력을 불어넣을 수 있을 것이라는 믿음으로 세상을 활보한다. 그렇게 자신의 에너지를 외부로 향하게 한다. 욕망의 탐식을 채우기 위해 애쓰며 성적인 관계를 계획하고, 가능성의 미래에 살고 있다. 그 결과 이들이 가진 외향적 초점은 내적인 연결을 잃는 결과를 낳는다.

당신의 유형은 아니지만 7유형과 관련이 될 수 있는 측면: 당신이 6유형이나 8유형(날개) 또는 5유형이나 1유형(해방과 왜곡 지점)일 경우

사랑 유형(성애): 일반적으로 7유형은 관계에 있어 자기 자신을 더 중요하게 여긴다. 어린아이 같은 에로티시즘은 섹스가 주로 이들의 욕구를 총족시키기 위한 것일 때 발생한다.

관계 신념: "나는 침대에서 다른 사람들보다 더 흥겹고 개방적이다."

성적 좌절감: "파트너들은 너무 예측 가능하고 지루하다. 그들은 나를 따라올 수 없다."

7유형의 섹슈얼리티 이해

간략한 요약

7유형의 열정인 탐식은 단순히 음식이나 술에 대한 욕구가 아닌 경험에 대한 갈망이다. ―"나를 최고조로 만들어 주는 게 무엇일까?" 7유형의 행복은 닿을 수 없는 새로운 경험에 있다.

프로이트는 '쾌락 원칙pleasure principle', 독일어로 *Lustprinzip*이라는 용어를 만들었다. 그는 이것을 고통을 피하기 위해 본능적인 쾌락을 추구하는 원동력으로 보았다. 이것은 우리가 만족지연delayed gratification을 학습할 때 성숙함과 더불어 개발되는 '현실 원칙reality principle'과 대조된다. 프로이트는 "그렇게 교육받은 자아는 '합리적'일 수 있다. 즉, 그것은 더 이상 자신을 쾌락의 원리에 지배당하지 않도록 하고 현실 원칙을 따르며, 근본적으로는 쾌락을 추구하지만 비록 그 쾌락이 지연되고 감소되더라도 현실을 고려함으로써 보장되는 쾌락이다."라고 가정했다.[1] 그것은 아이에게 마시멜로를 하나 주고 만약 그들이 바로 먹는 만족감을 늦추면 또 다른 마시멜로를 상으로 주는 그 유명한 '마시멜로 실험'과 같다. 즉각적인 만족을 위한 마시멜로를 선택하는 아이들처럼, 7유형은 인생의 달콤한 약속으로 뛰어든다.

이들은 사랑을 쾌락으로 경험하는 쾌락주의자들이기 때문에, 7유형에게 쾌락이 없으면 사랑을 잃게 되는 것이 당연하다.[2] 이러한 사고가 가진 위험성은 즐거움에 초점을 맞추기보다는 '행복'한 쾌락 추구의 자세가 깨우친 상태라 여기는 믿음에 있다. 이런 식으로, 7유형의 이상화된 자아에 대한 믿음은 결점 그 자체가 신성인 '강렬한' 사람을 만든다.[3]

7유형은 빠른 해결책을 원한다. 긴 학습과정을 견딜 수 없고, 이미 자신이 원하는 대로 되어 있다고 믿고 싶어 한다. 만약 8유형이 원초적인 섹스에 빠진다면, 7유형은 인생 최고의 것(또는 대체 약물 사용)과 함께 섹스에서 얻을 수 있는 잠재적인 최상의 것을 원한다. 이들은 광고주들의 꿈이다. 그들 앞에 '새로운'이라는 단어를 매달아 놓으면, 서둘러 자신의 지갑을 꺼낼 것이다. lastminute.com과 같은 사이트는 7유형의 기쁨이다. 왜냐하면 이들의 열정이 즉흥성이기 때문이다. 이들은 숨겨진 가능성을 보고 즐기는 위대한 선각자이자 기업가이다.

7유형은 일반적으로 똑똑하고, 기술이 풍부하며, 관심 분야가 다양하다. 이들은 재미있고, 두뇌가 명석하다. 나란조는 7유형을 두고 우화 속에 등장하는 영리하고 재치 있는 책략가인 여우와 관련지었다.[4] 나는 이런 유형을 전형적인 사기꾼 혹은 때때로 아주 별나지만 자신의 연기에 대한 어떠한 부정적 반응도 회피하는 궁전의 어릿광대로 본다.

당신은 파티에서 어느 누구에게도 진정으로 귀 기울이지 않는 누군가와 대화를 해 본 적이 있는가? 왜냐하면 그들은 더 영향력 있고, 유명하고, 재미있고, 혹은 인기 있는 사람이 도착했는지 확인하기 위해 당신의 뒤를 계속해서 힐끗 쳐다보기 때문이다. 그 '차선책'에 대한 감정이 7유형의 전형이다. 이들이 안절부절못하는 이유는 자신의 현재가 결코 충분치 않다는 것을 의미한다. 남의 떡이 더 커 보이고, 진짜가 임박했다.

자신감이 넘치고 카리스마적인 7유형은 과시욕과 사랑이 관심의 대상이 되는 경향이 있다. 나는 술을 한 잔도 하지 않은 채, 클럽에 들어가자마자 테이블 위에 올라가 열광적인 군중의 함성과 환호 속에 자신의 매력을 뿜어내는 것을 아무렇지 않게 생각했던 7유형 여성과의 데이트가 기억난다. 또한 이들은 규칙을 깨고, 위험을 감수하며, 자산을 쌓고 탕진하는 등 모든 일에 무심해 보이는 세상의 '플레이보이'[5]이다. 럭셔리한 요트 위에서 유명 잡지 모델에 둘러싸여 샴페인을 들고 있는 멋진 남자를 떠올려 보라. 이들은 종종 거짓된 신의 모습을 한 영향력을 가진 능력자들이다. 7유형은 2유형과 9유형처럼 우리의 인생을 장밋빛으로 보이게 한다.

이 유형은 융의 아니무스animus 2단계 발달수준의 속성과 관련될 수 있는데, 그 '행동하는 실천가Man of Action'는 '계획대로 행동하기 위한 역량과 주도권을 소유한' 어니스트 헤밍웨이Ernest Hemingway와 같은 모험가이다.[6] 7유형은 더 큰 미래의 그림을 꿈꾼다. 그리고 만약 이들이 통합되지 않아 왜곡점인 1유형에 있다면 자잘한 세부사항을 무시할 수 있다. 이들은 서로 상이한 개념 사이를 결합하고 다른 작업 방식(침실을 포함)을 구상하기 위해 해방점인 5유형을 이용하는 혁신가이다.

그러나 7유형은 두려움의 유형이다. 모험과 기업적인 활동을 통해 세상에 맞서 스스로 흔적을 남김으로써 그것을 숨긴다. 7유형은 사소한 일에 신경 쓰지 않고, 멋진 직위, 순위, 또는 계급을 위해 쓸 시간이 없다. 성적으로 이 것은 자기보다 높거나 유명한 사람을 쉽게 공략할 것이라는 의미이다. 이것은 2유형이 취하는 자기애적 방식이 아니다. 7유형은 진정으로 사회적 분열을 보지 못한다.

만약 1유형이 사람을 '해야 한다/하지 말아야 한다'의 관점에서 본다면, 7유형은 자신의 단어장에 '해야 한다'라는 단어 자체를 없애 버렸다. 7유형에게 산다는 것은 감질나는 선택지인 스모가스보드smorgasbord*에서의 선택을 의미한다. 섹스에서 이것은 앞으로 일어날 가능성이 있는 일이 지금 일어나고 있는 것보다 더 유혹적일 수도 있음을 의미한다. ─"내가 만약……?", "만약……?", "그건 과연 어떨까……?" 만약 섹스가 실망스럽다거나 거절이 발생

---

* 역자 주: 스칸디나비아에서 전래된 것으로 여러 음식을 한자리에 놓고 원하는 만큼 덜어 먹는 뷔페의 어원이다.

한다면, 항상 새로운 것을 기대할 수 있다. 4유형이 지루함을 원치 않는 반면, 7유형은 "다른 사람들은 가능성을 보지 못해, 너무 자신의 생각 속에 갇혀 있어."라고 믿으며 지루해지는 것을 원치 않는다.

파트너의 '부정적인' 감정을 용인하는 것 또한 7유형에게는 어려워 보인다. 이들은 자신의 두려운 감정에서 달아나는 것처럼, 자신에게 이러한 감정을 불러일으키는 파트너로부터 도망치고 싶을 수도 있다. '내가 우울할 때 책을 읽거나 차를 마시면 기분이 훨씬 좋아진다'는 말은 어떻게 7유형이 문제가 있는 감정을 '다루는'지를 설명하는 것이다. 연인이 될 가능성을 가진 상대를 쫓거나 성적인 관계에 대한 환상을 가지는 것은 또 다른 형태의 산만함이 될 수 있다.

7유형의 발달

사랑받지 못하고 감사받지 못한 감정을 부정하기 위해, 7유형의 아이는 두려움, 분노 그리고 고통과 같은 감정을 회피하는 법을 배웠다. 부모가 여행, 건강 악화, 일 혹은 형제자매 등으로 인해 모성적 인물과 분리되었다는 감정과 궁극적으로 존재 자체로부터 분리된 느낌을 받은 어린 7유형들은 외적인 산만함에 집중한다.[7] 이들이 나이가 들어 갈수록 그것은 단지 산만함의 본질일 뿐이다. 이것은 고통이 없는 미래에 살고 싶고, 결과적으로 고통스러운 현재에는 존재하지 않는 거듭된 기대와 계획의 상태를 만든다.

이들은 위계질서를 잘 받아들이려고 하지 않는다. 이 때문에 7유형은 흔히 자신이 가족들 가운데 더 높은 위치에 있다고 인식한다. 이들은 모성적 인물과 더 깊은 관계를 형성하는 자신의 아버지(또는 아버지의 역할)와 맞서 저항하는 경향이 있다.[8]

사랑에 빠진 7유형

통합된 7유형: 건강한 수준에 있는 7유형은 진정으로 세상을 더 나은 곳으로 만들기를 원하며, 자신이 이것을 행할 명분을 가지고 봉사하는 것에 기뻐한다. 그래서 흔히 이들은 다른 사람들에게 영향력을 미치고 조언을 해 줄 수 있는 전문직에 끌린다.[9] 7유형은 멋진 동기부여자이고, 라이프 코치이며, 대중 연설에 능하다. 이들은 사람들의 직업이 무엇인지와 상관없이 멋지게 행동하도록 영감을 불어넣을 것이다.

이들은 매 순간을 음미하는 법을 배웠고 그것은 경험 속에 온전히 존재하며 사랑을 나누는 것이 포함된다. 계속되는 먼 미래에 대한 기대를 현재에 대한 즐거운 감상으로 대체한다.

7유형은 열정적이고, 흥미가 넘치며, 젊다. 또한 호기심과 자신감을 가지고 침실에서 즐거운 시간을 만들 수 있다. 사랑을 나누는 것은 단순히 만족감을 위한 행위라기보다는 매우 아름다운 선물이다.[10] 관능적인 세계가 이들에게 손짓한다. 만약 조루 또는 발기부전과 같은 이상적이지 않은 일이 일어난다면, 깊이 의식하지 않고 웃어넘기며 다른 것을 시도할 수 있다(그들은 어떠한 수행불안도 덜어 줄 수 있는 아주 별나고[11] 때로는 야한 유머감각을 가지고 있다).

동성 연애관계에서 만약 무엇이 서로에게 즐겁게 작용했다면, 이들은 당신과 그 기술을 온전히 공유하는 것을 즐길 것이다.

평균적인 7유형: 7유형은 말재주가 좋은 사람들이다. 자기 아이의 베이비시터와 함께 침대에서 발견되는 순간에도 책임을 받아들이는 것을 교묘히 벗어난다. 그뿐 아니라 자신의 파트너에게 그 책임을 전가할 수도 있다.—"너무 뻔한 섹스가 지겨워서 더 자극적인 것을 시도했어야 했어." 만약 이러한 시도가 안 통한다면, 7유형은 화를 내고 상대를 비난할 수 있으며, 흔히 그들의 (섹스) 장난감을 침대에 던질 수 있다.

이들이 자신의 욕구에 집중할 때 타인에 대해 무신경하거나 혹은 무관심해질 수 있다. 만약 7유형이 자신의 행동에 도전하지 않는 순응적이거나 내성적인 유형의 사람과 결혼했다면, 지적능력과 기술 모두에서 빠르게 우월감을 느낄 수 있다. 그러나 반대로 자신과 더욱 대립하는 유형과 맺어진다면 열등감을 느낄 것이다.[12]

관계에서 상대와 경계를 설정하는 것은 7유형에게 까다롭게 보일 수 있다. 이들은 제한되는 것을 원하지 않고 미끄러지듯 통과할 틈을 찾을 것이다. 이들은 사랑하는 사람을 향한 의무감과 관계의 약속에서 탈출하고 자유로워지려는 욕구 사이에서 갈피를 못 잡을 수도 있다. 7유형이 분열되었을 때, 점점 믿을 수 없어지거나 혹은 과도한 약속("내가 주말에 고급스러운 스파에 데리고 갈게.")을 하고 나서 이를 이행하지 못할 수도 있다.

7유형은 나이 먹는 것을 두려워한다. 왜냐하면 노화가 자신의 성적 매력과 능력에 제약을 가한다고 믿기 때문이다. 이들이 분열됨에 따라, 다양성에 대한 갈망, 흥분 그리고 새로운 경험, 파트너의 선택에 있어 덜 차별적이 될 수 있다.[13] 관계는 진실된 관심보다 혼자가 되는 것에 대한 두려움에 가깝다.

이들은 점점 더 이기적이고 겉으로 드러나 보이는 것만 관계하는 피상적인 모습으로 변해 간다. 즉, 자신이 소비한 것에 감사하지 못하는 소비자가 된다. 주변의 가까운 사람들은 고통스러운 문제를 다루는 것에 대한 이들의 계속된 회피에 몹시 화가 나기 시작한다. 이러한 과도한 생활 방식을 유지하기 위해 더 많은 돈이 필요하고, 이것은 때때로 사랑보다는 부를 위해 파트너를 선택하는 것을 의미할 수 있다.

분열된 7유형: 분열된 7유형은 점점 더 자기중심적이거나 자기애적으로 변해 가고, 자신의 즐거움을 가장 중요하게 여긴다. 이제 이들은 분열되고 변덕스러워져 심각한 중독성을 가진 위험을 좇게 될 수 있다. 이처럼 이들은 '법 위에' 서게 되어, 대립을 일삼고 정상의 범주를 벗어나 힘들어질 수 있다.[14]

"나는 지금 섹스를 원해. 당신이 그걸 좋아하지 않아도 상관없어. 당신은 내 파트너야. 그리고 욕구에 봉사할 의무가 있어." 만약 자신의 욕구가 충족되지 않으면, 이들은 심술을 부릴 수 있다. 완전히 이성을 잃고 자신은 내어 줄 준비가 되어 있지 않은 것을 다른 이들에게 요구하게 될 것이다.

이들은 양심의 가책이나 책임감을 보이지 않는다. 만약 어떤 것 혹은 누군가가 자신의 즐거움(자신의 자녀들을 포함)에 제약을 가하기 위해 위협한다면, 분열된 7유형은 심통 사납게 화를 내고, 가족들은 통제당할 것이다. 멋지고 재미있는 자신의 이상화된 이미지를 지지하지 않는 사람들은 굴욕과 조롱의 대상이 될 것이다. 또한 7유형은 세상과 자신의 지인들에 대한 이상화된 시각을 가지고 있다(이상주의가 그들 자신에게만 관련되는 3유형과 다르다). 그것을 위해서는 낙관주의를 유지하는 것이 필수적이다. 모든 것과 모든 지인은 놀라워야 한다. 어떠한 형태의 비판 혹은 이러한 견해를 위축시키려는 시도는 두려움을 만들고 위협을 느끼게 한다. 이들의 이상적이고 낙관적인 생각은 열등하고 불안한 생각과 충돌한다. 이들은 최악의 상황 속에서조차 태평하고 자신감 있는 쾌활함과 함께 낙관적으로 보일 수 있지만, 그것은 취약한 상태이며, 빠르게 우울감과 낙담으로 바뀔 수 있다.

7유형은 삶에 필수적인 것들에 만족하지 못한다.[15] 일상의 지루함은 거부되거나 파트너에게 떠넘겨져야 한다. ─"청구서는 지루해!", "세금 납부는 완전히 시간낭비이고 자원낭비야!", "책임은 스스로 즐길 줄 모르는 사람들을 위한 거야." 성적 문란은 음주나 약물 사용과 함께 증가한다. 특히 멈출 수 없는 자극 욕구를 깊이 충족시켜 줄 코카인과 같은 약물이 사용된다.[16] 이어질 새로운 경험을 찾는 것은 강박이 된다.

7유형은 점점 더 이성을 잃고 무책임한 결정을 하게 된다. 종종 재정적으로도 부정적인 영향을 미친다. 이것은 파트너에게 극심한 어려움이 될 수 있다. 그 가운데 도덕과 법은 자리를 잃고 밀려나게 된다. 사람들은 이용의 대상이 되고 종종 학대를 받게 된다.

"나는 자신을 통제할 수 없었다. X가 거기 있었고, 나는 단지 그 시점에 거침없이 해야 할 것처럼 느꼈다." 이러한 대사를 따라 성적 행동을 하는 것은 흔한 일이다. 규율은 성적으로나 재정적으로나 자기 방종 속에서 산산조각이 난다. 점점 더 한 가지에 집중하지 못하고 사방으로 흩어진다. 여러 프로젝트를 시작하지만 좀처럼 완성하지 못한다. 연애관계에서도 마찬가지이다. 상호 간 헌신의 문제가 불거진다. 그리고 자신을 지지해 주던 사람들을 냉정하게 내치고 끝낼 수도 있다. 삶은 오로지 자신의 즐거움을 위한 것이다.

분열된 7유형은 점점 더 자신의 파트너와 다른 이들을 착취하게 된다.[17] 이들은 아무런 제한과 통제 없이, 원하는 것처럼 사랑과 돌봄을 받을 자격이 있다고 느낀다. 두려움이 증가하고 고통에서 벗어나는 것이 점점 더 어려워짐에 따라 7유형은 완전히 타락하여 점점 더 부도덕한 성행위를 실험하고 파트너를 조종하여 따르도록 만든다. 더 이상 재미있는 것이 없다. 낙원은 끝났다. 분노하고 통제력을 잃은 이들은 자신을 도우려 하는 사람들을 공격하고, 위협적인 불안을 떨치기 위해 위험한 스릴을 찾는다.[18]

장미 향기를 맡기 위해 멈춰 선 7유형은 그 순간, 그 경험에서 진정한 내면의 기쁨을 찾을 수 있는 잠재력을 가진다. 연인들과 떨어지기보다 함께 머무는 것이 7유형의 창의성과 즉흥성, 그리고 그들의 파트너에 대한 깊은 감사의 마음을 드러낼 수 있게 한다.

7유형을 닮은 데이트 광고

실라스, 24세

당신이 한가로운 사람을 찾는다면 그건 내가 될 수 없습니다. 만약 당신이 새로운 이탈리안 레스토랑에서 뇨키gnocchi를 맛보고 싶거나, 다리 위에서 번지점프를 하고, 아프리카에서 외딴 지역을 헤매는 등 재미있는 시간을 보내고 싶다면, 바로 내가 당신의 남자입니다(내 고양이조차 흥분해서, 커튼을 타고 올라가고 자기 꼬리를 쫓죠)!

나는 즉흥적이라서, 주말에는 끝없는 모험과 탐험이 펼쳐지죠. 거기에는 항상 새로운 것을 시도하는 것이 포함되어 있습니다. 나는 아웃도어와 주의 표지(경고)를 사랑합니다. 당신은 내 카이트 보드(와 고양이)를 함께 공유할 것입니다. 교외는 나와 맞지 않고, 도심지에 있는 루프탑 아파트는 괜찮습니다. 우리는 함께 더 많은 웃음과 결코 지루하지 않을 새로운 경험을 통해 많은 재미를 만들 겁니다. 만약 당신이 인생의 멋진 모습을 즐기고 새로운 것을 시도하고 싶다면, 우리는 이미 짝이 된 거죠!

코라, 38세

나와 데이트를 하려면 인생을 최대로 즐겨야 해! 유머감각은 상당히 중요해. 인생은 살아 있는 사람들을 위한 것이고 나는 모든 것을 느껴 보고 싶어! 만약 거기에 아직 오르지 못한 산이 있다면, 아직 가 본 적이 없는 나라가 있거나 혹은 새로운 먹거리가 있다면 꼭 가 보고 싶어. 널 그곳에 데려가고 싶어! 나는 엄청 빠르게 운전하고, 음악은 최대 볼륨으로 즐겨야 한다고 믿고, 파티를 사랑해. 나는 코끼리를 타고 베이스 점프를 하고, 3개월간 도보로 인도를 여행하고, 에베레스트 베이스캠프까지 트래킹을 하고, 수풀 속에서 사자의 외침을 들으며 잠을 잤지. 나는 우울해지거나 소파에 눕고, 자기 나이보다 더 늙어 가는 사람이 아냐.

나는 광고회사를 운영하고 많은 자선단체를 위해 무료로 봉사를 해. 꼭 내 관심사와 맞는 남자를 찾는 것은 아냐. 그래도 그런 것들을 같이 나눌 수 있는 사람이면 좋겠어. 나는 우리가 더 늙기 전에 함께 삶을 탐험할 수 있는 재미있고 신나는 관계를 제안할게(쾅)!

두려움

덜 통합되었을 때 쾌락주의자인 7유형은 자신에게 깊이 존재하는 많은 감정을 차단한다. 이들은 본질적인 것은 추구하지 않고 보이는 현상만을 관계하는 피상적인 모습으로 보일 수도 있다. 일부 사람들은 오랜 시간 동안 알고 지낼 수 있으나 결국 진정으로 알 수는 없다. 특히 감정적 유형의 일부 사람들은 이러한 감정의 깊이가 없어 보이는 것을 알고 불만스러울 수도 있다.

7유형의 자기 성장은 제약을 가진다. 왜냐하면 이상화된 자화상을 포기하는 두려움으로 '부정적인' 감정들을 경험할 수 없기 때문이다. 또한 이것은 문제가 있을 때 파트너가 7유형에게 다가가기 어렵게 만든다. 그 이유는 이들의 초긍정적인 태도가 당신이 듣지 못하고 오해하게 만들고,[19] 의도하지 않은 소외감을 만들 수 있기 때문이다. 7유형은 공감능력이 부족할 수 있으며, 우리의 등을 철썩 때리며, "힘내세요, 그렇게 심각하지 않아요."라고 말하는 경향이 있다.

자신의 인생이 계획한 대로 되지 않을 때, 7유형은 자신이 처한 상황을 좀 더 긍정적으로 재조정한다.—"나는 틴더 데이트(데이팅 앱을 통한 만남)에 갔어. 5분 뒤 그는 화장실에 갔고 돌아오지 않았지. 그러나 그건 정말 운이 좋았던 거야. 왜냐하면 섹시한 남자가 바에 들어왔고 우리는 대화를 시작했기 때문이지." 낙관적인 사람이 되는 것이 거절의 고통을 직면하기보다 더 쉽다.

자신의 우월성을 확인하길 원하는(가장 좋은 방법으로) 7유형은 자신의 능력을 향상시켜 모든 분야에서 잭앤질Jack and Jills*로 거듭난다. 그러나 덜 통합되면 거의 성취하지 못한다. 또한 이들은 진지하게 한 과목을 공부하는 것을

---

* 역자 주: 한국어로는 철수와 영희 같은 표현이다. 본문에서는 그러한 남성과 여성을 뜻하는 바로 쓰였다.

즐기지 않는다. 그것은 너무 오래 걸린다. 7유형에게 주말 워크숍 참석은 이들을 그 분야의 전문가로 만들어 주고, 자체 웹사이트를 직접 디자인하면 소프트웨어 개발자로 변신한다.

탐닉의 열정과 계획의 고착

두려움의 유형에 속하는 7유형은 미래 지향적인 사고방식(발생할 수 있는 일에 대한 두려움)을 만들어 낸다. 그리고 이것은 계획과 예측의 고착을 만든다.[20] 역설적으로, 7유형의 열정인 탐닉(라틴어에서 *gluttire*는 한 입에 꿀꺽 삼키다 또는 삼키다라는 의미)은 기대되는 것에 대한 즉각적인 만족을 필요로 한다. 7유형은 자신이 상상했던 미래에 존재하는 일들이 이미 생겨났기 때문에 무적이라고 느낀다. —"나는 이미 내가 되고자 했던 사람이다." 이들은 로맨스를 포함한 모든 일에 빠른 길을 선택한다. 이들이 즉시 당신에게 구애할 수 없다면, 빠르게 다른 누군가에게로 넘어갈 것이다.

탐닉은 즉각적인 만족과 새로운 경험에 대한 갈망으로 표출된다. 계획은 자신의 성적 욕망의 지도를 그리기 위한 수단을 제공한다. —"나는 지금 둘이서 하는데(섹스를)……, 우리 셋이 같이하면 어떨지 궁금하지 않아?"

7유형의 침실 엿보기

인테리어는 공들여서 심사숙고하지 않을 것이다. 그건 "헤이, 나는 그게 좋아. 잘해 보자고!", "아마 침실 리모델링은 아파트의 가치를 더 올릴 거야. 우린 이득을 보며 팔 수 있어!"와 같은 식이 될 것이다. 이들은 침실 벽에 거대한 현대 미술작품이 있는 편안하고 트렌디한 공간을 원할 것이다. 7유형은 지출에 후하고 아낌이 없다. 그래서 스타일리시하고 매혹적인 천국을 만드는 데 있어 예산은 문제가 되지 않을 것이다. 만약 덜 통합된다면, 이들은 화려한 사치품에 더 기울 수도 있다. 빨간 새틴 시트, 거대한 침대, 그리고 화려한 예술작품 같은 형태의 이국적인 옷감을 생각해 보라.

판타지와 에로티카

7유형은 특정한 방법으로 섹스를 한다는 생각에 매료될 수 있다. 그리고 판타지는 마치 이미 일어난 일인 것처럼 분명하고 잘 계획될 수 있을 것이다. 이들의 타고난 호기심과 놀라운 상상력은 이들에게 섹스를 하는 혁신적이고 새로운 방법을 꿈꾸게 할 수 있고, 가끔은 행위보다 그 가능성을 더 즐긴다. 그러나 성적인 관계를 상상하는 데 시간이 걸릴 수 있다 해도 그 자체가 더욱 신나게 느껴진다면 자기 스스로 만들어 놓은 계획에서 벗어날 수도 있다.

이들은 새로운 아이디어를 탐구하는 데 개방적이다. 모든 판타지는 즐거워질 것이다. 7유형은 제멋대로인 성향이 있고 자신의 욕망을 탐구하기 위해 시간을 할애할 것이다. 이들은 자신과 파트너에게 극히 성적으로 관대할 수 있고, 공개적으로 파트너의 성적인 행위를 탐구하는 것을 즐길 수도 있다.

그 결과, 파트너가 자신의 열정을 공유하지 않더라도, 이들은 모든 유형 중 스윙어 클럽^{swinger's club}*에서 발견될 가능성이 가장 높다. 7유형은 다음과 같은 많은 요소를 표현한다.

> 7유형으로서, 나는 왜 사람들이 심적 꼬임(변태적 속성)을 가지고 있는지를 이해하고, 나는 다른 사람들이 가지고 있는 것과 같은 수준의 판단력을 가지고 있지 않다는 것을 알게 되었다. 그것은 모두 창의적이고 탐구적인 과정의 일부이다. 내가 섹스에 대해 덜 감정적이고 더 이성적일 때, 더욱 성적인 탐구에 마음을 개방한다. 왜냐하면 나는 감정에 사로잡히지 않기 때문이다. 나는 이러한

---

* 역자 주: 집단 성관계를 하거나 성적 파트너를 교환하는 모임

만남을 계획하고 새로운 움직임을 완벽하게 하기 위한 수단을 구상하는 것을 좋아한다.

7유형은 어딘가에 성적 유토피아가 있다고 믿는다. 이들은 모든 대륙/나라 출신의 누군가와 잠자리를 가지는 것은 어떨까 혹은 상사의 아내와 섹스를 하는 것은 어떨까 하는 기대를 판타지 속에서 마음껏 즐길 수도 있다.

또한 자신의 그림자를 판타지 속으로 끌어들여 고통을 찾고 그것을 피하기보다 통제할 수 있다. 이것은 속박과 S&M을 포함할 수 있다. 이들은 관계할 때 활기를 불어넣기 위해(왜냐하면 침묵은 지루하니까) 약간의 선정적인 소리를 내지르며 지배하는 것을 즐길 수 있다.

성별이 다른 7유형

7유형의 여성: 정신은 가장 큰 성적 기관이며, 섹스 중 에로틱한 생각과 판타지의 부족은 오르가슴을 위한 신체능력에 영향을 준다. 연구에 따르면 섹스와 무관한 생각으로 산만해진 여성은 오르가슴에 도달할 가능성이 더 낮았다.[21]

7유형의 여성은 다음과 같이 묘사한다. —"나는 종종 클라이맥스에 다다르기가 힘들 때가 있어요. 나의 정신은 새로운 스타트업 콘셉트, 이웃들, 파트너의 경험, 일 등과 같은 아이디어로 가득 차 있고 긴장을 풀 수가 없어요." 파트너의 오르가슴을 끌어내는 것은 중요하다. 왜냐하면 파트너의 즐거움이 7유형의 능력을 확인시켜 주기 때문이다. 또 다른 7유형의 여성은 다음과 같이 말했다.

나는 내 머릿속에 산다! 아마 나도 모르는 그 제약 때문에, 나는 항상 일부일처제였다. 만약 내 머릿속에 한 남자를 받아들이면, 나는 자유롭고 구속받지 않을 수 있을 만큼 충분히 신뢰한다. 그러므로 비록 전 남자친구와 섹스하는 것이 확실히 효과가 있지만, 캐주얼 섹스에는 관심이 없다!

상상력이 풍부하고 발전적인 사고를 지닌 7유형의 여성은 종종 누군가와 약혼하기 전 유혹에 대한 판타지를 가진다. 이들은 일종의 전희로서 말장난을 즐긴다. 파트너는 이들이 주는 교묘한 단서로부터 그것을 풀어내려고 시도한다(말이나 시연 모두). 단서를 따라가면 7유형은 열정적이고 뛰어난 연인이 될 수 있다. 특히 지적 자극이 그 혼합체에 더해질 때 그렇다.

7유형의 남성: 남성 7유형은 창조적이고 활기찬 연인이 되는 경향이 있고, 다른 유형과 연관된 다수의 성적 문제를 가지지 않은 것처럼 보인다. 대부분의 7유형은 헌신의 문제에도 불구하고 일부일처의 가능성이 높다. 앞에 놓인 위기조차 이들의 욕망을 가라앉히는 데 별 도움이 되지 않을지도 모른다.[22] 그러나 지루함은 섹스가 매력적이지 않다는 것을 뜻할 것이다.

나는 섹스하는 동안 파워플레이를 즐긴다. 내가 오르가슴을 느끼지 못할지라도 여성을 지배하는 것을 즐긴다. 그러나 같은 사람과 얼마간 시간을 보낸 뒤 그리고 내가 그들에게 훌륭한 연인이 되겠다는 목표를 달성했다고 느꼈을 때 흥미를 지속시키기가 어렵다. 내 관심은 대부분 그 목적만을 향해 있고, 종종 우리 관계에 놓인 더 감정적 측면들을 간과할 수 있다. 또한 섹스를 순수하게 본능적인 기능으로만 여길 수 있다. 우리는 흥분하고 있다. 이것을 끝낸 뒤 또 다른 흥미진진함으로 넘어가자.

여성 유형과 마찬가지로, 7유형 남성은 미래 지향적인 분주한 머리로 섹스를 하는 동안 친밀감과 진정한 애정, 그리고 감정의 공유가 방해받는다는 것을 발견할 수 있다. 섹스에 집중하기 위해 일부 7유형은 마리화나를 피우거나 술을 마시는 것이 도움이 된다고 말한다. 다른 사람들은 퇴근 후 긴장을 풀고 자신의 파트너와 미뤄 놓은 시간을 보낼 수 있는 기회를 자신에게 준다. 한 7유형은 다음과 같이 말했다.

> 만약 나의 분주한 뇌를 진정시킬 방법을 찾지 못한다면, 나는 섹스를 하는 동안 내가 보낼 이메일을 생각하게 될 겁니다. 만약 나의 파트너가 내 생각이 대부분 어디에 있는지를 깨닫게 되면, 그녀는 매우 불행해지겠죠. 나는 침대에 있고자 노력해야만 하고 파트너와 그녀의 몸에 집중하기 시작해야 합니다.

특히 8번 날개를 지닌 7유형의 남성은 호화로운 선물, 값비싼 식사, 그리고 모든 것 중에 최상의 가치를 지닌 것(와인, 샴페인, 귀금속 그리고 휴양지 등)들로 미래의 파트너에게 구애를 시도할 수 있다. 그러나 진정한 사랑은 결코 물질로 살 수 없다는 것을 깨닫지 못한다.

사랑 유형: 성애

새로운 경험에 대한 충동은 성적인 불륜을 초래할 수 있다. 에스터 페렐 Esther Perel의 『포획된 짝짓기Mating in Captivity』*와 같은 책은 7유형이 파트너의 친숙함의 욕구와 친밀감의 안전 사이에서 느끼는 차이점, 그리고 7유형의 위험 감수에 대한 욕구, 에로티즘, 그리고 자유에 대한 갈망을 이해하는 데 도움을 줄 수 있다(페렐은 친밀감과 욕망을 별개인 것으로 가정하고, 결혼의 친숙함 속에 욕망을 유지하는 방법을 연구했다).

에로틱하고 자기 주장이 강한 유형 중 하나인 7유형은 자신의 욕망을 충족

---

* 역자 주: 2006년 출판되어 30개 언어로 번역되었으며, 국내에서는 2011년 『왜 다른 사람과의 섹스를 꿈꾸는가』로 소개되었다.

하는 것에 관한 한 주저하지 않는다. 만약 이들이 원한다면 원하는 것이다. 만약 당신이 그들의 요구를 충족시킬 준비가 되어 있지 않다면, 7유형은 화를 내거나 혹은 손쉽게 다른 곳에서 즐거움을 찾을 것이다.

에로틱한 사랑은 자기만족적이고 어린아이 같으며, 주의집중 시간이 짧은 아이들처럼 잠시도 쉬지를 못한다. "나는 새로운 연인과 함께 로맨틱한 레스토랑에 있다……. 그런데 나는 다음 약속 상대에게 문자를 보내야 한다." 활을 쏘자마자 에로스는 이미 그의 다음 화살을 활에 걸고 있다.

스타가 되기

7유형은 관심의 중심이 되는 것을 즐긴다. 그렇기 때문에 만약 파트너가 관심의 중심에 서지 않고 한발 물러나 7유형이 빛나도록 한다면 이들에게 파트너는 소중하게 여겨질 것이다. 그러나 만약 7유형이 말한 이야기의 사실에 대해 의문을 제기하거나, 그 결과 그들을 우습게 보이게 만드는 등의 제약을 가한다고 생각해 보자. 7유형이 이 문제를 완전하게 넘어가지 않는다면 상대는 차단, 치욕, 냉소 혹은 조롱 섞인 보복을 예상해야 할 것이다.

유혹

7유형은 합리화에 능하다. 그렇기 때문에 용납할 수 없는 행동, 거짓말, 혹은 여러 사건을 명쾌하고 설득력 있게 해명할 수 있다. 또한 이들은 다른 사람들에게 비현실적인 기대들을 가지고 있다. ―"왜 당신은 내가 다른 여자들과 가진 섹스가 단지 섹스에 불과하다는 걸 받아들이지 못하지? 그 이상은 아니잖아?", "왜 당신은 우리 둘 모두에 대해 제약을 강요하려 하지?" 이것은 마치 상대 파트너가 문제를 가지고 있는 것처럼 느끼게 만들 수 있다.

많은 7유형이 충직하고 일부일처인 반면에, 일부 7유형은 불법적인 성관계를 거절하는 것이 매우 어려울 수도 있다. 새로운 성적 기회를 좇는 것은 집착이 될 수도 있다.

내가 아는 7유형은 동시에 여러 여성을 유혹하는 것을 자신의 직업으로 삼았다. 물론 이들이 결혼을 했음에도 말이다. —베이비시터, 아내의 친구, 그의 직원, 나이 든 여자, 어린 여자 등……. 흥미롭게도, 섹스는 중요한 동기부여가 아니었다. 단지 자신이 갈망하는 흥분과 자신감 상승을 얻기 위해 좇는 것이었다. 유혹이 끝난 그는 빠르게 흥미를 잃고 다음 대상으로 이동한다. 정도를 벗어난 7유형은 자신의 파트너에게 이러한 무분별한 행동과 함께 살아갈 준비가 되어 있는지처럼 어려운 결정을 해야만 하도록 강요할 수도 있다. 다자 간 연애 관계는 7유형에게는 괜찮지만 그것이 진정으로 파트너가 바라는 것일까?

지루함

7유형이 한 사람에게 헌신하는 것은 매우 어려울 수 있다. 한 7유형은 사랑과 섹스에 대한 논평을 묻는 질문에 이렇게 답했다. "나에게 생명을 주오!" 또 다른 7유형은 '재미있고 위험한 것'이라고 답했다.[23]

7유형은 파트너의 몸과 욕망에 대해 알고 싶어 한다. 이들은 섹스를 포함하여 탐험하지 않은 새로운 영역과 같이 다른 것을 추구한다. 7유형과 관계를 계속 유지하고 싶은 파트너는 더 흥미롭고 신나게 만들 방법을 찾아야 할 수도 있다. 어떤 유형에게는 변하지 않고 항상 일정한 것이 편안함을 줄 수 있다. 그러나 지루함은 7유형에게 불안감을 초래하고 다른 곳으로 눈을 돌리게 할 가능성이 있다. 침실에서의 지루함은 숨이 막히는 일이다. 지난주에 열정적으로 환영받았던 체위는 그 다음번 섹스에서 버려질 수 있다(힌트: 카마수트라Kama Sutra의 245가지 체위가 도움이 될 것이다!).

자유를 느끼는 유일한 방법은 당신을 묶고 있는 끈을 자르는 것이다. 만약 자신의 파트너가 반대하거나 혹은 특정 행위에 대해 종교적으로 터부시한다면 이와 마찰을 일으킬 수 있는 실험을 좋아한다. 일부 7유형은 오르가슴의 최종 목표를 달성하는 데 더 집중할 수 있고 그곳까지 가는 여정에는 관심을 덜 가질 수 있다.

또한 7유형은 당신의 머리를 헤집어 놓을 수 있다. 7유형이 즉흥적이고, 즐겁고, 모험적이고, 세상과 당신의 관계에 대해 열린 마음으로 투사하는 동안 파트너는 흥미를 잃고 제한적이라고 느끼기 시작할 수 있다. 어떠한 아이디어에 대해 슬프거나 짜증나게 하거나 우울하거나 혹은 흥미를 불어넣지 않는 등 낙관적이지 않은 반응은 7유형이 당신에게 영적으로나 혹은 감정적으로 덜 발달했다고 비난할 수 있다. 문제를 가진 사람은 자신이 아니라 바로 당신이다. 고통스러운 감정을 기피하거나 또는 자신의 자기애적 이기심을 받아들이지 못하면서,[24] 7유형은 과잉행동이 항상 통합과 동일하지 않다는 것을 받아들이지 못한다.

기꺼이 많은 비용을 지불하여 7유형은 자유를 추구하고, 요트에 올라타서 새로운 섬을 탐험하고, 그 요트가 지겨워지면 다시 날아와 사막에서 파티를 하기 위해 800마일을 운전하는 것을 사랑한다……. 7유형을 뒤따르던 파트너는 어느 순간 지쳐 버릴 수 있다.

과시행위

나란조는 7유형을 두고 '경조증hypomanic'[25]이라고 서술했다. 경조증 환자들은 높은 자신감, 대인관계 우위, 자극 추구, 고조된 분위기 등의 경향성을 포함하는 조병적 소인뿐만 아니라 긍정적인 기질, 충동성 그리고 초연함(부정적으로) 등을 가지고 있다. 그의 연구에서 "비정상적인 성격 특질의 탐구는 경조증이 자격, 과시행위, 비정상적인 자각을 포함한 성격장애와 연관되어 있음을 밝혔다."라고 결론짓는다. 이러한 특질은 우리가 알고 있는 분열된

7유형과 잘 들어맞는다.[26]

심리학자 마이클 베이더$^{Michael Bader}$는 한 학술지에서 과시행위의 행태는 권력뿐만 아니라 불안과도 관련이 있다고 주장했다. 과시행위는 불안, 공감 부족, 자기중심성, 판타지 그리고 판타지의 재연(최고가 현실이 됨)으로부터 오는 안도감과 결합된 7유형의 근본적인 두려움(특별히 그들이 분열되었을 때)에서 비롯될 수 있다.[27]

사고 vs. 감정

7유형은 자신의 감정을 느끼기보다는 머리로 생각하는 경향이 있다. 이들의 타고난 특징이 자기 자신에게 초점을 둔다는 점을 고려해 볼 때, 이것은 파트너로 하여금 서로 간에 감정적 조화를 배제한 채 무신경하고 야속하게 느끼도록 할 수 있다는 의미이다. 이러한 점은 친밀감을 저해하는 데 영향을 줄 수 있다. 또한 이들은 직관적이다. 그러나 부정적인 1유형의 속성(왜곡점)과 결합하여 자신의 생각과 행위가 '옳다'라고 믿게 만들 수 있다. 때로는 마음이 흩어지고 초점을 유지하기 위해 힘겹게 싸울 수도 있다.

7유형은 미리 합의된 계획대로 잘 이행하지 못한다. 이것은 신뢰할 수 없다기보다 이들이 가지고 있는 '변화에 열려 있도록' 만드는 특성 때문이다. 그리고 최종적인 순간에 당신을 실망시키는 것은 이들이 '선택의 자유'를 소중히 여기기 때문이다. 그 상황을 맞이했을 때 자신이 그 계획에 동의한 것은 어쩔 수 없이 '궁지에 몰린 느낌' 때문이라고 설득력 있게 논의할 것이다. 7유형에게 생각이 없고 둔감하다고 말해 보라. 분노로 가득한 잠자는 용을 깨울 것이다. 1유형의 영향과 7유형의 자신감을 가진 이들은 비판을 거의 수용하지 않는다.

7유형은 자신감과 오만함의 가면 뒤에 자신이 가진 두려움과 불안감을 숨길 것이다. 이들은 관계에서 지속적인 성장을 요구한다. 그러나 자신의 사고

(감정이 아니라)가 근본적인 문제의 원인이 될 수 있다는 것을 알지 못한다.

본능적인 추동

자기보존적 7유형: 7유형의 열정인 탐식은 이 하위유형에서 자신에게 호의적이고 종종 매우 야심찬 기회를 만들고자 하는 욕망으로 분출된다. 자기보존적 7유형은 세 가지 하위유형 중 야심가에 속하는 자이다. 이들은 타인과의 협상과 네트워킹 구축에 능숙하다.

7유형은 자신이 원하는 파트너를 얻기 위해 수단과 방법을 가리지 않을 것이다. 그러나 자신의 목표를 성취하고 난 뒤, 자신만큼 지적이지 못하거나 또는 눈치가 없는 파트너에게 실망할 수 있다. 누군가와의 관계에서 7유형은 외적으로 친근하고 밝은 모습을 보이지만 다음에 둘이 탐색할 경험을 통제하느라 분주하다. 이들은 누군가를 쉽게 유혹하는 자신감 있는 연인이다. 섹스는 좋은 와인을 음미하는 것과 같은 습득된 기술이 될 수 있다. 그것은 계획하고, 숙고하고, 풍미를 느끼는 것이다. 이들의 자기보존적 욕구는 자신의 상태가 괜찮다고 느끼기 위해 재정적인 부분이 중요하다는 것을 알고 있다. 타고난 따스함, 관대함, 유머감각 그리고 화려한 즐거움에 사람들은 매료된다. 파트너는 이어지는 7유형의 흥미로운 이야기(그들은 이야기를 하는 것을 사랑한다)에 귀를 기울이는 군중 속에서 길을 잃은 자신을 발견할 수도 있다. 안정은 자신을 신뢰하는 충성스럽고 열렬한 팬클럽을 만드는 데서 비롯된다.

이들의 시작은 친숙하고 가까운 사람들이 대상이 되는 경향이 있다. 이것은 자애로운 후원자가 되고자 하는 7유형의 욕망에 영향을 준다. 음료, 멋진 음식, 그리고 심지어는 마약까지 자유롭게 등장할 수도 있다(불법 마약의 경우, 자기보존적 7유형은 자신이 법 위에 있다고 느낄 수 있다).

자기보존적 7유형은 세 하위유형 중 가장 따뜻하고, 바람기가 많으며, 유혹적이고 감각적이다. 그래서 이들과 함께 연상되는 이미지는 '플레이보이'[28]

또는 파티광party animals이다. 그것은 영적으로 주도되는 성적 7유형의 무형적인 사랑보다는 사물에 대한 물질적인 사랑이 더 크다. 이러함에도 자기보존적 7유형은 헌신적인 관계에 머물 수 있다. 그건 마치 이들의 보장욕구가 대안을 필요로 하는 것처럼, 그 대상은 만약 다른 모든 사람이 7유형을 거절할 때 자신을 위해 있어 줄 누군가이다.[29]

7유형이 분열되어 감에 따라 사치와 탐닉으로 자신의 한계를 밀쳐 낸다. — "나는 아침에 건강한 녹즙을 마신다. 그리고 난 후에는 좋아하는 술과 음식을 마음껏 마신다. 나는 그것을 균형 잡힌 것으로 본다."

사회적 7유형(공포대항형): 이 따스하고 매력적인 7유형의 관심사는 자신의 문제로부터 달아나기보다는 다른 이들의 고통을 덜어 주는 데 더 큰 초점을 맞추고 있다. 이들은 다른 두 하위유형에 비해 덜 자기애적이고 덜 약탈적이다. 이타적이며, 자신의 이기심을 더 숨긴다. 탐식은 다른 사람들을 고양시키기 위해 억제된다. 나란조에 따르면, 흔히 이들은 완전한 채식주의자이다.[30]

당신은 헌신적인 사회운동가, 대안 치료사, 웃음 요가 교사 또는 라이프코치, 종종 자선단체에서 일하는 이들을 볼 수 있을 것이다. 심지어 자신의 욕구를 최소화하고 파트너나 혹은 더 큰 선을 위해 자신을 희생할 정도로, 마치 6유형처럼 착실하고 사랑에 충직하다. 그러나 이들이 깨달음을 목표로 그것에 너무 과하게 집중하는 것은 관계를 해칠 수도 있다. 파트너는 개선에 대한 사회적 7유형의 강렬한 욕망을 이해하는 것이 어려울 수도 있다. 그리고 7유형은 자신의 영적인 뜻을 방해하는 다른 사람들에게 화를 내고 그들을 비난할 수 있다.

6유형처럼, 보통 사회적 7유형은 하위유형 중 가장 지적이고 이상적이며 더 큰 죄책감을 표출한다. 이들은 관계에서 자신의 행동에 더욱 책임을 지고 더 큰 양심을 보여 준다. 또한 자신이 사랑하는 사람들을 열렬히 보호할 수 있다. 그렇지만 때로는 짐처럼 여길 수도 있다.

이들은 파트너가 자신이 가진 열정을 함께 공유하기를 원한다. 자신이 상담을 통해 내담자의 육체적인 고통을 완화시킨 것이나 혹은 세상을 보다 더 나은 곳으로 만들려는 프로젝트 등 말이다. 이들은 자기 스스로를 타인을 위해 희생하거나 혹은 조력자로서 바라보기 좋아한다(그것이 자신의 고통을 회피하는 방법인 것을 인정하지 않은 채).

사회적 7유형은 종종 자기 자신의 욕구와 단점을 인정하지 못한다. 누군가와의 관계에서 스스로를 구원자로서 여긴다. 즉, 자신의 연인을 더욱 고양시키는 역할을 맡고 있는 더 발전된 파트너이다. 사회적 7유형은 "나는 당신보다 통합의 길에서 더 나아간다.", "그러나 때가 되면 당신이 나를 따라잡을 것을 알고 있다."라고 용기 있게 자신의 파트너에게 인정한다.[31]

좋은 의도를 지닌 구루^{guru}의 지위를 맡는 사람과 관계를 하는 것은 어려울 수 있다. 남아 있는 유일한 역할은 이들에게 감탄하고 경배하는 제자가 되는 것이다. 사회적 7유형의 이상화된 자아는 자신이 하는 모든 일을 타인이 인정하며 알아 주길 원한다(실제로 무척 탐욕스럽게).

이들은 현재 함께 작동하고 있는 종교 또는 신념체계를 이용하여 합리화하는 것을 좋아한다. 만약 어떤 것이 실패한다면, 손쉽게 다음 신념체계로 갈아탈 것이다. 자신의 '영적인 여정'의 일부로서 지나간 뒤에 남겨진 혼란과 동요를 정당화할 것이다. 사회적 7유형이 분열됨에 따라, 점점 더 헌신할 수 없고 약속된 데이트를 취소하거나, '잊거나' 혹은 늦게 도착하고, 상대를 무시하는 태도를 보인다. 이것은 자신이 주는 불편함을 부정하고 당신에게 상처 주는 이유가 될 수 있다.

성적 7유형: 당신이 미래의 새로운 여인과 함께 이야기를 나눌 때 느껴지는 찌릿찌릿하고 신나는 느낌을 상상해 보라. 단순히 팔만 스쳐도 무릎에 힘이 빠지고 그 매력이 만져질 것만 같다. 그것이 바로 성적 7유형이 원하는, 잠재적인 즐거움으로 터질 것 같은 갈망의 순간이다. ─"어떤 세상으로 이끌어 줄까?" 이들은 사랑에 빠진다는 생각, 그 자체를 사랑한다.

존 레논^{John Lennon}의 노래 〈Imagine〉은 이 하위유형의 속성을 반영한다. 이들은 이상적인 몽상가들이다. 다른 하위유형에 비해 물질적인 이득 또는 세속적인 성공에 관심을 덜 가진다. 그러나 종종 자기 자신에게 더욱 빠져 산다. 이들은 지금까지 당신이 만나 왔던 어느 누구와도 다른 존재로 느껴질 수 있다. 성적 7유형은 꿈을 가지고 있기 때문에 당신이 가지고 있는 꿈을 알고 싶어 한다. 만난 지 몇 분 만에, 두 사람의 꿈이 모두 충족되는 거대한 경험을 계획하게 된다. ─"스펠로^{Spello}에 아주 작은 선술집이 있는데 거기에서 최고로 멋진 안티파스토 미스토^{Antipasto misto}를 맛볼 수 있지. 자, 함께 갑시다!"

이들의 방종, 생생한 상상력, 이상주의, 더 나은 세상을 꿈꾸는 능력, 그리고 비범함에 대한 욕망은 4유형이 가지고 있는 속성과 닮을 수 있다. 그러나 4유형이 되기에 너무 열정적이고, 지나치게 행복하며, 낙관적이다. 나에게 이들은 작은 개를 동반한 젊은이가 낭떠러지에 명랑하게 발을 내딛는 타로카드의 '어릿광대^{Fool}'가 떠오르게 한다.

타로의 'Fool' 카드는 새로운 시작, 우주에 대한 신념, 미래에 대한 믿음, 순진함, 속아 넘어감, 즉흥성 및 자발성 등을 나타낸다. 이는 장밋빛 렌즈를 끼고 세상을 살아가는 천하태평의 성적 7유형에게 적절하게 적용된다. 이들은 자신의 이상화된 판타지 세계를 갈망한다.[32] 성적 7유형은 '섹스와 사랑'이란 단어에 대한 질문에 다음과 같이 답했다.

> 너무 많은 사랑과 (너무) 적은 열정은 모든 것을 플라토닉하게 만든다. 사람들은 지루해지고 그만두고 싶어 한다. 너무 많은 섹스와 너무 적은 사랑은 섹스가 너무 손쉽게 이용될 수 있기 때문에 익숙하고 대체될 수 있다는 감정을 남긴다.[33]

좌절을 겪게 될 수도 있다. 왜냐하면 그들이 몇 시간을 꿈꿔 온 판타지의 연인이 좀처럼 실현되지 않기 때문이다. 7유형은 1유형의 비판적인 측면을 향해 이동할 수 있기 때문에 실제 파트너는 그 판타지에 등장하는 상대와 비교조차 안 될 수 있다. 성적 7유형에게는 바람기가 있을 수 있다. 지금 당장 자신이 원하는 완벽한 연인이 저 문을 통해 들어올지도 모르기 때문이다.

사랑의 '극치'를 찾아 다른 유형보다 더 많이 관계에서 관계로 옮겨 갈 수도 있다. 그러나 이들이 느끼는 것은 오직 실망과 환멸뿐이다. 7유형은 자신의 매력을 느낀 누군가에 쉽게 접근할 수 있고, 매혹적인 마법의 주문으로 그들을 손에 쥘 수 있다.[34] 그러나 덜 통합된 7유형은 자신의 파트너가 서로의 관계에 대해 안심하기 시작하자마자 또 다른 뮤즈를 찾을 것이다. 그렇지만 많은 7유형이 일부일처로 남아 있다. 왜냐하면 이들이 궁극적으로 원하는 것은 섹스 그 자체보다는 짜릿한 흥분감에 대한 것이기 때문이다. 이들을 흥분시키는 것은 연결의 스릴이다(사실, 7유형의 파트너는 종종 그들이 자신이 원하는 만큼 섹스에 관심이 없다고 불평한다). 이들은 성적인 매력이 아니더라도 이국적으로 보이는 사람에게 넋을 잃고 홀리게 될 수도 있다. 일부 7유형에게, 혼자 있다는 것은 지루하고 일상적인 섹스를 하는 것보다 더 참을 만한 것일 수 있다.

날개

6번 날개를 지닌 7유형(성애와 부성애): 이 날개유형에서 6유형의 불안은 7유형의 기대와 만난다. 6유형의 속성은 7유형이 더 헌신적이고, 열정적이며, 책임감 있고, 관계에 충실하도록 만든다. 매력적이고, 열심히 일하며, 재미있는 이들은 혼자 있는 것을 좋아하지 않는다. 그러나 파트너가 자신이 가진 이상적인 욕구를 충족시키지 못할 때 상대에 대한 결점을 찾을 수 있다. 6유형의 의심이 생겨나면 어떻게 해야 하는가? 이상적인 짝을 찾고자 하는 희망을 향해 계속 전진하는 것은 현재 파트너와 함께 가지고 있는 안정감을 잃는 대가를 치르게 된다. 누군가와 관계를 맺는 것이 더 필요한 사람이 되면서, 7유형은 잠재적인 상호의존성에 자신을 개방하고 심지어 학대조차 받아들이게 된다.

6번 날개를 지닌 7유형은 다른 날개유형보다 더 취약하고 불안정해질 수 있다. 그러나 타인에게 인정을 베푸는 능력을 가질 수도 있으며, 다른 이들을 상처 주거나 또는 부부관계에서 벗어나는 것에 더 큰 죄책감을 느낄 수도 있다. 동화 속의 피터팬처럼, 이들은 성장하고 책임을 지기 위해 고군분투한다. 그리고 삶에 있어 등장하는 평범한 문제들을 해결하기 위해서 자신의 파트너에게 깊이 의존할 수도 있다.

8번 날개를 지닌 7유형(이중 성애): 이 날개유형에서 헌신에 대한 7유형의 두려움은 통제받지 않으려 하는 8유형의 욕망과 만나게 된다. 이들은 다른 날개유형에 비해 더욱 기회주의적이고, 물질적이며, 자신감이 넘친다.[35] 이 7유형은 종종 재정적으로 성공하고 리더의 역할을 수행한다. 이들은 관대하며, 파트너를 기쁘게 충족시킬 것이다.

이들이 보여 주는 저속함과 현실성은 파트너의 선택에 있어 로맨틱한 이상형보다는 자신의 기업성장과 회사를 보조할 수 있는 사람이 될 수 있다는 것을 의미한다. 8유형의 속성을 가짐으로써 홀로 되는 것을 두려워하지 않는다. 이들은 파트너를 거칠게 대하고 상처 주며, 무뚝뚝할 수 있다.[36] 대개 참을성이 없고, 화를 낸다. 무엇인가 결핍되어 있고, 주어진 문제를 오직 자신의 관점에서만 바라볼 수 있다. 파트너는 문제가 충돌할 때 신중하게 대처하는 것이 필요하다. 8번의 날개를 지닌 7유형은 비판을 잘 받아들이지 않는다.

이들은 위선자가 될 수 있고 자기 자신이 행한 행동과 관련해 파트너를 공격할 수도 있다. ―"당신이 감히 전 남자친구하고 커피를 마셔!" 지난주에 자신이 똑같은 행동을 하고도 파트너에게 당당히 소리칠 수 있다.

성적 존재로의 이동

7유형의 성적 완성을 방해하는 것들

7유형은 5유형, 6유형과 마찬가지로 앞으로 일어날 일에 대해 자기 자신을 투사하는 두려움의 트라이어드에 속해 있다. 만약 당신이 섹스를 하고 있는데 당신의 파트너가 이미 다음 오르가슴에 대해 생각한다면(당신이나 또는 다른 사람과 함께), 이들은 현존하지 않고 함께 섹스를 하고 있는 파트너를 외롭게 만들 수도 있다. 7유형이 가진 끊임없이 다음 관계를 계획하는 것의 필요는 현재 상황에 결코 만족스러운 느낌을 받지 못한다는 것으로 해석된다. 항상 그 이상의 것을 원하는 7유형에게는 강렬한 오르가슴조차도 충분히 만족스럽지 못할 수 있다.

7유형의 고착인 계획은 이들이 미래의 성적 관계를 매우 사소한 세부사항에 이르기까지 계획한다는 것을 의미할 수 있다. 그 결과, 자연스럽게 섹스에서 문제가 발생할 수 있다. 이들에게 섹스는 정서적이거나 또는 육체적인 경험보다는 정신적인 경험이 되어 버린다.

7유형이 성적으로 현존할 수 있는 방법

자신의 고통을 마주하라: 상황이 어려워지고 7유형이 힘들어질 때, 치유를 향한 큰 걸음을 시작할 수 있다. 7유형은 누군가와의 관계에서 힘겨운 시간을 견뎌 내는 법을 배울 때 성장한다. 왜냐하면 이들이 자신의 고통뿐만 아니라 파트너의 고통에도 직면하기 때문이다.

냉철함을 실천하라: 이카조는 7유형의 미덕으로 냉철함에 대해 말했다.[37]

탐식과 다르게 냉철할 때 당신은 지금 이 순간 필요한 것 이상을 취하려 하지 않는다. 7유형이 이 수준에 이르렀을 때, 진정한 내면의 기쁨을 발견한다. 모든 것을 원하는 것과는 반대로 자신의 욕망에 더 큰 분별력을 갖게 된다. 더 이상 파트너를 잘못 선택할 수 있다는 불안감을 갖지 않는다. 이제 그것에서 벗어나 자신이 사랑하는 파트너의 속성을 즐긴다. 헌신은 쉬워진다.

현존하라: 잭 콘필드Jack Kornfield의 저서 『깨달음 이후 빨랫감After the Ecstasy, the Laundry』* 은 나에게 평범함 속에 행복을 찾는 7유형의 성장을 떠오르게 한다. 단지 편안한 시간을 함께 보내는 것만으로도 다음 사교 행사를 좇는 것보다 훨씬 더 행복할 수 있다. 행복은 추구해야 할 목표가 아니라 지금 있는 것에 감사하는 능력이다. 냉철한 절제를 통해 충동은 멈추게 된다. 초월과 수용은 항상 차선책을 찾는 '도망가고, 두려워하고, 덫에 걸린, 불충족한 파트너'와 함께 그 순간에 살고 있는 '신나고, 자유로운 정신, 도전적이고, 행복한 파트너'의 양극 사이에서 발생한다. 장밋빛 안경을 통해 세상을 보는 것이 아니라 장미의 향을 맡는 시간을 갖는 법을 배운다!

일과 삶의 균형을 찾으라: 일과 자신의 개인적인 관계 사이에서 균형을 찾는 과정에서, 7유형은 진정한 성취감을 찾고 현재 일어나고 있는 일에 기쁨을 느낀다. 일을 자신의 도피처로 사용하는 것을 멈추고, 이상화된 세상을 받아들여 줄 파트너를 필요로 하지 않으며 진실되고, 배려하고, 반응적인 관계로 나타날 수 있다.

기쁨을 향해 나아가라: 자신이 가진 박탈에 대한 두려움과 고통으로부터 도망친 후에 7유형은 멈추고, 직면하고, 그것을 수용할 필요가 있다. 이미 충분

---

* 역자 주: 국내에는 2012년 『깨달음 이후 빨랫감』으로 번역 출간되었다.

한 고통으로부터 살아남았다. 그 고통은 모두 지나갔다. 이제 그것을 피해야 할 필요가 없다. 도피는 이들이 경험할 수 있는 아름다운 기쁨의 선물을 가로 막는 것이다.

깊이 들으라: 7유형은 상호작용을 빠르게 분석하거나 풀어야 할 문제로 보거나, 대화의 중심을 자기 자신에게 돌린다. 파트너에게 깊은 정서적 차원에서 경청하는 것을 배울 필요가 있다. 자신의 정서적 고통과 직면하는 것은 감정이 탐색되고 공유되는 곳에서 다른 사람들을 더욱 깊이 경험하도록 자신을 개방한다.

친밀감을 찾으라: 7유형은 섹스에 있어 자신이 즉각적인 전문가가 되어서는 안 된다는 것을 배울 필요가 있다. 파트너의 숨겨진 욕망을 탐구하기 위해 시간을 들이는 것은 친밀감, 성취감 그리고 즐거움을 가져다줄 것이다.

성찰 질문

참조: 당신의 유형과 상관없이 이러한 질문에 답하는 것은 유용하다.

- 당신이 머릿속으로 미래의 섹스를 계획하고 예상하는 것이 현재 진행되는 섹스를 덜 즐겁게 하는가?
- 모든 것을 원한다는 것은 결국 섹스 후에 공허한 감정을 느낀다는 것을 의미하는가?
- 혼자서만 너무 앞서 나가는 것이 파트너와 진정으로 함께 있는 것을 회피하는 수단임을 느낄 수 있는가?
- 파트너가 느끼는 당신은 어떠한가?

제**9**장
8유형:
욕망의 연인

8유형의 좌우명: "삶은 험하다. 그러나 나는 더욱 거칠다. 덤벼 보라, 내가 어떻게 하는 지를 보여 주겠다.", "당장 시작하자, 내 방식으로!"

연인으로서의 8유형: 8유형의 열정은 만족감을 필요로 하는 욕망이다. 따라서 8유형은 주저하지 않는다. 싸우고 차지하는 것은 이들을 자극한다. 안 되는 것은 없다. 만약 당 신을 손에 쥐기 원한다면 이들은 당신을 가질 수 있는 방법을 찾아낼 것이다. 8유형의 연인은 침실에서 통제를 요구한다. 통제와 지배에 대한 욕망은 S&M 섹스로 이어질 수 있다. 섹스는 열정적이고 풍부하지만 부드러운 전희의 시간이 빠질 수 있다.

8형은 자기 스스로 전진한다: 다른 사람들을 향해 힘차게 나아가며, 음모나 강렬함을 만들어 낸다. 마치 "나와 함께 불 속으로 뛰어들자."라고 말하는 것처럼 보인다. 자신의 욕구에 따라 일이 이루어지기를 원하면서, 책임을 지거나 점령하거나 또는 지배하며 다 른 사람들과 맞선다. 이들은 자율성을 추구하고 성적으로 제약당하는 것을 좋아하지 않 을 것이다.

당신의 유형은 아니지만 8유형과 관련이 될 수 있는 측면: 당신이 7유형이나 9유형(날 개) 또는 2유형이나 5유형(해방과 왜곡 지점)일 경우

사랑 유형(성애 대항형): 섹스는 자기충족, 즉 세속적이고 육체적인 충동에 관한 것이다.

관계 신념: "섹스는 강한 성적 추동이다. 나는 강인하고 스스로도 충분하다. 관계는 좋지만 생존하기 위해 하나가 될 필요는 없다. 누구도 나를 통제할 수 없다. 강해져야만 한다. 그렇지 않으면 연인들이 나를 이용할 것이다. 섹스는 좋은 것이며, 더 많이 할수록 좋다. 나는 열심히 일하고 열심히 즐길 권리를 얻는다."

성적 좌절감: "나는 파트너보다 더 많은 섹스를 원한다. 만약 나의 부드러운 이면을 드러낸다면, 파트너는 나를 이용하려 할 것이다.", "파트너는 나의 강함과 어울리지 않는다."

8유형의 섹슈얼리티 이해

간략한 요약

실제 성별과 무관하게 8유형은 행동 측면에서 가장 전형적인 남성형이며, 최소한의 감수성만을 내보인다(비록 하위유형 중 성적 8유형이 더 감성적인 경향이 있지만).[1] 이들은 융의 용어인 '아니무스^{animus}'와 일치한다.* 에니어그램 상징의 반대편에 자리하고 있는 유형은 4유형으로 이들은 2유형과 더불어 가장 여성적인 유형임에 틀림이 없고, 극도로 예민한 유형이다.[2]

9유형, 1유형과 함께 8유형은 에니어그램의 세 장(몸) 중심의 유형 중 하나이며, 현재에 초점을 맞추고 있다. 장 중심의 8유형은 섹스가 가진 본능적이고 순수한 특성을 즐긴다. 8유형의 열정인 욕망은 이들과 잘 어울린다. ─죄악 그리고 원초적 충동과 결부되어 있는 그것은 강력함과 육체적 욕망을 가리킨다.

8유형의 열정인 욕망으로 인해 섹스에 관한 음량이 크게 올라가는 것은 놀

---

* 역자 주: 여성의 마음속에 존재하는 무의식적인 남성적 인격체(여성적 자아의 무의식 속에 남성성)이다.

라운 일이 아니다! 8유형은 다른 어떤 유형보다도 더 시급하고 대담하게 인생 (그리고 섹스)을 추구한다. —"만약 내가 흥분하면, 나는 당장 그걸 원해!" 8유형은 강렬함과 열정을 원한다. 그러나 이들의 섹스에 대한 매우 부담스러운 접근법은 연인을 멀어지게 할 수 있다.[3] 결코 채워지지도 충분하지도 않다.

정욕lust*은 즉각적인 행동을 요구한다. 누군가에 대한 우리의 첫 끌림은 정욕에 의해 촉진되며, 우리의 원초적 충동은 지체 없이 우리의 욕망을 충족시켜 달라는 요구를 낳는다. 욕망은 미래를 이해하지 못한다. 그것은 꾸물거리지도 않고, 가슴으로 욕망을 녹이는 시인의 달콤한 속삭임에도 신경 쓰지 않는다. 내가 아는 한 8유형은 파티에서 여성들에게 다가가 이렇게 말하곤 했다. —"헤이~ 같이 뒤로 가서 거칠게 섹스 한번 하지 않겠어?" 놀랍게도 이 노골적인 허세는 효과가 있어 보였다. 보통 그는 최소 한 명 이상의 상대 여성을 확보했다.

본능적인 붉은색과 분노의 감정은 8유형과 관련이 있다. 성적으로 8유형은 즉각적인 만족감, 강렬한 자극, 그리고 현재의 경험을 강화하고 고양시키는 행동을 추구할 것이다. 8유형의 요란한 감정이 현재의 것을 움켜쥐면서 삶의 충만함을 붙들고 있다. —"만약 당신이 화가 나면 화를 내라. 만약 당신의 성욕이 올라오면 벗어라!"

8유형은 뜨겁고, 에로틱한 섹스를 원하며, 숨을 헐떡이며 파트너의 무릎을 떨게 하고 레스토랑 화장실 문에 강하게 밀어붙인다. 8유형에게 섹스는 관계의 초점이 될 것이다. 이들은 '거친' 것에 능숙하기를 원하고, 급할 때는 파트너의 욕구를 잊어버릴 수도 있다. 만약 지금 이들이 하고 싶은 충동을 느낀다면 상대편의 두통은 별 문제가 되지 않을 것이다. —"만약 그녀가 힘든 하루를 보냈다면, 그녀에게 멋진 밤을 주라!" 이들은 단순히 섹스에 대한 권리가 자

---

* 역자 주: 8유형의 열정(passion)은 욕망(lust)이다. 이 단어가 가지고 있는 본질적인 뜻은 성적인 것을 뜻하기보다는 '강렬함에 대한 욕망'이라고 보는 것이 타당하다. 하지만 본문의 문맥상 성적인 부분이 강조되고 있으므로, 정욕(情慾)이라는 단어를 차용하기로 한다.

신에게 있다고 생각한다. 왜냐하면 서로가 관계 중이라는 믿음 때문이다.—
"나는 당신을 돌보고 있어. 그러니 당신은 나를 돌볼 필요가 있어."

8유형은 파트너를 보호하고 통제할 필요를 느낀다. 팔머는 멕시코의 결혼이 대개 8유형의 남성과 4유형의 여성이라고 언급했다. 우아하고 예술적인 4유형과 비교해 8유형 자신은 교양을 가지지 못했다고 느낀다. 그래서 8유형은 4유형을 존중한다. 그리고 일반적으로 4유형은 8유형이 자신을 돌보는 능력(그들을 구출하는)과 사회와 규범을 무시하는 태도에 끌린다.[4]

8유형은 크고 강해 보일 필요가 있다. 이들의 보디랭귀지는 이렇게 말하고 있다.—"나한테 까불지 마." 세상과 맞서는 8유형은 도덕관념이 없고 반사회적일 수도 있다.

8유형의 발달

8유형의 지난 어린 시절, 어느 시점에서 무력감의 문제가 불거졌다. 자신이 안전하지 않다고 느끼는 어떤 형태의 세상에서 성장하면서, 어린 8유형은 생존을 위해 또는 자신을 보호하기 위해 혹은 학대의 대상이 되었을 수 있는 가족의 누군가를 위해 책임을 떠맡아야 할 필요를 느꼈다. 이들은 누군가가 자기 자신에게 또는 자신이 아끼는 누군가를 향해 행동하는 권력의 남용을 목격했을지도 모른다. 일반적인 8유형의 어린 시절 경험은 역기능적인 어른의 책임을 대신 떠안기 위해, 혹은 어린 형제를 돌보기 위해서 자신의 어린 시절을 상실한 것이다. 생존이라는 것은 강인함을 나타내는 것을 의미했다.—"당신에게 대적하는 것은 나다." 왜냐하면 이들은 가장 강인하고 힘센 자만이 온전히 살아남을 것이라고 믿었기 때문이다.

무력감을 경험하고 싶지 않은 8유형은 위협적으로 보이기 위해 세상에 맞서고, 약자를 보호하며 자신에게 위협적으로 보이는 자들에게 도전할 것이다. 호나이는 취약한 느낌[5]을 피하기 위해 정서적 강인성을 만들어 낼 필요가 있는 성격을 두 가지로 보았다. 그것은 부드러움을 보이는 것과 연약한 아이처럼 느끼는 것을 동일시하기 때문이라고 서술했다.

사랑에 빠진 8유형

통합된 8유형: 통합된 8유형은 따뜻하고, 역동적이며, 포용력이 있다. 열정적인 존재이며, 열렬히 자신이 애정하는 상대를 쫓을 것이다. 이들은 누군가의 삶에 끼어들어 영웅이 되는 것을 좋아한다. 청구서를 지불하기 위해 힘겹게 살아가고 있는가? 당신의 노트북에 문제가 생겨 도움이 필요한가? 스트레스 받지 말라. 당신 인생의 8유형이 그것을 해결할 것이다. 8유형은 자신이 사랑하는 사람들이 더 나은 삶을 살아가도록 해 주기 위해 열심히 일한다. 8유형이 가장 건강한 수준에 있을 때 2유형이 가진 사랑과 양육이라는 가장 좋은 속성에 자신의 힘과 권력을 결합할 것이다. 잠재적인 가능성을 지닌 파트너 가운데, 특히 은밀히 자신의 생존 욕구를 챙겨 주기를 원하는 자기보존적 유형에게 건강한 8유형의 속성은 강한 사랑의 묘약이 될 수도 있다. 마리 로빈슨^Marie Robinson^으로부터 인용된 다음 글은 통합된 8유형을 아름답게 묘사하고 있다.[6]

> 사랑은 가장 깊은 의미의 결합을 의미한다. 개인들 사이의 결합······. 그것은 우리가 가진 가장 기본적이고 심오한 충동이며 그 선을 향한 힘은 무한하다······. 사랑하는 연인은 자기 자신만큼 중요해진다······. 이런 사실이 진정한 사랑은 결코 지배나 혹은 힘의 투쟁으로 이어지지 않는 이유이다.

만약 당신이 지난 누군가와의 관계에서 희생자였다면, 건강한 8유형은 당신을 일으키고 다시 걸어가도록 할 것이다(왜냐하면 그들은 희생된다는 기분이 어떤지를 알고 있기 때문이다). 만약 서로가 모두 지배적인 유형이라면, 통제를 위한 투쟁은 흥미진진하고 성적인 스릴감을 불러일으킬 것이다. 이러한 강렬함이야말로 8유형을 흥분하게 한다. 그것은 자신이 더욱 살아 있다고 느끼게 한다. 이들은 소리를 더욱 힘차게 내지르기를 원한다! 건강한 8유형과 관계를 맺고 그 경험을 긍정적으로 기억하지 않는 사람은 거의 없을 것이다.

이들은 인정이 많고 사랑스럽다. 자신이 아끼는 사람들에게 매우 관대할 수 있다. 통합되었을 때 자기 자신의 방어와 통제에 대한 욕구를 내려놓고 자신이 솔직해지도록 허용한다. 이것의 의미는 통합된 8유형이 개방, 신뢰감, 그리고 어린아이와 같은 경이로움을 가지고 있다는 것이다. 섹스는 더 이상 통제와 지배가 아닌 서로에게 마음을 여는 두 사람의 달콤한 즐거움이다.

평균적인 8유형: 8유형은 대립의 열기에 의해 흥분한다. 그렇기 때문에 침실에서의 논쟁은 어느 정도 격정적인 로맨스bodice-ripping와 함께 잘 마무리될 수도 있다. 다양한 오르가슴을 추구하는 과도한 욕구는 성적으로 뛰어난 운동선수가 되도록 할 수 있다. 최종적인 승리가 자신에게 돌아온다면 파트너의 관심을 끌기 위해 경쟁하는 것을 즐긴다.

하지만 자신의 삶에서 가장 가까운 사람들에게조차 신뢰를 잃을 수 있고, 평생의 동반자는 이들의 부정에 대한 의심 때문에 끊임없이 조사를 받아야 하는 상황에 놓일 수 있다. ―"그녀는 정말로 헬스장에 갔을까? 아니면 누군가를 만나고 있을까?"

8유형은 자율성을 추구한다. 그렇기 때문에 이들을 통제하려는 그 어떠한 시도도 반기지 않을 것이다. 또한 자신의 파트너에게 경계를 세우고 간섭받지 않으려 한다. 그러나 스스로는 상대방의 경계나 규칙을 깨는 것을 즐긴다. 때로는 새로운 연인의 과거 성적 행각에 대한 모든 것을 알고 싶어 할 수도 있다. 그러나 자신의 과거는 거의 노출하지 않을 것이다. 평균적인 수준에서의 8유형은 자신의 신뢰를 무너뜨린 것처럼 보이는 누군가에게 복수하는 것이 정의로운 행동이라고 느낄 것이다.[7]

관계에서 자신의 연인을 통제하고, 지배하고, 소유하려는 욕망은 자신을 위한 여지를 거의 남기지 않을 수 있다. 8유형은 자신에 대한 파트너의 지지와 지원을 바라며, 본인이 파트너에게 요구하는 것은 통제라기보다는 배려의 표시로 여길 수도 있다. 이들이 불건강해짐에 따라, 8유형은 점점 더 지나친 요구를 하게 된다. —"맞아, 오늘 밤 우리는 이미 섹스를 했어. 그런데 정말 좋았고 나는 또 하길 원해!"

8유형은 자신이 곧 법이며, 점점 더 충동적이고 위험을 감수하게 될 수 있다. 즉, 첫 데이트에서 콘돔을 사용하지 않거나 혹은 친구의 집에 있는 동안 그 친구의 아내와 바람을 피우는 것이다. 결코 상대와의 논쟁에서 지지 않을 것이기 때문에, 표면적으로는 파트너가 이긴 것처럼 보일지라도 8유형은 다시 돌아올 계획을 하고 있을 것이다(보통 다른 사람들이 예상치도 못한 순간에). 8유형은 자신의 감정폭발이 야기할 수 있는 상처에 대한 이해가 부족할 수 있다.

분열된 8유형: 8유형이 분열됨에 따라, 폭력과 위협을 사용하고 심지어 자신의 성적 표현에서 가학적 행태를 보이며, 자신의 주변 친구들에게 자신의 어둠이 이끄는 대로 행동하는 과대망상증 환자 또는 폭군이 된다. 나는 강하고 매우 부유했지만 심각하게 분열되었던 8유형을 위해 일했던 친구가 떠올랐다. 레스토랑에서 식사를 하던 그 8유형은 같이 자고 싶은 여자를 발견했고, 가격을 흥정하기 위해 그를 보냈다. 이 여성들은 매춘부가 아니었고 단지 레스토랑에 식사하기 위해 찾아온 평범한 여성들이었다. 그것은 8유형에게 아무런 문제가 되지 않았다. 그는 원했고, 욕망하는 것을 얻기 위해 대가(때로는 수백만 달러)를 지불할 준비가 되어 있었다.

이들이 분열됨에 따라 8유형의 통제욕구는 강해지고, 자신의 파트너를 감시하고 통제하기 위해 그 방면의 전문가를 고용하거나 몰래 카메라를 통해 지켜보기 시작할 수 있다. 또는 휴대전화에 프로그램을 설치하여 파트너의 위치나 의심스러운 성적 행위를 추적하려고 할 수도 있다. 내가 알고 있는 한 8유형은 파트너와 이혼한 뒤 한참 시간이 지나 이제는 남이 된 전 아내의 집에 몰래카메라와 정교한 스파이웨어를 설치했다. 그리고 그녀와 현재 연인의 동선을 확보할 수 있었다.

괴롭힘은 실제 육체적인 학대의 형태를 취할 수 있으며, 자신의 힘이 전능하다고 느낄 수도 있다. 집에 들어가서 바닥에 놓인 젖은 타월이나 혹은 잔디밭 위에 치우지 않은 개똥처럼 하찮은 것에 고함을 지른다. 또한 저녁 식사 중에 말없이 상대방을 경멸하고 심지어 폭력까지 행사하게 된다. 그리고 여전히 그날 밤 섹스를 기대한다. 그 감정은 '나는 내 주위를 통제한다'는 것이다. 파트너는 8유형에게 목소리를 높이거나 보복하는 것을 두려워할 수도 있고, 보복당할 가능성을 염려해 타인의 도움을 받는 것이 너무 두려울 수도 있다. 결과적으로, 8유형은 자기 스스로를 법의 테두리를 벗어난 존재로 여기기 시작할 수 있다.

흥미롭게도 높은 자존감은 강간 및 폭력과 연관이 있다고 한다. 수줍음이 많고, 내성적이고, 자기비하적이며, 불안정한 사람들은 폭력범죄를 저지를 가능성이 적다. 특히 강간범들은 자신이 '다재다능한 슈퍼히어로'라고 믿으며, 매우 높은 수준의 자아와 자신감을 보였다.[8]

이들이 가진 욕망과 통제의 결핍은 자신이 슈퍼맨/슈퍼우먼이라고 보는 관점과 함께 위험한 결합을 만들어 낸다. 가장 낮은 수준의 분열된 8유형이 외상성 유발 소시오패스 또는 사이코패스(선천적인 조건)가 될 수 있다는 것은 타당하다. 자신을 천하무적이라고 느끼며, 자신의 성적 권리를 포함하여 다른 모든 이의 지배권을 쥐고 있다.

건강할 때의 8유형은 사랑스럽고, 충실하며, 진정으로 강하고, 배려심 있고, 용감한 파트너이다. 이들은 침실에서 리드하거나 또는 연인들이 그렇게 하도록 기꺼이 받아들인다.

8유형을 닮은 데이트 광고

댄 남성! 32세

헤이, 베이비, 난 너의 남자야!

네가 지금까지 겪어 보지 못한 곳으로 너를 데려가 줄 남자와 함께 인생을 경험하고 싶어? 나는 여자를 여자답게 느끼도록 하는 걸 좋아해. 난 넓은 가슴을 가진 큰 남자라고(데이트 광고를 쓰는 데 정말로 능숙하지 못한 사람)!

나: 솔직한 대화, 사냥, 낚시, 스테이크를 기가 막히게 포장할 수 있는 아웃도어 맨

내가 바라는 것: 섹시하고, 관능적이고, 따뜻하고, 남자다운 남자처럼 친근한 여자

내가 바라지 않는 것: 연기하고, 거짓말하고, 돈을 뜯어내려는 꾼들

만약, 네가 내 여자가 되길 원한다면 네게 익숙한 스타일로 와인과 식사를 준비할게. 그리고 내 람보르기니만큼 잘 대우해 줄 거라 약속할게.

에바, 28세

나는 인생을 마음껏 즐겨! 큰 꿈을 꾸고 같은 방식으로 살지. 친구들과 가족들은 내 인생에서 엄청 중요해. 나는 재밌고 즐겁게 노는 걸 좋아해. 매우 열정적인 사람이야. 물론, 몇몇 사람은 나의 에너지와 열정이 압도적이라고 생각하지만.

나는 인간의 상호작용과 컴퓨터 매개 의사소통, 그리고 왜 사람들이 그것을 하는지에 푹 빠져 있어. 나는 자신이 무엇을 의미하고, 말하는 것이 무엇을 의미하는지에 대해 말할 수 있는 사람들을 좋아해. 나는 자동차 대리점을 가지고 있

어(나는 스톰^{storm}을 팔 수 있어!). 여행을 좋아하고 빠른 차들을 사랑해. 나는 열심히 일하고 더 열심히 노는 것을 믿어. 만약 내가 원하는 것(이게 네가 될 수도 있지)을 보면 그것을 쫓는 것을 두려워하지 않아.

욕망의 열정과 복수의 고착

욕망의 8유형은 절박감과 열정으로 자신이 원하는 것을 쫓는다. 그리고 그 무엇도 이들을 멈출 수 없다. 만약 최종 결과가 이들이 승리하는 것이라면 모든 규칙을 깨뜨려서라도 이길 수 있다. 이들은 자신감이 없고 소심한 것을 혐오한다.―"네가 내 몸에 부딪치고 저항하는 것을 보니 살아 있다는 느낌이 든다." 만약 자신이 사랑이나 삶에서 부당한 대우를 받거나 무시당한다고 느낀다면, 이들은 복수와 응징으로 대응한다.

이들이 가진 욕망은 자신을 더 매력적이고, 더 나은 계층에 있거나, 더 부유하게 만들고자 한다. 혹은 다른 누군가와 결혼한 예전 애인에게 자신의 성공한 모습을 보여 주기 위한 사적인 투쟁의 무게를 훨씬 뛰어넘는 것을 목표로 하는 것을 볼 수 있다. 욕망에 방해가 될 수 있는 것은 아무것도 없다.

8유형의 침실 엿보기

8유형은 자산이 풍족하지 않더라도 행복하게 소비하고, 자신이 필요로 하는 것을 하기 위해서라면 신용대출을 이용한다. 침실은 매우 크고 호화로울 것이다. 그곳에서 킹사이즈 침대, 새틴 시트, 전체적으로 붉은색, 거대한 TV, 그리고 가능한 모든 편안함을 기대하자. 이들은 전반적인 자신의 삶과 같이 클수록 더욱 좋다고 느낀다! 또한 이들은 연인의 모든 필요를 충족시키는 성적인 안식처 만들기를 즐길 수도 있다.

판타지와 에로티카

우리는 보통 자신의 판타지 세계에서 우리의 숨겨진 이면을 탐색하도록 스스로에게 허락한다. 강력한 8유형에게 이것은 통제를 잃거나, 굴욕적이거나 또는 묶여 있는 것 같은 복종적인 모습이며, 자신이 연약해지는 것에 대한 판타지와 관련될 수 있다.

남성 지배 중심의 사회에서 자신이 가진 지배적인 속성을 표현할 수 없던 여성 8유형은 성적으로 공격적인 것에 대한 판타지를 가질 수 있다. 지배적인 여성은 여성스럽지 않은 것처럼 여겨지지만, 8유형의 상상 속에는 그런 규칙이 없다. 즉, 이들은 아무런 영향 없이 자신이 원하는 것은 무엇이든 할 수 있다. 8유형의 남성은 쓰리섬threesome의 지배자가 되는 판타지를 즐길 수도 있다. 이것은 이들의 자아를 어루만지고 그 이상을 향한 욕망을 끌어낸다 (한 명의 파트너가 좋으면, 두 명은 더 좋기 때문이다!). 판타지에는 끝없는 발기 유지, 많은 여성과 잠자리를 갖는 것, 또는 육감적인 할렘에서 술탄이 되는 것 등이 포함될 수 있다. 마초적인 남성 8유형은 자신이 거부한 동성애적 갈망이 동성 판타지same-sex fantasies 내에서 안전하게 표현된다는 것을 발견하기도 한다. 8유형의 남성은 포르노 시청과 판타지 속에서 자신이 복종하는 역할을 즐길 수도 있다.

8유형은 자신의 섹슈얼리티를 탐구하는 것을 즐기고 대부분의 것을 한 번씩 시도할 준비가 되어 있다. 다음의 8유형의 제안처럼 섹스토이, 속박 그리고 역할놀이는 모두 사이버 공간에서 또는 파트너와 함께 탐색할 수 있다.

나는 인터넷에서 성적 탐색을 위한 새로운 것을 찾는 것을 즐긴다. 그러나 점점 지루해진다. 그래서 최근에 구속, 수갑 그리고 입 구속구와 관련된 단계로 넘어갔다. 이것을 실제로 시도했고 공공장소처럼 더욱더 터부시된 상황 속에서 섹스를 했다. 또한 나는 지배하는 것과 복종하는 것 사이에서 바꿔 보기를 시도했다. 끊임없이 나의 섹슈얼리티를 더 탐색하기를 원한다. 내 판타지에서, 현실에서, 포르노를 시청하는 것을 통해.

8유형의 여성은 다른 일부 유형에 비해 더 자유로워지는 경향이 있다. 좋은 자존감은 이들이 미개척 분야에 도전할 수 있는 자신감을 가지고 있다는 것을 의미한다.

나는 성적 욕구를 충족하는 것에 대해 현실적이다. 결과적으로, 나는 성차별적 사고를 받아들이지 않으며, 매우 지배적일 수도 있다. 심지어 공격적일 수도 있다. 아마도 그것이 내가 양성애자인 이유일 것이다. 이러한 개방성은 욕구가 생길 때 포르노를 볼 수 있도록 허용한다.

또 다른 흥미로운 부분은 8유형이 5유형으로 왜곡될 때 이들이 5유형의 금기에 대한 탐구와 즐거움, 즉 더 어둡고, 섹스의 금기시된 측면과 연결된다는 것이다. 이들은 더욱 은밀해지고 고립되어 자신의 삶에 벽을 쌓기 시작한다. 덜 건강한 5유형처럼 부족하고 약해 보이는 사람들에 대한 자신의 경멸감을 키우면서, 극도로 반사회적인 시선을 갖게 될 수 있다. 사디즘은 복수를 추구하는 수단이 된다.

당연히, 당신이 만나는 모든 8유형이 당신의 철제 침대기둥에 눈길을 주고 어떤 크기의 수갑을 가져갈지 궁금해한다는 것을 의미하지는 않는다. 실제로 훨씬 많은 사람, 특히 남성은 현실에서 참여하기보다 BDSM에 대한 환상만을 가진다.[9]

성별이 다른 8유형

8유형의 여성: 우리의 위선적인 사회에서 8유형의 여성이 방에 들어왔을 때, 그녀의 대담함은 뻔뻔함이나 자신만만함으로 읽히고 그녀의 자신감은 오만함으로 보일 수 있다. 그러한 특성은 남성 내에서 존경받는 것이다. 그녀의 강하고 관능적인 섹슈얼리티는 그녀를 '남성 편력이 심한 여자^{maneater}' 또는 '볼 브레이커^{ball-breaker}'로 묘사할 수도 있다. 사회는 종종 8유형의 여성을 있는 그대로 받아들이지 않는다. 그래서 이들은 자신의 진정한 강인함을 표현하지 못할 수도 있다.[10] 여성 8유형은 터프하고, 대담하며, 자신만만하고, 대립적인 여자 전사들이다. 흥미롭게도, 여성 8유형은 실제 육체적인 섹스의 경험보다 자신이 가진 섹슈얼리티의 힘을 더 높게 평가할 수도 있다.[11]

만약 8유형의 여성이 어떤 남자를 원한다면, 그녀는 힘차게 그를 뒤쫓을 것이다(만약 당신이 9유형의 남성을 쫓는 8유형의 여성을 보여 주는 〈Good Behavior〉 시리즈를 봤다면 알 수 있을 것이다. 여기서 앤 다우드^{Ann Dowd}는 FBI 요원 론다 래시버^{Rhonda Lashever}역, 우드힐^{Christian Woodhill}은 가석방 담당관으로 연기한다). 이것은 8유형의 여성이 종종 후퇴형(8유형의 남성은 9유형의 여성과 결혼하는 일이 거의 드문 반면에)에 속하는 9유형 남성과 결혼하는 이유일 수도 있다. 집에서는 일을 하지 않더라도 수탉(암탉)을 다스릴 수 있다.[12]

분명히 어떤 유형이든 게이가 될 수 있지만, 8유형의 색다른 사회적 경험에 주목하는 것이 중요하다. 특정 그룹에서 게이 여성 8유형은 자기 자신을 표현할 수 있는 수단을 찾아낼 수 있다. 예를 들어, 22개의 지부로 구성된 레즈비언 모터 사이클 클럽인 'Dykes on Bikes'는 전통적으로 부정적인 단어인 '다이크^{dyke}*'를 전복시켰고, 거친 남성적 '디젤 다이크^{diesel-dyke}' 이미지를 기념했다. 그들은 강인하고/지배적인 여성 이미지를 표현함으로써, 전통적인 규범에 도전하고, 특히 8유형의 여성에게 어필할 수 있는 새로운 표현의 길을 찾고 있다.

---

* 역자 주: 레즈비언을 지칭하는 경멸적인 속어로, 일반적으로는 남성성을 보이는 레즈비언을 지칭하며 사용을 거부했으나 현재는 젊고 힙한 레즈비언들 그룹에서 종종 자부심을 가지고 사용되기도 한다(urban dictionary 참조).

8유형의 남성: 덩치가 크고, 나이가 많고, 덜 매력적인 남성이 아름다운 금발의 여성을 파티에 안내하는 것을 봤다면, 그것은 당신이 6유형이나 4유형의 여성과 함께 있는 8유형의 남성을 보고 있을 가능성이 있다. 이들이 가진 힘, 돈 그리고 카리스마는 많은 것을 보상해 준다. 8유형의 남성은 자신만만하고, 남성적이며, 동일한 수준의 성적 과시를 내보이지 않는 남자들을 조롱한다. 이들은 깔끔하게 싸우고 더럽게 섹스하길 원한다. 섹스는 강렬하고 폭풍처럼 격렬하다. 논쟁은 옷과 함께 방 안을 날아다니고, 여성 파트너는 한순간 마돈나처럼 다루어졌다가 그다음에 창녀처럼 취급될 수 있다[13](리아나 Riana와 에미넴Eminem의 〈Love the way you lie〉 뮤직비디오를 보라).

이들은 상대에게 '나를 사랑하라 그렇지 않으면 떠나라'는 접근법을 취할 수 있고, 자신의 자아와 발기능력을 강화하기 위해 여성들을 이용하는 것에 대해 거리낌이 없을 수도 있다(더 이상 흥분되지 않을 때 연인을 버리는 것). 8유형 남성의 경우, 오르가슴을 느끼는 것보다 발기를 유지하는 것이 초점이 될 수 있다.[14]

8유형의 남성은 고전적 영웅의 전형을 대표할 수 있다. 검투사의 세계에서 보여 주는 이미지는 이렇게 말한다. ―"나에게 까불지 마." 이들의 진정한 치유는 내면의 순수하고 연약한 아이를 인정하는 능력에서 기인한다. 이러한 에너지의 균형으로 정서적 건강은 성취되고 2유형의 속성인 진정한 사랑을 표현할 수 있게 된다. 건강한 8유형에게 사랑은 힘이고, 힘은 사랑을 통해서 표현된다.

'터프한' 파트너가 됨으로써 게이, 양성애자 트랜스젠더, 혹은 범성애적인 8유형 남성은 자신의 성관계에서 성적으로 지배하는 파트너로서의 역할을 획득할 수도 있다. 그러나 이들이 가진 감정적 취약성은 이러한 외향성 뒤로 숨겨지고, 그것은 일부 사회에서 자신이 가진 섹슈얼리티를 표출하는 것을 어렵게 만든다. 그 결과, 자신이 가진 연약한 감정과 타인에게 노출될 위험성을 감수하기보다 벽장 안에 머물며 자신의 경계를 유지해야만 한다고 느낄 수 있다.

분열된 남성 8유형은 동성애자에 대한 공격gay-bashing과 동성애 혐오 homophobic 행위를 보임으로써 자신의 동성애에 대한 두려움에 도전할 수도 있다.

사랑 유형: 성애(대항형)

8유형은 7유형, 3유형과 함께 성애erotic 유형 중 하나이며, 섹스는 행동, 육체적 충동, 그리고 자아와 관련되어 있다.

어린아이는 부모를 사랑할 수도 있지만, 주로 자신의 욕구에 초점을 맞출 것이다.[15] 7유형과 3유형의 아이와 같은 성애형들은 존경을 요구한다. 그러나 8유형은 반대 유형이다. 왜냐하면 이들은 자기 스스로를 찬양하고 자기참조self referencing를 하기 때문이다. 그러므로 이들은 다른 유형이 하는 방식으로 칭찬과 존경을 갈망하지 않는다.

섹스와 자신감

8유형은 자신의 자아를 세상 속에 밀어넣고, 자신감으로 해석되는 허세와 힘을 만들며, 그 누구도 자신을 능가할 수 없다는 메시지를 주는 것에 투자한다. 자신감이 있는 사람들이 더 많은 섹스를 할 가능성이 있다는 것을 알아내는 것은 로켓과학이 아니다. 그리고 8유형의 자기집중과 힘은 이들에게 강한 자존감을 부여한다. 외모와 상관없이 이들이 가진 카리스마와 매력은 사람들을 쉽게 자신의 품 안으로 그리고 침대로 빠져들게 한다. 자신감이 부족한 사람들은 상대에게 선택을 거절당한 뒤 자신의 쓰라린 상처를 핥고 있는 반면에, 강한 자존감을 가진 사람들은 더 쉽게 회복된다. 또한 더 많은 자신감은 더 큰 탐구의지를 갖는 것과 같다.

8유형은 자신에게 맞서는 파트너를 원하고 말싸움을 즐긴다. 현관매트는 밟고 지나가도록 되어 있다.* 만약 당신이 받은 만큼 돌려주지 않는다면, 이들은 빠르게 지루해지고 스스로 실망하게 될 것이다. 8유형과 결혼한 한 여성은 다음과 같이 말했다. ―"만약 내가 1cm를 주면 그는 수십 cm를 가져갈 거예요. 우리 관계의 역동성을 유지하기 위해 그에게 맞서야만 했어요. 만약 내가 그렇지 않았다면, 그는 이미 몇 년 전에 나를 깔보고 무시하며, 함부로 대했을 거예요."

나에 관한 모든 것!

덜 건강한 8유형은 이기적으로 보일 수 있으며, 파트너의 즐거움보다는 자기 자신의 성적 즐거움에 전적으로 초점을 맞추게 될 수도 있다. ―"알겠지? 내가 정복했어. 내가 왔다고!" 순종적인 유형은 8유형에게 자신의 욕구를 표현하는 것을 두려워할 수도 있다.

이들에게는 독립성이 중요하다. 그러므로 파트너에 대한 엄격한 지배를 유지하는 동시에 자신을 지배하기 위해 시도하는 것을 노골적으로 무시할 것이다. 파트너를 위한 특별한 사치를 감당하기 위해 열심히 일할 수도 있다. 8유형은 충실함을 요구하지만, 자신이 부정을 저지르는 것에 대해서는 조금도 생각하지 않는다. ―"그건 아무 의미도 없었어. 진짜라고."

다정함은 나를 흥분시키지 않는다

8유형은 필연적인 것을 좋아하지 않는다. 그러나 자신의 힘을 필요로 하

---

* 역자 주: 필자가 여기서 말하고자 하는 바는 서구의 도어매트(doormat) 이론처럼 순종적으로 복종하는 것이 운명지어진 것을 의미하기보다는 다소 부정적으로 무시하거나 함부로 대하는 것을 말한다.

는 사람을 끌어당긴다. '카우보이는 울지 않는다'는 방식으로 8유형은 진정한 감정을 느끼는 것이 약점인 것처럼 잘못 받아들일 수 있다. 즉, 당신이 8유형에게 자신의 감정과 연결되기를 요청한다면, 그것은 피하지 않고 누운 채 몽둥이로 두드려 맞길 요청하는 것이다. 왜냐하면 8유형은 지배당하지 않기 위해서 상대를 지배해야 할 필요가 있다고 느끼기 때문이다. 부드러움은 취약한 것과 같으며, 그것은 생존기술의 자율성을 상실하는 것과 동일하다. 이들에게 섹스는 친밀감, 사랑 또는 부드러움에 관한 것이 아닐 수 있다. 오히려 그것은 격렬한 섹스^{wham-bam-thank-you-ma'am!*}에 대한 것이다.

파트너의 객관화(사물)

당신은 달리는 기차를 잡기 위해 질주하고 있고 누군가 당신의 앞을 막아서고 있다. 당신이 그들을 부딪치고 밀치며 지나갈 때, 그 사람들은 단지 당신의 길에 있는 장애물일 뿐이다. 이것이 바로 분열된 8유형이 타인을 바라보는 방식이다.

사람들을 객관화하는 8유형의 경향은 분열된 8유형을 에니어그램 유형 중 가장 둔감하게 만든다.[16] 사랑이 없는 섹스는 순수하게 해방, 정복 또는 운동일 뿐이다. 만약 8유형이 당신에게 불편한 성행위를 요구한다면 그곳은 위험한 장소가 될 수 있다.

---

* 역자 주: 쿵, 꽉, 펑, 탕 등의 의성어로 난폭한 성행위를 뜻한다.

권력과 사도마조히즘

> 사람은 항상 고통을 통해 쾌락에 도달한다.
> -마르퀴스 드 사드(MARQUIS DE SADE)

성적 일탈은 "생물학적으로 비정형적이고, 도덕적으로 잘못되었으며, 또는 법적으로 금지된 성행위"로 정의된다.[17] 누군가가 일탈이라고 생각하는 것을 또 다른 사람들은 '조금 재미있는' 것이라고 생각할 수도 있다. 즉, 여기서 관건이 되는 것은 상호 간의 합의이다.

더 살아 있고, 더 자극적이고, 더 강렬한 것을 느끼려는 8유형의 갈망은 때때로 성적인 예상 규범을 억지로 뚫고 나가는 것으로 해석될 수 있고, 다른 사람들을 압도하는 섹스에 중독될 수 있다. 매춘부는 다양한 행위를 지시받게 될 수 있으며, 파트너는 8유형의 요구하는 지시에 따라 옷을 입고 행동하게 될 수도 있다. 극도로 불건강한 수준은 더 어두운 강간의 세계와 더 낮은 자아의 지배, 강압, 가학의 욕구로 파고든다.[18]

8유형은 말 그대로 최고가 되기 위해 지배할 필요가 있다. 통제에 대한 자신의 욕구를 표현하기로 선택한 8유형은 거칠어지고 BDSM(속박, 규율, 복종 그리고 지배)이 제공하는 분출구에서 '최고'가 되는 것을 찾고자 한다. 연구에 따르면, BDSM에 참여하는 사람은 그렇지 않은 사람보다 더 낮은 공격성을 가진다고 한다. 이들은 거절에 덜 민감하고, 덜 신경질적이며, 보다 더 외향적이라고 한다. 이러한 모든 것이 8유형의 성격과 일치한다.[19]

BDSM '돔dom' 애호가들은 마음이 여리기보다는 터프하고, 힘든 결정을 기꺼이 내리며, 다른 사람들과의 관계에 있어 거들먹거리고 요구하는 경향이 있는 반면,[20] 복종하거나 혹은 '보텀bottoms'인들은 예상대로 더 호의적인 것으로 밝혀졌다. 스콧 맥그릴Scott McGreal은 이것을 "돔은 실제 자신이 복종하는 파트너에 의해 환영받고 감사받는 방식으로 그들의 고집^{disagreeableness*}을 표현하는 방법을 찾았다고 말한다. 이것은 보통 무례하고 성가시게 보이는 일상의 평범한 고집과 매우 대조적이다."라고 말한다.[21] 또 다른 연구에서는 '보텀^{bottom}' 또는 전체 인구와 비교해 '톱^{top}'은 더 높은 자존감, 삶의 만족 그리고 경험에 대한 개방성을 가지고 있고, 더 낮은 수준의 친화력, 그리고 더 큰 통제욕구 등을 가진 것으로 보였다. 이에 대한 다양한 연구에도 불구하고 오직 소수의 여성(4~8% 사이)만이 '톱^{top}'이 되는 것을 즐긴다.

섹스에서 8유형은 '보텀^{bottom}'이 됨으로써 자신의 그림자와 취약한 측면을 탐구할 필요를 느낄 수도 있다. 영향력 있는 다수의 사업가가 종종 돈을 내고 하는 섹스에서 '보텀'이 되는 것을 즐긴다고 말했다. 즉, 의심할 여지 없이 항상 사업에서 최고가 되어야 하는 스트레스를 해소하고 내려놓는 것이다.

한 연구에서는 14,306명의 남녀를 대상으로 '합의된 사도마조히즘^{Sadomasochism}에서의 사회적 권력과 성적 흥분 사이의 연관성'을 조사했고, 권력이 S&M을 수행하려는 욕구를 증대시킨다는 것을 발견했다. 사디즘적 사고(타인에게 고통을 가하는, 8유형에게 더 전형으로 나타나는 행위)의 각성에 관한 권력의 영향은 여성에서 더 강하게 나타난 반면, 마조히즘적 사고(자신에게 고통을 가하는 행위)에 의한 각성에 대한 권력의 영향은 남성에게서 더욱 강하게 나타났다. 이 조사 결과는 권력이 사회적 관습과 성적 규범의 무시를 이끌어 낸다는 것을 보여 준다.[22]

남근 나르시시즘

윌렘 라이히$^{Willem\ Reich}$가 정의한 남근 자애주의자는 오만하고, 카리스마적

---

* 역자 주: 성격적 특질로서 타인의 기분을 생각하지 않고 이기적이며, 남에게 자신의 생각을 강요하는 등의 뜻을 가지고 있다.

이며, 활기가 넘치고, 행동지향적이고, '인상이 강렬하고', '일반 조직에서 하급자로 어울리지 않는' 인물이다.[23] 이 특징은 남성과 여성 모두에 해당될 수 있으나 남성에 비해 여성이 다소 적다.

남근 자애주의자의 설명에서, 라이히는 대부분 덜 건강한 8유형을 묘사한다. 8유형과 같이 그들은 자신이 가진 연약함과 열등감을 숨기려고 한다. 그는 남근 자애주의자가 애정의 대상과 맞서고 있으며, 더하거나 덜한 정도의 '감춰진 사디즘적 특성'을 가지고 있다고 설명하며, '여성들 간의 관계는 여성 섹스에 대한 비판적 태도에 의해 방해받았다'라고 지적한다. 이 분열된 수준에서 8유형은 굴욕감을 주기 위해 자신의 성적 대상을 이용하고 파트너의 감정을 완전히 무시하는 것을 보여 준다.[24]

남근 자애주의자는 자신이 매력적이고 순종적인 '트로피 파트너trophy partners'*와 함께 성적으로 뛰어난 선수가 될 사람이라고 믿는다. 이들은 운동을 좋아하며, 강하고 매력적인 몸을 만들어 연인에게 구애하려고 한다. 그러나 그것을 요구하지 않았던 예상치 못한 상황에서 공격적으로 변할 수도 있다. 이들은 마음껏 자신의 매력을 발산하고, 상대의 마음을 빼앗으며, 빠르게 단단해졌다가 냉담해져 파트너를 혼란과 자기비난에 빠뜨릴 수 있다. ― "그게 나야." 8유형처럼 그들은 마치 세상에 맞서기 위해 자기 자신을 부풀린 것처럼 전형적으로 목이 굵고 넓은 가슴을 가지고 있다. 그들이 세상(육체적으로, 재정적으로 또는 지위에 있어)에서 힘을 잃기 시작할 때, 분노, 불안, 소외 그리고 우울 등을 경험하는 것은 충분히 이해가 된다. 바람 빠진 풍선처럼 그들이 가지고 있던 모든 자신감이 떠나가 버린다.

여성의 경우 남근 자애주의는 4세 이후 발달하는데, 그 당시 자신의 어머니 또는 모성적 역할을 가진 인물로부터 거절당하는 경험을 했을 수 있고, 아버지로부터 더 큰 수준의 수용을 경험했을 수도 있다. 아버지의 애정을 받기

---

* 역자 주: 전리품과 같은 의미를 지닌다.

위해서 자신이 가진 여성스러운 속성을 버릴 수밖에 없었다. 이들은 남성 파트너를 위협하고, 그들이 이룬 성취를 하찮게 폄하한다. 내가 목격했던 한 사례는 유명 다국적 기업의 이사로 재직하고 있던 정말 부유한 여성에 관한 것이다. 그녀의 남편은 나름대로 주목할 만한 성취를 이루었으나, 그녀는 그를 얕잡아 보고 자신을 부풀리는 것을 즐겼다. 그리고 그에게 애정 어린 그러나 경멸적인 별명을 붙였다.

남근 자애주의에 대한 설명에서 라이히는 4유형의 묘사와 더 잘 들어맞는 몇몇 속성을 포함한다. 그것은 특별하게 보여야 할 필요, 비판을 수용할 수 없는 것, 우울해지는 경향 등이다. 4유형이 8유형의 반대편 위치에 있는 것은 8유형이 가진 그림자 속성(화살표가 닿지 않는)을 표현하고 있는 것으로 볼 수도 있다.

성적인 문제

이들이 가진 높은 에너지 수준 때문에 8유형은 종종 다른 유형에 비해 더 잦은 섹스를 가질 수 있고, 그로 인해 자신을 남보다 더 우월한 존재로 여긴다. 8유형의 남성이 좀처럼 드러내지 않는 것은 이들이 다른 유형에 비해 더 많은 조루증을 경험할 수 있다는 것이다. 제한된 방출은 성적 에너지가 깨어 있는 채로 남겨지고, 섹스 후에도 일정 수준의 흥분이 남아 있다는 것으로 해석될 수 있다. 다시 말해, 지금보다 더 많이 방출해야만 한다는 것이다. 또한 성적 만족이 육체적인 것보다 에고에 더 가깝고, 파트너는 이들에게 비난받을 수 있으며, 이후 더 큰 만족을 찾도록 몰아갈 수 있다는 것을 의미한다.[25] 만약 조루를 경험하지 않는다 해도, 충족되지 않은 감정적인 경험이 있을 수 있다. 8유형은 그것을 단순히 섹스가 더 필요한 것으로 해석할지 모르지만 사실 그것은 깊은 친밀감에 대한 욕구이다. 8유형은 '진정한 남자는 큰 성기를 가진다'는 이유로 자신의 남성다움의 표시로 페니스 크기에 집착할 수도 있다. 물론, 그의 성기가 충분히 크지 않다면 이것은 문제가 될 수 있다.

복수

8유형은 다른 사람들의 경계를 시험한다. 만약 직접적으로 "아니요."라는 답을 듣지 못한다면, 상대가 더 강하게 밀어붙여 달라는 초대장으로 해석할 수도 있다. 그러나 그것은 오직 한 방향으로만 작동한다. 만약 8유형의 강력한 경계에 대항하여 같은 방식으로 행동한다면, 이들은 정의를 가장하여 복수할 가능성이 있다.

4유형은 시기와 질투를 원동력으로 삼아 격정의 범죄를 저지를 수 있지만, 8유형은 복수의 범죄를 저지를 가능성이 더 크다. 분열된 5유형처럼 뒤로 물러서 상대를 무너뜨릴 음모를 꾸밀 것이다. 특히 누군가 자신이 만든 규칙을 지키지 않았거나 자신에게 상처를 주었다고 느낀다면 그렇게 행동할 것이다.[26] 이들은 평소 대립을 즐기기 때문에 당연히 자신의 파트너를 부적절하게 바라본 누군가를 상대할 수도 있다.

흥미로운 점은 자신의 배우자가 불륜을 저지른 경우, 남성 8유형은 배우자보다는 그 상대 연인을 대상으로 복수할 가능성이 더욱 높다는 것이다. 이들에게 자신의 파트너는 피해자이고 너무 연약해서 이 문제를 책임질 수 없는 것처럼 보인다.

본능적인 추동

자기보존적 8유형: 이 8유형은 자신의 육체적 욕구를 충족하는 데 몰두하고 있으며, 직접성, 즉각성, 힘과 함께 그것을 행사한다. 이들이 원하는 것은 사람, 회사, 판매, 차, 지위 그리고(당연히) 섹스이다. 세상에서 살아남는 법을 알고 있고, 자신의 목표를 달성하기 위해서는 파괴해야 할 대상이 무엇인지 또는 누구인지조차 신경 쓰지 않는다. 즉, 모든 사람은 8유형의 잠재적인 경쟁자이다. 이들은 자신의 욕구(욕망충족)를 충족하기 위해 결혼, 종교적 교리, 또는 이웃들이 생각하는 것에 개의치 않고 사회적 규범을 위반할 것이다.

사회적 8유형(공포대항형): 체스넛Chestnut은 8유형의 공포대항형으로 사회적 8유형을 언급했다. 왜냐하면 이들은 다른 8유형의 본능적 하위유형보다 덜 대립적이고 덜 공격적이기 때문이다.[27] 자신의 욕구보다 타인의 욕구를 충족시키는 것에 더 관심을 둘 뿐만 아니라 더욱 부드러운 경향이 있다. 때로는 가까운 지인의 질병에 대해 과한 관심을 가지고 있고, 스스로를 돌보지 않거나 신체적 질병을 무시할 수도 있다. 사회적 8유형은 자신의 아내가 섹스에 관심이 부족해도 괜찮다고 말하며, 섹스를 자주 하지 못하더라도 그녀와 함께 있는 것에 행복해했다. 이것은 이타적인 사회적 8유형의 완벽한 예이다.[28] 이들은 거절의 고통을 겪고 싶지 않기 때문에 파트너와 너무 가까워지는 것을 두려워할 수 있다. 보다 더 느긋하고 덜 자기중심적으로 보이기 때문에 종종 8유형으로 보이지 않는다. 체스넛에 따르면, 사회적 8유형의 남성은 9유형과 닮을 수 있고, 사회적 8유형의 여성은 2유형과 닮을 수 있다.[29]

성적 8유형: 이 8유형은 에니어그램에서 나쁜 남자 또는 나쁜 여자가 될 가능성이 높고, 평범한 결혼 생활에서 벗어날 확률이 가장 높다. 자신의 행위가 사회에 역행하는 것에 대해 전혀 신경 쓰지 않는다. 세 개의 유형 중 가장 카리스마적이고, 관심을 요구하고 은밀한 성적 관계를 좋아한다. 자극적이고 매혹적인 쾌락을 추구하는 이들은 정욕과 욕망의 삶을 좇는다. 덜 통합된 2유형과 같이 자신만이 충족시킬 수 있는 욕구를 만들어 다른 이들을 통제한다.

이들은 다른 두 유형에 비해 더 감정적인 경향이 있다. 한 8유형은 '사랑과 섹스'에 대한 질문에 다음과 같이 답했다.

[그들] 나에게 무척 중요하다. 만약 그것을 나의 인생에서 잃는다면 나는 불완전하다고 느낄 것이다. 그것은 나에게 헤아릴 수 없는 고통을 주었다. 나는 부서지고 멍들었지만, 어떻게든 여전히 그것에 대한 믿음을 간직하고 있다. 그것은 그럴 만한 가치가 있다.[30]

이들에게 파트너는 자신의 욕구와 욕망을 가진 사람이기보다 자신에게 충성스러운 대상으로 여길 수 있다.[31] 이들은 레드와인을 마시며 〈I did it my way〉(폴 앙카Paul Anka 작사, 프랭크 시나트라Frank Sinatra가 노래한 히트곡 중 하나)를 노래하고, 자신의 파트너를 향해 매혹적으로 그리고 보호하듯 기대어 있을 것이다.

날개

7번 날개를 지닌 8유형(이중 성애): 이 날개유형에서 8유형의 힘은 7유형의 쾌락주의와 만난다. 8유형은 에니어그램에서 블러싱 브라이드blushing brides*가 아니다. 모든 유형 가운데 가장 성적으로 주도적인 7유형만이 이들과 비길 수 있을 것이다(8유형의 에너지 수준이 실제인 반면에, 7유형은 더 과장되게 만든다). 7유형처럼 이 8유형은 쾌락주의적인 표현을 더 많이 하고 성적인 위험성을 감수하는 경향이 있다.ー"맞아 내 아내는 바bar 앞에 있어. 그런데 당신과 나는 여기 화장실 칸에 있잖아!", "콘돔? 개소리~ 위험을 감수해야지!" 쾌락주의, 위험 감수, 그리고 공격성이 욕망(8유형)과 탐식(7유형)의 열정을 만났을 때 그곳에는 폭발적으로 흥분된 요소와 잠재적인 즐거움이 있다. 7번 날개를 지닌 8유형은 집을 떠나 클럽, 휴가지, 출장지 등에서 자신만의 성적

* 역자 주: 부끄럼을 타는 신부라는 꽃말을 지닌 꽃으로 학명은 세루리아 플로리다(Serruria florida)이다.

인 스릴을 좇을 가능성이 더 높다. 행동지향적 유형인 이들은 섹스에 관한 한 주도권을 취할 가능성이 더 높고, 그것은 보다 더 순종적인 유형의 상대에게 적합할 수 있다. 그러나 이들은 전진하는 유형(3유형과 7유형)과 흡사한 불꽃놀이를 만들어 낼 것이다.

7유형과 8유형은 모두 이중적 전진 유형에 속해 있고 섹스를 기다리지 않는다. 첫 데이트도 상관없다. 길 위의 차에서라면 더 좋다. 이들은 파트너를 지배할 것이고 자신이 원하는 행동을 얻기 위해 조종할 것이다. 만약 파트너가 자신의 뜻을 따르지 않는다면, 강하게 비난할 것이다. 또는 이들이 5유형 쪽에 기울어져 있다면 적대적인 철수가 예상될 수 있다. 덜 통합된 수준에 있는 8유형에게 연애를 즐기지 않는 파트너는 크게 고려할 대상이 되지 못할 것이다.

9번 날개를 가진 8유형(성애와 모성애): 여기서 8유형의 힘은 9유형의 평화에 대한 욕구와 만난다. 평화를 사랑하는 9유형은 8유형에게 부드러운 속성을 가져다주지만 이 날개유형은 7번 날개를 가진 8유형이 머리와 장을 결합한 것과는 반대로 두 개의 장(분노)을 결합한다.

8유형의 속성이 지배적이고 섹스를 요구하는 것으로 보일 수 있는 반면에, 9유형의 속성은 더 순종적이고 섹스하게 되기를 원할 것이다. 이들은 덜 공격적이고, 고요한 힘을 보여 준다. 다른 유형에 비해 혼외 섹스를 할 가능성이 덜하다. 특히 가까운 가족과 친구들을 보호하려는 감정을 가지고 있다.

흥미롭게도, 에니어그램 연구소Enneagram Institute에서는 이 날개유형을 '곰'이라고 부르는데,[32] 이것은 게이 커뮤니티에서 거친 남성적 이미지를 투사하는 장발의 남성에게 붙여 준 이름이다. 모든 성적 지향의 8유형 남성은 종종 이러한 유사성을 공유한다.

이 날개유형의 행동은 다른 유형에 비해 일관성이 덜할 수 있다. 한순간에 자신의 파트너에게 애정과 선물을 쏟아붓고, 그다음에는 노골적으로 상대를 위협하고 적대적이 될 수 있다. 이들은 직장 내에 폭군이 될 수 있지만 집에서는 따뜻하고 다가가기 쉽다(또는 반대의 경우도 있다). 실망하거나 버림받았을 때 7번 날개를 지닌 8유형이 더 난폭해질 수 있는 반면, 이들은 은둔을 선택할 수도 있다.

성적 존재로의 이동

8유형의 성적 완성을 방해하는 것들

세상과 맞서는 공격적인 8유형은 다른 이들에 의해 자신의 자유 의지를 빼앗기는 경험을 하게 될 수 있다. 8유형이 밀치며 전진함에 따라 파트너는 뒤로 물러서고, 결과적으로 통제력이 떨어진다고 느끼는 8유형에게 좌절감을 안겨 준다. 8유형은 때때로(종종 무의식적으로) 파트너가 자신을 작고 덜 중요하다고 느끼게 만들기 위해 힘과 통제력을 사용할 수도 있다.

강해야 할 필요성은 다른 이들의 취약성과 연결되는 능력을 약화시킨다. 8유형은 스스로 자신의 취약함을 개방할 수 있는 용기를 찾고, 파트너와 대등한 위치에서 만났을 때 성적인 경험이 깊어진다.[33]

8유형이 성적으로 현존할 수 있는 방법

통제를 내려놓으라: 8유형은 자기중심적 이기주의에서 완전한 연민의 표현으로 옮겨 가며, 통합된 연인이 된다. 그때 이들은 자신의 파트너를 향해 규칙 만들기를 멈춘다. 8유형이 통제의 욕구를 내려놓고 파트너의 욕구와 자신의 욕구를 동일시할 때, 치유가 시작된다.

우월한 것과 반대로 평등하라: 파트너와 온전히 함께 존재하기 위해서는 서로 간의 밀당이 모두 필요하지 않다. 상대와 맞서기보다 파트너와 함께 있는 것이 중요하다. 지배하려는 욕구는 저항을 만들고 파트너를 위축시킨다. 그것은 8유형이 진심으로 바라는 것과 정반대가 된다.

당신의 취약성과 연결하라: 진정한 치유는 타인을 취약하게 느끼도록 만드는 것이 아닌 섹스 전, 후, 그 가운데에서 자신의 취약성과 개방성을 허용하는 것이다. 파트너에 대한 지배력의 필요성보다 파트너에 의해 지배되도록 스스로를 허용하는 것이 경이롭고 놀라운 섹스를 경험하도록 한다. 그런 뒤에 8유형은 용기 있는 전사이자 부드러운 아이로서 스스로의 과제를 해결할 수 있다.

과욕을 내려놓으라: 삶의 균형은 보편적인 언어이다. 과욕은 자신이 하는 모든 일에 있어 넘칠 수 있는 8유형, 7유형, 3유형과 매우 관련성이 깊다. 사고, 감정과 함께 균형적인 행동을 배우는 것은 통합에 있어 매우 중요한 단계이다.

감정과 접촉하라: 좀 더 통합된 8유형은 원치 않는 감정에 반응하고 화를 내기보다 자신의 감정을 느끼는 데 필요한 시간을 갖는다.

삶은 전쟁이 아니다: 8유형은 파트너와 전쟁 중이 아니며, 섹스는 의지의 싸움이 아니라는 것을 깨달을 때 통합된다. 치유는 정상(top)에서 나오는 것이 아니라 친밀한 협력, 타협 그리고 약속에 관한 것이다.

성찰 질문

참조: 당신의 유형과 상관없이 이러한 질문에 답하는 것은 유용하다.

- 파트너를 지배하려는 당신의 욕구는 자신과 파트너에게 어떤 영향을 미치는가?
- 연애를 하는 동안 자신의 취약성에 접하지 않는 방식을 통해, 당신은 강하고 파트너는 약하다는 신념을 강요하고 있는가?
- 당신이 가진 통제되거나 침해당하는 것에 대한 두려움이 침실에서 자신을 드러내는 데 영향을 미치는가? 그렇다면 어떤 방식으로 작용하는가?

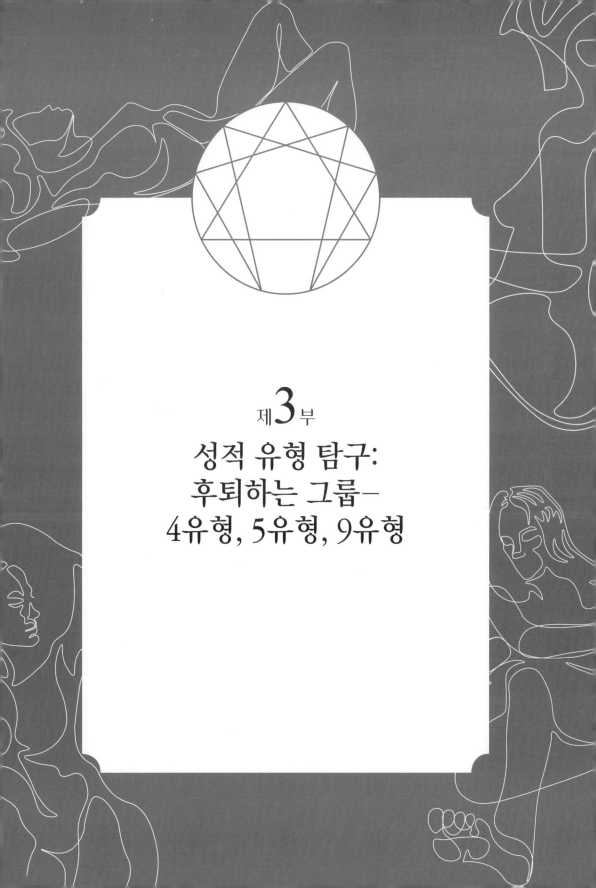

제**3**부

성적 유형 탐구:
후퇴하는 그룹—
4유형, 5유형, 9유형

제**10**장

4유형:
로맨틱 로미오(혹은 줄리엣)

4유형의 좌우명: "세상 어디에선가, 나의 진정한 소울메이트가 기다리고 있어."

연인으로서의 4유형: 4유형은 로맨틱하고 강렬하며, 자의식이 강하다. 또한 감정변화가 심하고, 열정적인 유형으로 자신의 관계를 크게 중시한다. 4유형은 자신을 '얻어 낸' 연인과 깊고 진정으로 친밀할 수 있게 되기를 소망한다. 이들이 덜 통합되었을 때, 관계는 감정의 롤러코스터를 타게 될 수 있다.

4유형의 후퇴: 판타지와 상상 그리고 자신이 애착을 가지고 있는 감정을 사용하여 성적 강렬함을 높이려 시도한다. 종종 섹스 그 자체보다 열정적인 파트너와의 깊고 매력적인 관계를 느끼는 것이 더 중요하다. 흔히 자신을 아웃사이더처럼 느끼며, 이상적이고 환상적인 자아를 통해 살아간다.-"유명한 괴짜 예술가로서의 나"

당신의 유형은 아니지만 4유형과 관련이 될 수 있는 측면: 당신이 3유형이나 5유형(날개) 또는 1유형이나 2유형(해방과 왜곡 지점)일 경우

사랑 유형(모성애 대항형): 4유형은 자신을 돌봐 줄 파트너를 찾는 동시에, 자신이 상대를 돌볼 수도 있다.

관계 신념: "나는 특별하다. 당신은 그 어디에서도 나와 같은 사람을 찾을 수 없을 것이다."

성적 좌절감: "모든 사람은 행복하고 사랑에 빠진 것처럼 보인다. 왜 나는 꿈에 그리는 관계를 찾을 수 없을까?"

4유형의 섹슈얼리티 이해

간략한 요약

4유형은 자신이 가지지 않은 것을 갈망한다. 다른 모든 사람의 잔디는 더 푸르다.* 이것은 엄청난 고통을 야기하고 4유형이 과거를 파고들게 하여, 그렇게 하면 미래가 바뀔 수도 있다는 희망을 만들어 낸다. 4유형은 종종 다른 사람들에 비해 더 힘든 삶을 경험했다고 느낀다. 이러한 인식 때문에 이들은 자격지심을 느낀다. 즉, 자신의 삶은 지난 고통에 대한 보상을 받아야 한다.[1] 4유형은 자신을 '취하는' 사람에게 끌리고, 자신을 지지하고, 깊이 연결되고, 자신의 온화한 영혼을 따뜻하게 하는 사람에게 끌린다. 사랑 혹은 그것을 추구하는 것이 모든 것을 포용하는 초점이 된다.

에니어그램에서 가장 일반적이고 선호되는 선택은 4유형 여성과 9유형 남성의 만남이지만 이들이 가진 감정적 불꽃의 욕구는 왜 4유형이 같은 유형과의 관계를 즐길 수 있는지를 설명해 준다(4유형과 4유형).[2] 그러나 자신의 연인(개선된 정체성)을 만났을 때, 자신의 그리움이 충족되는 대신 의심이 다시 솟아오르고, 자신이 상실했다는(그래서 결함이 있는) 무의식적 신념을 유지하기 위해 파트너를 거절할 수도 있다. 이들은 자신이 가진 것에 절대 만족할 수 없다. 이것은 없는 것과 있을 수 있는 것에 대한 우울한 감정을 불러일으킨다.**

---

* 역자 주: 즉, 남의 떡이 커 보인다는 의미이다.

4유형은 자신에게 결핍되었다고 느끼는 측면을 도와줄 구원자를 갈망한다. 관계는 이러한 기대가 충족되면서 형성된다. 이는 파트너가 자기 자신의 일부 속성을 부인해야 하는 것을 의미할 수도 있다. 예를 들어, 연약하고 무능하다고 느끼는 4유형은 강하고 능력 있는 파트너를 찾을 수 있다. 그러나 관계를 유지하기 위해, 연인의 부드러운 특성은 표현될 수 없다. 통합이 덜 되었을 때 4유형은 자신이 부여한 기대에 미치지 못한 파트너에게 몹시 화를 낼 수도 있다.

4유형은 교만하고, 자신을 이해할 수 없다고 믿는 다른 사람들을 뛰어넘어 엘리트주의자가 될 수도 있다(반면에 여전히 부족한 자기 자신을 느낀다). ―"당신은 나를 이해할 수 없어. 그렇지?", "그 사람의 취향은 정말 천박해." 이들은 파트너가 자신으로부터 빠르게 도망칠 때, 단지 자기가 있던 자리로 서둘러 되돌아오기 위해 파트너를 멸시할 수도 있다. 이것은 나아가는 것과 멀어지는 것 사이에 불안정한 긴장감을 만들어 낸다. ―극단적으로는 사랑과 증오가 동시에 발생한다. 4유형은 사랑에 크게 의존하기 때문에 거절을 두려워한다. 즉, 자아 결핍의 감정을 강요하는 것이다. 가치가 없다고 느끼면서 이 두려움에 맞서고 싶지 않다는 것은 다른 사람들로부터 물러날 수도 있다는 것을 의미한다. 덜 통합되었을 때 4유형은 격렬하고 변덕스러운 경향이 있다. 한순간은 매우 열정적이었다가 다음 순간에는 우울하다. 이들은 자신이 내건 조건에 따라 파트너와의 관계를 형성한다. ―"나는 그가 마땅히 해야 할 방식으로 행동하기 전까지 섹스를 하지 않기로 결정했어."

독특함을 갈망하는 것, 특히 성적 4유형은 독특한 스타일의 옷을 입거나 역할을 맡음으로써 자신들의 외적 이미지를 실험한다. 머리에 보라색 줄무늬가 있고, 빈티지한 옷을 입고, 타투로 장식된('내 몸은 예술') 혹은 빨간 별이 달린 베레모를 쓰고 있는 사람은 4유형일 가능성이 높다.

** 역자 주: 이것은 나는 특별하다는 집착과 무관하지 않다.

4유형은 전형적인 낭만주의자이며, 예술가이고 자신을 창조적으로 표현하기를 원하는 몽상가이자, 그 때문에 고통받는 굶주리고 인정받지 못한 예술가들이다.

4유형의 발달

우리는 하나님과 하나됨을 경험할 때, 진정한 결합을 경험할 수 있다. 즉, 모든 것과 연결되어 있다는 놀라운 감각, 육신을 초월한 영의 온전함을 가지게 된다. 이것이 바로 4유형이 갈망하는 연결이다. '탄트라tantric'란 단어는 '에너지의 짜임과 확장'을 의미한다. 이것이 4유형이 갈망하는 것이다. ―"우리는 함께 엮임으로 그 이상의 존재가 될 수 있습니다."

우리가 생명의 온전함(거룩함)과 함께 존재와 하나임을 느낄 때, 우리는 중심에 있음을 느낀다. 우리가 멀어질 때, 분리와 분열을 경험한다. 단절은 유년기에 대한 두려움과 결합을 향한 갈망을 만들어 낸다. 우리가 분열되었을 때, 이러한 존재와의 연결에 대한 욕망은 다른 사람들과의 연결을 향한 갈망으로 변형된다. ―"내가 나의 소울메이트를 찾을 때, 나는 연결됨을 느낄 수 있고 다시 온전해질 수 있어."

어린 시절 4유형은 자신의 부모를 향한 수용과 사랑을 찾거나 혹은 자신이 가지고 싶어 했던 모습의 부모를 찾는다. 피터팬이 있는 네버랜드의 잃어버린 소년들lost boys처럼, 4유형은 자기 자신의 잃어버린 부분을 찾아 성장한다. 그 연결성을 찾지 못하면서, 4유형은 자신을 다른 이들과 다르다고 느낀다. 즉, 자신의 가족에 속하지 못한 것처럼 느껴지는 이단아가 된다. 이들은 자신이 충분하지 못하다는 신념에 빠져 결점과 수치심을 느낀다. 이에 대응하기 위해서 다른 이들과 다르다는 신념을 만들고, 어떤 면에서는 자신이 '특별하다'고 믿는다.

사랑에 빠진 4유형

통합된 4유형: 4유형은 친절하고 독특하며, 자기성찰적이고, 진정으로 낭만적이다. 수피sufi 시인 루미Rumi가 에니어그램의 어떤 유형인지는 알 길이 없지만, 그의 감각적인 단어와 사랑을 찾기 위한 헌신은 나로 하여금 4유형을 떠올리게 한다.

당신은 통합된 4유형이 여러 형태의 창조적 표현이나 혹은 심리학 분야에 관여하고 있는 것을 발견할 것이다. 통합된 4유형은 자신에게 진실되고 정직하다. 그리고 파트너에게도 같은 개방성을 희망한다. 이들은 당신의 진실 속에서 드러나기를 원하고, 궁극적으로 당신이 자신의 모든 것을 받아 주기를 바란다. 이들은 탄트라 섹스나 요가 워크숍을 즐기고, 성적이고 영적인 관계에 대해 쓴 데이비드 데이다David Deida와 같은 작가의 작품에 끌릴 수도 있다.

4유형은 내성적이고 강렬하며, 피상적인 잡담을 즐기지 않는 성향이 있다. 자기 자신을 비롯해 현재 관계를 맺는 사람들이 가진 더 깊은 영역을 파헤치고 싶어 한다. 이들은 종종 성적으로 자신의 독특한 창조성을 표현하면서 열정적이고 의식 있는 연인을 지향한다.

그 결과, 이들은 당신에게 시를 쓸 수 있고 당신이 즐기는 특별한 대접과 당신이 좋아하는 머리카락 쓰다듬는 방식을 기억할 것이다. 직관적으로 당신 몸의 욕구를 알게 된다. 이 수준에서 이들이 관계에서 받는 고통은 자기 자신뿐만 아니라 다른 사람들의 고통에 대해 깊은 연민을 갖는 것으로 해석된다. 이제 진심으로 연인들이 가진 문제를 느끼고, 열린 마음으로 경청하며, 변혁적인 치유자가 될 수 있다.

평균적인 4유형: 이 4유형은 과거의 렌즈를 통해 현재 경험하고 있는 삶과 자신의 지난 기억을 파헤칠 것이다. 이들은 뭔가 결핍된 것을 느끼며, 항상 세상에 부족한 무엇인가에 그 감정을 투사한다. ─그렇게 많은 약속을 지켜 왔던 관계는 이제 공허하게 느껴질 것이다. 파트너는 4유형이 바라는 무언가를 놓치고 있다. 4유형은 자신의 판타지 속으로 물러나기 시작하고, 자신의 감정을 강화한다. 그러나 그렇게 하는 것이 파트너와의 진정한 연결을 방해한다는 사실을 인식하지 못한다. ―"나는 단지 섹스 이상의 것을 원해. 감정적인 친밀감으로부터 더 깊은 만족감을 얻을 거야. 섹스는 단지 친밀감의 표현일 뿐이야. 누군가 나의 몸을 가졌을 때, 그들은 나의 영혼 또한 가진 거야."

파트너가 분위기에 너무 깊게 초점을 맞추면 덜 통합된 4유형은 자신에게만 몰두하게 될 수 있다. 이들은 파트너의 마음을 끌기 위해 자신의 독창적이고 특이한 이미지를 사용할 수도 있다. 또한 자신만의 방식대로 하는 것을 좋아하고 공유하는 것을 싫어할지도 모른다.[3] 특히 이들이 5번 날개를 지니고 있다면 더욱 그럴 것이다. ―"이 일은 좋게 끝날 수 없어." 새로운 관계가 시작되기도 전에 절망스럽게 느낄 수도 있다.[4] 그러나 마치 희생된 것 같은 감정이 고통으로부터 보상이나 위안을 가져온다. 이 불행한 끝에 만족감이 있다. 이들은 미래의 파트너가 자신의 특별한 선물이나 혹은 독특성에 감사하지 않을 것이며, 결코 자신이 바라는 삶을 얻지 못할 것이라고 걱정한다.

분열된 4유형: 삶과 사랑은 실망스러운 것이 되었다. 이들의 이상화된 자아는 자신의 실제 자아를 훨씬 뛰어넘어 버렸다. 이제 금성Venus을 사랑스럽게 바라보며, 오직 전쟁 중인 화성Mars만을 찾는다. 자신의 파트너를 업신여기고, 그들이 하는 모든 행동에서 잘못을 찾아낸다. 그리고 화를 내며 자신을 파괴하지만 몹시 부러워한다. ―"아무도 나를 이해하지 않아!", "그녀가 어떻게 그렇게 쉽게 인정을 받을 수 있지?"

자신의 욕구에는 극도로 예민하지만 파트너의 욕구에는 무감각한 이들은 마치 스타일, 진정한 감정, 아름다움, 사랑 등을 모르는 수준 낮은 바보천치들에게 둘러싸여 있는 듯한 감정을 느낀다……. "저 무감각한 바보들!"

4유형은 오해를 받고 자신의 삶이 얼마나 불행한지에 대해 불길하게 곱씹을 수도 있다. 그러면서 빛나는 갑옷을 입은 기사가 자신을 구하러 올 것이라는 꿈을 꾸기도 한다. 이들은 파트너가 아닌 자신을 재정적으로, 정서적으로 뒷받침할 조력자를 찾는다. 인생이 비극적으로 느껴지고, 이들은 노래하지 않는 영웅/여주인공이 된다. 그리고 새로운 드라마, 실패 혹은 거절을 즐기는 것처럼 보인다. 그 이유는 그것이 자신의 삶이 특별히 힘들었다는 신념을 충족시키기 때문이다. 자신의 고통에 관한 허영심이 올라온다. 이들은 유명한 뮤지션이 되길 원하지만 시작하기도 전에 비관적으로 그 길을 포기하는 것 같다. ―"내 작품을 이해할 지능을 가진 사람은 아무도 없어."

자신의 삶에 큰 실망을 느끼며 우울증이 발생할 수 있다. 이들은 자신을 희생자라고 느끼며, 시기심은 깊어지고 쓰라린 원망으로 바뀐다. 다른 모든 사람은 비난받을 것이고, 특히 이들의 파트너는 그 대상이 될 것이다. ―"인생이 너한테는 쉽구나." 이들은 비명을 지르고 화를 내며, 자신을 도우려는 사람들에게 독기를 세우고 상처 줄 것이다. 성적으로 변태적 행위에 몰두할 수도 있고 사디즘적인 것부터 마조히즘적인 것까지 동일한 강렬함을 가지고 오갈 수 있다. 이제 로미오는 악취가 나기 시작한다.

최고 수준에 있을 때 4유형은 칙칙한 우리 세상에 아름다움을 심어 주는 에니어그램의 사랑스러운 시인, 뮤지션, 아티스트이다. 이들은 높은 감수성과 깨달음을 통해 우리 삶의 의미를 더 깊이 탐구하도록 영감을 불어넣는다. 아름다움을 보는 것 그것이 삶이다.

4유형을 닮은 데이트 광고

피에르, 32세

여기에 내가 있어요. 이게 나입니다…….

1. 나는 가슴 속까지 낭만적입니다(예전에 온라인에서 한 여자를 만났고 그때 그녀를 만나기 위해 지구의 절반을 가로질러 갔습니다. 물론 그녀는 나의 소울메이트였죠. 좋아요, 그때 나는 겨우 18세였습니다……).

2. 내가 자란 가족이 진짜가 아닌 것 같은 느낌이 듭니다. 내가 추측하건대 조금 이단아 같은.

3. 학교를 중퇴하고 인테리어 사업을 하는 남자입니다. 상사가 없고 시간(그리고 아름다운 것들)은 많아요.

4. 음악. 오~예. 나는 어쿠스틱 기타를 연주하고 노래를 씁니다. 음악은 우리가 과거에 느꼈던 감정으로 우리를 데려갑니다. 감정은 나에게 중독성이 있습니다.

5. 살사댄스를 좋아하고 탱고를 배우고 있습니다. Bariloche의 Asia Bar에서 당신과 함께할 그날 밤을 기다리며…….

6. 몇몇 고객을 위해 신체 스트레스 해소 테라피를 합니다(아시는 것처럼 저는 마사지를 좋아합니다……).

7. 완전한 디카페인 그리고 채식주의자입니다.

8. 와플 중독자

9. 외향성 16%, 내향성 74%, 미정 10%

10. 라임라이트^{limelight}*–말도 안 돼.

---

* 역자 주: 타인의 이목을 끄는 것

11. 좋아하는 예술가—프리다 칼로^{Frida Kahlo}

12. 여행—이상하고 완전히 멋진 곳으로

13. 로드 트립^{Road-tripping}, 명상, 오라^{auras}, 요가 그리고 에너지에 대한 사고—모두 맞습니다.

당신이 나의 소울메이트라면 연락하세요.

파티마, 43세

모든 프로필이 같아 보여. 모두가 자신이 얼마나 착한지, 얼마나 쿨한지 또는 얼마나 재밌는지 말하기 위해 비명을 지르고 있어. 근데 진짜 너는 어떤데? 거짓말, 변명, 가짜들에 지쳤어⋯⋯. 나는 베스트 프렌드를 찾고 있어. 세상이 영원할지 모르겠어. 근데 너하고 영원히 함께할 거라는 건 알아!

나의 마음을 따뜻하게 하고, 더 나은 것을 위해 함께하고, 더 행복한 인생 여정을 위해 언제 너와 만날 날이 올지 모르지만 너를 찾는 걸 멈출 수가 없다는 걸 알아. 그리고 내 마음에서 너를 부르는 걸 멈출 수가 없어⋯⋯.

삶이 나를 위해 준비한 내일을 알 수 없어. 그렇지만 우리가 함께 늙어 갈 거라는 건 알아. 그리고 너와 함께 늙어 가는 게 더 안전하다고 느낄 거야.

아마 그건 적절한 시간, 적절한 장소, 적절한 사람에 대한 것일 수 있어⋯⋯. 온라인 데이트가 좋을 게 있을까? 우리는 만나게 될 거야! :)

시기의 열정과 우울함의 고착

나는 둘 다 4유형인 커플과 함께 일했던 적이 있다. 그는 예술가였고, 그녀는 미술 평론가였다. 둘의 관계는 강렬하게 시작했었고, 몸과 마음 모두 뜨겁게 타올랐다. 그리고 그의 작품은 평론가들에게 반복적으로 거절당했고 다시 조각하기를 거부했다. 그녀는 그를 지지했지만 예술 세계에서 그녀의 우아함과 힘에 이끌린 여러 연인을 만났다. 그녀는 그의 자유로운 시간과 책임감의 결핍을 부러워했다. 그는 그녀의 명성과 화려한 생활방식을 부러워했다. 둘 사이에 벌어진 독신전쟁은 30년이 넘게 계속되었다. 이들은 서로를 떠나지 못했지만 진정한 사랑을 할 수도 없었다.

다른 모든 사람이 자신보다 더 나은 것을 가진 것처럼 보는 것은 4유형에게 시기를 불러일으킨다. 일부는 자신이 가진 시기심을 깨닫지 못할 수도 있다. 그러나 그것은 오만과 초연함, 혹은 다른 이들에게 영향을 미치는 무의식적인 '사고'에서 등장할 수 있다. ─"앗, 방금 당신의 그림에 커피를 쏟았어요.", "미안합니다. 내가 당신이 좋아하는 꽃병을 깨뜨렸습니다. 의도적으로 한 건 아닙니다." 자신이 가진 시기를 인식하는 것은 이들에게 더한 수치심을 불러일으킨다. [5]

4유형에게 다른 사람들은 충만하고 행복하게 보인다. 그러나 자신의 삶에는 불완전함이 있고,[6] 그것은 '내가 문제가 있나?'라는 의문으로 이어진다. 시기는 강렬한 감정이다. 나란조는 이를 가리켜 '가장 열정적인 열정'이라고 언급했다. [7] 이 결핍된 감정은 슬픔을 만들어 내지만 동시에 자기 자신을 가장 깊이 느끼며, 예술에 있어 최고의 작품을 만들어 낸다고 전해지는 공간이다.

프리다 칼로를 생각해 보자. 그녀는 자신보다 더 유명한(그 시기에) 예술가였던 남편 디에고 리베라Diego Rivera로 인해 그녀의 예술 경력이 가려졌다. 그녀는 소아마비와 교통사고로 고통을 받았다. 반면에 디에고는 둘의 결혼생활 동안 더 큰 예술적 명성을 얻었다. 그녀는 죽기 1년 전인 1954년에 첫 단독 전시회를 가졌다. 그리고 1970년대 후반에 와서야 본격적으로 알려지기 시작했다. 이것이 많은 재능을 가진 4유형의 이야기이다.

4유형이 시기에서 수용으로 이동할 때 그리고 판타지에서 실제 자신의 꿈을 실현하는 것으로 이동할 때, 이들은 자아존중감을 얻는다.

수치심

가슴형(2유형, 3유형, 4유형)은 수치심과 죄책감의 문제를 가지고 있다. 그렇기 때문에 자신이 만든 '개선된' 이미지를 보여 주기 위해 노력한다. 인정과 승인을 구하기 위해, 2유형은 다른 이들을 위해 행동하고, 3유형은 성취하고, 4유형은 사랑을 갈망한다. ―"만약 누군가 나를 사랑할 수 있다면 나는 가치가 있다."

관계 초기에 자신의 파트너를 이상화한 4유형("당신이 나를 구해 냈어.")은 무의식적으로 자신의 부족함을 파트너에게 투사하고 상대에게서 잘못을 찾기 시작한다.

4유형의 침실 엿보기

4유형은 종종 자신의 집 또는 아파트의 고요한 성소sanctum를 즐긴다. 이들은 아름다운 연인이다. 그래서 침실은 종종 이들이 가진 스타일리시하고 미니멀리즘적인 방식을 반영한다. 멋진 색상, 자신이 다녔던 여행지 중 어딘가에서 가져온 아름다운 도자기, 특정한 회색 톤, 부드러운 조명, 풍부한 질감, 안락함, 그리고 훌륭한 예술품 또는 이들의 분위기를 드러내고 취향을 가장 잘 보여 줄 수 있는 무언가가 있다.

5번 날개를 지닌 더욱 히피스러운 4유형은 손으로 짠 담요, 나무 바닥, 양초, 향, 그리고 멋진 음악을 선택할 수도 있으며, 깔끔함이 부족할 수도 있다. 3번 날개를 지닌 4유형은 트렌디한 예술가의 작품으로 깊은 인상을 남기기 원할 수 있고, 우아한 취향의 가구 또는 미니멀리즘적 접근을 통해 더욱 세련됨을 가질 수 있다. 일반적으로(파트너의 영향에 따라), 이들의 침실은 예술적으로 장식되어 있고, 스타일리시하고 남과 다른 독특함을 지닐 것이다. 이곳이야말로 진정으로 긴장을 풀고 거친 세상에서 탈출할 수 있는 장소이다.

판타지, 페티시 그리고 에로티시즘

4유형의 내면세계는 종종 이들이 느끼는 현재의 외부세계보다 더 또렷하기 때문에, 더욱더 판타지에 빠지는 경향이 있다.[8] 그러나 이러한 내적 연결은 외적인 결핍을 더욱 강하게 느끼게 한다. 판타지는 성취감으로 가장하고 대처하는 방식이 될 수 있다.

4유형의 그늘진 이면은 이들이 가진 판타지 내에서 등장한다. 판타지 속에서 이들은 평소 자신이 가진 스타일을 바꾸고 지배적인 역할을 맡길 원할 수도 있다. 그렇지 않으면, 마조히즘적인 섹스의 필요가 4유형이 엉덩이를 맞거나spanked 채찍질을 당하는flogged 것을 즐기는 수단이 될 수 있다. 흥미롭게도, 일부 동물은 상대에게 목을 물리고 난 후에야 배란을 한다. 이것은 쾌락적 고통에 대한 자연에서의 생물학적인 예이다. 스팽킹spanking 또한 섹스를 즐기는 것에 대한 죄책감으로부터 비롯될 수 있다. 즉, 쾌락을 위해 스스로 벌을 받는 것이다.

원나잇 스탠드는 4유형이 갈망하는 감정적 강렬함은 거의 없지만 흥분을 선사한다. 향, 와인 한 잔, 양초, 책, 그리고 자신의 판타지는 더 나은 선택처럼 보일 수 있다. 일부 4유형은 해변, 회의실 또는 욕실과 같이 이들이 일반적으로 피했었던 공공장소에서 섹스를 하는 판타지를 이야기하기도 한다. 그것은 자신의 성역을 떠난다는 생각을 더 매력적으로 만든다!

상의를 찢고 덤벼드는 등 다양한 판타지를 가진 여성은 사랑에서 섹스를 분리하는 것이 어려움을 알게 될 수도 있다.[9] 일부 4유형은 자신이 부, 권력, 그리고 명성의 세계로 구출되는 판타지를 만들어 내는 데 몇 시간을 소모하고 있는 자신을 발견하게 될지도 모른다.

4유형은 자신의 외로움이 중독성 있는 성적 행동으로 이어진다는 것을 발견할 수도 있다. 그림을 그릴 수 없는 예술가, 첫 소설의 탁월함을 반복할 수 없는 작가, 레일에 옷이 남겨진 패션 디자이너는 우연한 만남을 기대하고, 연속극을 시청하고, 밤마다 위스키 한 병을 마시거나 혹은 정서적 고통을 줄이는 방법으로 마약을 선택하고 그 상황을 개선시킬 수 있도록 집중적인 행동을 취하는 것을 피할 수도 있다.[10]

파트너로부터 외롭다고 느끼거나, 분리되었거나 또는 무시당한다고 느끼는 4유형은 자신의 강렬한 성적 갈망과 온전한 하루를 채우기 위해 포르노를 즐길 수도 있다. 이것은 자신의 손에 넣을 수 없다고 느껴지는 파트너에 대한 복수처럼 여겨질 수도 있다. 그리고 자신에게 안전하게 바람피우는 것을 허락하는 것이다. 또한 포르노그래피는 자신의 욕구가 충족되지 못하고 있다는 느낌에 대한 해결책을 제공할 수도 있다. 영상에 등장하는 배우는 4유형이 가진 모든 성적 갈망을 충족시키는 것처럼 보인다.

페티시즘적 행동은 4유형이 성적 충동에 따라 행동하기 시작할 때 가능하다.[11] 가장 인기 있는 페티시는 발이며, 스타킹, 신발, 그리고 양말 등과 같이 발과 관련된 것들이다.[12] 발 다음으로는 손과 머리카락이며, 신발, 장갑, 속옷으로 확장될 수 있다. 그러나 페티시는 딱정벌레가 으스러지는 것을 바라보며 흥분하고, 조각상을 보거나 또는 거울 앞에서 섹스를 하는 캐톱트로노필리아^{katoptronophilia}*를 생각하는 것과 같이 기괴해질 수도 있다.[13]

마크 레이저^{Dr. Mark Laaser} 박사와 팀 클린튼^{Dr. Tim Clinton} 박사에 따르면, 성적인 페티시는 어린 시절의 상처 또는 트라우마를 통해 작동하려는 뇌의 시도로 인해 발생할 수 있다.[14] 각성을 이끌었던 초기 성적 경험이 뇌에 각인되어, 앞으로 생겨날 흥분을 위한 경로를 구축한다. 만약 페티시가 강박적인 성격을 띠게 되면 그 충동을 통제하기가 어려워질 수도 있다.

4유형은 특정하게 거친 성적 신체활동보다 파트너와의 연결을 더 추구한다. 만약 파트너가 침실에서 4유형을 위해 등장한다면, 이들은 결국 파트너를 기쁘게 하는 것을 망설이지 않을 것이다(그들이 간호사 복장을 한다면 행운

---

* 역자 주: 'katoptron'은 거울을 뜻하는 그리스어이다.

이다). 이들은 일반적으로 훌륭한 상상력을 지니고 있고 평범한 섹스를 싫어한다. 만약 서로의 관계에 신뢰가 있다면, 섹스를 통해 새로운 무언가를 시도하는 것에 개방되어 있을 것이다.

성별이 다른 4유형

4유형의 여성: 4유형은 일반적으로 더 많은 '여성적' 특징(민감성, 온화함, 직감 그리고 연약함)과 연관되어 있다. 그리고 남성보다 여성 4유형에게 더 많이 드러난다. 나란조에 따르면, 다른 어떤 유형보다도 4유형이 동성애자의 비율이 높다.[15]

8유형과 관련된 장에서 언급했듯이, 8유형은 전형적인 남성을 보여 주고, 2유형과 4유형은 더 많은 여성적 특질을 공유한다. 역할은 남성/여성 원형과 관련된 동성관계에서 이 유형들로 정해진다. 따라서 8유형의 여성 레즈비언은 '부치butch'로 4유형의 여성은 '펨femm'*으로 묘사될 수 있다.[16]

우리 사회가 전통적으로 만들어져 내려온 방식 때문에 자신의 욕구를 돌보고 지지해 줄 누군가를 찾는 것은 남성보다 여성 4유형에게 더 쉬울 수도 있다. 강인하고 부유한 8유형의 사업가는 예술을 통해 자기 자신을 표현하는 4유형 아내의 창조성을 즐길 수 있을지도 모르지만(왜냐하면 그것이 사회적으로 '용인되는' 구조를 반영하기 때문이다), 거대한 창조성을 지닌 남성 4유형의 아내는 그가 끝없이 연습만 하고 집에 쌀 한 톨 가져오지 않을 때 분노할 것이다.

특히 3번 날개를 지닌 낭만주의적 4유형은 디자인, 패션, 여행, 이국적인 연인 등 삶의 더 멋진 것을 즐긴다. 그리고 일상적인 문제에 대해 걱정하지

---

* 역자 주: 'butch'와 'femm'은 레즈비언 문화에서 남성적(butch) 또는 여성적(femm) 정체성을 인정하거나 이와 관련되어 있는 것을 뜻한다.

않는 것을 선호한다. 작은 보트보다 화려한 요트가 더 나은 성적 윤활유이지만, 4유형의 여성이 가진 충분함은 좀처럼 채워지지 않는다. 때로는 이들이 '모든 것을 다 가진' 것처럼 보일 수 있다. 그렇지만 자신의 꿈이 실현되었을 때조차 이들의 일부는 이미 다른 현실에 대해 동경 어린 환상을 품고 있다.

3번 날개를 지닌 4유형이 작업(유혹)당하는 것을 즐길 수 있지만 다른 날개 유형은 그것을 불쾌하게 받아들일 수도 있다.

> 나는 외모로 주목받는 것을 몹시 싫어한다. 상대의 칭찬을 즐겨야 함에도 불구하고 나에게 그것은 천박하고 무의미하다. 만약 그가 "멋지네요."라고 말하는 것이 아니라 "당신은 아름다운 적갈색의 머리칼을 가지고 있고 저는 그것이 당신의 어깨를 넘어 흘러내리는 게 좋습니다."라고 말한다면 그게 더 낫다(좀 더 개인적인). 왜냐하면 그는 진정으로 내가 가진 특별한 무언가를 알아차렸기 때문이다.

4유형 여성은 자신의 우울한 기분과 감정적 낙하를 견딜 수 있는 유머감각을 가진 한결같은 유형의 파트너에게 끌릴 가능성이 높다. 4유형에게 있어 자신의 독특함을 확인하고 자존감을 높여 주는 누군가를 가진다는 것은 관계에서 힘든 시기를 헤쳐 나가는 데 큰 도움이 된다.

4유형의 남성: 우울감은 4유형으로 하여금 더 강렬한 감정을 갖도록 한다. 이처럼 행복은 연결만큼 주된 목적이 될 수 없다. 이들은 모든 사람과의 감정적 깊이를 원하지 않는다. 단지 자기 파트너의 것만을 필요로 할 뿐이다. 이들은 법적인 지적 논쟁보다 전투 속에서 촉발된 서로 간의 연결을 즐긴다. 8유형처럼 이들의 전투는 격렬하고, 현실적이고, 열정적이다. 전쟁의 이면에는 사랑과 맛있는 화해의 섹스가 놓여 있다.

4유형의 남성, 특히 성적 4유형은 파트너의 100% 관심을 원한다. 그렇기 때문에 가끔은 자신의 자녀에게조차 짜증스러움이 드러날 수 있다. 만약 자신이 바라던 관계가 실망스럽다면, 덜 통합된 4유형은 이 문제의 책임이 파트너에게 있다고 믿을 것이다.

외로움과 연결되고자 하는 욕구에 사로잡혀 매우 열렬히 사랑을 찾는 것은 4유형으로 하여금 잘못된 장소, 즉 학대적인 연인 그리고 위험한 성적 취향을 가진 사랑을 찾도록 이끌 수 있다. 덜 통합된 4유형에게는 섹스 중독이 발생할 수 있는 반면, 다른 이들에게 섹스는 단순한 오르가슴을 넘어서는 모든 것을 아우르는 정서적인 연결에 관한 것이다.

> 단순히 육체적인 것이 아닌 의미 있는 성생활을 하고 싶다. 나는 일상적이고 단순한 육체적 성적 활동에 공감할 수 없다. 나는 자의식이 강해서 낯선 사람과 편히 섹스하는 자신을 상상할 수 없다. '단순한 섹스'보다는 섹스로부터 그 이상의 것(진정한 연결)을 원하고 기대한다. 그러나 나는 그것을 찾은 것 같지 않다. 항상 무엇인가가 부족하다.

다음 부연 설명은 4유형의 남성이 섹스에서 찾고 있는 것이다. ─"나는 육체적 욕구를 채우기 위해 홀로 자위를 한다. 그러나 나에게 섹스는 머리, 가슴 그리고 몸을 감정적으로 공유하는 것이다. 그리고 그것은 천국이다."

사랑 유형: 모성애(대항형)

모성적 사랑의 트라이어드에서 다른 두 유형(2유형, 9유형)은 표면적으로 다른 사람을 양육하는 것에 초점을 맞춘다. 예를 들어, 4유형은 이해심이 많고 자기희생적이며, 사회복지사 또는 심리학자의 역할에 공감할 수 있다. 반면에 이들이 덜 통합되었을 때는 일반적으로 더욱 자기중심적이다. 다른 방법을 찾기보다는 자신이 의지할 수 있는 누군가 또는 보호자를 찾는다. 이것은 이들을 모성적 사랑의 대항형으로 만든다.

섹스 그리고 우울감

옥시토신^{oxytocin}은 우리가 사람 또는 동물을 안거나 만질 때 분비된다. 이 호르몬은 삶의 만족감, 행복, 그리고 긍정적인 관점을 고양시키고 우리가 다른 이들을 향해 더 큰 연민을 느낄 수 있도록 돕는다. 또한 스트레스와 불안감을 완화하고 혈압을 낮추는 도파민과 세로토닌을 증가시키는 것으로 밝혀졌다. 우울감에 빠진 4유형이 더 큰 행복과 삶의 만족으로 나아가기 위해서는 육체적인 접촉(모든 사람이 그러하듯)이 필요하다. 이들로부터 접촉을 박탈하는 것이 그 반대의 효과를 낼 수 있다는 것은 타당하다.

4유형은 이상화된 자신의 모습을 만들어 낸다. 3유형은 자신이 이미 이상화한 자아라고 믿는 반면에, 4유형은 자신이 상상하는 자아가 될 수 없다고 생각한다.[17] 그것은 달을 손으로 잡고자 애쓰는 사람이다. 침실에서 3유형은 자신이 우월하다고 진지하게 믿지만, 4유형은 목표 달성에 실패했다고 느낄 수 있다. 그리고 자신의 이상에 결코 도달할 수 없다는 것은 이들로 하여금 수치심과 죄책감을 불러일으킨다. 4유형을 더 우울증에 걸리기 쉬운 유형 중 하나로 만드는 것이 바로 이 순환이다.

4유형은 친밀감과 진정성을 원한다. 나란조의 말을 인용해 보면 그것은 '감각적 만족'이다.[18] 그는 4유형에게 발생할 수 있는 우울증을 피하기 위해서 규칙적인 성관계를 통한 해방과 진정효과가 필요하다고 제안했다. 4유형에게 사랑을 통한 검증의 열망은 섹스에 대한 갈망으로 해석된다. 결국, 섹스는 4유형을 강화시켜 이들로 하여금 자신이 사랑받을 자격이 있다고 느끼게 만든다. 이들은 오르가슴의 순간에 간절히 기다리던 다른 이들과 하나가 되는 온전함을 느끼는 경험을 하게 된다(일시적이지만).

성적인 자극에 의존

만약 우리에게 섹스, 돈, 권력 등이 사랑을 함에 있어 윤활유로 작용한다면 이것은 특히 4유형에게 해당될 것이다. 분열된 4유형은 과장된 자격의식을 가지고 있다. 덜 통합된 수준일 때 이들은 종종 스스로를 지탱할 수 없는 것처럼 보인다.[19] 오핏Offit은 4유형의 의존성을 다음과 같이 정의했다.

- 사회적 의존―4유형이 흔히 느끼는 외로움이 사람들을 관계로 이끄는 것
- 경제적 의존―지갑의 힘이 우리가 누구와 섹스할지를 결정하는 것(나란조는 재정적 지원의 필요가 보살핌을 받고자 하는 욕구로부터 나온다는 것을 알아냈다).[20]
- 부모 의존―누군가가 우리를 부모처럼 과하게 돌보는 것(이에 좋은 예는 조지 버나드쇼George Bernard Shaw의 피그말리온Pygmalion이다. 헨리 히긴스Henry Higgins 교수는 꽃 판매를 하는 일라이자 둘리틀Eliza Doolittle을 지도한다. 그리고 그녀의 발표수업을 지도하던 중 서로에게 애정이 생겨난다). 4유형은 자신을 보호해 줄 부모의 전형을 갈망한다. 세상은 민감한 자신에게 너무 가혹한 것 같다.
- 통증 의존―감정적이든 육체적이든 고통을 받고자 하는 욕구가 필요하게 되는 것[21]

이러한 모든 의존적 특성은 외로움, 현금, 보살핌 또는 마조히즘적 욕구 등에 의해 섹스가 자극되는 관계를 만들 가능성이 있다. 4유형에게 그것은 자신이 원하지 않더라도 섹스에 합의할 수도 있는 성적 경험과 관계에 사로잡히는 것으로 해석될 수 있다. ―"매일 남편은 내가 원하든 말든 섹스를 기대하죠. 나는 그냥 거기에 누워 그가 원하는 것을 하도록 내버려 두죠. 그렇게 함으로써 그와 함께 있을 수 있고 내가 원하는 생활방식을 얻을 수 있죠."

분열된 4유형은 삶을 다룰 준비가 안 된 것을 절망적으로 느낄 수 있고 이들의 의존성은 자존감을 잠식해 들어갈 수 있다. 이들은 기운이 빠진 채 집에서만 지낼 수도 있고, 파트너가 단지 자신을 지원하기 위해서 일하고 있다는 이유만으로 무시하고 비난하기도 한다. 자신이 느끼고 싶은 관심을 얻기 위해 우울해지고, 자해를 하거나 자기파괴적인 행동을 하고, 떼를 쓰거나, 못되게 행동하고, 혹은 그들 인생의 문제를 다른 사람의 탓으로 돌린다. 이들의 상대 파트너는 고통을 겪게 된다. 왜냐하면 분열된 4유형은 자신이 의지하는 사람들이 그들 자신의 욕구와 욕망을 가지지 않은 것으로 볼 수 있기 때문이다.

'사랑'은 자기혐오라는 딜레마를 지닌 4유형에게 해결책을 제공하는 것으로 보인다. 그것은 이해, 동료, 강화된 자기가치, 성적 즐거움, 재정적 안정뿐만 아니라 자립할 필요성의 충족 또는 누군가를 책임지는 것의 완료, 그리고 사랑을 가지기 위해 드러내야 하는 사람들에 대한 질투의 종말을 약속한다. 덜 통합된 4유형은 자기 안에서 온전함을 찾을 수 없다고 느끼기 때문에 사랑은 자신을 완성시키는 방법이 된다.[22]

마조히즘: 묶인 자유

당신은 예술가지만 작품을 창조하는 것은 고통스러운 과정이다. 평범하거나, 그보다 더 나쁜 재미없고 지루해지는 것에 대한 두려움은 당신을 잠 못 들게 한다. 당신은 예술을 사랑하지만 창조하기는 어렵다. 즐거움과 고통은 당신의 스튜디오와 침실에서 뒤섞인다. 당신의 환상에서 겪는 아픔은 실제 삶에서 당신이 느끼는 아픔을 반영하고, 평범한 섹스와는 다른 방식으로 당신을 만족시킨다. 당신이 감정적으로 자기 자신을 때리는 방법은 육체적으로 맞는 것을 자연스럽게 받아들이도록 한다.

레오폴트 폰 자허마조흐 Leopold von Sacher-Masoch('마조히즘'이라는 단어가 파생

됨)는 1836년 우크라이나에서 태어났다. 작가인 그는 지배적인 여성들(되도록이면 모피를 착용)과 관련된 판타지와 페티시 성향을 가지고 있었다. 가장 잘 알려진 그의 작품은 〈모피의 비너스^{Venus in Furs}〉라는 제목의 소설인데, 이 소설에서 자신이 가지고 있는 욕망에 대해 서술했다. 그리고 더 나아가 실제 생활에서 그의 정부^{mistress}에게 자신을 그녀의 노예로 하는 6개월짜리 계약서를 작성했고, 가능한 한 그녀가 모피 코트를 입어 주는 조건을 추가했다. 그 두 사람은 이탈리아로 여행을 갔다. 레오폴트는 그녀가 1등석에서 여행하는 동안 3등석에서 그녀의 하인으로 가장했다. 그의 사생활은 10년을 함께했던 아내^{Aurora Rümelin, 이후 Wanda von Dunajew}가 〈나의 인생고백^{Meine Lebensbeichte}〉이라는 회고록에 콩을 쏟지 않았더라면 그대로 남아 있었을 것이다.

　고통이나 굴욕으로부터 즐거움을 찾으려는 이러한 욕망은 4유형에게 흔하게 나타난다. 카렌 호나이의 가까운 동료이자 신경과 의사이며, 정신과 의사, 정신분석가, 교사, 작가였던 해롤드 켈맨^{Harold Kelman}은 마조히즘은 우리가 '의존적이고 자기최소화'를 함으로써 삶에 대처하는 방법이라고 서술했다. 그는 그것이 주로 성적인 영역에서 나타나는 것으로 보았지만, 그것은 또한 사람들이 타인을 비난하며 책임과 비판을 피하는 방법에서도 발생한다. 그 세계는 고통이 고귀한 지위나 미덕으로 격상되고 그렇게 해서 사랑과 수용 모두를 구하는 곳이다.[23]

　미국 정신의학회^{The American Psychiatric Association}는 1980년대 정신장애 및 통계편람^{Diagnostic and Statistical Manual of Mental Disorders}에서 사도마조히즘^{sadomasochism}을 삭제했다. 이것은 10명 중 1명이 S&M을 시도했던 적이 있는 만큼 전체 인구 중 다수가 정신적 불안정으로 간주될 수 있었기 때문이었다. S&M은 성과에 대한 기대 없이 휴식을 취하게 할 뿐만 아니라 대상으로 하여금 일상의 정체성을 잃어버리도록 한다. 만약 자신이 불충분하거나 못생기거나 부끄럽거나 '나쁘다'라고 느낀다면, 상처를 받는 것은 감정적 고통에서 육체적 경험으로 바꿀 수 있다. 이후 일시적인 안도감과 심지어 극도의 행복감까지 얻을 수 있다. 짧은 시간 동안, 주택담보대출, 세금, 마감일, 재정적 문제 등 일상에서 일어나는 불안감은 모두 채찍을 휘두르는 것만으로도 해소된다. 마조히스트는 단지 그 순간에 일어나는 일만을 인식할 뿐이다.

분열될 때, 자신을 드러내지 않고, 자기혐오적이며, 의존적인 4유형이 에니어그램 유형 중 가장 불행하다는 것은 명백하다. 삶은 고통으로 둘러싸여 있다. 이들은 사랑을 위해 고통을 겪었다. 결혼에 있어, 왜 4유형의 파트너로서 최고의 선택이 수용적인 9유형이고, 그다음이 강한 8유형인지 납득이 된다.[24] 심리학적 관점에서 즐거워지기 위한 고통의 갈망은 우리가 자신의 공격성을 외부로 표현하는 것을 두려워하고, 그래서 분노가 고통의 형태로 내면화되었을 때 발생한다. 8유형은 4유형이 원하는 안정을 제공하지만, 집중이 덜한 9유형은 4유형이 갈망하는 강렬함을 제공하지 않는다. 4유형은 드라마를 원하지만 9유형은 평화를 원한다.

사랑이 더럽혀졌을 때

이들이 더 평균적인 수준으로 이동하고 외로움이 서서히 다가올 때, 4유형은 강박적으로 사랑을 찾기 시작할 수도 있다.—"나는 가끔 원나잇 스탠드를 하기도 한다. 만남이 길지 않더라도 고요한 친밀감이 있다." 실망감이 연결로 대체됨에 따라 '그 사람'을 찾는 욕망은 증폭되고, 상대를 찾고자 하는 욕망은 더욱 간절해지며, 분별력이 떨어진 연애를 하게 된다. 수치심이 증가하고, 이들은 자신의 구원자가 될 '부모'에 대한 열망이 자극되며, 마침내 우연히 만난 사람들과 사랑을 가장한 자기비하적 섹스를 하게 된다. 오염된 사랑이 진정한 사랑을 대체한다.

본능적 추동

자기보존적 4유형(공포대항형): 이 4유형은 일체감을 갖기 어려울 수도 있다. 이들은 괴로움, 슬픔, 고통 등을 세상으로부터 가져오는 대신, 다른 두 하위유형에 비해 낙관적으로 보일 수도 있을 만큼 그것을 내면화한다. 다른 유형들은 자신의 고난을 세상에 표현하는 것이 자신이 원하는 관심을 불러일으킬 것이라고 믿는다. 반면에 이 하위유형은 자신의 고통을 보여 주지 않음으로써 자신이 가진 욕구(성적인 것과 그 외 것들)를 충족시킬 가능성이 높다고 믿는다.[25] 자기보존적 4유형은 사랑과 섹스를 다음과 같은 방식으로 묘사한다. ―'최대한 달콤하게' 그리고 '사랑과 섹스가 함께할 때 마법, 아름다움, 그리고 모든 종류의 화려함이 일어난다.' 그리고 '사랑은 항상 섹스에 관한 것이 아니기 때문에 섹스를 옆으로 제쳐 둘 수 있다. 사랑은 어려움이 현실로 다가올 때 두 사람이 서로를 위해 함께하는 것이다.'[26]

이 4유형은 더 적극적이며, 만약 외롭다고 느껴진다면 자신의 그리움을 대체하기 위해 적극적으로 파트너를 찾을 가능성이 높다. 희생자가 되기보다는 심리학자, 의사, 또는 일종의 자선사업가가 됨으로써, 행복하게 해 줄 희생자를 열심히 찾을 수도 있다. 이들은 연로하신 부모님이나 무능력한 파트너와 함께 살거나 아이들을 이유로 관계를 갖지 않는 편모(부)가 됨으로써, 자기 자신에게 독이 될 수 있는 다른 이들을 돌볼 수 있다. 나란조는 이것을 '자기노예화self-enslavement'라고 부른다.[27]

이들은 타인의 고통을 보고, 자기 자신의 구출 필요성을 숨기는 동시에 파트너를 구조하는 결과를 초래할 수 있다. 심지어 다친 동물이나 또는 애완동물들도 자신의 상처와 강하게 공명될 수 있다.[28] 나는 다친 새를 발견해 이틀간 보살펴 준 자기보존적 4유형을 알고 있다. 그 새가 죽은 지 몇 주가 지났지만 그녀는 여전히 깊은 슬픔에 빠져 애도하고 있었다.

다른 사람들의 고통과 연결되어 있음에도 불구하고 이 4유형은 1유형처럼 금욕적이다. 자신의 감정을 표현하기보다 그것을 붙잡고 다른 4유형이 포기했을 것을 인내한다. 그러나 시기심은 집, 부, 미술품 수집, 건강, 성적 체력, 또는 다른 사람들의 신체적 아름다움 같은 물질적 세계의 것들에 의해 생겨날 수 있다.

사회적 4유형: 체스넛은 이 유형을 '수치심'이라고 부른다.[29] 즉, 가장 무능하다고 느끼고, 더 많은 고통을 받으며, 결과적으로 자신의 고통에 애착을 갖게 되는 유형이다. 고통은 마치 순교함으로써 깨달음을 얻을 것 같은 정체성을 만들어 낸다.—"나는 사물을 깊이 느낀다. 세상은 무관심하고 분열된 것처럼 느껴진다. 내 안의 정신, 머리, 가슴, 모든 것이 연결되어 있다. 나는 다른 사람들이 느낄 수 없는 것을 느낀다. 그러나 내가 원하는 로맨스를 찾을 수 없다. 나에게 뭐가 잘못된 건지 궁금하다."

이러한 4유형은 다른 두 하위유형보다 더 사회적 상호작용을 즐긴다. 그러나 사회적으로 더 부족하다고 느낄 수도 있다.[30] 다음은 이러한 사회적 4유형이 표현한 것이다.

나는 사회적 상호작용을 좋아하지만 다소 수줍어하며 그것을 피할 수 있습니다. 그러나 섹스는 유혹이 되고 다른 이들과 연결되고 싶은 욕망이 큽니다. 그래서 상처입은 거북이처럼 사회 무대에 머리를 내밀었습니다. 나는 육체적 즐거움과 세부적인 것을 좋아합니다. 예를 들어, 그의 가슴에 떨어지는 땀방울을 보는 것, 내가 옷을 벗는 것을 지켜보는 그의 방식, 그의 숨소리……. 나는 보호받고 싶고 가지고 싶은 남자에게 홀렸다고 느끼는 것을 즐깁니다. 나는 매우 열정적이지만 오래 지속되지는 않습니다. 그리고 다시 혼자가 됩니다.

이들은 부드럽고 달콤해 보일 수 있지만, 자신의 닫혀진 문 뒤로 억압된 분노를 분출한다. 사회적 유형에 속하는 이들은 같은 4유형(다른 유형의 경우 자기와 같은 유형의 사람을 선택하는 것이 일반적이지 않다)이나 또는 자신과 동일한 사회적 가치를 공유하는 배우자를 선택할 가능성이 더 크다.

이들은 자신의 고통에 대해 잘 인식하고 있고 그것의 근원에 대해 혼란스러울 수도 있다. 다른 사람의 관점에서 본 이들의 삶은 흔히 크게 나빠 보이지 않는다(확실히 타인들에 비해 나쁘지 않다). 그러나 이 4유형은 자신의 삶이 힘들었다고 믿는다. ─ "나의 형제들보다 훨씬 힘들었어."

사회적 4유형은 자신의 파트너가 가지고 있는 재능, 돈, 명예 등과 같은 사회적 지위 욕구를 간절히 바랄 수도 있다. 이들은 파트너의 전 연인과 자신을 부정적으로 비교할 수도 있다.[31] ─ "왜 내가 당신의 전 애인처럼 하길 바라죠?" 또한 시기는 다른 사람들의 명예, 지위, 인기, 군중을 유혹하는 능력, 성적인 지배력, 부자와 유명인과 어울리는 능력과 관련하여 발생할 수 있다.

이들이 결혼할 때, 파트너의 친구들과 가족들이 자신을 좋아하지 않는다는 생각을 만들어 낼 수 있다. 그리고 자신의 행동을 통해 그것을 현실로 만든다. 이들이 사회를 탐색할 때, 자신이 부적응자처럼 느껴질 수도 있고 자기 스스로를 갱, 펑크 로커, 힙스터 또는 '글리치호퍼glitch hoppers(심미적 결함과 글리치glitch 기반 음성 녹음이 중심이 된 음악 장르)'와 동일 선상에 놓을 수도 있다. 즉, 그 모든 것이 남들과 다르거나 독특하다고 말해 주는 것이다. 이들이 분열되었을 때, 지지를 목적으로 다른 사람에게 전적으로 의존하게 되면서 자신이 가진 독특한 개성을 포기한다.[32]

성적 4유형: 4유형의 하위유형 중 가장 경쟁적이다.[33] 일반적인 4유형의 속성에 시기심이 더해진 성적 4유형은 다음과 같이 말한다.

나는 당신이 누구인지 그리고 어떤 사람인지 알기를 원합니다. 그래서 내가 원하는 것을 쫓거나(자기보존적 4유형처럼) 내가 아닌 것에 부끄러움을 느끼기보다는(사회적 4유형처럼) 당신과 경쟁하고 맞서고 심지어 파괴하기를 선택합니다(3유형의 보복적인 성취처럼).

경쟁은 시기심으로부터 오는 자연스러운 과정이다.—"만약 내가 원하는 것을 가질 수 없다면, 나는 당신의 꿈과 희망을 파괴하여 당신도 똑같이 가질 수 없도록 만들 것이다." 이것은 자신을 방어할 능력이 떨어지는 파트너들에게 치명적인 일이 될 수도 있다.

또한 이 4유형은 중요한 다른 이들의 관심을 끌기 위해 경쟁하고 싶어 하고, 자신을 돋보이게 하는 것에 잘 반응하지 않을 수 있다. 이들은 다른 이들보다 나아 보이길 바라고 그 과정에서 타인의 기분이 상한다 해도 신경 쓰지 않을 것이다. 이들은 다른 사람의 관계를 시기하거나 만약 자신이 관계 중이라면 근심 걱정이 없어 보이는 사람들이나 혹은 어떤 부분에서는 자신이 더 낫다고 믿는 파트너를 질투할 것이다. 섹스에서 더 많은 성공을 거두거나 더 매력적인 다른 이들을 질투의 눈으로 바라보며 분개할 수 있다. 4유형은 자신에게 관심을 보이는 사람을 거부하면서 관심을 보이지 않는 사람들에게 미친듯이 끌리게 될 수 있다.[34]

체스넛은 이 하위유형을 사회적 유형의 경우처럼 스스로 고통받기보다는 다른 이들을 고통스럽게 만드는 것으로 본다.[35] 4유형은 자신을 지지해 주는 파트너를 얻기 위해 그들을 폄하하거나 경멸할 수도 있다. 그래서 파트너는 아무도 자신을 원하지 않을 것이라고 여긴다. 이들은 자신이 느끼고 싶지 않는 고통으로 파트너를 괴롭게 할 수 있다. 이 유형은 마조히즘보다는 사디즘에 더 치우치는 경향이 있을 수 있다는 것이 분명하다.

수치스럽기보다 뻔뻔스러운 성적 4유형은 충동적으로 행동하고, 즉흥적으로 불법적인 섹스를 하며, 오만하고 대결에서 타협하지 않을 가능성이 크다. 이들이 가진 욕망은 파트너의 욕망보다 우선하며, 여기에는 관계의 성적 규칙도 포함된다.

만남의 초기에는 사교적인 유형에 가까운 것처럼 보일 수 있지만 관계가 발전하면 주요 본능적인 하위유형으로 돌아간다.[36] 파트너는 다음과 같이 말할 수도 있다.

> 나는 성적 4유형과 만나고 있는데, 그가 4유형이라는 것을 알고 매우 놀랐다. 왜냐하면 4유형이 잘한다고 여겨지는 어떠한 낭만도 없었기 때문이다. 나는 이제 그가 어떠한 낭만적인 표현(촛불, 시)도 촌스럽고 진실되지 않다고 믿는다는 것을 이해하게 되었다.

모든 에니어그램 유형 중 가장 화를 잘 내는 이들은 자신이 가진 타인에 대한 반감을 더 많이 표현할수록 더 많은 자기혐오가 발생한다.[37] 이들은 관계에 있어 다른 하위유형에 비해 더 큰 강렬함을 원한다. 당신이 이들과 함께 있어 주는 한 자신과의 논쟁은 신경 쓰지 않는다.

흥미롭게도, '섹스와 사랑'에 대한 떠오르는 것들을 적었을 때, 성적 4유형은 자신의 감정적 견해를 잘 표현하지 못하는 것처럼 보였다. 이들은 '그들', '세상을 움직이는 것'과 같은 추상적인 대응으로 답하였다.[38]

이들은 자신의 외모를 꾸미는 데 있어 다른 두 본능적 유형보다 더 열성적일 수 있다. 그리고 세 하위유형 중 가장 감각적이다. 리소Riso와 허드슨Hudson은 이런 유형을 '미혹infatuation'[39]이라고 부르는데, 이들은 사랑에서 증오로 돌변하고 쉽게 다시 돌아와 폭풍 같은 관계의 잠재성을 만들어 낸다.

날개

3번 날개를 지닌 4유형(모성애 대항형과 성애): 이 날개유형에서 4유형의 시기는 3유형의 성공을 위한 야망과 만난다. 이 유형은 다른 날개유형보다 더 세련되었다고 느낀다. 이들은 사회적 사다리를 오를 필요가 있고 현재보다 더 높은 위치에 있는 것처럼 자신을 연출할 수도 있다. 나에게 떠오르는 한

4유형이 있다. 그는 자신이 가진 중산층 배경을 내려놓고 영국으로 떠났다. 몇 년 사이 그는 여왕을 만났고, 여러 차례 지역의 영주들을 찾았으며, 서리 Surrey에 호화로운 집을 소유했고, 영국인보다 더 영국인처럼 행동했다. 그러나 항상 '진정한' 영국 신사를 부러워했다.

이들이 가진 3번 날개는 그들을 더욱 활동적이고, 야망 있고, 다른 날개유형보다 더 성공할 수 있도록 만들었지만[40] 이들이 가지고 있는 세련미를 향한 욕망은 종종 자신의 주변인들을 무지하고, 지루하고, 촌스럽고, 둔감하게 느끼도록 한다.

5번 날개를 지닌 4유형(부성애를 가진 모성애 대항형): 이 날개유형에서 4유형의 시기와 5유형의 탐욕이 만난다. 4유형이 원하는 것에 손을 뻗는 가운데, 5유형의 날개는 이들의 탐구가 무의미하다고 말한다. 우리의 세상에는 이들을 위한 충분한 사랑이 존재하지 않는다. 이들은 그것을 잃을지도 모를 위험을 감수하기보다 자신이 가진 작은 것을 유지해야만 한다. 이러한 태도는 이들이 애정 없는 관계를 유지하도록 하는 결과를 낳을 수 있다.

이 유형은 냉담한 성격을 가지고 있으며, 자신이 가진 고통의 근원과 연결되기 어려울 수 있다. 또한 더 우울해지는 경향이 있다. 이들은 60년대 히피처럼 보일 수도 있다. 반체제적이고, 특이한 방식을 통해 창작하며, 사랑 그 자체를 사랑하는 사람들이었다. 하지만 이들의 삶에는 종종 자신의 예술적인 창작물을 통해 표출되었던 일그러진 표현이 있다.

다른 날개유형과 달리 이들은 부자나 유명인과 어울리려는 욕구가 없다. 히피들처럼 사회의 제약 밖에서 더 단순한 생활방식을 선택한다. 또한 이것은 규범과 상이할 수 있는 '자유연애' 또는 열린 관계와 같은 이들의 성적 태도에 영향을 준다.

성적 존재로의 이동

4유형의 성적 완성을 방해하는 것들

만약 1유형이 긴장을 풀고 섹스를 즐기기 전에 바로잡아야 할 필요가 있는 것이 무엇인지를 찾는다면, 4유형은 관계에서 상실되거나 '잘못된' 것을 찾는다.[41]—당신은 미치도록 사랑에 빠졌고, 손을 잡은 채 서서 낭만적인 열대 해변에서 눈부신 청록색 바다 위에 해가 지는 것을 보고 있다……. 그러나 희미한 해초 썩는 냄새가 공기 중에 스며들며, 거기에 초점이 맞춰진다.

4유형은 지나치게 예민해지고 결코 의도하지 않았던 것에 화를 내며 반응할 수 있다. 자신의 파트너가 혼란에 빠져 있는 며칠 동안 우울하고 위축된 상태를 유지할 수도 있다.

한순간 사랑을 받다가 다음 순간 거절당하는 감정은 상대 파트너에게 혼란을 안겨 줄 수 있다. 파트너는 자신이 뭔가 잘못했다고 느끼기 시작하고 위축될 수도 있다.—"정말 그들은 나를 사랑하지 않는 걸까? 나는 그/그녀를 만족시킬 수가 없어. 내가 하는 어떤 것도 충분치 않아."

컵의 절반이 비워진 것에 한탄하기보다는 반이나 채워진 것에 감사하는 것이 4유형이 더 나은 관계와 섹스를 즐기는 데 도움이 될 수 있다.—"내 아내가 의미했던 모든 것을 깨닫게 되었다. 내가 사랑하는 그녀에 대해 너무나 많은 것이 있지만 몇 년간 나는 그녀가 아닌 것들에만 초점을 두었다. 이제 그녀가 어떤 의미인지를 깨닫고 감사하는 것은 우리의 삶을 변화시켰다."

4유형이 성적으로 현존할 수 있는 방법

상실된 조각을 찾으라: 당신은 방금 사랑을 나누었고, 그것은 훌륭했다. 그러나 자신이 파악할 수 없는 무언가가 놀라워지는 것을 방해했다. 당신은 그것이 무엇인지 정확히 알 수가 없다. 아마도 파트너가 당신을 만지는 방법이 더 부드러웠어야만 했을까? 아니면 오르가슴이 더 강렬하고 길었어야 했을까? 분명히 그곳에 존재했었는데, 그곳에 없다…….

언제나 조각들이 없어진 퍼즐을 상상해 보라. 그 퍼즐은 결코 완성될 수 없다. 이들이 통합의 수준에 있을 때 4유형은 상실된 조각이 더 작다고 느낀다. 치유는 이미 충분한 모든 조각이 그 자리에 있었다는 것을 깨닫는 것이다. 이미 존재하는 것을 보면 되는 것이다.

수치심을 내려놓으라: 오랫동안 4유형은 파트너에게 자신의 수치심을 투사해 왔고 밀고 당기는 관계를 만들어 내었다. ─"나는 당신을 사랑해! 아…….잠깐, 아니야." 이들이 자신의 가치를 깨달았을 때, 4유형은 타인이 가진 자존감을 볼 수 있다. 확고하게 서 있을 수 있고 진실되게 무엇인지 볼 수 있을 때, 더할 것도 뺄 필요도 없이 이들의 잔은 진정으로 가득 차게 된다. 그리고 자신이 인식하지 못한 것을 포함한 모든 것을 보유함으로써 이중성에 대한 필요를 초월하게 된다.

특별해지고자 하는 욕구를 내려놓으라: 어느 순간 4유형은 자신이 가진 특별한 재능을 받아들인 채 지루해지기도 한다. 만약 특별하지 않을 수 있다는 것을 받아들인다면, 이들은 더 이상 어느 한쪽에 치우침이 없는 상태를 이룰 것이다. 특별함과 평범함, 두 존재의 상태가 모두 좋다.

시기에서 자신의 정체성을 가지는 것으로 이동하라: 4유형은 자신의 한 속성인 시기를 인정하는 것이 중요하다. 그렇게 되면 더 이상 타인이 가지고 있거나 혹은 그렇다고 인식하고 있는 것을 시기하지 않을 것이다.

판타지를 넘어 현실을 포용하라: 4유형이 관계가 어떤 모습이 되어야 한다는 판타지를 멈추고 현재를 즐길 때, 자신의 삶과 실제 현실에 참여한다. 이들은 지나치게 예민한 것을 내려놓고, 오히려 삶에서 파트너가 가져오는 긍정적인 자질을 찾을 수 있다.

성찰 질문

참조: 당신의 유형과 상관없이 이러한 질문에 답하는 것은 유용하다.

• 당신은 진정으로 자신의 모든 것을 사랑하고 수용하는가?
• 침실에서 지루해지는 것에 대한 두려움이 당신이 가진 섹스 방식에 영향을 주는가?
• 섹스를 할 때, 자신의 내면에 집중하는 경향이 당신과 파트너에게 어떤 영향을 미치는가?
• 성적 판타지가 당신이 가진 세상과 현실에 참여하는 능력에 어떤 영향을 미치는가?

제11장
5유형:
외로운 연인

5유형의 좌우명: "서로 거리를 두는 것은 우리를 더 가깝게 묶어 줘. 그렇지?", "나는 섹스를 관찰하는 것을 즐겨. 그건 나를 매료시키지."

연인으로서의 5유형: 연인으로서 이들은 파트너에게 정서적으로 무심해질 수도 있고, 관계가 지쳐 가는 것을 두려워할 수도 있다. 그러나 사랑을 나눌 때, 자신의 열정(능력)을 침실로 가져올 수 있다.

5유형의 후퇴: 머릿속에 깊이 집중하며, 자신의 생각을 전환한다. 이들은 피상적인 잡담을 좋아하지 않는다. 그리고 자신의 감정과 연결되기 위해 다른 사람들로부터 멀어질 필요가 있다.

당신의 유형은 아니지만 5유형과 관련이 될 수 있는 측면: 당신이 4유형이나 6유형(날개) 또는 8유형이나 7유형(해방과 왜곡 지점)일 경우

사랑 유형(부성애): 5유형은 거리를 유지하고, 더 냉정하고 지적인 접근 방식을 취한다. 이들은 다른 사람들에게 너무 의존하고 있다는 느낌을 원치 않으며, 연결을 원하면서도 동시에 그것을 두려워한다.

관계 신념: "감정적으로, 육체적으로 초연해지는 것이 내가 안전하다고 느끼는 방식이고 심지어 우월하다고 느껴지기도 한다. 나는 감정과 욕망의 노예가 아니다."

성적 좌절감: "내가 누군가와 잠자리를 할 때마다, 그들은 나에 관한 것과 나의 시간을 요구하기 시작한다. 왜 우리는 섹스를 끝낸 후 다시 일터로 돌아갈 수 없을까?"

5유형의 섹슈얼리티 이해

간략한 요약

때때로 5유형은 상대에게 부드러워질 수도 있다. 그렇지만 파트너는 5유형이 감정적으로나 육체적으로 거리를 두거나 혹은 둘 다 멀리 있다며 더 자주 불평한다. 관계는 5유형으로 하여금 종속적이거나 또는 의존하고 있다고 느끼게 만들 수 있다. 그러므로 이들은 인간의 상호작용에 참여하는 것보다 자기 자신의 성적 욕구를 돌보는 것이 덜 복잡하다는 것을 알게 될 수 있다. 표면적으로 볼 때 이들은 무감각한 경향이 있지만 가까이 다가가 보면 대체로 예민하다. 이들은 외로운 마음을 드러내지 않는 외톨이이다. 사실 그들 대부분은 외로움을 선호한다.

5유형은 섹스의 역학(그리고 인생)을 완벽하게 숙달했다고 믿고 싶어 한다. 섹스는 감정이나 본능보다 지적인 것이 된다. 만약 선택이 '섹스의 수학적 역학의 이해'에 관한 강의에 참석하는 것이거나 혹은 실제 섹스를 하는 것이라면, 많은 5유형이 그 선택을 신중하게 검토할 것이다.

이들은 열등감을 느끼기 때문에 자신의 능력을 향상시키는 방법으로서 지식을 수집한다. 지식은 힘을 얻는 방법이다. 누군가와 만남에 있어 화려한 복장을 통해서 상대를 유혹하기보다 잘 알려지지 않는 주제에 관한 정보로 깊은 인상을 남김으로써 상대방을 유혹하려고 시도할 것이다. 사랑을 찾고 있던 한 5유형은 페이스북에 복잡한 수학적 난제를 올린 후 이 문제에 정답을 제공할 수 있는 여성이라면 좋은 짝이 될 것이라고 확신했다(그는 여전히 혼자이다!).

섹스가 끝난 뒤 연인의 귀에 달콤한 말을 속삭이기보다 지적인 개념에 대해 논의하기 시작할 수 있다. 5유형은 지나간 연애나 성적 비밀에 대해 밝히지 않는 경향이 있다. 이들의 작업 멘트는 어색할 수 있지만 일반적으로 지적이고 친절하다.

5유형은 세상으로부터 숨기 위해 동굴로 들어간다. —"이 중에 나와 관련된 것은 아무것도 없다." 이별을 느끼며, 사랑을 이해하기는 어렵다. 이것은 그 반대를 요구하는 것처럼 보인다. 성적으로 이들은 자신의 짝을 원할지도 모른다. 그러나 지식과 지성을 가진 채 사랑을 협상하는 것은 역설을 낳는다. —이것은 큐피드가 백과사전을 들고 있는 것이다. 보통은 자신이 가진 사랑에 대한 욕구를 부인하고 그냥 내려놓는 것이 더 쉽다.

당신은 교수, 학자, IT 전문가 또는 작가 등 특정 분야에서 얻을 수 있는 지식이 있는 곳 모두에서 5유형을 찾을 수 있다. 이들은 조용한 작업환경을 추구하고 자신의 상사에게 과하게 통제당하는 것을 좋아하지 않는다.

5유형의 발달

5유형은 6유형, 7유형과 함께 머리와 두려움의 유형 중 하나이다. 이들의 열정은 탐욕이다. 이것은 사랑, 시간, 돈 등이 충분하지 않다는 느낌으로 해석된다. 1유형이 검소한 경향이 있다면, 5유형은 자신의 제한된 자원이 고갈될 것을 두려워한다. 이들은 본인의 자원을 나누지 않는다.

5유형은 자신이 충분히 보살핌을 받지 못했다고 느꼈을 수도 있는 어린 시절부터 이러한 두려움을 키워 왔다. 에니어그램의 작가 샌드라 마이트리

Sandra Maitri는 열대 무인도에 고립되거나, 자원이 거의 없는 것을 붙잡고 있거나,[1] 텅 빈 젖가슴을 빨고 있는 것[2]과 같은 비유를 사용했다. 주된 양육자와의 연결성 상실은 존재와의 더 깊은 연결성 상실로 경험된다.

역설적으로, 일부 5유형은 자신의 경계를 존중하지 않았던 주된 양육자에게 질식해 죽을 것 같은 느낌을 받았다. 그리고 사랑은 소비적이며, 심지어 침습적인 것처럼 경험되었다.[3] 이 경우, 이들은 자신이 가진 작은 자율성을 지켜야만 한다는 감정 속에 두려움이 발생했다.

어린 시절에 5유형은 자신이 진심으로 반영되거나 이해되지 않았다고 느꼈다. 부모가 이러한 의도를 가지려 한 것은 아니었지만 아이의 욕구에 맞출 수 있는 능력이 부족했을 것이다. 그래서 어린 5유형은 가족으로부터 떨어져 나와 자신만의 세계와 의식 속으로 도피했다. 그곳은 좀 더 안전하고 덜 위협적이며, 사고가 감정을 지배하는 곳이다.

5유형은 고립감을 느끼며, 참여하기보다는 관찰하고, 자신의 욕구를 최소화하여, 그 누구에게도 의존할 필요가 없다. 관계에서 이것은 파트너가 자신의 자원을 고갈시키거나 혹은 그것을 요구했던 어린 시절의 경험을 다시 반복할 것이라는 두려움을 만들어 낸다.

사랑에 빠진 5유형

통합된 5유형: 통합된 5유형은 매력적이며, 파트너에 대한 호기심으로 가득하다. 그리고 자신의 내면에 있는 예리한 통찰력을 가질 수 있다. 통합된 5유형은 자신의 연인을 이해하고 싶어 한다. 이들은 연인관계에서 자신감과 유능함을 느낀다. 그리고 파트너에게 감사하며, 깊은 수준의 연민을 보여 준다.

이들은 독립적이다. 그렇지만 자신만의 세계와 비밀을 공유할 준비가 되어 있다. 홀로 조용히 자신의 감정과 연결되기 위해 뒤로 물러서 자신만의 공간으로 사라지기보다 파트너를 신뢰한다. 이제 그들 내면의 정서적 세계를 공유할 수 있다. 덜 통합된 자아의 이기심이 이타심으로 바뀐다. 이들은 풍자적 유머감각을 갖춘 사교적이고 쾌활한 친구들이다.

침실에서 이들은 탐구적이고 자신의 욕망에 검열을 받지 않는다. 또한 아주 작은 거절의 암시를 받고 사랑을 포기하기보다 파트너를 찾는 데 더 적극적이게 된다. '나눔은 배려다'라는 신념은 자신의 풍요한 정서적(지적) 삶을 발전시키면서 세상과 상호작용하는 방식이 되었다.

평균적인 5유형: 5유형은 점점 더 세상과 그 안에 있는 사람들로부터 멀어진다. 자신과 다른 이들을 돌보는 것은 관심에서 멀어지고, 친밀한 관계는 신경쓰기가 더 힘들어진다. 이들이 누군가에게 끌릴 수도 있다. 그러나 그다음을 이어 갈 충분한 자신감을 느낄 수 없다. 그렇기에 상대를 비웃을 수도 있다. ― "그녀는 단지 금발의 멍청이야.", "그는 머리가 잘 돌아가는 편이 아니야."

결과적으로, 평균적인 수준의 5유형은 싱글이거나 혹은 짧고 감정적으로 롤러코스터 같은 관계에서 자신을 찾을 수도 있다. 사랑하는 사람들을 상대하는 것은 너무 힘들고 지치는 일이다. ―이들은 "나만의 공간이 필요해."라고 소리친다.

일이나 최근 프로젝트는 관계를 피하는 한 방법이 된다. 5유형은 자신이 너무 바빠서 파트너(아직까지는 파트너가 있어야 함)와 함께 어떤 사교활동에도 참여하지 못한다고 주장할 수도 있다. 그러나 평소에 이들의 시간은 자신이 발견한 새들의 상세 데이터를 만들거나, 좋아하는 음악 리스트를 편집하거나 혹은 잘 알려져 있지 않은 영화 장르를 찾는 것과 같은 무작위적인 작업에 낭비된다. 이들은 점점 더 비밀스러워질 수 있다. 그렇지만 타인으로부터 자신의 파트너가 받을 수도 있을 작은 관심에도 질투한다.

5유형은 자신이 더욱 무능하다고 느끼며, 이들의 관계를 단절하기 시작한다. 그리고 자기 자신에게 이렇게 말한다. ―"나는 결코 진정으로 그녀를 사랑한 적이 없어." 또는 "남자들은 문제가 많아. 나는 5년 전에 한 남자와 데이트를 했었는데 그건 재앙이었어. 다시는 그러지 않겠어." 이들은 성적 충동을 느끼는 자신에게 좌절감을 느끼게 될지도 모른다. 또한 어느 누군가에게 또는 어떤 것을 필요로 하거나 의존하는 것처럼 느끼길 원치 않는다.

5유형의 경계는 점점 더 뚜렷해진다. 이들은 자신의 여행가방을 공유하는 것조차 힘들 정도로 소심해진다. 때로는 자신의 파트너에게 적대감 있는 행위로서 본인의 숟가락을 상대편 디저트에 담그는 것을 보게 될 것이다.

분열된 5유형: 고립되고, 무력하고, 우울해진 5유형은 삶과 그것이 가진 잠재적인 아름다움이 무의미한 세계로 빠져든다. 이들은 냉소적으로 변하고 그저 홀로 남겨지질 바랄 뿐이다.

자신의 성적 욕구를 멈추기 위해 스스로를 거세했던 초기 교부 알렉산드리아^Alexandria의 오리게네스^Origenes(기원전 165년생)처럼, 분열된 5유형은 감정적으로 스스로를 거세했다. 이들의 상호작용은 다른 이들의 즐거움을 약화시키려는 시도로서 점점 더 논쟁적이고 도발적으로 변해 간다. ―"세상에 얼마나 많은 성병이 있는지 알고 있습니까?", "섹스는 단지 우리의 동물적 본능의 표현일 뿐입니다." 이 수준에서 이들은 다음과 같은 자신만의 성적 신념으로 공분을 살수도 있다. ―"일부일처 관계를 유지하는 것은 건강에 해롭습니다.", "섹스는 순전히 육체적 기능이고, 친밀감은 우리의 부족함을 보상하기 위한 미친 환상입니다."

분열된 5유형은 자신의 허무주의적 세계관을 확인하기 위해 다른 이들이 자신을 거부하길 바란다. 이들은 이기적이고 자기중심적이며, 자신이 다른 이들에게 주는 고통에 개의치 않고 서로의 관계를 끝낸다. 이들은 일상적인 청결함에 결핍을 보이며 다른 사람들을 더 멀어지게 만들 수 있다. 그런 것은 시간낭비처럼 여겨지기 시작한다.

이들은 자신의 생각 속에서 더욱 기이해지고 행동은 더욱더 괴짜가 되어간다. 오거스틴 버러우스^Augusten Burroughs의 회고록이자 〈러닝 위드 시저스

Running with Scissors〉(2006년) 영화로 제작된 작품 속에 정신과 의사인 핀치^{Finch} 박사처럼 그는 신이 배설물(대변)의 형태를 통해 그에게 말씀하고 계신다고 믿는다. 기이한 핀치 박사는 더럽고, 허물어지고, 특정 형태의 섹스를 포함한 모든 것이 존재하는 그 집에서 아이들을 양육하려 한다.

또 다른 극도로 분열된 5유형의 예로 존 파울스^{John Fowles}의 1965년 스릴러 영화 〈수집가^{The Collector}〉의 프레드릭 클렉^{Frederick Clegg}이 있다. 클렉은 나비를 수집하기 시작했고, 이후 미란다^{Miranda}라는 젊은 여성을 납치하여 감금한다. 그는 그녀를 원한다. 그렇지만 그의 사회성 부족은 그녀와 정상적인 관계를 형성할 수 없다. 대신, 그가 사랑하는 미란다를 자신의 박제된 예쁜 물건 수집품에 추가한다.

이런 수준의 삶에서 의미를 잃고 분열된 5유형은 허무주의, 조현증, 정신병 또는 조현병(정신분열)으로 발전한다.

통합은 선택이다. 그러므로 5유형이 자신의 감정을 탐구하고 자신이 느끼는 연민을 표현하며, 덜 진지하고 더 장난스러워질 수 있다면, 그리고 자신의 뛰어난 사고와 독특함을 받아들이고 감사하는 파트너를 찾을 수 있을 때 서로 배려하고 사랑하는 관계를 형성할 수 있다.

5유형을 닮은 데이트 광고

페르디난드, 43세

저는 항상 역사든, 정치든, 기타든 새로운 것을 배우는 데 관심이 있습니다(작년에 독학으로 피아노를 배우기 시작했고, 그 도전을 정말 좋아합니다). 내 인생의 대부분을 홀로 살아왔습니다. 그러나 지금은 누군가와 제 삶을 나누고 싶습니다. 큰 재산은 필요하지 않지만 가끔은 나만의 공간을 가지고 있는 것에 감사합니다. 저는 흥미로운 대화를 좋아합니다. 만약 당신이 톨스토이 vs. 플로

베르에 대해 토론하는 것을 좋아한다면, 나는 당신의 남자입니다.

그 대신에 저는 맛있는 피자를 만들거나 많은 것에 대해 수다를 떨 수 있습니다. 저는 모순된 존재인 것 같습니다. 그건 일찍 일어나는 올빼미형(나는 잠과 싸우고 있어요)이며, 운동하는 책벌레라는 것입니다. 그리고 재밌는 동시에 심각해질 수 있습니다. 나를 스와프(선택)하고, 우리의 마음이 만날 수 있는지 봅시다!

스테파니, 32세

좋아요, 솔직히 말하면……. 나는 그렇게 사교적이지는 않아요. 오해하지는 마세요. 술 마시러 가는 걸 좋아하고 가끔은 즐거운 시간을 가져요. 그러나 내가 진짜로 즐기는 것은 무엇인가에 대해 알아 가는 것이에요(현재 관심 사항은 라틴아메리카의 흑인과 백인 음악이에요). 나는 해변을 좋아하고, 새들을 찍는 것, 영화, 글쓰기, 그리고 독서를 좋아해요. 아웃도어를 즐기고 내가 알고 있다고 생각하는 모든 것에 대해 배워요. 그런데 이제 내가 몰랐던 것에 대해 깨달았어요. 세상이 미쳤다는 거예요. 우리 함께 미쳐 봐요.

탐욕의 열정과 인색의 고착

5유형은 세상의 자원이 부족하다고 믿는다. 만약 자신이 가진 욕구를 통제한다면 세상과 다른 사람들에 대한 의존도를 줄일 수 있다고 생각한다. 그러면 이들에게 가장 좋은 방법은 홀로 남는 것이며, 자신의 성적 욕구를 통제하는 것이다.—"내가 더 줄이며 살아갈 수 있다면, 구입할 게 더 적어질 것이다."

일반적으로 '탐욕avarice'이라는 단어의 의미를 부나 물질적인 이득의 지나친 욕심으로 이해하는 것은 5유형의 상처 입은 마음의 진정한 본질을 반영하지 않는다. 우리는 형용사 '욕심 많은avaricious'과 더 이전 14세기의 '인색한

stingy'4)이라는 의미에서 이 단어가 왜 5유형과 동의어가 되었는지를 더 잘 이해할 수 있다. 그것은 8유형의 욕망(쫓는 것)이 아니라 오히려 움켜쥐고 있는 것이다. 이들의 감정과 사고조차 파트너에 의해 고갈될 수 있다.5)

5유형의 침실 엿보기

5유형의 침실에 들어갔을 때, 당신은 책, 신문, 그리고 5유형의 관심을 끄는 다른 것들로 엉망이 되어 있다는 것을 쉽게 알 수 있다. 이들의 공간은 단지 잠을 자고, 섹스를 하고, 일을 하는 장소일 뿐이다. 그래서 침실을 아름답게 꾸미는 데 큰 돈을 지출할 수 없다. 가구는 매우 적고 최소화될 것이며, 실내는 어두울 수도 있다(그렇게 해야 컴퓨터 화면을 더 잘 볼 수 있다). 호기심 많은 이웃을 차단하기 위한 두꺼운 블라인드, 닫힌 셔터 또는 커튼 등을 기대하자.

자기보존적 5유형은 종종 강박적 축적자hoarders이다. 그렇기에 이들의 방은 자신의 수집품으로 가득 쌓일지도 모른다. 더러운 빨래 더미, 과자에서 나온 지저분한 그릇, 빈 음식 상자가 있을 수 있다. 침대는 정리되지 않았을 것이다(다른 사람이 해 준다면 모를까). 4번 날개가 강한 이들은 침실 인테리어를 할 때 미니멀하면서도 미학적인 접근 방식을 보일 수도 있다.

판타지와 에로티카

5유형은 자신의 정신적 안식처에 있는 것을 매우 편안해한다. 이들의 내성적인 성향은 주변 사람들을 어색하게 느끼게 하고 낮은 자아감은 이들을 자기비판적으로 만든다. 그러므로 다수의 5유형은 차라리 섹스를 하는 것에 대해 공상을 가지거나 판타지를 꿈꿀 것이다.

5유형은 다른 사람들의 요구에 복종할 때 통제력을 잃는다. 그래서 이들의 판타지 세계는 자신이 통제력을 가진 상황으로 바뀔 수 있다. 이것은 어둡고 종종 사회적으로 받아들여지지 않는 모든 것에 대한 자신만의 관심과 함께 이상하고 멋진(적어도 그들의 눈에는) 것에 대한 환상을 갖게 한다.

5유형은 휴대전화로 작동되는 바이브레이터vibrator와 같은 원격 섹스 토이에 대한 환상을 가질 수 있다. 그래서 이들은 건너편 방(또는 심지어 다른 대륙에서)에서 자신의 파트너에게 오르가슴을 선물할 수도 있다. 한 5유형은 자신의 판타지를 다음과 같이 드러냈다. —"나는 치과용 의자에 묶인 나체의 여성을 상상한다. 그곳에서 나는 레버leavers와 다양한 기타 장치gadgets들을 제어한다. 그런 뒤 내가 제어한 방식과 장치로부터 그녀가 즐거움을 얻는 것을 관찰할 수 있다. 그러나 육체적으로나 감정적으로 나 자신을 개입시키지는 않는다." 또 다른 5유형은 그의 판타지에 대한 접근 방식을 다음과 같이 묘사했다. —"나는 판타지에 대한 범주와 더 많은 하위범주를 가지고 있다. 경우에 따라 이것들은 더 세밀하게 분류된다."

섹스를 상상하는 데 많은 시간을 소모했다는 것은 5유형이 파트너와 성적인 관계를 가질 때 엄청난 에너지와 추진력이 있다는 것을 의미한다. 즉, 이들이 가진 강렬한 본성은 자신을 용수철 같은 욕망에 처하게 할 수 있다.[6]

또한 5유형은 다른 중요한 사람들과 자신의 비밀을 공유하는 강렬하고 친밀한 환상의 상황을 탐구할 수도 있다. 그러나 실제 생활에서는 그렇지 않을 수 있다. 3주에 걸쳐 48쌍의 판타지를 연구했던 이스라엘의 심리학자 구릿 번바움Gurit E. Birnbaum과 공동연구자들의 조사에 따르면, '회피애착avoidance attachment' 유형(대부분의 5유형과 같은)이 가진 대부분의 환상이 현실에서 탈출하기 위한 욕구뿐만 아니라 공격자로서의 자신 또는 파트너 모두가 가지고 있는 공격성aggression과 소외alienation(감정적 거리 두기)의 행위를 수반하고 있다는 것을 보여 준다. 이들이 가진 관계 문제들은 이러한 판타지의 확대로 이어졌다. 또한 그 보고서는 판타지를 이용하는 것이 감정적 친밀감을 회피하기 위한 수단이라는 것을 시사했다.[7]

대부분의 사람은 포르노를 성적 해방(불안, 우울, 외로움, 두려움, 지루함에 의해 생겨난 불편한 감정 또는 기분을 고양시키기 위한 쾌락추구의 전략, 혹은 단순히 긴장을 푸는 방법)을 위해 시청하지만, 포르노를 부적응 대처 전략으로 사용하는 사람들도 있다.[8] 인터넷에서 포르노를 시청하는 것은 에니어그램 유형 전반에 걸쳐 광범위하게 나타난다.[9] 따라서 5유형의 혼자만의 관심사는 아닌 것이다.[10]

사람들이 포르노 중독을 극복할 수 있도록 도움을 제공하고 있는 온라인 소프트웨어 회사 커버넌트 아이즈Covenant Eyes에 따르면, 보통 포르노 중독자(모든 중독자와 마찬가지로)는 자신의 삶을 통제할 수 없다고 느낀다고 한다. 5유형의 경우 오랫동안 억압된 사랑의 욕구로 인해 사랑받을 수 없고 무력한 느낌을 가지게 되지만, 다른 사람들이 섹스하는 것을 보면 매력적인 힘을 느끼게 된다. 일단 이들은 웹사이트를 옮겨 가며 혹은 그 깊고 어두운 웹을 파헤치며, 사회의 터부시된 것을 탐구할 수 있는 책임을 진다. 일반적으로 이들을 무시하는 여성 또는 남성은 이곳에서 이들의 유흥거리가 되며, 자신의 욕구 충족을 위해 그곳에 존재한다. 인터넷 섹스는 비밀스럽고 5유형은 이러한 비밀스러움을 즐긴다.

포르노는 이들이 가지고 있는 성적 긴장감을 어느 정도 완화시킬 수 있다. 그러나 이 추동 아래에는 강렬하지만 거절된 연결 욕구가 있다. 이들이 느끼는 충동에도 불구하고 대부분은 다른 유형들에 비해 첫 성경험을 하지 못한 채 남아 있을 가능성이 높다.

성별이 다른 5유형

5유형의 여성: 5유형에게서 성별은 어떻게 나타나는가? 여성 5유형보다 남성 5유형이 더 많은 것으로 보인다. 세상에 자신을 드러낼 때, 여성 5유형은 실용적인 헤어컷(헤어디자이너에게 시간과 돈을 소비하지 않는 것은 보너스이다)

과 특징 없고 묵직한 색의 옷을 입는다. 만약 강한 4번의 날개를 가지고 있지 않는 한 화장과 패션에는 거의 관심이 없고, 오히려 다른 여성들이 그렇게 행동하는 것과 관심에 혼란스러워할지 모른다. 심지어 경멸스럽게 바라볼 수도 있다. ─"내 생각에 당신이 머리가 부족하다면 외모라도 가꿔야만 해."

5유형의 여성은 남성 유형보다 더 감정적일 수 있고, 자신의 생각과 감정을 훨씬 더 많이 나눌 수 있다. 그러나 정신적으로 함께 씨름할 수 있는 파트너가 필요할 것이다. 아마도 남성 5유형보다 더 그럴 것이다. 이들은 덜 지적이고 덜 도전적인 파트너가 자신의 지위를 더 끌어올려 줄 것처럼 여기기도 한다.

5유형 여성의 경우, 관계의 탐욕은 다양한 형태로 경험될 수 있다. ─"그는 나의 시간을 낭비하고/내 돈을 노릴 것이고/그의 사업행사에 참석하기를 원할 것이고/내가 요리해 주길 바랄 거야……." 모든 것이 너무 많아질 때, 5유형은 스스로에게 가장 좋은 방법은 관계에 대한 자신의 욕구를 제한하는 것이라고 말하기 시작할 것이다. 싱글로 지내는 것이 이들의 선호하는 생활방식이 되고 스스로에게 남자(또는 여자)는 필요 없다고 말할 것이다. 이것은 배우자에 대한 자연적인 욕구에 대처하는 방법이 된다.[11]

5유형의 남성: 남성 5유형은 외모에 거의 시간을 할애하지 않는다. 전형적으로 5유형 남성은 헝클어진 머리에 구겨진 셔츠를 입고, 평소 오래되고 선호하는 바지를 입고 있을 것이다. 이들이 자신만의 '동굴'에서 나오기 위해서는 많은 유혹이 필요하다.

관계는 다음과 같은 요구조건을 따른다. ─"나는 저녁 만찬에 그녀를 데리고 가야 할 거야. 그러려면 택시비를 지불하고 와인과……. 그런 다음 나는 섹스조차 하지 못할 수도 있지. 아……, 집에 있는 것이 더 낫네."

이들은 변태적 성향[kink], 페티시 혹은 질[vagina]이 작동하는 방법을 연구하는 것을 즐기고, 이후 이 아이디어들을 침실에 도입할 수도 있다. 섹스는 매혹적인 연구와 같거나 풀어야 할 문제가 될 수 있다. 마치 MSN 수학자들이 사랑의 지속시간을 계산하기 위해 개발된 공식처럼 말이다. 참고로 이성애 커플의 경우 $L = 8 + .5Y - .2P + .9Hm + .3Mf + J - .3G - .5(Sm - Sf)2 + I + 1.5C.$이고 동성 커플의 경우 $L = 8 + .5Y - .2P + 2J - .3G - .5(S1 - S2)2 - I + 1.5C.$이다.[12]

모든 것을 머릿속에 간직하는 것은 친밀함을 피하는 또 다른 방식이다. 한 5유형은 다음과 같이 말했다. — "섹스는 나에게 멋진 해방감을 제공하는데 나는 더 이상 그렇게만 보지 않아요. 섹스는 내가 새로운 해결책을 생각해 내는 것을 즐기고 그것을 더 잘 해결하기 위해 새로운 기술을 만드는 것에 답해야만 하는 문제죠."

5유형에게 관계를 맺는다는 것은 자신에게 상당한 대가가 요구되는 것이다. 인생은 자신의 생각과 계획을 따르는 것 그리고 그에 반하는 관계의 욕구 속에 채워 넣어야만 하는 것 사이의 대결이다. 참 힘든 일이다.

사랑 유형: 부성애

부성애는 강렬한 정서적 경험보다는 냉정하고 좀 더 내면적인 경험이 된다. 그것은 따라야 할 등불이다.

5유형은 특정 분야의 전문가나 혹은 권위자가 되는 것을 즐긴다(특히 사회적 유형). 관계에서 이들은 통찰력과 전문성이 부족한 것처럼 보이는 파트너에게 사랑을 불러일으킬 만큼 충분히 유능하다고 느끼는 사람이 되고 싶어한다. — "나는 당신이 따라갈 북극성이 될 것이다."

분리된 사랑

1987년, 심리학자 신디 하잔Cindy Hazan과 필 세이버Phil Shaver는 덴버의 지역 신문 『Rocky Mountain News』에 '사랑퀴즈^{Love Quiz}'를 게재했다. 그들은 애착이론^{attachment theory} 연구로 유명한 발달심리학자 메리 에인스워스^{Mary Ainsworth}의 애착유형 구분에 따라 세 가지 유아 애착^{infant attachment} 유형으로 응답자를 분류하였는데 그것은 안정^{Secure}, 불안-저항^{Anxious-resistant}, 불안-회피^{Anxious-avoidant}이다. 하잔과 세이버는 초기 어린 시절 애착의 형태를 성인 관계와 일치시키고자 했다. 퀴즈의 1부는 부모와의 어린 시절 경험과 관련된 형용사형 체크리스트로, 2부는 어떻게 사랑을 경험할 수 있는지에 대한 세 가지 설명으로 구성되었다. 불안-회피에 유형에 대한 묘사는 다음과 같이 5유형이 관계에서 경험했던 것과 거의 완벽하게 일치한다.

- 자신이 남에게 의지하도록 허락하지 말라.
- 친밀감이 불편하게 느껴지기도 하고 심지어 긴장되기도 한다.
- 자신이 편하다고 느끼는 것 이상의 친밀감을 원하는 파트너를 좋아하지 말라. [13]

5유형이 애착욕구를 가지고 있지 않다는 것이 아니라 오히려 그것을 억제하는 법을 배웠다는 것이다. 그렇게 하면 자신이 다른 사람보다 더 우월하고 안전하다고 느낄 수 있다.

정신과 의사이자 신경과학자인 아미르 레빈 박사^{Dr. Amir Levine}와 심리학자 레이첼 헬러^{Rachel Heller}는 애착치료에 관한 그들의 책 『애착^{Attached}』*에서 관계의 안정에 대해 이야기한다. 우리가 의지할 수 있는 파트너가 있다는 확신은 우리에게 위험을 감수할 수 있고, 창의적이 될 수 있으며, 우리의 꿈을 좇을 수 있는 자신감을 준다. 파트너에 의해 지지되는 목표가 달성될 가능성이 더 높다. 역설적이게도, 애착이 더 큰 독립성을 허용한다는 사실이 밝혀졌다. [14]

---

* 역자 주: 국내에서는 2011년 『그들이 그렇게 연애하는 까닭』으로 번역 출판되었다.

흔히 5유형은 자신이 가진 잠재력에 도달하지 못한다. 아마도 이들의 초점이 경력보다 프로젝트에 있기 때문이거나 너무 인색해서 일할 시간을 더 낼수 없기 때문일 것이다. 신뢰할 수 있는 관계가 없는 것이 실패할 가능성을더할 수 있을까? 직업적으로 성공한 내가 아는 5유형은 모두 안정된 관계를맺고 있다. 5유형이 통합되어 다른 이들에게 손을 내밀 때, 이들은 관계뿐만아니라 더 큰 성공의 기회를 얻을 가능성이 있다.[15]

팬* 또는 양성애자

자신의 MBTI^Myers-Briggs와 에니어그램 유형을 모두 알고 있는 1,552명 이상의 참가자를 대상으로 한 설문조사에서, 대부분의 5유형은 INTP, ISTP, INTJ로 나타났다. 작가 하이디 프리베^Heidi Priebe는 각 조사의 응답자들에게자신의 섹슈얼리티를 이성애자^heterosexual, 양성애자^bisexual, 범성애자^pansexual, 동성애자^homosexual 또는 '기타'로 밝히도록 요청했다. 5유형은 범양성애^pan bisexuality 항목에서 4유형과 9유형에 이어 세 번째로 높은 순위를 얻었다. 이는 후퇴형 유형이 성별^gender을 넘어 성적 탐구에 더 많이 열려 있다는 것을시사한다.[16] 다음과 같은 5유형의 논평은 이러한 결과를 지지한다.

나는 데이트하는 사람마다 EQ와 호모포비아^homophobia 수준을 조사하는 것을 즐긴다. 그들이 이성애적인 역할에 속박되어 있는지에 대해 분석해 보고 싶다. 나의 5유형 남자친구는 놀랍게도 동성애에 대한 탐구에 열려 있었다. 그는 이성애자이지만 그것에 대해 알고 싶어 했다. 그는 여전히 여성을 선호하지만만약 마음이 내키면 다음 번에는 남자와 함께 어울려 보겠다고 말했다.

* 역자 주: 여기서 'pansexuality'는 범성애를 의미한다. 즉, 감정적으로나 육체적으로 혹은 둘 다 모든 성별에 끌리는 사람 또는 성향을 뜻한다.

연구의 관점에서 섹슈얼리티를 볼 때 아마도 5유형은 규범적인 성 역할을 넘어설 수 있을 것이다.

이룰 수 없는 사랑

보통 5유형은 그들이 부재 중일 때 자신의 파트너에게 더 고마워한다. 그렇기 때문에 이들은 장거리 연애나 감정적으로 부재하거나, 순응하거나 혹은 요구하지 않는 파트너를 선택할 수도 있다. 5유형은 파트너가 자신에게 너무 의존적이 되거나 혹은 자신이 파트너에게 너무 애착을 가진다고 느낄 때, 이들은 남겨진 사람이 그들에게 얼마만큼의 의미를 가지고 있는지를 확인하기 위해 자기 스스로 그들과의 거리를 두도록 강제할 수도 있다. 그것은 마치 떨어져 있는 것이 사랑을 더 명확하고 더 분명하게 만들어 주는 것과 같은 이치이다. 애착과 분리 사이에는 정신적인 투쟁이 있다. 5유형은 카미노Camino*를 걷기 위해 출발한다고 선포하거나 알래스카의 외딴 지역으로 연구를 위한 여정에 오르거나, 홀로 세계를 유랑하거나, 지속적인 여행을 수반하는 직업을 선택할 수도 있다. 뭐가 됐든 이들이 독립심을 되찾도록 허락할 것이다.[17]

모든 5유형이 도시나 혹은 대륙을 가로질러 연인을 가지는 것은 아닐 것이다. 그러나 5유형은 곧 그곳에 있지만 존재하지 않는 관계의 매력을 알게 될 것이다. 그것은 더 이상의 요구 없이 강렬하고 짧은 성적 해방을 제공하며, 그것은 대부분의 5유형에게 완벽하게 어울린다.

나는 장거리 연애를 하고 있는 5유형에 대한 이야기를 들었다. 그의 애정의 대상(의도적인 단어, 여기서는 사진을 말한다)이 자신의 집에 방문하기 위해 도착했고 일단 침대에 누웠다. 그는 잠들기 전 연인의 사진에 키스를 하기 위해 다정하게 몸을 구부렸다. 동시에 그녀는 그의 옆에 누웠다! 실제 살아 있

---

* 역자 주: 산티아고 순례길을 말함.

는 여인과 관계하는 것보다 무생물에 키스하는 것이 더 쉬웠다.

꽃을 기대하지 말라

5유형은 6유형의 반항심이나 혹은 8유형처럼 다른 이들에게 맞서기보다 사회가 중요시 여기는 것에 대해 냉소적이다. 이들은 생일이나 기념일을 잊을 수 있고(만약 기억하고 있다고 해도 반응하지 않을 것이다), 밸런타인데이와 같은 이벤트를 '너무 상업적'이라거나 종교를 '대중의 아편'처럼 여기며 경멸한다.

많은 5유형이 다른 사람들과 거리 두기를 원치 않지만, 타인과 어떻게 연결되어야 할지 모른다. 보통 5유형은 기본적 상호작용의 규범을 이해하는 것을 상실한 것처럼 보이며, 불편함을 느낄 수 있고 사회적 기능을 다루는 기술에 자신이 없다. 때로는 5유형의 행동이 괴상하게 보일 수 있고, 매우 비실용적일 수도 있다. 그래서 파트너는 그에 따른 문제들을 스스로 해야만 할 수도 있다.

엿보기 좋아하는 사람

당신이 강한 성욕을 가지고 있지만 사람과의 상호작용이 어색하거나 심지어 위협적이기까지 하다면 어떤 일이 일어날까? 섹스에 참여하기보다 관찰하는 것을 좋아할 때는? 당신이 자의식을 느낄 때 잠재적인 파트너와 어떻게 대화를 나누는가? 인생의 어두운 면이 당신을 흥분시키고 강한 호기심을 불러일으키는 때는? 관계를 형성하는 데 자신이 없고 그 욕구가 당신을 두렵게 만들 때는? 당신이 초연한 삶의 관찰자, 목격자가 되기를 선호할 때는?[18] 이러한 모든 행동을 종합해 볼 때 덜 통합된 5유형은 다소 관음을 즐길 여지가 있다. 일부 전통적인 에니어그램에서 괜히 5유형을 '관찰자'로 부르는 것이

아니다.[19]

관음을 즐기는 것이 항상 성적인 행위 그 자체는 아니다. 때로는 단순히 벌거벗은 몸을 힐끗 본다거나, 혹은 이들의 알려지지 않은 희생자들이 흥분되게 옷을 벗는 것을 지켜보는 것이다. 이것을 녹화하는 스릴 또한 흔한 5유형의 행동이다. 나는 보드 세일링 대회에서 입가에 손수건을 두른 하이웨이맨 스타일(보통 바람과 모래를 막기 위한 용도)로, 오래된 비디오 카메라를 들고 어슬렁거리던 한 늙은이가 떠오른다. 그는 자신이 찾을 수 있는 모든 비키니 몸매를 촬영했다. 이런 종류의 행동은 촬영된 사람들에게 명백히 극도로 폭력적이며, 만약 그가 18세가 넘었다면 범죄 행위이다. 결과에 대한 인식과 두려움이 결합된 애매한 입장에서, 사람들을 지켜보려는 강한 충동은 관음증을 가진 5유형에게 극도로 고통스러울 수 있다.

관음증은 섹스숍에서 섹스를 하는 다른 사람들을 지켜보거나 혹은 낯선 사람과 함께 침대에 있는 파트너를 지켜보는 형태를 취할 수 있다. 사적이고 에로틱한 전화를 듣거나 혹은 누군가 배변이나 소변을 보는 것을 보고 흥분하는 것은 관음증의 또 다른 형태이다. —"12세 때 가족 농장에 있는 헛간에 올라갔었고, 내 밑바닥에 구멍이 살짝 뚫려 있는 것을 보았다. 나는 그 사이를 훔쳐보았고, 농장의 일꾼 중 한 명이 소변을 보고 있는 것을 발견했다. 나는 매혹되어 버렸다. 그것은 내 안의 무언가를 촉발시켰고, 그때부터 나는 관음적인 행위에 끌렸다." 이러한 경험은 이 장애가 우발적인 목격에서 기인하여, 병적으로 되는 습관적인 형태의 방출로 이어질 수 있다는 것을 확인시켜 준다.[20]

모든 포르노 사이트가 관음증의 형태를 필요로 한다고 주장할 수 있는데, 이 경우 북미인의 약 19%는 관음증으로 분류될 수 있다.[21] 이것은 성인물 사이트에 자주 방문하는 사람들의 비율이며, 18~30세의 성인 북미 남성 중 약 79%는 한 달에 최소 1회 이상 포르노 사이트를 시청한다.[22] 관음증을 가진 사람의 대부분은 남성인 경향이 있으나 여성 시청자의 수가 증가 추세에 있다. 개념 정의에서처럼 관음증을 가진 이들은 자신의 파트너와 섹스를 하는 것보다 누군가를 지켜보는 것을 더 선호한다.[23]

일본의 관음증을 가진 사람들은 지하철이나 다른 복잡한 장소에서 짧은 치마를 입은 여성의 사진을 찍는 것으로 알려져 있다. 그 문제가 너무 심각해져서 휴대전화는 사진을 찍을 때마다 소리가 나도록 설계가 되었고, 심지어 무음일 때도 소리가 나도록 설정되어 있다.[24]

유명한 성 학자

미국의 성 연구자인 앨프리드 킨제이Alfred Kinsey를 기억하는가? 그는 1947년 인디애나 대학교에 성 연구소Institute for Sex Research at Indiana University를 설립했다(지금은 킨제이 섹스, 젠더, 생식 연구소Kinsey Institute for Research in Sex, Gender, and Reproduction로 알려져 있다). 그는 『인간에 있어서 남성의 성행위Sexual Behavior in the Human Male』(1948년)와 『인간에 있어서 여성의 성행위Sexual Behavior in the Human Female』(1953년)를 저술한 것으로 잘 알려져 있다.

예상할 수 있듯이, 인간의 성에 대한 킨제이의 보고서는 당시 매우 큰 논란이 되었다. 그의 연구는 이론을 뛰어넘어, 때로는 동료들과 함께 성적 행위를 관찰하고 참여하였으며 그의 학문적 경계를 넓히고 성적 금기taboos를 탐구하였다.[25] 그는 5유형의 많은 속성을 보여 주었다.

킨제이의 연구는 윌리엄 마스터스William Masters와 버지니아 존슨Virginia Johnson의 저서 『인간의 성적 반응Human Sexual Response』에서 더욱 발전되었다. 그들의 결론 중에는 흥분excitement, 안정plateau, 오르가슴orgasm, 해소resolution를 수반하는 4단계인 성적 반응 주기sexual response cycle가 있다.

또한 이 커플은 그때까지도 많은 사람이 여성들은 오르가슴을 가지고 있지 않다고 믿던 시대에 여성의 오르가슴에 대해 탐구했다. 특히 반복적인 오르가슴(멀티 오르가슴)에 대해서 말이다! 그들은 발기부전과 같은 성적 문제

를 치료하기 시작했고 성기능 장애의 영역과 다른 분야에서의 성공을 보고했
다. 또한 폐경 이후 여성을 포함한 노년 커플의 섹슈얼리티 연구 저변을 확대
하였다.

참고할 수 있는 여러 정보를 통해서 볼 때 마스터스 역시 5유형이었을 가
능성이 매우 높아 보인다. 그는 섹스를 연구하고 관찰할 수 있어 기뻐했고,
가끔 직접 참여하기도 했다. 『뉴욕타임스New York Times』와 인터뷰 당시 자기
스스로가 사교적이지 않았다는 데 동의했고 그렇게 묘사했다. 그의 전 부인
이자 동료였던 존슨도 이에 대해 부연했다. 그녀는 마스터스의 일중독에 대
해 언급했고, 그가 사람 중심적이지 않았다는 데 동의했다.[26] 여기서 흥미로
운 점은 서구 섹슈얼리티의 위대한 초기 탐험가 두 명 모두 5유형이었을 가
능성이 매우 높다는 점이다.

섹스에 대한 연구

성에 대한 초연하고, 지적이며, 분석적(대뇌를 이용한) 접근 방식은 많은 형
태를 취할 수 있다. 일부 킨제이와 마스터스의 사례와 같이 과학이 될 수도
있다. 내가 알고 있던 한 남성은 시연용 플라스틱 복제품을 사용한 질vagina에
대해 배우기 위해 워크숍에 참석했다. 내가 이것에 대해 연구할 가치가 없다
고 말하는 것은 아니지만, 실체가 없는 초점은 5유형이 서서히 분열로 빠져
들고 있음을 암시한다.

5유형의 해방점은[27] 8유형이다. 이것은 덜 건강한 8유형이 파트너가 자신
의 감정과 욕구가 없는 대상으로 보는 것과 같다. 이는 5유형이 가진 잠재성
을 암시하고 그것과 연결된다.

성적인 역사의 폭로

비밀주의에 대한 5유형의 욕구는 은밀한 성적 관찰, 자신의 파트너에게 요청하기에는 불편함을 느낄 수 있는 행위를 위한 매춘부 이용, 짧고 거친 만남 등 다양한 방식으로 실행될 수 있다. 극단적인 예는 남편 장례식에서 슬픔에 빠져 있던 아내가 그의 무덤가에서 또 다른 남편의 가족을 발견한 것이다. 그 5유형은 다른 대륙에 두 명의 아내를 둔 것으로 밝혀졌다. 직업적으로 많은 여행(5유형에서는 흔한)을 했었고, 그가 원하던 짧은 성적 강렬함을 위한 두 개의 분출구를 만들었던 것이다. 그리고 여행을 다니는 사이 온전히 혼자만의 많은 시간을 가졌다. 아내나 자녀 모두 다른 이들에 대해 전혀 알지 못했다.

감정적인 혼합에 비밀주의가 더해진 성적 강렬함은 5유형의 지성주의에 대한 해독제가 된다. 자신을 성적으로 드러내는 것은 감정적으로 드러내는 것만큼 침습적이지 않으며, 친밀감은 비밀을 공유하는 것에 의해 형성된다. 5유형의 비밀주의와 사생활에 대한 욕구는 이들에게 온 편지를 열거나, 혹은 휴대전화의 메시지를 읽는 것(배관공이 보낸 것일지라도)에서 이들이 분노에 사로잡히게 만들 것이다. 이런 경험은 자신의 공간을 침범당했던 어린 시절의 감정을 모두 휘저어 올릴 것이다. 이럴 때는 피하는 게 상책이다.

5유형은 정직함을 즐기지만 자신의 지난 연애에 대한 자세한 일이나 성적인 습관을 드러내는 것에 있어서는 매우 폐쇄적이다. 이들의 파트너는 소외되고 좌절감을 느낀 채 방치될 수도 있다. 이것에 대해 한 5유형은 다음과 같이 말했다. ―"내 인생의 일부를 드러내는 것은 나로 하여금 불편함을 느끼게 한다. 어떤 사람들은 이것을 감정적으로 억제된 것으로 볼 수도 있지만 그것은 나만의 사생활에 관한 것이다."

관계의 문제

일반적으로 어린 시절 5유형은 깊은 유대감의 결핍 혹은 자신의 모성적 인물에 의해 압도되거나 침략적인 경험이 있다. 이 때문에 성인이 되어서도 언제나 무의적으로 이것을 반복할 것이다. 만약 5유형이 외동이라면 이 단절감은 더욱 심해진다. 성인이 된 5유형은 '어머니'와 같은 파트너(또는 그 역할을 맡은 남성)를 끌어들이거나 아니면 혼자 살아갈 수 있다.

신체의 분리는 5유형이 관계가 위협당하고 있다고 생각하게 할 뿐만 아니라 자기 자신과 파트너 간 육체적, 감정적 욕구의 연결을 어렵게 만든다. 이는 위협적으로 느껴질 수 있다. 자신이 돈을 지불하면 아무런 요구도 하지 않는 매춘부와 관계를 맺는 것이 장기간 연애하는 것보다 더 안전하다고 느낄 수도 있다.

5유형의 파트너는 "나는 당신이 필요 없어. 나 혼자서도 완벽하게 잘할 수 있어."라는 이들의 태도가 파트너를 거부하는 것이 아님을 이해해야만 할 것이다. 5유형이 말하는 "섹스는 단지 화장실에 가는 것과 같은 육체적인 행위일 뿐이다."라는 것은 정확히 파트너가 무자비한 정욕으로 옷을 벗도록 하는 것이 아니다. 그렇기에 파트너는 5유형이 보내는 신호를 이해하는 방법을 찾아야만 한다. 5유형은 파트너와 다양한 활동에 참여하는 것을 통해 유대감을 형성하려고 노력할 것이다. 한 파트너가 조류 관찰을 즐기는 동안 다른 파트너는 사진 촬영에 관심을 가지거나 혹은 둘 다 글쓰기에 빠질 수도 있다(그러나 가능하다면 집의 다른 공간에서).[28]

불안

만약 섹스를 하는 동안 파트너나 주변 환경에 마음이 편치 않다면, 이로 인해 5유형은 불편함과 불안을 느끼게 될 것이다. 따라서 5유형이 자신의 파트너에게 주는 마사지는 결코 편안한 휴식이 아닐 것이다. 마찬가지로 전희에서도 긴장감을 느낄 수 있다. 파트너는 5유형이 깊게 숨을 들이쉬고, 긴장을 풀고, 속도를 늦춰야 한다고 느낄 수도 있다.

때로 이 불안은 5유형이 종종 불면증에 시달린다는 것을 의미한다. 파트너는 그들이 새벽 4시에 깨어 등 뒤에서 컴퓨터 포르노를 보거나, 워크래프트를 하거나, 혹은 독서를 하고 있는 모습을 볼 수 있다. 이들의 긴장과 신경성 활력이 증강되었을 때, 수면은 불규칙해지거나 불가능해진다. 섹스는 이들의 긴장을 풀어 주는 데 도움이 될 수 있다.

섹스는 순종적

성적으로 주도하는 다른 누군가가 있다는 것은 절정의 최고 행복으로 가는 길을 순탄하게 할 수 있다. 그러나 그것은 매우 위태로운 연결이다. 너무 많은 접촉, 예상치 못한 방문으로 인한 침략받은 느낌, 혹은 술집에서 입장이 난처해지면 5유형은 결코 섹스를 원하지 않았다고 스스로에게 말하며 물러날 것이다. 심지어 자신이 섹스를 원했는데도 말이다. 그러나 일단 침실에 들어가서 자신의 파트너가 적극적인 역할을 맡거나 이들을 만족시킬 것을 보여주면 잘 반응할 것이다.

5유형에게 섹스는 휴식을 취하는 방법이기 때문에, 이들은 강렬하면서도 부드러운 섹스를 즐길 것이다. 여기서 이들은 깊이 생각할 필요가 없고 감각적이고 더 관조적인 접근을 경험할 수 있다. 또한 자신의 억압된 감정을 신뢰할 수 있는 파트너에게 드러내도록 허락할 수 있는 공간이기도 하다. 대부분의 시간 동안 다른 사람들과 단절된 채, 이들은 초연결감을 느끼면서 자유로워진다.

경험에 개방

8유형의 욕망(해방점)은 5유형이 세상에 뛰어들도록 격려하지만 탐욕이 이들을 제지한다. 여기서 무성애가 될 수 있는 5유형의 잠재성이 8유형의 강한 섹슈얼리티와 만난다. 5유형의 왜곡선을 통해 7유형의 즉흥성과 계획이 더해지면, 강렬한 원나잇 스탠드 또는 짧고 불법적이며 위험한 만남으로 이어질 수 있다. 그러면 5유형은 자유롭게 후퇴할 수 있는 완벽한 조건을 갖추게 된다.

섹스에 있어 5유형은 사회의 규범 밖에서 움직이는 것을 즐기고 흔히 삶의 어둡고 심오한 속성에 매료되기 때문에[29] 이들은 탐험을 두려워하지 않는다. 만약 파트너의 깊은 욕망이 색다른 경험에 관한 것이라면, 에니어그램의 모든 유형 가운데 5유형이 그것을 함께 따라갈 가능성이 가장 높다. 그러나 5유형은 파트너가 비정상적인 성행위를 탐구하는 데 개방적이거나 혹은 열정을 공유하지 않을 수도 있음을 기억해야만 한다.

본능적 추동

자기보존적 5유형: 이 하위유형은 가장 전형적인 5유형이다.[30] 세 하위유형 중 가장 내향적인 자기보존적 5유형은 안전하고 매우 사적인 영역 뒤로 물건들을 쌓아 놓을 수 있다(내가 아는 두 명의 자기보존적 5유형은 다른 사람들이 들어올 여지를 주지 않기 위해 초인종을 없앴다!). 본질적으로, 비축한다는 것은 다른 사람들을 필요로 하지 않는다는 욕구를 드러내는 것이다.—"만질 수 없는 나만의 성이다." 이러한 5유형은 외부 세계가 필요로 하는 모든 것에 해당하는 은둔자가 될 수 있다. 이들이 쌓아 놓은 벽은 안전한 피난처를 제공한다.

이 유형은 또한 자신의 감정을 효과적으로 잘 전달하지 못한다.[31] 자기보존적 5유형의 섹스와 사랑에 대한 묘사는 다음과 같다.—"사랑과 섹스는 내가 말하기 어려운 친밀한 개념이다. 나는 여전히 이것에 대한 표현의 자유를 찾고 있다." 또 다른 이들은 감정을 배제하고 표현하기 위해서 기발한 재치를 발휘한다. ―"둘이 함께 간다=나는 섹스를 사랑한다." 그리고 이 대답이 사랑과 섹스에 대한 가장 슬픈 대답일 것이다. ―"섹스와 사랑은 관련이 없습니다."[32]

사회적 5유형: 5유형은 더 많이 알고, 모든 것을 이해하고, 지식을 유지하려는 강렬한 갈망을 통해 자신의 탐욕을 표현하는 경향이 있다. 선택한 분야에서 전문가가 되기 위한 연구에서, 이들은 때때로 '천상의 것이지만 지상의 선은 될 수 없다'는 의미에 부합하는 존재가 될 수 있다. 이것은 삶의 일상적인 관습과의 연결을 잃는 것을 의미한다. ―청구서 지불을 잊어버린 이상적인 몽상가와 구도자이다. 나는 한 5유형에게 왜 그가 관계의 책임을 피하면서 영적인 여행을 배우는 데 그렇게 많은 시간을 쓰는지 물었다. 그는 이렇게 대답했다. ―"일상은 지루합니다. 사람들은 양과 같아요. 그들은 스스로 생각하는 법을 배우지 못했습니다. 나는 평범하지 않은 것을 찾고 있습니다."

이 5유형은 선택된 분야에서 인정받길 원하며, 자신보다 더 많은 것을 알고 있는 다른 사람들의 지식에 감탄하길 원한다. 한 5유형은 고백했다. ―"내가 아는 세상에서 가장 지적인 사람들의 리스트를 만들었어요." 이들은 자신의 관심사를 나누는 사람들과 상호작용하며(다양한 사회 또는 모임에서), 사회적 5유형이 친밀하거나 정서적인 연결은 아니지만 지적으로 다른 이들과 연결되어 있다는 환상을 준다.

섹스와 사랑의 개념에 대해 떠오른 생각들에 관한 대답으로 사회적 5유형은 다음과 같이 답변했다. ―"내가 할 수 있는 것에 가까운 일인가?", "많은 재미, 그게 섹스의 전부는 아니지.", "우리는 인간의 몸으로 태어났다. 그리고 이왕 이렇게 된 거 사랑과 섹스를 즐기자. 이게 바로 우리다. 자, 그것을 탐구하자."

성적 5유형(공포대항형): 이 5유형은 다른 두 하위유형처럼 거부하기보다는 자기 내면의 세계를 공유할 수 있는 완벽한 연인 또는 관계의 이상형을 고수하려는 욕구에서 탐욕을 보여 준다는 점으로 볼 때 4유형에 더 가깝다. 8유형과 연결된 성적 5유형은 그들과 함께 불 속에 뛰어들 누군가를 원한다. ―"우리 함께 새로운 경험을 해 보자."[33]

다음은 두 성적 5유형의 섹스와 사랑에 대한 설명이다.

> [그들]은 놀랍다. 당신이 감정적, 육체적인 차원에서 특별한 연결성을 나눌 특별한 사람을 찾는다는 것은 모든 사람이 가질 수 있는 가장 큰 감정이다.

> 한 사회로서, 우리는 더 많은 섹스와 사랑을 만들어 내야 한다. 사랑은 우리의 정서적 풍요 속에 중요한 역할로서, 섹스는 개인에 의해 공유된 아름다운 자연물로서.[34]

만약 이들이 자신에게 중요한 관계를 발견한다면, 다른 5유형에 비해 더 감정적으로 개방되고 낭만적일 수 있다. 그러나 다른 사람들이 충족시키거나 유지시키기 어려운 높은 기대치를 가지고 있다. 이것이 바로 5유형이 섹스와 사랑은 '과대평가'된 것이고 '멋지지만 고통스러운'[35] 것이라고 답한 이유이다. 다른 두 본능적 추동과 다르게, 성적 5유형은 관계에서 비밀을 원하지 않는 공포대항형이다. 1989년 고전영화 〈섹스, 거짓말 그리고 비디오 테이프Sex, Lies, and Videotape〉는 발기부전이자 방랑자였던 그레이엄(제임스 스페이더James Spader 출연)이 여성들의 삶과 섹슈얼리티 그리고 성적 판타지에 대해 한 인터뷰를 비디오 라이브러리로 만드는 내용이다. 이들은 서로가 비밀을 공유하는 전형적인 관계에서의 성적 5유형이다.

억만장자 폴 게티Paul Getty는 성적 5유형이었을 가능성이 크다. 그는 만족할 줄 모르는 성욕을 가졌으며(100명 이상의 연인), 80대까지 자신의 성 능력을 유지하기 위해 '섹스 마약'이라고 불리는 H3를 복용한 것으로 알려져 있다. 전형적인 5유형처럼, 그는 자신의 성적 연애 상대들을 꼼꼼하게 책에 기록했다. 그는 값비싼 이혼 비용보다 캐주얼 섹스가 훨씬 낫다는 것을 깨닫기 전까지 다섯 번의 결혼을 했다. 그러나 자신의 자원이 약탈당하는 것이 두려웠던 그는 상대 여성으로 하여금 임신에 대한 어떠한 책임도 그가 면할 수 있는 문서에 서명하도록 하였다. 그는 자신의 사생활에 대해 논란될 이야기를 할 수 없었다. 그렇지만 미디어를 통해 자신이 상처를 피하기 위해 여성과 절제된 거리를 유지했다고 고백한 적이 있다.[36]

4유형의 감정적 강렬함과 5유형의 정신적 초점이 합해진 성적 5유형은 이들이 탐구할 수 있는 어둡고 깊은 곳의 성적 판타지를 가장 중시한다. 육체적 섹스는 머릿속의 잡음을 해소하는 방법이 될 수 있다. 이들이 분열되고 섹스의 더욱 지저분한 측면을 향해 이동함으로써 더 자주 이 어두운 세계에 머문다.

날개

4번 날개를 지닌 5유형(부성애와 모성애 대항형): 이 날개유형에서 5유형의 지식은 4유형의 창조성과 만난다. 리소/허드슨의 에니어그램 전통에서 '인습타파주의자^{Iconoclast}'인 이 5유형은 낭만적인 대상들을 조롱한다.[37]—"나는 맹목적으로 이끌리는 대중으로부터 돈을 빼 가기 위한 상업적 선전물의 일부가 될 준비가 되어 있지 않습니다." 이들은 자신의 일상에 관한 한 상당히 비실용적일 수 있다. 예를 들어, 450달러짜리 청구서에 4,500달러를 지불하고 그 차이를 알아차리지 못한다. 4유형의 감정은 5유형의 초연한 감정과 결합되어 혼란을 일으킨다. 그러나 상상력과 개념화는 새로운 창작과 사고방식을 낳을 수 있다.

게다가 4유형의 창조성과 자기성찰은 머릿속 공간으로 도피하려는 5유형의 욕구와 더불어 에니어그램 유형 가운데 가장 독립적이고 은둔적인 유형 중 하나를 만든다(5번 날개를 가진 4유형과 함께). 이들에게 관계를 형성한다는 것은 문제가 될 수 있다. 이 5유형은 현대판 산속의 은자^{hermit}가 되길 선호할 수도 있다.

6번 날개를 지닌 5유형(이중 부성애): 여기서 5유형은 6유형의 충성심을 만난다. 이중 사고-두려움 유형으로, 6유형의 신뢰 문제는 5유형의 지적이고 은밀한 욕구와 결합한다. 관계는 신뢰할 수 없다. 그러나 지식은 가능하다. 지식은 자신의 가슴 그리고 몸과 함께 연결되는 것을 어려워하며, 이들의 우선순위 목록에서 관계를 부차적인 것(또는 더 낮게)으로 만드는 말하는 머리 talking head*이다. 이들은 사무실 동료들과 함께하고자 노력하지만 자기도 의식하지 못한 채 크게 웃거나 부적절한(심지어 상처를 주는) 발언을 하는 사람일 수 있다. 이들은 다른 사람들과 상호작용하기보다 관찰하는 것을 즐길지도 모른다.[38]

이 날개유형은 성적으로 자연스럽지 못하고 모든 것을 지적인 관찰로 바꿔야만 하는 필요성으로 파트너를 불만스럽게 할 수도 있다. 이들은 신체적으로는 존재할 수 있지만 감정적으로는 결코 방에 들어가 본 적이 없다. 다음은 이것에 대한 5유형의 표현이다.

내가 섹스를 하고 있을 때조차, 나의 생각들은 다른 성적 판타지에 빠져 있을 수 있습니다. 파트너는 종종 이것을 알아채고 잘 받아들이지 못합니다. 내가 가지고 있는 실질적인 문제는 섹스를 하고 있는 그 순간 내 머리에서 빠져나가는 것입니다. 왜냐하면 나의 생각은 항상 이것 또는 저것을 궁리하기 때문입니

---

* 역자 주: 어떤 주제에 대한 그들의 의견을 말하기 위해 TV 토론 프로그램이나 인터뷰에 나오는 사람들을 지칭한다.

다. 심지어 진정으로 누군가에게 매력을 느낄 때조차 나는 어떤 접근법을 취할
지 확신하지 못해 보통은 잘난 척하기 위해 노력합니다.

만약 도전을 받으면, 이들은 상대에 반응하거나 무시하게 될 수 있으며, 때
로는 자신의 기이한 발상에 동의하지 않는 사람들을 무심히 조롱할 수 있다.

성적 존재로의 이동

5유형의 성적 완성을 방해하는 것들

5유형은 파트너가 할 수 있거나 또는 그들에게 주기 원하는 것 이상을 요
구할 수 있다는 두려움이 생길 때, 자신의 진정한 현존으로부터 뒷걸음질 치
며, 가슴으로부터 연결되는 것이 아닌 섹스를 통해 자신의 방식을 연구한
다.—"음……. 그녀는 내가 이렇게 했을 때 그걸 즐기는 것처럼 보이는군. 왜
그럴까?"
다음의 두 5유형이 시사하는 것처럼 섹스를 포함한 인생의 즐거움을 진정
으로 향유할 수 있는 능력을 약화시키는 결과를 초래할 수 있다.[39]

아마 나의 유형은 섹스와 성욕 모두를 약화시킬 것이다. 심지어 오랜 파트너
조차 안전하다고 느끼기 위해서는 많은 시간이 소요된다. 침대에서 나는 매우
바쁘게 분석하고 앞으로 일어날 일들을 처리하기 위해 노력한다. 나는 그냥 흘
러갈 수도 현존할 수도 없다.

문제풀이는 섹스를 하는 것만큼이나 매우 높은 점수를 나에게 줄 수 있다. 아
마도 그 이상일 것이다. 섹스 자체는 내가 풀어야 할 문제이다. 섹스에서 내가

경험한 그 문제의 해결책을 떠올리거나 또는 머릿속으로 새로운 기술을 탐구하고 그들이 만족해할지 궁금해한다.

5유형은 자신의 감정을 처리하기 위해 혼자 있는 시간이 필요하다. 그러나 만약 이들이 그 순간 파트너와 자신의 감정을 공유하고, 서로의 신체를 연결한다면, 그것은 세 개의 중심 모두를 개방할 것이다. 머리, 가슴, 몸(장)은 더 깊은 성적 경험을 허용한다.

5유형이 성적으로 현존할 수 있는 방법

세상 그리고 다른 사람과 관계를 맺으라: 우리 모두가 원하는 친밀감을 얻는 것은 위험을 무릅쓰고 세상을 향해 나아가 그 일부가 되어야 한다는 것을 의미한다. 5유형은 자신의 관계에 머무르고자 하는 용기를 찾을 때, 감정과 연결될 수 있다. 그리고 그 순간 자신을 표현할 수 있을 때, 진정한 현존과 무집착을 향해 나아간다.

풍요를 보라: 5유형은 세상을 자신과 다른 이들에게 충분한 자원이 있는 풍요로운 장소로 시각화하기 위해 뛰어난 상상력을 발휘해야만 한다. 한 번 사정할 때 얼마나 많은 정액이 있는지를 생각해 보라. 약 28.35g당 6억~30억 개의 정자세포가 있다. 한계는 오직 자신의 믿음 안에서만 존재한다.

지식은 힘이 아니라는 것을 알라: 마음은 오직 존재의 한 단면일 뿐 전체가 아니다. 안전을 위해 지적 공간으로 이동하는 것은 당신의 잠재력을 탐구할 기회를 놓치는 것이다. 5유형은 자신이 이러한 행동을 할 때 깨어 있어야 하고 회피하는 감정 또는 근본적인 이유를 찾을 필요가 있다. 이들이 섹스에 대해 더 많이 알고 엄청난 양의 연구를 한다 해도 모든 것을 알고 있지 않다는 점을 인정해야만 한다.

자신의 몸, 감정과 함께 교감하라: 5유형은 몸과 감정의 욕구를 관찰할 필요가 있다. 그것은 파트너의 성적 욕구를 인지할 수 있는 문을 열어 줄 것이다. 이들은 자신의 감정과 신체적 감각을 인식할 필요가 있다.—"나는 배가 고픈가? 이 손길은 느낌이 좋은가?" 섹스는 풀어야만 하는 문제가 아니다. 그것은 촉각, 감각, 그리고 공유된 감정에 관한 것이다. 그것이 바로 진정한 현존으로 떠오르는 것이다.

성찰 질문

참조: 당신의 유형과 상관없이 이러한 질문에 답하는 것은 유용하다.

- 지적으로 가능성을 탐구하고 연구하는 데 집중하려는 당신의 욕구가 파트너에게 감정적으로, 육체적으로 다가가려는 당신의 능력에 영향을 미치는가?
- 당신은 성을 쉽게 고갈될 수 있는 자원으로 보는가?
- 성적 상상, 관찰 그리고 개념화가 다른 사람들과 진정한 관계를 맺는 능력을 대체하는가?

제**12**장
9유형:
관능적인 연인

9유형의 좌우명: "그건 당신에게 아주 좋았어, 그렇지?"

연인으로서의 9유형: 9유형의 연인은 대체로 느긋하고 수용적이다. 그리고 기꺼이 기쁨을 준다(만약 그것이 당신을 행복하게 한다면). 감각적이고 복잡하지 않은 연인이지만, 하찮은 문제로 난리를 치는 것은 그 과정에서 자신의 각성을 잊는다는 의미이기도 하다. 이들은 힘든 하루를 훨씬 좋게 보이게 만드는 놀라운 치유능력을 가질 수 있다. 그리고 이들의 생생한 상상력은 섹스에 더해지는 향신료가 된다.

9유형의 후퇴: 내내 백일몽을 꾸거나 또는 자신의 자아감을 상실하는 것. 파트너와 동화되는 것은 9유형의 성적 갈망과 욕구가 무엇이었는지조차 알지 못하게 되는 또 다른 도피 수단이다. 일부는 도피를 위해 섹스를 사용할 수도 있다. 즉, 육체적인 섹스에 빠져들지만 감정적으로나 정신적으로 드러내는 것을 회피하는 것이다.

당신의 유형은 아니지만 9유형과 관련이 될 수 있는 측면: 당신이 1유형이나 8유형(날개) 또는 3유형이나 6유형(해방과 왜곡 지점)일 경우

사랑 유형(모성애): 9유형은 다른 사람들을 잘 보살핀다. 그러나 이들이 통합되지 않았을 때 자기 자신을 돌보는 능력은 현저히 떨어진다.

> **관계 신념:** "당신을 기쁘게 하는 모든 일이 나를 위한 것이다.", "나는 문제가 없다."
>
> **성적 좌절감:** "나는 지금 이대로가 좋아. 왜 자꾸 나에게 섹스 방식을 바꾸라고 압박하는 거지?", "섹스 중 어떤 자세를 좋아하는지 계속 묻지 좀 말아. 나는 답을 몰라."

9유형의 섹슈얼리티 이해

간략한 요약

'나무늘보^{sloth}'라는 단어는 포르투갈어의 '느림' 또는 '게으름'의 의미를 가진 *'preguiça'*에서 유래했다. 9유형이 반드시 게으른 것은 아니다. 나는 9유형의 마라톤 선수와 짐 버니$^{gym\ bunnies}$*들을 알고 있다. 그러나 게으름은 정신의 게으름, 스스로 자기 자신을 드러내지 않으려는 것, 그리고 변화에 대한 느린 저항 등으로 나타날 수 있다. 무관심과 나태함은 관용과 사람 좋은 쾌활함에 의해 감춰진다. 다른 사람들에게 9유형은 만족의 열쇠를 찾은 것처럼 보인다. ―9유형의 파트너는 "당신이 스트레스를 받고 있다는 것을 믿을 수가 없어."라고 말할 것이다.

9유형은 외견상으로 주변 세상의 영향을 받지 않는 듯 삶을 행복하게 살아간다. 이들은 파트너 또는 사회 집단의 신념이나 의견을 쉽게 받아들인다. 9유형은 넉넉한 마음을 소유한 관망자$^{fence-sitters}$이다. 좋은 소식은 파트너의 제안을 기쁘게 수락할 것이기 때문에 훌륭한 연인이 될 수 있다는 것이다. 나쁜 소식은 때로는 9유형과 사랑을 나누는 것이 무생물과 사랑을 나누는 것처

---

* 역자 주: 체육관에서 운동하는 데 시간을 많이 소비하고 몸의 모양과 상태에 매우 신경을 쓰는 사람을 지칭한다.

럼 느껴질 수도 있다는 것이다. 이들의 몸은 여기 있지만, 마음은 다른 어딘가에 있다.

9유형은 본질적으로 착하고, 다른 이들에게 상처나 고통을 주길 원치 않는다. 이들은 타인의 비위를 맞추는 사람people-pleasers들이다. 9유형은 타인의 호감을 얻기 위해 친절하고 힘이 되는 훌륭한 경청자가 된다. 이들에게 우유부단함은 불편한 선택보다 훨씬 나은 것이다. 그래서 불편한 것들은 대결을 두려워하지 않는 사람에게 떠넘긴다(만약 그게 뜻대로 되지 않는다 해도 자신의 책임은 없다). 곤란한 상황을 피하기 위해 기꺼이 사과를 하고(심지어 자신이 잘못한 것 아닐지라도) 일반적으로 자신의 행동에 대한 책임을 수용한다. 이들은 파트너로서 흐름을 따르고 충직하다. 때로는 분노와 함께 폭발할 수도 있지만 재빨리 평화를 되찾는다. 그것이 비록 수동적 공격방식일지라도 말이다.

9유형은 에니어그램의 평화주의자이며 중재자이다. 일반적으로, 이들은 싸우는 가족이나 친구 사이에서 스스로 이러한 역할을 수행한다. 때로는 자신을 9유형으로서 인지하는 데 어려움을 겪을 수도 있다. 그 이유는 자신이 타인과 결부되어 있어 타인의 유형을 마치 자신의 것처럼 식별하거나, 여러 다른 유형의 일부를 자신에게서 찾을 수도 있기 때문이다.

9유형은 에니어그램 상징의 최상단에 위치해 있으며, 갈등과 고통, 그리고 공격성과 함께 신성한 영역인 상단에서 세속적인 영역인 하단으로 옮겨 간다. 여기서 이들은 자신의 신성한 영의 본성에 잠들었다.―이들은 자기 자신을 잊어버렸다. 작은 안식은 그것을 더 쉽게 견디도록 한다. 평화를 지키는 것은 험난한 세상을 고요히 하는 방법이다. 9유형은 이러한 평화의 안락함과 환상을 유지하기 위해 그것을 위협하는 자신의 분노, 어려운 변화, 고통스러운 감정, 결정, 분쟁, 그리고 강한 의견과 같은 모든 것을 부정하거나 회피해야만 한다. 그러나 이것이 없는 자신은 단지 껍데기가 될 뿐이다. 불은 켜져 있으나 집에는 아무도 없다. 9유형은 세상의 사소한 것들 속에서 길을 잃게 되었고, 더 중요한 문제들을 회피하게 되었다.―신성한 것은 스도쿠sudoku,

십자 낱말 퍼즐 등으로 대체되었다.

9유형의 발달

9유형과 이야기를 나누어 보면, 이들은 모두 행복한 어린 시절을 보냈다고 말할 것만 같다. 이들은 모든 것이 '좋은' 것이 될 필요가 있는 유형이다. 오직 많은 자아성찰 뒤에야 9유형은 자신의 모든 것이 행복하지는 않았다는 것을 인정할 수도 있다.

보통 9유형은 어린아이였을 때 자신이 무시를 당했다고 느꼈다. 즉, 가족 체계 안에서의 상실이다. 둘째아이 증후군middle-child syndrome은 흔하다. 그러나 항상 그런 것만은 아니다. 엄마는 일, 자신의 이익, 혹은 대가족을 돌보는 데 매달려 있었다. 어린 9유형은 소동을 피우지 말아야 한다는 것과 다른 사람들에게 화를 내지 않는 것처럼 자신의 욕구를 부정하는 것을 배웠다. 불평은 아무 소용이 없거나 무시되었다. 까다롭게 군다는 것은 자신으로부터 부모를 멀어지게 한다는 것을 의미했고, 어린 9유형은 '사랑'받기 위해 자신의 욕망을 승화시키는 법을 배웠다.

그 결과, 9유형은 목이 마를 때 물을 마시지 않거나, 배가 고플 때 먹지 않거나, 배가 부를 때를 알지 못하거나, 자신을 위해 사치스러운 마사지를 받지 않거나, 성욕과 연결되지 않게 될 수도 있다. 다른 모든 것이 더 중요한 것이다.―"나는 그저 이것(사소한 작업 삽입)을 해야 한다."

나란조는 많은 9유형이 4유형의 어머니를 가졌다고 기록하면서, 9유형과 1유형의 부모 또한 흔하다고 언급했다.[1] 다음은 9유형이 적은 내용이다.

> 나의 어머니는 1유형이었습니다. 어머니는 결정을 내리셨고 나는 내가 진짜로 원하는 것이 무엇인지 전혀 알지 못했습니다. 내가 입고 싶은 옷과 같은 욕구를 표현한다면, 어머니는 왜 내가 틀렸는지에 대해 아주 명확한 근거를 말씀하

셨습니다. 결국 평화를 지키기 위해 의견을 갖지 않는 것이 더 쉬웠습니다. 그것이 덜 고통스러웠습니다. 만약 의견을 가지고 있지 않다면, 무시당하거나 과대평가된다 해도 기분이 나쁘지 않기 때문입니다.

9유형은 인생의 문 앞에 서서, 다른 사람들을 먼저 지나도록 배려하며 누군가가 자신을 알아차리고 "먼저 들어가세요."라고 말해 주길 간절하게 소망하고 있다.

사랑에 빠진 9유형

통합된 9유형: 통합된 9유형은 울타리를 뛰어넘어 더 큰 선^{good}뿐만 아니라 그들 자신의 감정, 사고 그리고 욕망에 기반한 결정을 내릴 수 있다. 즉, 이들은 자기 자신과 통합되어 독립한다. 진정으로 만족하고, 평화와 조화를 구현한다. 그 때문에 이들은 다른 사람들로 하여금 여유로운 느낌을 갖도록 한다. 분노(자신의 것이나 타인의 것)는 더 이상 이들을 두렵게 하지 않는다. 관계에서 자신을 드러낼 수 있고 완전하게 현존하고 수용적이며 매력적이게 된다. 더 이상 자신을 열등하거나 우월하다고 보지 않고 동등하다고 여긴다.[2] 성적으로 다른 이들에게 순종하거나 더 지배적인 역할을 맡을 수 있지만, 자신이 가진 내면의 본질과 접촉을 잃지 않는다. 섹스에 대해 여유롭고 수용적인 자세로 접근한다. 그리고 자신의 욕구와 욕망을 전하며 감정적으로 깨어 있고 진실하다. 섹스는 자연적이고 본능적인 것이다. 그것은 현재의 일부이다.

자존감을 희생하며 파트너를 이상화할 필요가 없어졌고, 이들은 강력하고 고요한 신비주의자가 될 수 있다. 9유형은 관계에 차분하고, 현실에 기반을 두고, 평온한 존재감을 가져다주는데, 이것은 좀 더 긴장된 에니어그램 유형을 달래 준다. 이러한 까다롭지 않은 9유형은 진정으로 자신의 파트너들을 위해 존재한다. 이들은 말로 하는 그 이상만큼 손길과 직관을 통해 소통하는 세상의 안식처이다.

    평균적인 9유형: 9유형은 타인을 이상화하며, 자기 자신을 바라보고, 자신이 가진 욕구, 의견, 욕망을 덜 중요하게 여기기 시작한다. ─"나는 침대에서 우리가 뭘 하든 괜찮아요. 당신이 좋아하는 것을 선택하세요." 심지어 섹스가 마지막이 되어야 한다고 여겨도 이들은 논쟁을 하기보다는 옷을 벗는 것을 선호한다. ─"아뇨, 나는 기분이 별로예요. 그러나 당신이 오늘밤 섹스를 원한다면 좋아요."

    이들은 자신의 빛을 세상에 내비추길 바라지 않는다. 이것은 다른 사람들을 화나게 할 가능성을 가지고 있기 때문이다. 그래서 9유형은 마치 자신의 것처럼 파트너의 성취를 바라보면서, 파트너를 통해 대리만족하며 살기 시작한다(자신의 성공은 경시하면서). ─"나는 전혀 특별하지 않아." 이들은 (종종 무의식적으로) 자신의 파트너가 그들의 먼지를 닦을(투사하는) 현관매트가 되기 시작할 수 있다.

    이러한 9유형은 자신의 종교, 가족, 혹은 가장 정상적이거나 적절한 것으로 보이는 공동체에서 그런 역할을 맡게 될 수 있다. 섹스는 9유형의 섹슈얼리티에도 불구하고 거의 탐구가 없는 보수적인 것이 될 수 있다.[3] 이들은 순종적이 된다. 섹스는 단지 이들에게 벌어지는 일이다(최소 욕망의 예비단계에서). 이들은 솜사탕 위를 떠다니며, 자신의 세계로부터 분리되기 시작한다. 자신의 파트너가 성생활에 대한 문제를 논의할 때 그것을 듣고 있는 것처럼 보일 것이다. 그러나 9유형은 파트너의 좌절감을 감지하지 못한 채, 그들의 설명이 길어지면서 자신을 상실하거나 덜 감정적인 주제로 대화를 유도하려 할 것이다. 이들이 추구하는 바로 그 평화가 분노를 유발시킨다.

    애완동물은 진정한 인간 상호작용의 대체물이 되기 시작한다. ─"적어도 로버는 이해하겠지, 그렇지 우리 애기?" 술은 화를 가라앉히는 데 사용될 수 있다. 술 한 잔 기울인 세상은 보다 더 행복한 곳이다.

9유형의 마음속에, 파트너의 이상화된 모습이 이들로부터 더욱 멀어져 간다. 파트너는 자신의 연인이 자신과 상관없는 무엇인가에 집중하고 있기 때문에 자신이 말하는 것을 듣지 않는다고 느낀다. 9유형에게 삶이 늪처럼 느껴지기 시작한다. 불행한 관계, 상황 또는 직업에서 빠져나와 벗어나기가 어렵다. 9유형은 그 문제를 보거나 처리하길 거부했기 때문에 아무것도 해결되지 않는다. 이들은 말처럼 양옆을 볼 수 없고 앞만 보는 눈가리개^{blinkers}를 착용했다.—진흙 속으로 더 깊게 가라앉으며 "확실히 더 좋아질 거야."라고 말한다.

분열된 9유형: 관계 문제의 회피는 9유형이 더욱 수동적 공격형으로 되어감에 따라 견고한 저항의 벽으로 대체된다. 화는 억눌리고 오직 다음 감정폐쇄 직전에 폭발할 뿐이다. 행복한 관계의 환상은 한없이 멀어져 버렸다. 그러나 9유형은 현실을 보지 않고 외면한다. 이들에게는 버려지는 것보다 학대받는 것이 낫다.

억눌린 공격성은 우울증이 된다. 통합된 자아의 독립성은 만성적인 의존으로 악화되었다. 이들은 완강하고 다른 사람들의 도움을 거부하며, 모든 사람과 모든 것에 무감각해지는 완전한 부정 속에 머문다. 나와 이야기를 나누었던 한 9유형의 여인이 생각난다. 나는 지난 몇 년 동안 그녀가 이혼했다는 것을 알고 있었다. 그러나 그녀는 자신의 전남편이 다른 사람과 재혼했다는 사실을 완전히 부정했다. 그녀에게 그것은 일시적인 부재였으며, 그는 곧 예전의 결혼 관계로 다시 돌아올 것이었다.

분열된 9유형은 자신의 몸을 경시하고 외모나 옷에 거의 신경을 쓰지 않는다. 분노는 섹스를 억압하고, 이러한 상황에서 성관계는 발생하지 않을 것이다.

이들의 평화롭고, 자연스러운 행복, 돌봄의 에너지는 사람들을 끌어들인다. 9유형은 웃는 것만큼 쉽게 받아들이고 용서한다. 또한 다양한 분야에서 매우 큰 성취를 이룰 수도 있다. 모든 사람이 그들을 훌륭하며, 함께할 수 있는 사랑스러운 사람들이라고 말한다.

9유형을 닮은 데이트 광고

선샤인 수, 34세

당신은 내가 모든 일에 아마추어라고 말할 수 있습니다. 나는 서핑, 요리, 하이킹, 독서, 즐거움을 위한 그림 그리기, 가끔 하는 블로그, 십자 퍼즐과 동물을 사랑하고, 정리하는 것을 싫어합니다. 나는 많은 일을 하지만 아직까지 어떠한 상도 받아 본 적이 없습니다. 나는 독서 클럽, 작가 모임, 세이브 더 코스트라인 Save the Coastline 등 여러 클럽에 가입되어 있습니다. 나는 대부분의 사람과 잘 어울립니다. 이건 집에서 일을 할 때는 별로 도움이 되지 않습니다(나는 프리랜서 편집자입니다). 느긋하다는 말을 듣습니다(진짜입니다. 왜냐하면 논쟁을 좋아하지 않기 때문입니다). 만약 당신이 싸움을 잘하는 사람을 좋아한다면, 그냥 가세요!

내 삶과 그 안에 있는 사람들을 좋아합니다. 그리고 고양이를 좋아합니다. 고양이는 매우 독립적이고 털이 많습니다. 그렇다고 개를 싫어하는 건 아니에요.

내가 생각하는 멋진 밤은 좋은 영화와 함께 거실 소파 위에서 시간을 보내는 것입니다. 그러나 외식하는 것도 좋아합니다. 초밥, 이탈리아 음식, 스테이크하우스, 인도 음식 또는 멕시코 음식 등 모두 괜찮습니다. 그것들은 내가 찾는 것입니다. 남자들처럼 말이죠. 나는 진짜 '색깔'이 없습니다. 만약 당신이 어떤 것에 관심이 있다고 말한다면, 그것에 대해 듣길 원합니다. 내가 좋아하는 바에서 만나요. 아……, 잠깐만요. 다시 생각해 보니, 당신이 좋아하는 바는 뭐죠?

제이크, 34세

나는 34세이고 IT회사에서 스크럼 마스터로 근무하고 있어요. 밤낮이 바뀌어 일을 하고, 진심으로 내 직업을 좋아한다고 말할 수 있어요. 왜냐하면 이 직업은 나에게 사람들과 연결될 수 있는 기회를 주거든요. 그리고 어느 누가 월요일 아침 11시에 쇼핑을 한 뒤 공원을 찾아갈 수 있겠어요? 현재 내 인생의 사랑인 프레드라는 개가 있어요(네, 바셋이에요). 그러나 또 다른 이를 위한 공간도 있죠.

가족들은 나에게 정말 소중해요. 그리고 최소 1주일에 한 번은 가족들과 함께 즐거운 시간을 갖죠(나는 보드게임을 좋아해요). 언젠가 나만의 대가족을 가지는 것은 내가 항상 가지고 있는 꿈이죠. 아이는 많을수록 더 즐거워요. 갇혀 있기보다 삶을 경험하는 것에 더 많은 관심이 있습니다. 그래서 매일매일을 최고로 만들기 위해 노력하고 있어요. 주말이 되면 하이킹을 하고 집에서 느긋하게 책을 읽거나 또는 드라마를 볼 거예요.

무엇보다도 나는 파트너의 정직함과 배려를 중요하게 생각합니다. 만약 당신이 사소한 일에 구애받지 않는 진정한 사람이라면, 메시지를 보내세요.

분노

9유형은 8유형, 1유형과 함께 장(본능)형 중 하나이다. 이것은 이들이 분노의 문제를 가지고 있다는 의미이다. 이들은 거의 화를 내지 않기 때문에(그것은 평화를 깨뜨릴 것이다) 그것은 억눌려 있다. 많은 9유형이 어떻게 화를 내야 할지 모른다. 완강함, 감정적 부재, 혹은 수동적 공격 행동을 통해, 이들의 분노는 자신의 정신세계에서 무시된다. 또 다른 9유형은 갑작스럽게 분노를 쏟아 낼 수 있지만 결국 재빨리 수습한다.

9유형은 약속을 '잊는' 것, 늦게 등장하는 것, '사고로' 뭔가를 부수는 것, 중요한 정보를 잘못 배치하는 것, 섹스를 할 수 없는 자신을 깨닫는 것 등 무의식적인 방식으로 자신의 분노를 표현한다. 파트너에게는 무생물과 싸우는 9유형이 매우 실망스럽게 보일 수도 있을 것이다. 그 때문에 파트너는 9유형에게 화를 낼 수도 있다. 결국 9유형은 자신의 파트너에게 "나는 왜 당신이 화를 내는지를 모르겠어."라고 대답한다.[4]

게으름의 열정과 나태의 고착

성적으로 9유형은 카마수트라^{Kama Sutra}의 첫 번째 체위로 평생을 살아가는 것에 행복해할 수도 있다. "긁어 부스럼 만들지 말라^{If it ain't broke, why fix it}"* 이들은 익숙한 것과 자신의 공동체에서 '규범'으로 여기는 것을 선호한다. 나란조는 이것을 '로봇화^{robotization}'라고 부른다.[5] 그렇기에 이들은 성적으로 보수적일 수 있다.

게으름은 자기 자신의 생각, 의견, 감정과의 연결에 대한 나태함이나 무능력으로서 나타난다. 이러한 9유형은 표현하기보다 부정하는 경우가 많을 것이다. 파트너와 가족의 욕구는 자신의 것보다 더욱 중요하게 여겨진다. ─"가정은 당신의 마음이 있는 곳이에요."

사랑(섹스)을 나누는 동안, 일부 9유형의 사고는 분해되고 관련이 없는 생각 속에 떠돌아다니기도 한다. ─"내가 개를 밖에 내보냈나?", "세탁기가 아직 돌고 있나?" 침대에서의 행위보다 자신의 주변에서 무슨 일이 벌어지고 있느냐에 더 관심을 보일 수도 있다. 심지어 예정된 일정에서 벗어나거나 성적으로 흥분했을 때조차 느리게 행동할 수 있다. ─"우리는 월요일, 수요일, 금요일에 애들을 재운 후 정상위^{missionary position}로, 약 10분간 섹스를 합니다.", "우리는 잠잘 시간에 섹스를 합니다. 지금은 잘 시간이 아니라서 정말 섹스를 하

---

* 역자 주: 일을 크게 만들지 말라는 뜻이기도 하지만, 전통적인, 변화 없이 예전 것을 고수하는 것을 뜻하기도 한다.

면 안 되는데……. 아니면 당신은 우리가 해야 된다고 생각하나요?"

9유형의 침실 엿보기

9유형에게 침실은 스타일보다는 편안함을 위한 공간이다. 가끔씩 자신의 무기력을 떨쳐 내고 침실을 다시 꾸미려고 시도할 수도 있다. 그러나 대개 이들은 침실을 정리한 뒤 다시 엉망진창이 될 것을 신경 쓰고, 그 일이 너무 많은 혼란을 야기할 것이라고 결론 내릴 것이다.

보통 9유형은 애완동물을 좋아한다(애완동물은 조건 없이 사랑하고 불편한 분위기를 만들지 않는다). 마치 그들이 소유한 공간인 양 침대에서 뒹굴고 있는 개나 고양이 몇 마리를 기대하라(아마도 그럴 것이다).

책 더미, 잡지, 미완성 프로젝트 등 잡동사니 또한 문제가 될 수 있다. 이들은 침실에서 TV를 즐기고 종종 자신의 진정한 자아에 귀를 기울이는 것을 차단하기 위해 그것을 켠 채로 남겨 둔다. 침실을 정리하는 데 많은 시간을 투자하는 것처럼 보일 수도 있지만, 대부분의 경우 별다른 변화가 없다(만약 강한 1번 날개를 가지고 있지 않다면). 오늘 아침 깔끔했던 침실은 오후가 되면 다시 지저분해질 것이다. 실내장식은 시간이 지남에 따라 색이 바랠 수도 있다. 그러나 이것은 9유형에게 큰 걱정거리가 되지 않는다. 일반적으로 이들이 애호하는 방은 따뜻하고 편안한 공간이다.

판타지와 에로티카

관능적인 9유형은 삶의 대부분을 다른 이들의 소망에 순종하며 살아왔다. 그렇기 때문에 거꾸로 다른 사람들이 자신의 욕망에 순종하는 판타지는 스릴감을 줄 수 있다. 9유형은 이렇게 말한다.—"나는 섬세한 연인입니다. 주도권을 쥐었다가 아니면 파트너에게 넘기는 것 사이를 쉽게 오갈 수 있습니다. 그것이 그들이 즐기는 것이라면 말이죠. 나는 매우 유연하고 그러한 방식에 대해 수용적입니다."

에니어그램의 유형 가운데 가장 관대하고 느긋한 9유형은 판단하지 않고 파트너의 별난 점이나 변태적 성향을 받아들일 수도 있다. 한 9유형은 이렇게 고백했다. — "물론, 그는 온라인 포르노를 많이 보죠. 그러나 그건 긴장을 풀어 주고 그를 행복하게 해요. 나는 그거면 좋아요."

주로 배경에 익숙했던 9유형은 판타지 속에서 자신이 쇼의 주인공이 되도록 허용할 수 있다. 이와 달리, 판타지에서 압도적인 힘을 가진 존재는 다른 여러 유형에게도 일반적이지만 9유형은 그것에서 매력을 발견할 수도 있다. 왜냐하면 판타지는 일종의 죄책감뿐만 아니라 선택이나 책임까지도 면제해 주기 때문이다. 이들은 섹스에 복종할 것이다.[6] — "그가 나에게 이렇게 했어."

5유형과 같이 9유형은 직접 섹스에 참여하기보다는 관찰하는 것을 즐길 수도 있다. 파트너가 너무 많은 것을 요구한다면(성적으로나 다른 것이나), 9유형은 그들과 하나가 되는 것이 두려울 수도 있다. 이것은 또 다른 극단에 빠지는 단절이다.

성애물은 방해받지 않고 즐길 수 있는 것이다. 당신은 평화로운 환상의 장소에서 맥주를 마시거나 중간에 와인을 한 잔 기울이며 섹스를 할 수 있다.

성별이 다른 9유형

9유형의 여성: 정해진 일상은 9유형이 건강한 성관계를 보는 방식이다. 보수주의는 문제를 일으킬 가능성이 적다. 왜냐하면 그것은 적극적이고 열정적인 참여를 멈추기 때문이다. 반면에 파트너는 약간의 변태성을 즐길 수도 있지만 너무 특이한 것은 9유형에게 불편하다. 이러한 강직성은 9유형을 따분한 연인으로 인식시킬 수 있다. 즉, 안정적이지만 화끈함이 부족하다. 이들은 흔히 요부와 같은 유형이라기보다 강직하다. 대부분의 9유형에게 외모는 큰 관심사가 아니다. 그래서 자신이 가진 신체적인 외모의 강점을 최대한 활용하지 않을 수도 있다.

파트너가 탐구적이라면 9유형은 따라갈 것이다. 섹스는 가정에 평화를 만들고 일부는 서로 간의 불화를 화해시키는 기회이다. 때로는 하기 싫은 일처럼 느껴질 수도 있다. 그러나 만약 그것이 자신의 파트너를 행복하게 할 수 있다면, 그것은 자신을 행복하게 하는 것이다. 이 9유형은 다음과 같이 말했다.

> 나는 우리 관계에서 다른 것을 시작하는 일이 거의 없습니다. 그건 밥^{Bob}에게 맡기죠. 내가 뭔가 다른 생각을 좋아하지 않는다는 것은 아니에요. 그가 그것을 해 보길 원한다면 보통은 찬성해요. 그러나 만약 내가 뭔가를 시작했는데 그게 나쁘게 끝났다면, 어색해지거나 심지어 갈등을 일으킬 수도 있어요. 나는 그런 걸 겪어 본 적이 없어요. 그리고 여전히 그런 위험을 지고 싶지 않아요.

457명의 커플을 대상으로 한 연구에서 9유형의 여성은 보통 6유형의 남자와 짝을 이루었고 그다음으로는 5유형과 8유형이었다.[7] 6유형과의 관계에서 9유형은 신뢰도, 충성도, 안정성, 안전 그리고 자유도를 포함한 예측가능성을 만들어 낸다.[8] 이러한 유연성에 대한 가능성은 다음 두 9유형 여성들에게도 찾을 수 있다.

> 나는 꽤나 보수적이에요. 가장 큰 탐구적 성적 행위는 다른 여성에게 완전히 푹 빠졌을 때였죠. 그러나 나는 너무 보수적이었고 그곳까지 가기가 어려웠어요. 예상대로 다시 이성애 관계로 돌아왔죠. 그러나 만약 다른 환경에서라면 내가 양성애자가 될 수 있었을지 궁금해요. 나를 이끌어 줄 사람을 만난다면 할 수 있을 것 같아요.

> 자유결혼 또는 일부다처제 관계가 흥미롭게 보이긴 해요. 그러나 내가 그것

을 할 수 있을지는······? 말도 안 되죠! 너무 큰 갈등 가능성을 가지고 있어요. 만약 솔직하게 말한다면, 가끔은 내가 범성애자가 될 수 있다고 생각해요.

9유형의 남성: 보통 9유형의 남성은 4유형의 여성과 결혼한다(에니어그램을 통해 보았을 때 가장 자기부정적 유형과 가장 권위 있는 유형의 역설이다). 사실 9유형의 남성과 4유형의 여성의 만남은 두 번째이다(8유형의 남성과 2유형의 여성이 가장 흔한 경우이다).[9]

또 다른 9유형 남성의 일반적인 파트너는 강한 8유형의 여성이다. 자기 주장이 덜한 자신보다 더 적극적인 파트너에게 끌릴 수도 있다. 그 여성은 파트너의 지휘관 역할을 떠맡아 공처가를 만들어 내는 결과를 초래할 수도 있다. 즉, 이들은 자신감을 키우고, 더 지시적이며, 덜 미루는 해방점(3유형)으로 이동할 수 없고, 용기와 자기 주장을 할 수 있는 왜곡점(6유형)으로 이동할 수 없는 9유형이다.[10] 만약 그 9유형 남성이 잘 통합되지 않았다면 그의 8유형 파트너는 그가 그녀에게 맞서지 않을 때 좌절할 수 있고, 그는 침묵으로 물러설 수도 있다.

다른 유형만큼 외향적으로 야망이 없고, 자존감이 결핍된 일부 9유형은 종종 자신이 미래의 파트너에게 줄 것이 거의 없다고 느낄 수도 있다. 파트너는 이들을 안전지대에서 밖으로 끌어내길 원할 수도 있다(금요일 퇴근 후에 피자, 맥주와 함께 월드 오브 워크래프트를 즐긴다). 그러나 고집 센 9유형은 완강하게 거부할 수 있다. 일부는 초기 관계에서 스트레스를 받기도 한다. 그래서 거절의 위험을 회피하고 집에 머물러 있으려 한다. 관계에 있어 9유형의 남성은 '좋은 남자'가 되길 원한다. 즉, 현재 처해진 상황을 뒤집지 않는 가정적인 남성이다.

뭔가 다른 일을 해야 한다(침실 안이나 혹은 밖에서)는 생각은 매력적이다. 그러나 좀처럼 그것을 시작하지 않는다. 만약 그녀가 한다면 기꺼이 나의 아내와 함께할 것이다. 내 만족감을 끝내기에 앞서 그녀가 오르가슴을 느꼈는지 확인한다. 만약 그녀가 행복하지 않다면 나도 행복하지 않다. 나는 전희에 오랜 시간을 쏟는 것을 즐긴다. 심지어 그것이 그녀의 머리를 쓰다듬는다거나 끌어안고 있는 것일지라도 말이다.

사랑 유형: 모성애

9유형은 양육을 한다. 이것은 무조건적인 모성애와 연관이 있다. 이들은 타인의 욕구에 초점을 두고 자신의 욕구를 최소화하는 데 삶의 대부분을 소모한다. 일반적으로 9유형은 수동적이고 순종적이다. 8번 날개가 강할수록 이들의 저항도 더 강해진다. 이들은 자신의 자녀들에게 더욱 강한 보호자가 될 것이다.

대부분의 9유형에게 자신의 섹스 경험은 다음과 같이 느껴질 것이다. ―"언제쯤 내 차례가 돌아올까?", "언제쯤 나에 관한 이야기가 될까?", "나의 파트너는 언제쯤 나에게 놀라운 것이 있다는 걸 파악하게 될까?"

낮은 성욕과 전쟁

9유형은 자신의 분노를 표현함으로써 평화를 깨뜨리는 것을 싫어한다. 만일 이들이 파트너에 의해 거부당했다고 느끼거나 파트너가 자신의 배려를 이용했다고 느끼면, 수동적인 공격으로 섹스를 거부할 수 있다. 침실은 아무 말도 없으며, 모든 것이 좋아 보이는(사실은 그렇지 않으나) 고요한 전쟁터가 될 수 있다. 무의식적인 차원에서 이것은 '건망증'으로 나타날 수 있다. ―"우린 섹스를 할 수 없어. 내가 약 먹는 걸 깜빡했어." 9유형은 섹스를 회피할 많은 이유를 찾을 수 있다. ―"루프loop가 너무 불편해." 남성은 발기부전의 형태를 취할 수 있다. 왜냐하면 누구도 비난할 수 없고, 그것은 명백히 악의가 없는 것이기 때문이다.[11] 어떤 상황에서는 질염이나 헤르페스 같은 질병조차 무의미한 애정 생활에 대한 항의의 표시가 될 수 있다.

무기력한 9유형에게 침실은 섹스보다는 잠을 자기 위한 공간에 더 가깝다. 섹스를 하려고 마음먹었지만 침대에 눕자마자 잠이 달콤하게 손짓한다. 9유형은 자기 자신을 선한 사람으로 본다. 확실히 의식적으로 타인에게 해를 끼치려고 하는 사람들은 아니다. 그러나 '나쁜' 사람은 그들의 그림자 속에서 은밀하게 나타난다. 공허함, 침묵, 의견이나 감정표현의 부족, 문제에 대한 무지에서 자신은 잘못한 것이 없다. ―"어떻게 당신이 나를 비난할 수 있죠?" 그러나 수면 아래에서 고요하고 절망스러운 전쟁이 계속될 수 있다.

커플은 여전히 상대방과 함께 있어 행복한데도 불구하고 왜 더 이상 그들에게 끌리지 않는지 혼란스러워하며, 이러한 성욕 상실에 대해 도움을 구할 수도 있다. 보통 9유형이 깨닫지 못하는 것은 자신의 공격성이 내면을 향해 자신을 꺼 버린다는 것이다.[12]

대조적으로, 일부 9유형은 섹스를 해방의 형태로 사용할 수도 있다. 다수의 섹스 행위/성적인 백일몽은 자신을 상실할 수 있는 9유형의 방식이 될 수 있다. 섹스에서 9유형의 본질은 자기 자신의 섹스 공간 속으로 표류함으로써 실종되는 것이다.

자신의 성적 욕구와 연결 불능

9유형이 에니어그램의 순서 가운데 마지막이라는 것은 적절하다. 이들이 살아온 대부분의 삶이 다른 사람을 먼저 보내고 기다리는 것이기 때문이다. 그것은 마치 자신의 존재가 없어지고 집안 가구의 일부분이 되어 버린 것과 같다. 9유형은 생각한다. ―위대해진다는 것은 자신을 취약하게 만들 것이라고……. 만약 자신의 빛을 너무 밝게 비춘다고 느낀다면, 그것은 빠르게 꺼질 것이다. 레이더 아래에서 비행하는 것은 더 안전하고 심지어 매우 성공적이기까지 하다. 9유형은 자신의 성취에 대해 다음과 같이 경시하는 경향이 있을 것이다.

내가 성공한 예술가라는 사실을 받아들이는 데 3년이라는 치유시간이 필요했습니다. 그것은 매우 큰 일이었고, 마치 내가 그렇게 되길 바라는 것처럼 보였습니다. 처음 그림을 그린다고 주변 사람들에게 말하기 시작했을 때, 그들 대부분은 그것이 집인 줄 알았던 것 같습니다.[*]

9유형은 파트너와 함께 자신의 판타지와 성적 욕망을 공유하는 데 애를 먹을 수도 있다. 이들은 둔감하거나, 집중하지 못하거나, 눈을 마주치지 못하거나, 장황해질 수 있다. 더 정직한 사람은 단순하게 말할 수도 있다. ─"나는 내가 뭘 좋아하는지 혹은 나를 흥분시키는 게 뭔지 모르겠어." 당신이 원하는 것을 알지 못하거나 감정을 전달할 수 없는 것은 성적 경험을 덜 강렬하게 만든다. 파트너는 섹스가 일방적인 것처럼 느껴지거나 또는 그들이 무엇을 해도 9유형을 만족시킬 수 없다고 느끼기 시작한다. 격정적인 불길에 부채질을 할 수 없는 파트너는 연인으로서 무능하다고 느낄 수도 있다. 좀 더 통합된 9유형 가운데 특히 8번 날개를 가진 9유형은 본능적으로 매우 관능적일 수도 있다. 그러나 종종 이것이 다른 사람들에게 미치는 에로틱한 효과를 인식하지 못한다.

9유형의 연인은 자신이 거절당하지 않았다는 것을 깨닫는 것이 중요하다. 더 나아가 섹스에 대한 인식을 편히 하고, 낭만을 통해 섹스에 대한 욕구를 만들어 낼 필요가 있다. 그러면 지저분한 접시와 끝마치지 못한 일들이 우선되는 것이 아닌 섹스가 즐거움의 중심이 될 수 있다.

---

[*] 역자 주: 그림이 아닌 집에 페인트칠을 하는 것

다른 이들의 욕구는 더 중요하다

다른 유형의 마음을 편하게 만드는 9유형의 뛰어난 수용성과 느긋하고 관대한 태도의 이면에는, 자신의 현실에 무감각해질 수 있는 모습이 있다. 리소Riso와 허드슨Hudson은 오직 타인만을 위해 존재하는 것 같은 9유형을 '아무 감정이나 관계없이nobody special[13] 존재하는 사람이라고 언급했다. —"당신의 소망은 나의 지휘관입니다." 이것은 이타적인 부처님으로 보일 수 있는 반면, 이들의 감정적 부재는 파트너에게 좌절감이 될 수 있다.

또한 9유형은 개성이 부족하다고 느낄 수도 있다. 특히 조용한 성향의 사회적, 성적 하위유형은 더욱 그렇게 느낀다. 만약 이들이 욕망을 가지면, 그것을 인지하지 못하거나 그것과 소통할 수 없는 것처럼 보인다. 그 문제에 직면하고 침실의 열기가 부족한 것을 논의하고자 시도하면 말없이 물러날 것이다. 이들은 부정적이거나 혹은 고통스러운 것을 싫어한다. 아무리 위협하고 도발해도 이들로부터 답을 얻을 수는 없을 것이다.

9유형은 자신의 몸과 분리될 수 있기 때문에 자신의 각성과 연결되지 않을 수 있다. 설령 흥분하더라도, 성욕을 넘어 집안일과 사소한 것들을 우선적으로 처리하려는 타고난 성향은 9유형이 즐겁게 십자 퍼즐을 계속하게 만들 수 있다. 만약 9유형의 파트너가 이러한 특성을 인식하지 못한다면 자신의 연인이 섹스에 관심이 없다고 생각할 수도 있다. 파트너는 9유형의 응답을 바라기 위해 먼저 자신의 욕구를 표현할 필요가 있다.

다른 이를 통해 살아가기

비록 성적인 9유형에 가장 가깝게 해당되는 것이지만, 누군가와 관계에서 9유형은 연인의 자세와 몸짓을 모방할 수 있다.[14] 이들은 파트너, 사교 모임, 가족 또는 친구의 이상화된 모습을 만들고, 자신의 이상화된 이미지보다는 다른 사람들의 이미지를 통해 살아가는 경향이 있다.[15] 대부분의 경우 이런 사람들 또는 모임은 9유형의 눈에 강한 주장을 가지고 있는 것처럼 보일 것이다. 이것은 9유형의 기운을 북돋아 주고, 이 세상 속에 자신이 더욱 깨어 있고 살아 있다고 느끼도록 돕는다.

9유형은 관계에서 돌보는 사람 또는 조력자의 역할을 맡을 수 있다. 또한 이들은 완전히 지배되고, 모든 자아감을 상실하고 매우 불만스러울 정도로 무기력하며, 심지어 어떤 유형에게는 지루해질 수도 있다. 다음은 이러한 9유형의 묘사이다.

> 이상한 건, 내가 가족을 부양하고, 육아를 많이 부담했지만, 그가 먹고 싶은 곳으로 가서 먹고, 그가 가고 싶은 곳으로 휴가를 가고, 그에게 맞는 시간에 식사를 했다는 것이다……. 그가 내민 준수 목록은 끝이 없다. 그러나 나는 그가 일처리를 다르게 하는 것을 제대로 본 적이 없다. 속으로는 화가 치밀어 올랐다. 하지만 화는 수년간 내게 감춰져 있었다. 내가 화가 났다고? 장난하는 거지? 그렇지?

이것은 재앙을 불러오는 방법이다. 왜냐하면 그들은 9유형의 순종적인 성격을 가지고 이득을 얻을 수 있기 때문이다(재정적으로나 다른 것이나). 당신이 자신을 부족한 존재로 생각한다면, 타인은 그에 따라 당신을 대접할 것이다. 마침내 자기 자신을 고려하기 시작했을 때 9유형은 여전히 자신의 음성을 듣지 못하거나, 너무 다른 방향으로 가 버려 이상하게 거침없이 내뱉는 것을 볼 수도 있다.

아마도 더 경각심을 일깨우는 것은 통합이 다른 사람들을 향한 외적인 것이 아니라 발전을 위한 단서를 찾기 위해 자신의 내면을 보는 것이 필요하다는 것이다. 당신이 자기 자신으로 존재하지 않을 때, 통합은 불가능하다. 만약 9유형이 통합된 파트너와 하나가 된다면, 그것은 과연 누구의 성장인가?

의사결정(또는 하지 않기)

9유형에게 '지금 당장 당신을 흥분시킬 수 있는 것은 무엇인가?'와 같은 작은 결정을 내리도록 요청해 보라. 그러면 당신은 그의 멍한 표정을 볼 가능성이 높다. 9유형의 파트너는 어쩔 수 없이 이들을 대신하여 결정을 내려야 할 수도 있다. 9유형은 행동하기까지 시간이 오래 걸릴 수 있으며, 떠나기로 결정하기 전까지 50년 동안 불행한 결혼생활을 유지할 수도 있다.

이들이 무엇을 원하고 있는지를 파악하는 것은 어렵다. 이들에게 압박이 가해졌을 때 '예'라고 답할 수도 있다. 그러나 나중에는 '아니요'를 의미했다는 것이 드러날 것이다. 만약 결정사항이 자신에게 익숙한 것을 바꾸는 것이라면("이번에 바이브레이터를 사용해 보는 건 어떨까?"), 좀처럼 직접적으로 대답하지 않을 것이다. 만약 답한다면, 그것은 단지 9유형이 생각했을 때 파트너가 듣고 싶은 대답이지 자신이 그 문제에 대해 실질적으로 느끼는 것은 아니다.

만약 9유형의 파트너가 스스로 우유부단하다면, 양쪽 모두 상대방이 먼저 행동을 취하기를 기다릴 때 엄청난 좌절감을 초래할 수 있다. 9유형들은 섹스를 시작할 때 습관적인 방식을 가질 수도 있다. 예를 들면, 다음과 같다.

① 화요일인가?
② 파트너와 술을 마신다.
③ 손을 뻗어 무릎을 애무한다.

이러한 접근 방식은 9유형에게 편안하게 느껴질 수 있지만, 더 모험적인 파트너에게는 시시하게 느껴질 수 있다.

본능적 추동

자기보존적 9유형: 사랑과 섹스에 대한 질문에서 일반적인 9유형의 응답은 "나의 성생활은 괜찮고, (나는) 아무 문제가 없다."이다.[16] 나는 이들의 파트너도 그 대답에 동의하는지 묻고 싶다.

9유형은 자신의 세상에서 불편한 것은 뭐든지 끄고 편안한 것과 섞어 버리는 방식을 추구하는 자신을 발견한다. 단절되었지만 만족하는 모습을 보이며, 9유형은 즐거운 탈출구로서 산만함을 이용할 것이다. 가정은 편안함을 사랑하는 자기보존적 9유형의 초점이 될 것이다.

일이 흥미롭고 스트레스를 받지 않는다면, 완전히 몰입된 삶에서 일시적인 휴식을 취할 수도 있다. 이러한 9유형은 현재에 기반을 둔 '세상의 소금'이다. 섹스는 좋은 생각일 수 있지만 독서 또는 TV 시청이 더 쉽기 때문에 선호될 수 있다(만약 섹스를 하지 않는 것이 파트너를 화나게 할 위험이 있다면, 이 경우 9유형은 섹스에 응할 수도 있다).

이들의 소박함은 자기보존적 9유형을 더욱 8유형처럼 만들고, 종종 8유형의 관능미를 가지지만 자기표현과 행동에 대한 욕구가 없다. 음식 또한 손쉬운 편안함을 제공한다. ―큐피드가 사랑의 화살을 날리지 않을 때, 햄버거와 감자튀김과 같은 음식은 외로운 가슴을 달래 줄 수 있다. 9유형은 파트너에게 친절하고 사랑스럽다. 이들은 자신의 행위에 대한 보답으로 돌아오는 아주 적은 사랑으로 살아갈 수 있다. 체스넛은 이러한 9유형이 사랑을 재미로 대체할 수 있다고 기술했다.[17]

신체적 외모는 크게 고민할 사항이 아니기 때문에, 이 자기보존적 9유형은 자신을 방치하는 경향이 있을 수 있다. 중독[18]이 따분한 일상에 스며들며, 자기보존적 9유형은 섹스를 그만둘 수도 있다. ―자신이 스스로를 사랑하지 않는데 왜 다른 사람들이 그렇게 하겠는가?

사회적 9유형(공포대항형): 이 9유형은 집단과 결합된다. 소속되고자 하는 욕구(대부분의 경우, 절대 자신이 그렇게 한다고 느끼지 않음)는 이들이 너무 수용적이고 잘못에 관대할 수도 있다는 의미이다. 다소 고립감을 느낀 사회적 9유형은 자기 자신의 욕구를 부정하며, 집단에 부담을 주지 않고 받아들여지기 위해 열심히 일한다.

이들은 공포대항형이다. 왜냐하면 자신의 게으름에 맞서 더 외향적이고 활동적이 되기 때문이다. 사회적 9유형은 이타적이고 소속되기 위해 엄청난 희생을 치르는 외향적인 사람이다.[19]

극도로 열심히 일하고, 모임이나 커뮤니티에서 상당히 활동적일 수 있다. 이들은 자신의 고통을 부인하고 내면의 슬픔을 숨겼던 어릿광대처럼 너그럽고, 재밌고, 웃길 수 있다. 친구나 파트너는 그런 9유형에게 "너는 절망해 본 적이 있니?"라고 물을 수도 있다. 이 사회적 9유형의 사랑과 섹스에 대한 응답은 일반적으로 즐겁고 재미있다. ―"[그들]은 모든 종류의 모험, 문제 그리고 놀라운 연결로 가득 차 있다."[20]

사회적 9유형은 자신의 기분이 좋지 않음에도 성적인 접근에 싫다고 말하기 어렵다는 사실을 발견할 수 있다. 혼자 있는 것을 두려워하고 파트너에 무조건적으로 자신을 희생하며, 떠나지 않고 학대의 대상이 될 수 있다. 이들은 가족이나 배우자를 부양하기 위해 열심히 일하고, 자신을 위한 시간이나 돈을 거의 남기지 않을 수도 있다. 충만한 삶을 살고 있지만, 자신의 내면은 방치된 채 공허하게 남겨져 있다는 것을 알게 될지도 모른다.

성적 9유형: 내가 성적 9유형을 생각할 때면, 나는 카힐 지브란^{Kahil Gibran}의 〈결혼에 대하여^{On Marriage}〉라는 시가 떠오른다.

서로의 잔을 채우되,
어느 한쪽의 잔만을 마시지 말라

서로에게 빵을 주되

어느 한쪽의 빵만을 먹지 말라

함께 노래하고 춤추며 즐거워하되

그대들 각자는 고독하게 하라

비록 하나의 음악처럼 울릴지라도

저마다 외로운 기타줄들처럼

　9유형은 이 지혜로운 현자의 말로부터 많은 것을 배울 수 있었다. 왜냐하면 성적 9유형은 행복하게 같은 컵으로 마시고, 같은 빵을 먹으며, 떼어 놓을 수 없는 자신의 파트너와 함께 하나의 선율에 춤을 추었기 때문이다. 진정한 결합은 서로 다른 존재가 아닌 두 개의 분리된 존재가 필요하다는 것을 배울 필요가 있다.

　만약 자기보존적 9유형이 편안함과, 사회적 9유형이 모임과 결합된다면, 성적 9유형은 파트너와 결합된다(또는 부모, 자녀, 친구와 같은 중요한 사람). 만일 섹스가 몸과 마음의 결합이라면, 성적 9유형은 그것의 본질을 나타낸다. ―이들은 다른 사람 속에서 자아감을 상실한다. 이들은 다른 사람과 함께 있지 않는 한 그럴 수 없다. ―"당신이 있기에 내가 있습니다." 자신의 일에 헌신적인 파트너(그들보다 일을 우선시하는)는 상대하기 어려울 것이다. 왜냐하면 자신이 파트너를 삶의 이유로 삼듯이 파트너 역시 그럴 것이기 때문이다. 인생의 목적은 '우리'가 된다.

　결과적으로 개인의 경계는 흐려질 수도 있다. 연결과 친밀감이 가장 중요한 관심사가 됨에 따라 파트너의 욕구를 채워 주기 위해 자신의 욕구를 희생할 것이다. 그것을 유지하기 위해, 이들은 당신의 요구를 잘 들어주고, 당신이 편안하도록 일정을 변경하고, 당신의 결정과 원하는 생활방식을 따라 쉽게 휘둘리는 사람이 될 것이다. 이 모든 것이 자신이 하고 있는 일이라는 것을 깨닫지 못한 채 말이다. 관계, 자기 주장의 결여, 다른 두 하위유형의 쾌활함에 집중하는 성적 9유형은 4유형을 닮을 수 있다. 파트너는 양육되고, 사랑받고, 이해받는다고 느낄 것이고, 그 반면 9유형 자신은 본인의 의견, 감정, 신념을 공유하고 있다고 주장할 것이다.[21]

9유형은 개인적으로 큰 손해를 치른다 하더라도 화가 난 것처럼 보이는 것은 무엇이든 회피할 것이다. 시간이 지남에 따라, 이것은 관계를 유지하는 방식으로 받아들여질 수 있다. 그리고 9유형은 그런 방식이 당연하다고 느끼기 시작할 수 있다. 이들은 자신의 화를 표현하기보다는 뒤로 물러서기 시작하며, 흔히 자신이 지닌 분노의 근원을 깨닫지 못한다. 보살핌을 받아 왔던 파트너는 성적 9유형이 분노의 화염 속으로 들어가 버릴 때 상대에게 버림받은 기분을 느낄 수 있다. 9유형이 누군가와의 관계를 떠나는 것은 여전히 어려운 일이다. ─이들은 "내가 알고 있는 악마가 더 낫다."라고 자신에게 말할 것이다.

특별한 유대감을 찾는 성적 9유형은 장벽을 허물고 깊은 유대감을 느끼기를 원한다. 그러나 이들이 원하는 그것이야말로 자신이 자아감을 가지지 않는다면 환상에 불과하게 될 것이다.

성적 9유형은 다른 두 하위유형에 비해 성적으로 더 탐구적일 가능성이 높다. 그러나 분노는 이들의 욕구를 약화시키고, 경직되거나 또는 발기부전(수동적 공격형 행동)이 될 수 있다. 그 대신에, 관계를 유지하고 매혹하기 위해 노력하는 것은 그들을 지나치게 성적으로 관계를 맺거나 심지어 문란하게 만들 수도 있다.

날개

8번 날개를 지닌 9유형(모성애와 성애): 이 날개유형에서 9유형의 평화는 8유형의 힘과 만난다. 8번 날개를 가진 9유형은 8유형의 힘과 행동, 그리고 9유형의 관대함과 포용력을 지닌 멋진 리더가 된다. 종종 당신은 CEO 또는 회사의 리더로서 이들을 만나게 될 것이다. 관계에서 덜 지배당할 가능성이 높고, 더 확고하고 강인한 8유형의 자세를 가지고 있다. 행동과 대립에 대한 8유형의 욕구는 평화롭고 게으른 9유형에게 역설을 만들어 낼 수 있다.—"나를 건들지 마." 물론 이러한 9유형은 상황에 맞닥뜨리게 되면 빠르게 후퇴할 것이다.

1번 날개를 지닌 9유형(모성애와 부성애): 9유형의 평화가 1유형의 완벽성과 만난다. 다른 날개유형보다 더 깊이 결합되어 자신에게 도움이 되지 않는 관계에 고착될 수 있다. 이들은 덜 외향적이고, 더 판단적이고 도덕적인 경향이 있다. 그리고 관계에서 옳은 일을 한다(비록 은밀하게 파트너를 악당으로 몰아넣는다 해도). 1유형의 부끄럽지 않고자 하는 욕구가 이들을 덜 탐구적으로 만드는 경향이 있다. 그렇지만 마음이 가장 큰 성기$^{sex\ orans}$라는 것을 고려했을 때 이 날개유형은 침실에 창조성과 생생한 상상력을 가져올 수 있다.

성적 존재로의 이동

9유형의 성적 완성을 방해하는 것들

파트너가 뜨거운 섹스를 위해 침실에서 기다리고 있을지도 모르지만, 9유형은 확연히 느껴질 정도로 자리를 비운다. 불만을 품은 이들은 일어나서 먹을 것을 찾고, 고양이에게 먹이를 주고, 설거지를 하고, 이메일에 답장을 쓰고, 싱크대를 청소한다. 이 겉보기에 관련이 없고 사소한 일은 9유형에게는 중요할 수 있지만 친밀감을 원하는 파트너의 욕구를 방해할 수도 있다.[22]—"곧 그리로 갈 거야……."

이들이 성장할 때, 일과 숙제는 즐거움과 놀이보다 앞서 있었다. 특히 1유형의 부모를 가졌을 때 더욱 그러하다. 이것은 나중에 섹스 직전 집안일/직업과 관련된 일에 빠진다거나 자신의 욕구(섹스를 포함)는 중요하지 않지만 청소는 중요하다는 것으로 해석된다(집안일을 다 마칠 때쯤 9유형은 섹스하기에는 너무 피곤할 수도 있다). 이 모든 것은 파트너로 하여금 자신의 9유형 애인이 변명을 하고 있다거나, 섹스를 원치 않는다거나, 낮은 성욕을 가지고 있다거나 혹은 파트너로서 자신이 충분히 매력적이지 않다고 느끼게 할 수 있다. 이러한 모든 것은 9유형의 역동을 이해하지 못하는 상대에게 상처가 될 수 있다.[23]

표면적으로 9유형은 완벽한 연인인 것처럼 보일 수도 있다. 이들은 파트너의 욕구를 자신의 것보다 더 중요시하고, 자신의 감정과 정서에 가치를 두지 않으며, 성적 충동을 부인할 수 있다. 이런 극단적인 자기부정 속에서 이들은 자기 자신이 걱정할 만큼 충분히 중요하다고 생각하지 않고, 할 일이 너무 많다고 느낀다.

산드라 마이트리Sandra Maitri는 9유형이 단순히 자신의 몸을 가지고 있기보다 느껴야 할 필요가 있다고 기술했다.[24] 훌륭한 섹스는 자아의 세 가지 모든 면에 연결되어 존재하는 것을 의미한다(정신적, 감정적, 본능적). 파트너는 자신의 몸으로 연인을 끌어오기 위해 그리고 흥분을 불러일으키기 위해 9유형의 성화sexual fire에 불을 지필 필요가 있다.

9유형이 성적으로 현존할 수 있는 방법

자아와 하나가 되라: 9유형에게 치유는 파트너, 모임, 혹은 자신의 다양한 안락함을 통해 오는 것이 아니다. 자신이 가진 성적 욕구, 욕망 그리고 생각을 인정하며 자신과 하나가 됨으로써 이루어진다. 심지어 타인과 친하게 지낼 때도 자신의 정체성을 유지할 필요가 있다. 통합의 길은 파트너의 이상화된 모습을 통해 살아가는 것이 아닌 진정한 자신이 되어 가는 데 있다.

자신의 욕구를 동등하게 여기라: 9유형은 자신의 욕구를 파트너의 욕구와 동등하다고(더하거나 덜하지 않은) 여길 때 자아실현을 이룰 수 있다. 그것은 자기기억self-remembering의 과정이며, 자기가 생각하는 것보다 자신이 더 중요한 존재임을 깨닫는 것이다.

변화에 가슴을 열라: 통합된 9유형은 탐구하고 다양한 것을 하는 데 개방되어 있다. 당신이 노력해 보았다면 효과가 없어도 괜찮다. 이들의 생생한 상상력을 사용하면 섹스에 짜릿함을 가져올 수 있다.

현실에 개방적이 되라: 9유형은 이 보편적인 역설을 받아들일 필요가 있다. 이들은 관계의 '좋은' 부분에만 매달려 있다. 그 결과, 깊이와 균형의 가능성을 잃어버린다. 때때로 행복한 시간은 덜 충만함을 요구하기도 한다. 그대로도 괜찮다.

자신의 욕망에 초점을 맞추라: 즐거움을 가질 권리를 인정하는 것은 현존으로 이끈다. 그리고 주방이 깨끗하지 않다고 해서 세상이 멈추지 않는다. 9유형은 자신의 섹슈얼리티를 즐길 자격이 충분하다. 그러나 자신의 몸과 연결될 필요가 있다. "내 몸에서 감정적인 고통이 느껴지는 곳이 어디인가?"라고 묻는 것은 자신의 신체연결을 기억하는(그리고 다시 떠올리는) 좋은 방법이다.

당신이 원하는 것은 무엇인가?: 9유형은 자신이 섹스에서 원하는 것이 무엇인지를 고려하고 파트너에게 말로 표현할 필요가 있다. 일기 쓰기는 자신의 생각과 감정을 강화하는 데 도움이 될 수 있다.

분노를 인정하고 풀어 주라: 화는 친밀감을 막는 방어장벽을 만들어 낸다. 파트너를 향한 자신의 분노를 인식하고 그것을 억누르기보다는 대처하는 것이 치유이다.

성찰 질문

참조: 당신의 유형과 상관없이 이러한 질문에 답하는 것은 유용하다.

• 당신의 평화를 유지하려는 욕구는 자신의 성적 욕망 및 표현과 관련된 능력에 어떤 영향을 미치는가?

• 이것은 파트너에게 어떤 영향을 미칠 수 있는가? 그리고 당신에게는?

• 파트너와 일치되려는 경향은 당신에게 어떤 영향을 미치는가?

• 섹스는 당신과 파트너 모두에게 치유이며, 친밀함을 주는 공간인가? 아니면 상대의 욕구를 충족시키는 것과 더 연관된 것이고, 그것을 통해 관계의 조화를 유지하는 것인가?

• 당신의 성욕과 욕망은 무엇인가?

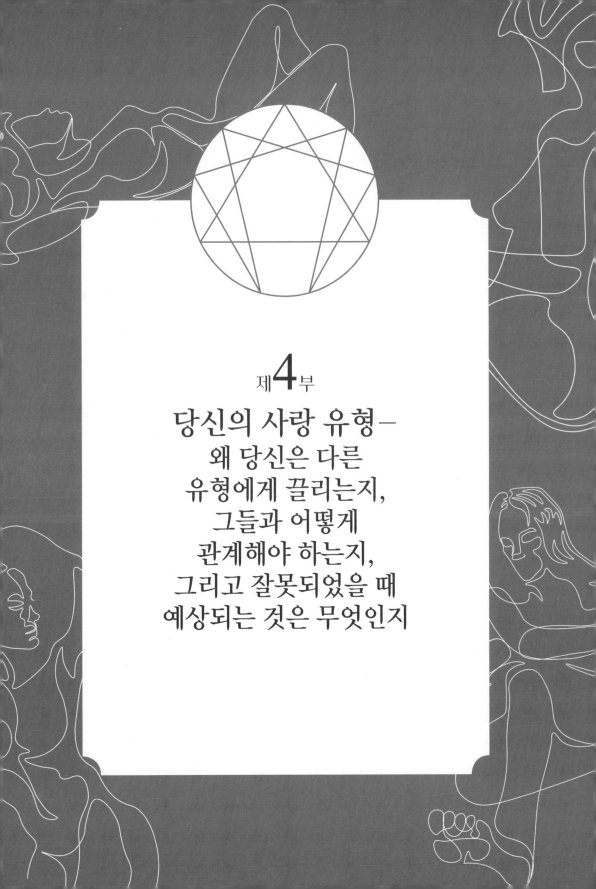

제**4**부

당신의 사랑 유형–
왜 당신은 다른
유형에게 끌리는지,
그들과 어떻게
관계해야 하는지,
그리고 잘못되었을 때
예상되는 것은 무엇인지

제**13**장
왜 당신은
다른 유형에게 끌리는가

최고의 연인은 어떤 유형인가

답은 간단하다. 가장 통합된 연인이다. 당신과 자신의 파트너는 더욱 통합될수록 더 개방되고 현존할 것이다. 그리고 당신은 더욱 친밀한 섹스를 경험할 것이다. 만약 당신의 연인이 분열되어 있다면, 어떤 유형인지와 상관없이 에고^{ego}가 운전석을 차지할 것이다.*

그러나 후퇴형, 전진형 그리고 조건형의 문제가 있다. 만약 두 후퇴형이 관계를 맺는다면, 상호 간 후퇴의 욕구에 대한 이해가 있을 수 있지만, 불꽃은 덜 튀길 것이다. 두 전진형 사이에서는 때때로 흥미진진할 수 있지만 직면에 대한 끊임없는 욕구가 과하게 넘쳐날 수도 있다. 두 조건적 유형은 특정한 조건을 충족하는 데 너무 집중해서 섹스를 잃어버릴 수도 있다.

각 유형을 짧게 살펴보면 다음과 같다.

---

* 역자 주: 커플과의 상담에서 가장 많이 받는 질문이 있다. 그것은 자신은 무슨 유형인데 어떤 유형의 남자/여자를 만나야 하느냐는 것이다. 결론부터 말하면 자신에게 잘 맞는 특정 유형은 없다. 내가 태어난 년/월/일시로 정해지는 것이 아니라 성찰하고 이해하고 만들어 가는 것이다. 운명론적인 파트너를 찾는 것은 매우 위험하므로 권장하지 않는다.

- 분열된 1유형은 비판적일 수 있다(성적 능력, 신체, 침실의 조건 등). 이들은 쉽게 달아오르지 않는다. 그러나 통합된 1유형은 평온하고 수용적일 것이다.

- 분열된 2유형은 매달리며 지치게 한다고 느껴질 수 있다. 그리고 "내가 한 모든 건 당신을 위한 거예요."라며 당신에게 죄책감을 느끼게 한다. 그러나 통합된 2유형은 배려하고 사랑스러우며 동정심이 많다.

- 불건강한 3유형은 연인으로서 자신의 기량을 뽐어내느라 바쁠 것이고 당신을 조연으로 남겨 둘 것이다. 건강한 3유형은 진정성 있고 진실된 관심을 당신에게 보여 줄 것이다.

- 분열된 상태에 있는 4유형은 너무 자기중심적일 수 있으며, 자신이 무시당했다거나 하찮다고 느낄 것이다. 그에 반해 4유형의 우울함이 최음제가 될 가능성은 없다. 통합된 4유형은 낭만적이고 당신의 욕구에 민감하며, 정서적으로 강한 모습을 보여 줄 것이다.

- 분열된 5유형과 섹스를 하는 것은 마치 당신이 성적 연구의 실험체처럼 느껴질 것이다. 그러나 통합된 5유형은 혁신적이고, 이해심이 많고, 친절하고 장난기가 많은 연인이다.

- 정서적으로 불건강한 6유형의 두려움과 근심은 당신이 청바지를 벗기도 전에 지쳐 버리게 할 수 있다. 건강한 6유형은 자비로움과 애정을 보여 줄 것이고 충분히 안정적일 것이다.

- 분열된 7유형은 미래의 가능성이나 혹은 당신이 나중에 무엇을 할 것인지에 대한 자신만의 생각에 사로잡혀, 섹스는 정신 목록에서 체크해야 할 항목처럼 여길 수 있다. 통합된 7유형은 열정적으로 당신에게 고마움을 표하고, 사려 깊고, 진심으로 만족할 것이다.

- 분열된 8유형은 너무 탐욕적으로 다가올 수 있어, 당신은 뒷걸음질 칠 필요를 느낄 것이다. 통합된 8유형은 당신을 자신과 동등하게 맞이할 준비가 되어 있으며, 자신의 온화함을 내보이면서도 여전히 강하고 고결

한 파트너가 된다.

- 불건강한 9유형은 의식이 멀어질 수 있어, 당신은 무생물과 사랑을 나누는 것처럼 느낄 수도 있다. 그러나 건강한 9유형은 온전히 참여하고, 감각적이며, 성적으로 상상력이 풍부하고 능동적이다.

파트너를 선택하는 것은 개인의 선호뿐만 아니라 당신 자신의 욕구에 대한 것이다. 옳은 일을 하고자 하는 1유형의 욕구는 관계에서 당신에게 안정감을 줄 수 있지 않을까? 2유형의 보살핌과 배려는 당신에게 효과적일까? 3유형 연인의 자신감과 추진력은? 4유형의 낭만적인 본능은? 5유형의 창의적이고 실험적인 능력은? 6유형의 충성심과 자비는? 당신은 7유형의 신바람을 원하는가? 당신을 보호하고 책임질 8유형은 어떠한가? 어쩌면 9유형의 기분을 맞춰 주려는 부드러운 욕망은?

각 유형을 파악하며 어떤 유형이 당신에게 영감을 불어넣을 수 있을지에 대한 아이디어를 얻을 수 있을 것이다(그런 다음, 인생이 흘러가며 당신은 완전히 다른 누군가와 사랑에 빠지게 될 것이다!).

왜 1유형에게 끌리는가

당신이 1유형을 만날 때, 아마도 이들은 보수적인 스타일로 옷을 잘 입을 것이다. 당신은 더 나은 세상을 만들려는 1유형의 이상에 끌릴 수도 있다. 이들은 현명하고 윤리적이며, 책임감이 있고, 절제된 사람으로 다가온다. 만약 당신이 이전에 부정하고, 무책임한 중독자와 함께한 적이 있다면, 1유형의 안정성은 매우 매력적으로 보일 수도 있다. 당신은 다른 사람들을 대신하여, 또는 자신이 옳다고 믿는 것을 위해 싸우려는 1유형의 의지에 감탄할 수도 있다. 1유형은 그런 점에서 영감을 줄 수 있다.

'선한' 사람이 되고자 하는 욕망으로 이들은 훌륭한 결혼 준비를 할 수 있고, 헌신적인 가정주부 또는 부양자가 되어, 안정되고 견고한 가정생활을 제공할 수 있다. 즉, 이들은 당신이 부모님과의 만남에 데려오고 싶은 그런 부류의 사람이다.

침대에서의 1유형은 책임을 질 수 있고 사랑에 빠졌을 때 열정적이며 꽤 낭만적이기까지 하다. 이들은 기념일이나 당신의 생일을 잊지 않고 그날을 축하하기 위해 준비할 것이다. 1유형은 과체중이 거의 없고 운동을 즐긴다. 일반적으로 날씬한 체형을 유지하고 있다. 이들은 눈으로 보기에도 멋진 사람이다!

왜 2유형에게 끌리는가

2유형은 에니어그램의 유혹자로 알려져 있다. 이들은 파트너를 기쁘게 하기 위해 무엇을 해야 하는지 알고 있다. 한평생 사람들의 욕구를 알아내는 데 많은 시간을 소모했기 때문에 당신이 원하는 파트너로 쉽게 변신할 수 있다. 이들은 모든 사람이 아닌 특정한 사람이나 모임을 위해 그렇게 행동한다. 덜 통합되었을 때, 2유형은 에니어그램의 연극성 성격histrionic personalities이 된다.[1] 이들이 가진 기술의 이름은 유혹이다.

이들은 여러분이 원하는 모든 것을 줄 사람이다. 빛나는 갑옷을 입은 기사나 혹은 사랑스럽고 가지고 싶은 처녀이다. 특히 당신이 방치된 경험이 있거나 불행한 연애를 했다면 이 2유형은 자신의 꿈을 이룰 수도 있다. 당신이 좋아하는 샴푸 브랜드가 욕실에 있는지 확인하고, 아침에 신선한 오렌지 주스를 짜서 제공하고, 당신에게 마사지를 해 줄 것이다. 그리고 꿈같은 데이트로 데려갈 것이다. ─당신은 "드디어 공감하고 정서적으로 지지하며, 나의 욕구를 충족시켜 주는 사람을 만났어."라고 말할 것이다.

2유형이 가진 애착과 관심의 욕구는 혼자 있는 밤마저 벅찰 수 있다는 의미이다. 자신의 짝을 찾는 것이 가장 중요한 일이기에 2유형은 자신을 매력적으로 만들기 위해 열심히 노력한다. 이들은 옷을 잘 입고, 비싼 화장품 또는 애프터 쉐이브를 사용하고 헬스장에서 운동할 것이다. 2유형이 상대와의 관계에서 안정감을 느낄 때, 이러한 습관 중 일부는 떨어져 나갈 수 있다.

왜 3유형에게 끌리는가

3유형은 매력적이고 야심만만하다. 남근[2] 유형(자만심과 자신감)인 이들은 자신감을 발산하며, 이것은 훌륭한 최음제이다. 이 모든 것을 가지고 있는 사람은 우리가 아닌 것처럼 느끼는 것의 일부가 되고 싶도록 만들 수 있다. 우리는 3유형이 가진 금가루가 우리에게 물들기를 바랄 것이다. 타고난 매력 외에도 브랜드에 민감한 3유형은 일반적으로 바람직한 이미지를 만드는 데 많은 공을 들인다. 디자이너 선글라스, 라프레리 스킨 크림, 케이트 스페이드 핸드백……. 그들은 현란함, 화려함, 스타일을 뿜어낸다.

3유형은 어디에도 잘 어울리고 '꽤 멋스럽게 신경을 쓴다.' 보통은 패션에 관심이 있고, 자신을 최대한 활용하는 법을 알고 있다(오직 친한 몇 사람만이 늦은 밤 기진맥진한 채 잠옷을 입고 어슬렁거리는 3유형을 볼 수 있다). 그 결과, 3유형과 함께 방에 들어서면 모두의 감탄과 함께 당신이 있는 방향으로 고개가 돌아갈 것이다. 흔히 이들은 육체적으로도 매력적일 뿐만 아니라 그것을 향상시키기 위해 엄청난 고통도 불사하는 경향이 있다(공포대항형은 예외일 가능성이 있다). 복부, 가슴 수술, 여러 다른 종류의 미용/성형 수술 등을 생각해 보라.

이들은 연인을 불나방처럼 끌어당긴다. 섹스, 권력, 성공, 명성 등은 외모의 부족함을 보완할 수 있다. 이들은 당신을 웃게 하고, 당신에게 아첨하며,

당신이 하고 있는 프로젝트에 도움을 주고, 스타일리시한 식사와 와인을 제공할 것이다. 재미있고, 영리하며, 재치있고, 유쾌한 사람으로 보이길 원한다. 그래서 무리를 해서라도 당신이 자신과 함께 있는 것을 즐길 수 있도록 최선을 다할 것이다. 자기 자신을 더 좋게 보이도록 하는 데 관심이 있는 3유형은, 비록 피상적일지라도 많은 주제에 대해 대화를 나눌 수 있다.

이들은 자신의 바람직함desirability을 마케팅하는 데 능숙하다. 3유형은 빛나는 스타가 되어 자신의 성적 욕구를 성취한다.

왜 4유형에게 끌리는가

당신이 우아한 아트 오프닝에 있을 때, 트렌디하지만 '색다른' 모습으로 누군가 방에 들어설 때, 당신은 4유형에게 감탄할 가능성이 높다. 4유형은 종종 자기 자신을 흥미롭고 신비하게 표현하며, 그것은 감질나는 최음제이다. 이들은 파티를 방관하는 것처럼 보일 수 있지만, 당신은 이국적인 보석처럼 이들에게 끌린다. 이들과 함께 있을 때 4유형은 방 안에서 오직 당신만을 바라본다. 4유형은 강렬하고 매혹적이다. 짜릿한 느낌이 이들의 감각적인 손길에 물든다. 당신은 스스로에게 "이 사람은 남과 다르다."라고 말하며, 그 이유를 알아내기 위해 끌려간다. 자기 자신의 최신 창작물에 대해 장황하게 설명할 수도 있고, 기계화된 무감각적인 세상에서 당신은 4유형의 열정을 사랑할 수도 있다. 4유형이 가진 연약함과 취약성은 이들을 구조하고 싶도록 만들 것이다.

당신은 장작불 앞에서 함께 누워 책을 읽거나, 마음으로 세계를 여행하거나, 웅크리고 앉아 와인을 마시며 시를 들을 것이다. 당신은 애무를 하며 몇 시간을 보낼 것이며, 터무니없이 싸우다가도 열정적으로 화해할 것이다. 당신의 4유형은 숨겨진 사랑의 메시지로 당신에게 노래를 쓰고, 꽃을 보내고,

작품이나 당신에 관한 이야기를 만들 수도 있다. 이들은 모든 로맨스 책이 약속해 왔던 존재가 될 것이다.

왜 5유형에게 끌리는가

5유형은 똑똑하다. 무척 많은 것을 알고 있기 때문에, 이들과 함께하는 것은 매력적일 수 있다. 나는 5유형과 사랑에 빠진 한 여인이 떠오른다.

우리는 밤 늦게까지 토론을 했습니다. 그의 아이디어는 독창적이었고 시사하는 바가 많았습니다. 그에게 육체적으로 끌린 것은 아니었지만 그는 재미있고, 영리했으며, 그것은 매혹적인 조합이었습니다.

만약 5유형이 당신의 지도교수이거나 박사 연구를 하고 있는 저명한 과학자라면, 당신은 그들의 지혜와 지식에 매료될 수도 있다.

5유형은 삶을 다르게 보기 때문에 이들의 관찰은 통찰력이 있고 특이할 수 있다. 그러나 일부 다른 유형들이 부족할 수 있는 깊이를 가지고 있다. 만약 당신이 이들을 이해하고 5유형이 가진 사생활에 대한 욕구를 이해하며, 요구하지 않고, 이들이 밝히길 원치 않는 것을 강요하지 않는다면 이들은 믿을 수 없을 정도로 충성스럽고 자상한 파트너가 될 수 있다. 때로는 이들이 가진 어색함과 강렬함이 5유형을 유난히 매력적이고 치명적이게 만든다.

운동을 자주 하는 편은 아니지만(사이클처럼 혼자 하는 운동이 아니라면) 5유형은 보통 외배엽ectomorphic이다.[3] 이들은 날씬하고, 매력적이며, 다소 근육질이고, 단단하다.

왜 6유형에게 끌리는가

통합된 6유형은 당신이 가진 재산, 명망 있는 직업, 외모 때문이 아닌 있는 그대로의 당신 모습을 사랑한다. 이들은 진정한 당신을 보고, 이것은 매우 매력적일 수 있다.[4] 자신이 위협받는 느낌을 원치 않기에 6유형은 타인을 위협하길 원치 않으며, 보통은 친절하다. 이들은 자기비하적 유머감각을 개발한다. 6유형은 "봐, 만약 내가 나 자신을 웃기게 만들 수 있다면, 나는 두려워해야 할 사람이 아냐."라고 말한다. 이들은 보통 여흥을 즐기며 손님을 극진히 대접하는 안주인이다.[5] 책임감이 있으며, 일이 순조롭게 진행되도록 재정을 책임지고 집안의 각종 청구서를 지불한다. 이것은 삶의 이러한 측면을 즐기지 않는 파트너에는 큰 보너스이다!

데이트할 때는 공포영화를 준비하라. 때때로 6유형은 최악의 시나리오를 보면서 자신의 두려움을 극복하려고 시도한다. 그것은 두려움에 떨 수 있는 안전한 방법이다! 낮은 자아감에도 불구하고(혹은 그것 때문에), 6유형은 책임을 떠맡기를 즐긴다. 이것은 침실에서 더 지배적인 역할을 맡을 수도 있다는 것을 의미한다.

6유형은 파트너의 대의에 충실한 지지자가 될 수 있다. 이들은 진심으로 파트너의 성취를 즐길 수 있다. 이 때문에 자신의 파트너가 목표를 달성하기 위해 개인적인 희생을 하고 뒤로 물러서 있는 것을 기꺼이 받아들인다.

만약 6유형이 당신을 진지한 파트너로 받아들였다면, 그것을 평생의 약속으로 여긴다. 장차 언젠가 당신이 문제에 부딪혀야 한다면(우리 모두가 필연적으로 그런 것처럼), 6유형은 파트너보다 그 문제를 해결하는 데 중점을 둘 것이다. 당신이 이들을 위해 있다면, 이들은 당신을 위해 있을 것이다.

왜 7유형에게 끌리는가

7유형은 매력, 흥분, 농담, 두뇌로 유혹한다. 쾌활한 이들의 존재는 최악의 음울한 분위기조차 밝게 만든다. 당신이 직관적이고, 통찰력이 있고, 센스 있는 7유형에게 끌리는 것은 당연하다. 이들은 당신의 삶을 정말 기분 좋게 만들 수 있다.

일반적으로 7유형과 함께 있으면 즐겁다. 이들은 방을 활기차게 만들어 줄 파티광이다. 이들은 늙어 가는 것을 거부하는 피터팬이 될 수 있다. 그리고 세상 모든 것을 경험해 보기를 원하며, 당신의 동행을 마다하지 않을 것이다(만약 당신이 따라갈 수 있다면!). 7유형의 재미를 망치거나 방해하면 이들은 더 빨리 움직일 것이다. 또한 7유형은 매우 독립적이고 어느 정도의 제한은 용인할 수 있다. 그러나 자신의 행복에 있어 무엇보다 중요한 것은 자유이다. 만약 당신이 계속해서 이들을 감시하거나, 당신의 기분이 우울하고 나쁘다면 그것을 좋아하지 않을 것이다.

자신감은 최고의 최음제이고 보통 7유형은 그것을 풍부하게 가지고 있다. 이들은 '쿨cool'하다. ─옷을 잘 입고, 재미있는 사람들을 알고 있으며, 3유형처럼 놀기에 좋고 새로운 최적의 장소를 모두 알고 있다. 7유형은 신나게 떠들어 대는 사람들이다. 이들은 자신의 속도에 맞출 수 있는 파트너를 좋아한다.

7유형과 함께하는 삶은 지루하지 않다. 일반적으로, 이들은 세상 경험이 많고 이미 폭넓게 여행을 했다. 평생에 걸쳐 롤러코스터를 탈 준비를 하라. 당신의 7유형은 해외, 최신 유행하는 레스토랑, 그리고 자연의 경이로움에 자극받는 곳을 찾아가고 싶어 한다(아직 더 많이).

이들은 세상에 더 많은 변화를 가져오길 열망한다(특히 사회적 7유형). 그래서 자신과 같은 이상을 나누는 사람들의 관심을 끌 것이다.

왜 8유형에게 끌리는가

8유형이 방에 걸어 들어올 때, 당신은 대부분 이들의 힘을 느낄 수 있다. 온몸의 모든 구멍을 통해 카리스마와 자신감이 뿜어져 나온다. 이들은 타인을 자극할 수 있다. 그리고 당신이 그것을 눈치채지 못한다는 것은 말이 되지 않는다. 보통 8유형이 약간의 허세를 부리며, "내가 알아서 하겠어."라고 말하는 태도는 파트너의 안전과 보호를 약속할 수 있다. 이들이 가진 관대함과 넓은 가슴은 당신이 "지금 나를 데려가세요."라고 외치며 테이블을 뛰어넘고 싶게 만들 것이다.

8유형은 전형적인 리더이거나 혹은 이들이 종사하는 분야의 관리직에 있을 것이다. 섹스는 종종 권력에 대한 것이며, 권력은 빠르게 열정으로 이어질 수 있다. 이들은 적극적이고 강한 인상을 주며, 여러 성적 정복 대상을 매혹시킬 수 있는 특성을 가진다.[6]

8유형은 교제를 즐긴다. 가족 또는 친구들로 구성된 넓은 테이블에서 맨 앞자리에 앉거나 밤새도록 친구들과 폭음을 하며 클럽에서 노는 것을 즐긴다. 8유형은 충동적이어서 자신에게 끌리는 누군가를 만나면 곧바로 클럽을 떠날 수도 있다. 이제 이들은 이전 계획을 모두 잊고, 더 이상의 생각 없이 재치 있는 멘트와 함께 방을 가로질러 갈 것이다.

만일 당신이 8유형의 장벽을 깬다면 당신은 무거운 갑옷 아래에서 놀라울 정도로 부드럽고, 인정 많고, 감상적인 사람을 발견할 수 있을 것이다.

왜 9유형에게 끌리는가

9유형을 좋아하지 않는 사람은 거의 없다. 타인에게 기쁨을 주려는 욕구와 따뜻하고 애정 어린 성향, 공감능력 그리고 일반적으로 생기 넘치는 만족감 등은 사람들이 이들을 싫어하기 어렵게 만든다. 당신은 이들과 함께 있을 때 침착하고, 차분하고, 편안함을 느낀다. 9유형은 자신의 즐거운 농담과 함께 긴장된 구애자들을 편안하게 해 줄 것이다.

9유형은 겸손하고 자기 자신을 너무 과장하지 않는다. 자신의 삶에 많은 것을 성취했음에도 불구하고 그것에 대해 자랑스럽게 떠벌리지 않는다. 이들은 가족 행사에 참여하거나 친구들과 어울리는 것을 좋아한다. 9유형은 집단의 일부라고 느끼는 것을 좋아하지만 종종 자신이 정말로 포함되어 있는지를 느끼지 못한다고 말한다.

이들은 친절하고 잘못에 대해 관대하며, 용서하고 도움을 준다. 9유형은 당신을 기쁘게 하길 원한다. 특히 8번 날개를 지닌 9유형의 경우 감각적인 연인이다. 일부 9유형은 3유형의 야망과 추진력으로 성적 파트너를 쫓고, 자신의 자율성을 증명하기 위해 섹스를 이용하거나 파트너의 강한 욕구와 하나가 될 수 있다.

싫어할 게 뭐가 있어, 그렇지?

335

제**14**장
다른 유형과 맺어지는 방법

유형별 대화

당신은 앞 장에서 자신이 꿈꾸는 이상형을 확인했다. 이제 당신은 그들과 맺어지는 것이 필요하다. 당신 자신과 다른 사람의 관찰을 통해 상대가 어떤 유형일지 짐작은 하지만 관계를 잘하기 위해 당신이 취해야 할 접근 방법은 무엇일까? 에니어그램은 여기에서 큰 도움이 될 수 있다. 심지어 유형 자체를 잘못 알고 있더라도, 당신의 접근 방법은 상대의 전체를 구성하는 일부 유형의 관심을 잘 끌어낼 수도 있다(그들의 날개 또는 해방, 왜곡 지점). 그것을 시도해 보고 당신이 평소 누군가에게 접근하는 방법과의 차이를 확인하라.

1유형과 맺어지는 방법

당신의 우선순위는? 데이트 시간을 준수하라! 1유형은 시간 약속을 지키지 않는 것을 싫어한다. 1유형은 자신보다 더 재미있고 느긋하다고 생각되는 사람이나 혹은 그 반대로 자신의 신념과 원칙을 공유한다고 생각되는 사람에게 매력을 느낄 것이다. 일반적으로, 1유형은 상당한 확신 속에서 말을 많이 하기 때문에 당신이 너무 많은 말을 할 필요는 없다. 당신이 귀 기울이고 이들의 관점에 동의한다면 그것을 즐길 것이다. 섹스를 미루는 것은 당신에게 도덕과 행동 규범이 있다는 것을 보여 줄 것이다.

　더 나은 삶을 만들기 위해 이들이 하는 모든 것에 감사하고 있음을 표현하라. 당신이 1유형을 안심시키는 것은 이들이 자기 스스로 부과한 제약과 비난을 완화시키는 데 큰 도움이 될 것이다. 도와주겠다는 제의는 기적을 일으킬 것이다. 이들이 집안일을 하는 동안 앉아서 잡지를 보는 것은 용납되지 않을 것이다. 만약 당신이 늦어 일이 엉망이 된 경우, 정식으로 사과를 한다면 1유형은 비교적 쉽게 용서할 것이다.

2유형과 맺어지는 방법

　파트너를 통해 자신을 정의하려는 성향 때문에 2유형은 보통 다음과 같은 유형의 사람에게 끌린다.

- 약자들: 학대를 받았거나 희생자처럼 느끼는 파트너. 2유형은 구조자나 조력자의 역할을 하는 것을 좋아한다.
- 도움이 필요한 사람: 장애나 신체적인 제약이 있는 파트너, 중독을 극복하는 데 도움이 필요하거나 어떤 형태로든 도움이 필요한 사람(소개, 직업, 재정적 원조 등). 2유형은 자신의 선행이 빛날 수 있는 곳이라면 어디에서든 돕는 것을 좋아하고, '결점'을 보지 않을 정도로 열렬히 사랑할 수 있다.
- 아름다운 사람들: 4유형처럼 움직일 때, 2유형은 타인의 시선을 즐기고, 자신의 품에 안겨 있는 매력적인 사람은 자아감을 끌어올려 준다. 2유형은 흔히 부드럽고 곡선미를 가진 매력적인 사람들로서, 자신의 외모에 어울리는 파트너를 원한다.

- **성공한 사람들:** 2유형(특히 사회적 본능의 2유형)은 인생에서 '이루어 낼' 가능성을 가진 사람들과 파트너가 되는 것을 즐긴다. 떠오르는 작가, 아이디어와 야망을 가진 스타트업 관련자, 신진 작가, 대형 방송국에서 주목받는 토크쇼 진행자, 또는 엄청난 가능성을 지닌 앱 개발자 등이다.[1] 2유형은 성장/명예/성공이 일어날 때 그곳에 있을 수 있으며, 성공의 일부를 자기 자신의 몫으로 주장할 수 있다. ─"당신은 나의 지원이 없었다면 절대 이것을 성취할 수 없었을 거야." 또는 그들은 이미 성공한 누군가의 조연 역할을 선택할 수도 있다.

2유형의 마음을 사로잡기 위해서는 낭만적인 분위기를 만들고, 이들이 필요하다고 느끼게 해 주어야 한다. 이들에게 감사하고, 격려하며(특히 회사에서), 관계에서는 재밌고 흥분되게 만들어 주어야 한다. 감사를 표현하기 위한 답례로 간간이 점심, 소소한 선물, 애정 어린 이메일 등을 하는 것은 기적 같은 효과를 낳는다. 그러나 2유형이 더 크게 보답해야 할 필요성을 느끼게 하지 않아야 한다. 마음속 깊이, 이들은 자신의 욕구를 표현하는 것이 거절당하는 확실한 방법이라고 믿는다. 때때로 당신보다 2유형에게 집중하는 것은 이들이 중요하다는 것을 상기시켜 주는 훌륭한 일이다. 육체적인 접촉도 중요하다. 그것은 당신이 이들을 아끼고 있음을 표현하며 끊임없이 안심시키는 것이다. 2유형은 인생의 상당 시간을 당신에게 귀 기울이고 관심을 보이는 데 소모한다. 그러므로 이들의 이야기가 들을 가치가 있다고 느끼도록 함으로써 보답하라. 얼마나 당신이 상대를 아끼는지, 당신이 함께 관계를 맺고 있는 것을 얼마나 자랑스럽게 생각하는지를 알게 하라.

3유형과 맺어지는 방법

3유형은 지지, 승인 등을 받기 위해 좌중을 사로잡는다^{work a room}. 특히 인맥이 좋은 사람들과 연관되어 있다면 더욱 그렇다. 당신이 이들과 이어지고 나면 대부분의 대화를 이들에게 맡겨 두기가 쉽다. ─때때로, "오, 우아, 진짜? 놀라운 걸."과 같은 말은 3유형의 관심을 끌 것이다. 당신의 중요한 사회적 인맥에 관한 몇 가지 힌트와 유명인사의 이름을 꺼내 이들을 감질나게 하라. 당신이 세상 물정에 밝고 관심 있는(그리고 내부) 정보를 가지고 있거나, 또는 함께 나눌 기술이 있다면 3유형은 기분이 좋아질 것이다. 현명하고 재치 있는 것이 도움이 된다.

섹스는 성과에 관한 것일 수도 있다. 그 경험이 즐거웠는지를 상대에게 알려 주라. 3유형은 자신을 향상시키기 위해 열심히 일하고, 침실 안팎에서 자신의 노력이 인정받고 있음을 느낄 필요가 있다. 3유형은 자유시간이 많지 않기 때문에 바쁘고 활동적인 주말을 보낼 준비를 해야 한다. 그곳에서 당신은 직장 또는 스포츠에서 보조 역할을 맡고 있는 자신을 발견할 것이다.

처음에 새로운 3유형의 연인은 완벽한 파트너로 보이길 원할 것이다.²⁾ 그러나 그 모습은 익숙함과 함께 무너질 것이다. 관계에 다시 불을 지필 수 있는 방법을 찾으라.

당신이 그들에게 매력을 느끼는 것이 3유형이 가진 있는 그대로의 모습이지 3유형이 이룬 성취나 외형적인 이미지가 아니라는 것을 알게 하라. 이들이 가져오는 자산과 계속 이어지는 와인과 식사를 즐기라. 그러나 3유형이 왕자든 거지든 상관없이 이들을 위해 당신이 그곳에 있을 것임을 알게 하라.

3유형은 함정에 빠진다. ─이들은 인정받아야 할 필요가 있다고 생각하기 때문에 사무실에서 열심히 일한다. 그러나 그 시간이 파트너를 소외시켰다고 느끼게 하고 분노와 원망을 불러일으켰을 때 혼란스러워한다. 이들이 의도하지 않은 것은 괜찮다는 것을 알게 하라. 이 공간에서 이들이 취약함을 느낄 수도 있고 당신의 확인과 지원이 필요할 수도 있음을 깨달으라. 당신의 비판적 논평을 마음에 두지 않고 있는 것처럼 보일 수 있지만 이들은 홀로 슬픔에 압도되는 감정을 느낄 수도 있다. 이들이 느끼는 사랑은 자발적으로 받는 것이 아닌 요구해야만 하는 것임을 기억하라.

3유형은 지쳐 버릴 수도 있는 활동을 통해 안정을 추구한다. 그렇기 때문에 3유형이 가고자 하는 모든 행사에 동행하지 않는 것은 당신이 휴식을 취하는 것이지 거절이 아님을 알게 하라. 이들이 늦게까지 일하는 것이 당신의 삶의 일부가 될 것임을 받아들이라(성적 하위유형을 제외하고). 당신은 함께 휴가 계획을 세울 필요가 있을 수도 있다. 그렇지 않으면, 이들은 직장에서 '너무 바빠질' 것이다. 둘이 함께 즐길 수 있는 일 이외의 활동을 찾아보라. 3유형은 자신의 기술을 향상시키는 것을 좋아한다. 와인 시음, 요리 교실, 스포츠 클리닉, 또는 미술 워크숍 등 두 사람 모두에게 영감을 주는 것들을 하라.

해야 할 일 목록을 지워 나갈 수 있는 어떤 것보다는 천천히 그리고 불타오르는 사랑을 하라. 이들에게 오르가슴이 관계의 목표가 아닌 여정의 일부라는 것을 천천히 이해시키도록 하라. 만약 이들이 그것이 즐거운 연애에 있어 필수적이지 않다는 것을 알 수 있다면, 성과에 대한 불안이나 자신이 항상 최고가 되어야 한다고 느낄 필요를 없앨 수 있을 것이다.

만약 당신이 이들의 속도를 늦추도록 조절할 수 있다면(행운이 있길!) 자신의 감정을 생각하기보다 느낄 수 있는, 더 깊은 감정과 연결될 수 있는 공간을 허락하라. 이것은 3유형에게 혼란스러울 수도 있고 자신이 느끼는 것이 진짜인지 확신할 수 없을 수도 있다.

파트너가 집착하는 것은 3유형에게 거의 도움이 되지 않는다. 당신이 더 독립적이라면 당신을 더욱 좋아할 것이다. 3유형의 성공을 칭찬하는 것은 효과가 있고, 실패에 초점을 맞추는 것은 그렇지 않다.

4유형과 맺어지는 방법

당신이 4유형에게 자신을 소개하고 4유형에 관해 시끄럽게 떠드는 것은 경솔한 일이 될 것이다(사실, 어떤 유형이든 당신이 그렇게 행동하는 것은 문제가 된다). 특히 4유형은 독특하지 않은 평범한 사람들처럼 여겨지는 것을 좋아하지 않기 때문이다. 워크숍에서 강의 도중 이들의 첫 마디가 "나는 상자 속에 갇히는 것을 좋아하지 않는다."라면 아마도 나는 4유형과 연결시킬 것이다.

하지만 반대로 하는 것은 놀라운 일을 만들어 낸다. 이렇게 시도해 보라.― "우아, 당신이 방에 들어오는 순간 당신에게 뭔가 다른 것이 있다는 걸 느꼈어요. 이 무리를 벗어나 내가 알고 있는 모리셔스에서 가장 멋진 칵테일을 제공하는 친근한 곳으로 갑시다. 당신에 대해 더 많이 알고 싶습니다."

4유형은 지루하거나 평범해 보이길 원치 않으므로, 이들의 이국적이고 특이한 특성을 인정하라. 타오르는 감수성을 즐기고, 이들이 즐기는 창조적인 강렬함에 불을 붙이라.―"캐주얼 섹스 또는 깊은 관계가 없는 섹스는 내가 추구하는 것이 아니에요. 나는 친밀감 중독자 같아요. 당신의 벗은 몸 그리고 벌거벗은 생각들, 당신의 모든 것을 원해요."

이들이 자신의 감정적 깊이를 표현하도록 허락하라. 그리고 창조성을 격려하라(4유형은 살아 있다고 느끼기 위해 창조성을 느끼는 것이 필요하다). 이들이 재미있고 좋은 시간을 보내는 것보다 깊은 친밀감을 추구한다는 것을 깨달으라. 과거 연인에 대한 추억을 회상하는 것이 당신에게 전해지지 않도록 하라. 대신, 부드럽게 이들을 당신과 함께 현재로 데려가라.

예술적인 4유형에게는 고상한 것이 중요하다. 데이트 준비를 할 때 이것을 기억하라. 다른 유형은 당신의 복고풍 오드리 햅번 또는 제임스 딘을 좋아하지 않을 수 있지만 4유형은 그것이 매력적이라고 생각할 수 있다.

5유형과 맺어지는 방법

5유형은 누군가에 의해 사로잡히는 느낌을 즐기지 않는다. 그러므로 당신이 이들에게 달려들거나 잡담으로 지루하게 하는 것은 5유형을 현관문으로 달려가게 하는 확실한 방법이다(5유형인 경우 그런 이유로 문에 가까이 서 있을 것이다). 이들이 먼저 움직일 가능성은 낮다. 관계에 불을 지피는 좋은 방법은 이들이 진행 중인 프로젝트나 관심사에 대해 질문하며 옆에 서 있는 것이다(대면은 너무 침략적이거나 대립적인 것으로 경험될 수 있기 때문에 피한다). 천천히 이들을 끌어가라. 5유형은 일반적으로 (연애) 작업을 잘 걸지는 못한다. 그러나 작업에 익숙하지 않다고 해서 관심이 없는 것으로 착각하지는 말라.

일반적으로, 5유형은 사교적인 면에서 서툴게 느껴진다. 데이트 게임에서 오가는 미묘한 신호를 이해하지 못한다. 이들은 너무 감정적으로 치우친 것이나 잡담을 나누기보다는 지적인 대화를 계속하려 한다.

5유형은 관계의 초기단계에서 탐색하기가 어렵다는 것을 안다. 이들은 연결되길 원한다. 그렇지만 자신이 원하는 사람에게 어떻게 접근해야 할지 확신이 서지 않을 수 있다. 이메일이나 문자 메시지는 5유형에게 자신의 지성과 재치를 보여 줄 수 있는 기회를 주며, 관계를 맺기에 위협적이지 않은 방법이 될 수 있다. 개인적으로, 이들은 지적으로 오만해지거나 '알아서 맘대로 해'라는 방식으로 파트너를 무시할 수도 있다. ─"당신은 이 개념을 이해하지 못할 겁니다……." 5유형은 자신이 가진 지식을 통해 당신에게 깊은 인상을 주려고 시도할 수 있다. 당신이 이들을 감정적으로 몰아넣지 않는다면, 5유형은 친절함과 통찰력 있는 감정을 보여 줄 수 있다.

신체와 단절감을 느끼면서 섹스는 이들에게 더욱 깊은 연결감을 느끼게 하는 방법이 될 수 있다. 파트너와의 만남은 이들의 유쾌한 성격이 아니라 그 당시 우연히 만날 수 있었던 이유가 더 크다. 만약 5유형이 연애 중이라면 성

적으로 활발할 수 있지만 시간이 지나면서 '기계적'이 될 수도 있다.[3]

당신은 5유형의 감정이 부재하다고 느낄 수도 있다. 그렇지만 많은 5유형은 관계에 대해 생각하기 위해 혼자서 생각할 수 있는 '동굴'로 돌아간다고 말했다. 그것은 개인적으로 상처를 주기 위함이 아니라 자신의 에너지를 재충전하기 위해 필요한 것이다.—사람들과 함께 있는 것은 피곤하지만(해당 분야의 전문가와 함께 관심 있는 주제로 토론하는 것이 아니라면) 혼자 있는 것은 활력이 넘친다.

당신이 서로의 품에 안겨 누워 있을 때, 당신의 5유형은 당신이 얼마나 소중한지보다 상대성 이론에 대해 토론할 가능성이 더 크다. 만약 당신이 이들의 이러한 연결방식을 받아들일 수 있다면 괜찮을 것이다.

5유형은 헌신적인 인생의 동반자가 될 수 있다. 그러나 누군가와 관계를 맺는 것은 항상 개인적인 희생을 수반한다고 느낄 것이다. 5유형은 자신이 원하는 것에 집중하는 것을 포기함으로써(그리고 그 결과 박탈감을 느끼며) 관계에 대한 자신의 헌신을 증명한다.

일부 5유형은 일정 기간 동안 무성애자가 될 수 있다. 특정한 5유형의 성직자 또는 영적인 구도자는 자기 스스로 육체의 욕망(실제로 일부는 그럴 수도 있다)을 초월했다고 말할 수 있다. 그러나 많은 사람에게 그것은 단지 정욕으로부터의 진정한 해방이 아닌 그들 머릿속 안전한 장소로 후퇴할 필요일 뿐이다.

예고 없이 5유형의 현관문에 도착하지 말라. 이들은 불청객을 싫어한다. 혼자 있는 시간을 주고 사적 교류를 강요하지 말라(칵테일 파티 등은 최악이다!). 이들의 말을 들어 주기 위해 노력하라. 신중히 고려한 정보를 반복해서 말하는 것을 싫어한다. 5유형은 자신이 편안함을 느꼈을 때 감정을 표현할 것이다. 이들을 곤란하게 만드는 것은 감정을 더 깊이 몰아갈 뿐이라는 것을 기억하라.

6유형과 맺어지는 방법

나란조에 따르면, 6유형은 자기 자신에 대한 확신의 부재로 잠재적 연인에게 다가가고 싶어 하는 동시에 두려워한다. 이것은 갈등하는 것이다. 단지 처음 움직일 때 무관심할 뿐인 5유형과는 다르다.[4] 6유형은 다가가는 것을 즐긴다. 그러나 동시에 상대편에 대한 의심이 떠오른다. "그가 진정으로 나에게 원하는 게 뭘까? 왜 나에게 끌리는 걸까?"

6유형은 당신의 영리하게 준비된 한 문장에 숨겨진 의도가 있다고 느낄 수도 있다. —"여기서 진정으로 말하고자 하는 것이 뭐지? 내가 걱정할 필요가 있는 것일까?" 그들은 거절에 매우 민감하며, 자신이 관계에서 긴장을 풀 수 있기 전에 완전하게 받아들여졌다는 것을 느낄 필요가 있다. 이들은 외로움과 소외감을 많이 느끼고, 안정과 수용 모두를 위해 사회적 모임의 일부가 되기를 갈망한다.[5]

6유형은 변덕스러워 보일 수 있다. 그래서 어느 날은 당신을 좋아하는 것처럼 느껴지다가 다음 날은 아닐 수도 있다. 이것은 6유형이 가진 불확실성과 두려움에서 기인한다는 것을 이해하라. —"이게 효과가 있을까? 내가 진짜 지금 관계를 원하는 것인가? 그들은 나에 비해 많은 연애경험이 있어. 이건 그들을 신뢰할 수 없다는 의미인가?" '만약'이 너무 많다면, 이들은 확신을 가지고 진행하기 어렵다.

6유형의 의심은 자신을 포함하여 믿을 수 있는 사람이 거의 없는 세상을 만들어 낸다. 이들은 누구의 조언을 따라야 하는가?[6] 자신의 결정을 확인하기 위해 파트너, 친구 또는 동료로부터의 확언이 필요할 수도 있다. 그러나 이것을 요청함으로써 이들은 자기 자신이 틀렸음을 입증한다. 이러한 이유로 '양가감정ambivalence'이라는 단어가 6유형과 관련을 맺게 된다.[7] 이들은 자신의 두려움과 근심을 함께 이야기할 수 있고, 자신의 결정을 신뢰하도록 자신감을 심어 줄 수 있는 파트너를 좋아할 것이다. 6유형이 원하는 누군가는 자신의 손을 잡고 미지의 세계로 발을 들여놓도록 자신을 격려해 주는 사람이다.

만약 당신의 6유형이 당신을 신뢰할 수 있다면, 당신은 멋진 관계를 시작할 수 있다. 흥미롭게도, 만약 당신이 6유형을 통제하거나 조종하려고 하면, 당신은 저항군을 만날 수 있을 것이다.

7유형과 맺어지는 방법

7유형은 자신의 계획과 위업에 대해 수다를 떨고, 과장할 수 있다. 이들이 잡은 물고기는 이야기를 할 때마다 몇 센티씩 커진다. 이것은 자신을 끌어올리기 위해 하는 것이 아니라 더 흥미롭게 만들기 위해 하는 것이다. 7유형에게 영감을 받기 위해서는 좋은 경청자가 되는 것이 도움이 된다. 그러나 당신의 열정으로 이들이 가진 열정을 충족시키는 것도 좋다.

7유형은 당신이 믿고 싶어 하는 만큼 자신감이 없다는 것을 기억하라. 그래서 이들이 재미있고 인상적이고, 통찰력이 있는 말을 할 때 그것을 인정해 주는 것은 놀라운 효과를 낳을 수 있다. 7유형은 5유형과 같이 재치 있는 말장난을 즐기므로 잘 웃고 답해 주면 이들의 존경을 얻을 것이다. 또한 말장난은 7유형의 감정을 드러낼 수도 있다. 즉, 위트로 위장된 정서이다.

때로는 7유형의 아이디어와 성적 욕구가 충격적일 수 있으므로 당신은 이것에 편안함을 가질 필요가 있다(만약 이들이 저녁 파티 가운데 친구의 주방창고에서 뜨거운 섹스를 제안한다면, 당신은 기꺼이 응할 필요가 있을 것이다).

이들은 부정적인 것들을 대단치 않게 여김으로써 관계에서 긍정적인 것을 찾을 것이다. 뛰어난 언변, 자신감 있는 외모에도 불구하고 7유형들은 어떤 형태의 거절에도 매우 민감할 것이다.

7유형은 즐거운 사랑의 물결을 타고 흘러들어가는 것을 즐긴다. 기분이 상승하면 다른 곳으로 흐르다가 다시 행복하게 돌아온다. 당신이 너무 많은 시간과 날짜를 고정하려고 노력한다면 당신은 취소하는 것을 보게 될 수도 있다. 때때로 이들은 자신이 어딘가에 숨었다가 활기차게 다시 등장하는 것이, 버려지고 이용되었다고 느끼는 파트너에게 효과적이지 않다는 것을 이해하지 못한다. 이들에게 움직일 수 있는 공간을 허락하고 당신 자신의 필요를 지키는 것이 중요하다. ─"자기야, 나는 서핑하러 갈 거야. 당신 사이클 끝나고 봐~."

8유형과 맺어지는 방법

8유형은 직설적인 대화를 좋아한다. 이들은 서서히 주변에 다가가 이렇게 이야기한다. ─"오늘 밤 너의 벗은 모습을 볼 기회가 있을까?" 자신이 결과를 통제하고 있다고 느끼는 한 8유형은 즐길 수 있을 것이다. 이들은 쿨하게 말하고 자신의 직설적인 유머를 즐기는 파트너의 능력을 즐긴다. 규칙을 정하거나, 통제하고, 이들을 지배하려고 시도하지 말고 계획을 세우도록 남겨 두라.

이들은 자기 주장을 잘 펼치고 싸우는 것을 자극적이라고 생각하기 때문에 물러서지 않는다(만일 침실에서 끝나지 않는다면). 8유형은 달콤한 친절함과 마찬가지로 환심을 사려는 행동에도 부정적이다. 이들은 그 행동이 무엇인지 꿰뚫어 볼 수 있기 때문에 100% 진심인 것이 가장 좋다.

8유형은 흥분을 즐기기 때문에 넷플릭스와 함께 집에서 조용한 밤을 보내자는 제안은 환영받지 못할 것이다(야한 섹스가 포함되지 않는 한). 농담과 자극으로 이들을 흥분시키라. 8유형의 자아를 마사지하는 것도 나쁘지 않을 것이다! 무뚝뚝한 진솔함을 기대하라. ─"당신은 정말 섹시한 여자지만 그 스타킹은 나에게 별로야."

8유형의 열정은 분노로 잘못 해석될 수 있다. 그러므로 당신은 열정과 분노를 구분하는 방법을 배워야만 한다. 또한 이들이 한순간 화를 낼 수 있지만 그다음 완전히 사그라들 수 있다는 것을 깨달아야 한다. 만약 당신이 8유형의 부드러운 면을 보고 스스로 자신의 그런 면을 표현할 수 있도록 유도한다면, 당신은 이들을 이길 것이다.

9유형과 맺어지는 방법

9유형은 자신의 욕구를 무시한다. 만약 그것을 알아채고 이들의 삶과 취미에 관심을 보여 준다면, 당신은 9유형의 관심을 끌 것이다. 9유형은 종종 자신이 어디에도 속하지 않은 것처럼 느낀다. 이들이 집단의 일부라고 느끼게 하는 것은 함께 연결될 수 있는 좋은 방법이다. ㅡ"이번 토요일에 모두가 그 경기를 보러 갈 겁니다. 나와 함께 가시겠어요?" 대체로 9유형은 쾌활하지만, 일부는 수줍어할 수도 있다. 이들은 사교적인 것을 즐긴다(자신이 모든 일을 해야 할 필요가 없다면). 자신이 찾은 누구와도 친구가 될 수 있기 때문에 대화하기 쉽다. 하지만 언제나 당신이 먼저 움직여야 한다. 보통 이들과 대화를 시작하는 것은 어렵지 않다(분열되거나 감각을 잃지 않았다면). 만약 당신이 대립하지 않는다면, 이들은 기꺼이 당신의 이야기를 들어 줄 것이다.

하지만 9유형은 무관심하거나 심지어 처음 만난 낯선 사람들을 무시할 수도 있다는 것을 명심해야 한다. 만약 이들이 당신과 아무런 연결감을 느끼지 못한다면, 이들은 당신이 신뢰할 수 있는 사람이라는 것을 학습하며 천천히 다가갈 필요가 있을 것이다.[8] 9유형은 당신을 노골적으로 거절하여 불쾌하게 만들 위험을 감수하고 싶어 하지 않을 것이다.

9유형은 당신이 긴장을 풀고 즐기기를 원하며, 이들의 초점은 당신을 기쁘게 하는 데 있을 것이다. 자신이 가족 공동체에 속해 있다는 느낌을 좋아하고 파트너의 삶에 매우 중요한 일부라고 느끼는 것을 좋아한다. 9유형은 자신의 행동에서 좀 더 여성스럽고/부드럽고자 하는 열정이 부족할 수 있다. 이들이 매료될 수 있도록 불을 붙이라. 영감을 받고 창의적이며, 표현력이 있고, 행동을 취하는 것은 9유형에게 흥분을 안겨 준다.

9유형은 평소 자신이 실제로 느끼거나 원하는 것보다는 당신이 듣고 싶어 하는 것을 말할 것임을 기억하라. 만약 9유형이 열정적이라면, 당신이 선호하는 것이 어떤 것인지 예측하기 위해 노력할 것이다. ―"저녁 먹으러 나갈래요? 카레 아니면 태국음식?" 당신의 욕구는 자신의 욕구보다 더 중요하게 여겨질 것이다. 만약 당신이 이것을 이해한다면 당신은 다음과 같이 말하면서 이들이 진정으로 원하는 것을 끌어낼 수 있을 것이다. ―"태국을 방문했을 때 당신이 현지 음식을 좋아한다고 이야기했었지. 우리 길가에 새로 생긴 곳에 가 볼까?" 그저 가지고 있는 욕구를 인정받는 것만으로도 9유형에게는 큰 사랑이 된다.

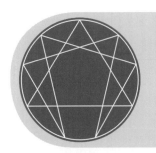

제15장
상황이 안 좋아질 때 예상되는 일

우리가 통합의 낮은 수준에 들어갔을 때 모든 유형은 당연히 엉망이 되고 그 결말은 이혼이다. 어느 유형에게나 이혼은 결코 유쾌한 경험이 아니다. 그리고 우리 자신을 덜 통합된 측면으로 몰아넣는 경향이 있다. 희망하건대, 그 변화가 일시적이고 이미 해결된 것이라면 우리는 더 건강한 수준의 존재로 나아갈 수 있다. 아마도 다음 글 속의 통찰력으로 우리 자신을 더 통합된 수준으로 유지하고 '나는 옳고 당신은 틀렸다'는 양극단 사이를 벗어나게 될 것이다. 어느 것이 맞고 어느 것이 틀렸는지를 극복하는 것이 가능할 수도 있다. 나는 그렇게 되기를 희망한다.

1유형의 이혼

1유형은 관계에 있어 '나쁜' 사람으로 보이는 것을 원치 않는다. 이혼은 '올바른' 선택으로 인식되지 않으므로, 이들이 주도적으로 나아가기는 어려울 수 있다. 1유형은 자신을 의심하고 은근히 자신의 잘못에 대해 걱정하는 한편, 자신이 떠나도록 만들거나 관계를 망친 원인을 제공한 파트너를 비난할 것이다.

"하지만 함께 있을 때 당신은 비참했어요." 나는 남편이 결혼생활을 접고 떠난 1유형에게 말했다. "당신은 끊임없이 그에 대해 불평하고 있었고, 그는 잘한 게 하나도 없었어요. 그렇다면 그가 떠난 것은 확실히 좋은 일 아닌가요? 새롭게 시작하고 당신의 이상형에 더 가까운 좋은 파트너를 찾을 때가 아닌가요?"

그녀의 대답은? "그러나 그는 절대 나를 떠나지 말았어야 했어요. 그건 옳지 않아요. 그는 남아 있어야만 했다고요!"

1유형은 세상을 더 나은 곳으로 만들기 위한 사명을 가지고 있다고 믿는다. 그러므로 스스로를 비판적인 존재로 보지 않고, 다른 이들이 더 나은 사람이 되도록 돕는 존재로 느낀다. 이들은 비판을 받아들이기 위해 싸운다. 결과적으로 이들은 관계의 파탄에 기여한 어떠한 책임도 받아들이지 못할 수 있다. 만약 1유형이 양쪽 모두가 관계에서 소통 결렬에 원인을 제공했을지도 모른다는 생각에 마음을 열 수 있다면 그것은 큰 치유가 될 것이다.

2유형의 이혼

아마도 2유형의 연인은 자신의 관심을 끌 필요가 없었을 것이다. 헨리 8세처럼,[1] 현재 파트너의 참신함에 지쳐 새로운 자극을 찾는다(나란조는 '변덕스러운'이라는 단어를 사용했다).[2] 그렇지 않다면 아마도 2유형은 자신이 원하는 칭찬과 감사를 받지 못하고 있다고 느낄 것이다. 만약 2유형이 자신의 파트너가 더 이상 바람직하지 않다는 것을 알게 된다면, 이들은 신속하게 애정의 대상을 바꾸고 옮겨 갈 것이다. 심지어 비이성적인 결론에 이를 수도 있다. 남겨진 파트너에게는 2유형과의 관계가 실제로 얼마나 깊고 진실되었는지에 대한 의문만 남을 것이다.

애정은 미성숙한 8유형과 같이 복수와 파괴 그리고 무관심으로 재빨리 옮겨 갈 수 있다. 파트너를 가장 혼란스럽게 만드는 것은, 한때 그들이 알고 있던 사랑스럽고 따뜻한 사람이 눈 깜빡할 사이에 차갑고 단호해졌다는 것이다.

일단 새로운 연인의 흥미진진한 유혹이 끝나고 나면, 2유형은 속박당하는 것에 힘들어할 수 있다. 이들이 싱글일 때는 관계를 갈망했음에도 불구하고, 끊임없이 자유를 갈망할 수도 있다. 안정된 관계가 갑자기 갇혀 있는 것처럼 느껴질 수 있고, 2유형은 새로 입사한 귀여운 신입에게 눈을 돌린다. 이 잠재적인 정복이 자신의 구원자가 되고자 하는 욕망을 만족시킬 것인지 궁금해할 수도 있다. 이들은 자기 자신의 독립을 즐긴다. 그러나 파트너에게는 그렇지 않다.

2유형이 분열되었을 때, 이들은 결핍되고 집착하게 될 수 있다.[3] 이것은 자신의 파트너를 지치게 할 수 있으며, 특히 거리를 두는 담담한 유형들의 경우 끊임없는 통제와 지치고 침습적인 관심욕구를 알게 될 것이다. 일부는 자신을 더 나은 볼거리로 만들려고 하는 2유형의 잘난 체하는 시도를 간파할 수도 있다. 특히 2유형이 베푸는 모든 것이 그저 얻기 위한 계략임을 알았을 때, 이들을 기만적인 사람으로 여길 것이다.

만약 2유형이 이혼에서 완승을 거뒀다면, 이들은 동정에 호소하기 위해 한탄한다. 또는 자신이 다음에 만나게 될 파트너에게 관대하거나 통제력을 가진 것으로 보이길 원하기 때문에 이혼으로 인한 자신의 손실을 둘러댈 것이다.

3유형의 이혼

이혼은 3유형의 버려짐과 수치심의 버튼을 누를 수 있다. 경쟁적이고 승리를 즐기는 성향과 이들의 '보복적 승리'[4]에 대한 잠재력이 결합되고 분열된 3유형은 어떠한 희생을 치르더라도 승리에 중점을 두는 끔찍한 장기전의 가능성을 만들어 낸다.

3유형이 노골적으로 자신의 화려한 혼인 서약서를 과시했을지라도 3유형은 자신을 피해자로 볼 것이다. 그리고 아무리 이혼합의가 합리적이었다고 해도 자신은 불행한 패자라며 저항할 것이다. 이들은 역경을 이겨 내는 데 익숙하며, 이들은 경제적으로 성공한 경우가 많다. 이것은 고비용에 숙련된 법률팀을 의미한다. 3유형은 자신의 카리스마적인 매력과 함께 법정을 오가며, 끝없는 고소와 지연을 통해 헤어진 파트너를 지치게 하려고 시도할 것이다. 이 험난한 과정 속에 휘말린 자녀는 이들의 볼모가 될 수도 있다. 이런 상황의 핵심은 화가 난 3유형의 승리에 대한 욕구와 강박에 있다.

파트너는 뒤이은 비극에 선을 긋고 싶을 것이다. 그러나 분열된 3유형에게 더 중요한 것은 종결이 아닌 통제와 최종적인 승리이다. 진실은 3유형의 목적을 위해 왜곡될 수 있으며, 타협에 이르는 것은 선택사항이 아니다. 만약 소송비가 상승한다면, 3유형은 자신이 승소할 것이라 믿고 패소 비용을 지불할 필요가 없다고 믿을 것이다. 파트너의 피로도와 명예 손상은 그들에게 부당한 합의에 동의하도록 만들 수도 있다. 만약 3유형이 아주 적은 비용으로 이 과정을 끝낸다면, 이들은 빠르게 부를 재창출할 수 있는 자신의 능력에 자신감을 갖게 될 것이다.

통합된 3유형은 이러한 전술을 필요로 하지 않을 수 있다. 이들은 이혼합의가 '승리'에 관한 것이 아니라, 양측 모두에게 최선의 결과를 얻는 것임을 이해하기 때문이다.

4유형의 이혼

3유형처럼 4유형은 버림받는 것을 두려워한다. 만약 자신이 원인 제공자가 아니라면, 이혼은 엄청난 재앙이 될 것이다. 한때 당신을 사랑하는 소울메이트로 보았기에, 당신이 떠나겠다고 위협할 때 이들은 앙심을 품게 될 수도 있다(자신의 난감한 행위가 원인이었다 하더라도).

4유형은 크게 부당한 취급을 받았다고 느낄 것이다. 심지어 자기 자신의 삶에서 아무런 발전적인 것을 하기를 거부함으로써 파트너를 절망의 구렁텅이로 몰아넣거나, 혹은 너무 자신에게만 몰두해 파트너의 노력을 볼 수 없었다거나, 바람을 피웠다거나, 또는 너무 변덕스러웠더라도 말이다……. 애정, 관계, 트집 잡기 그리고 거절당하거나 거절하는 것이 만들어 내는 상황 속에 4유형은 많은 관계를 맺거나 혹은 외롭다는 이유로 상대와 결혼에 이를 수도 있다.

연애 초기 4유형은 파트너를 우상화했을 수 있다. 자신이 파트너에게 투사했던 특성이 존재하지 않는다는 것을 발견했을 때, 파트너의 '잘못'을 지적하는 데 주저하지 않고, 자신의 실망감을 공격으로 전환한다. 4유형은 자기 자신을 비극적인 희생자처럼 느낀다. 서로의 관계를 유지하지 못하는 것에 더 깊은 수치심이 올라오며, 그때 다시 구원자를 찾기 시작한다. 만약 누군가 이 상태의 4유형을 사랑한다면, 이들이 사랑스러워 보이는 그 사람에게 문제가 있음이 틀림없다. 버림받는 것은 4유형의 무가치한 감정을 끌어올린다.

4유형은 자기 자신을 죄를 지은 파트너에 의해 망가진 성인으로 볼 수도 있다.—"나는 당신이 주지 않는 사랑을 찾기 위해 바람을 피우도록 강요당했어!" 만약 4유형이 통합되지 않았다면, 사랑은 곧 전쟁이 될 것이다. 이혼은 이들에게 굴욕감을 안겨 준 유죄인 파트너와 싸워 이겨야만 하는 경쟁이 된다. 합의에 관한 한, 자신의 '고통'을 자신의 것이 아닌 무엇을 요구하기 위한 권리를 주는 것으로 볼 수도 있다. 이들은 고통을 겪었고 이제 당신의 차례이다.

4유형은 마치 지난달에 있었던 일처럼 지난 관계의 트라우마 혹은 이혼의 추악한 내용을 꺼낼 수도 있다. 전 연인이 새로운 파트너를 찾으면 공격성의 음량은 더욱 커지게 될 것이다. 이들은 거짓으로 고발을 하거나 다른 변호사와 관계를 맺거나 가족 구성원의 지지를 모으려고 시도하거나, 혹은 새로운 관계를 파괴하기 위해 필요한 무엇이든 할 수 있다.

자기보존적 유형은 의존성 버튼이 눌린 것을 확인하고 화를 낼 수 있다. ─ "이제 누가 나를 돌봐 줄까?" 사회적 4유형은 만약 그들이 부자나 유명인과 결혼한 경우 이혼으로 인해 자신의 지위가 격하된 것으로 여길 수 있다. 성적 4유형은 자신이 이미 느끼고 있는 것보다 훨씬 더 실패라고 느낄 수도 있다.[5]

5유형의 이혼

5유형은 독신으로 지내는 것이 가장 편할 것 같은 유형이다. 이들은 결혼 상태를 유지할 수도 있지만 혼자 지내는 수단으로 긴 모험적 여행이나 일련의 그러한 것을 선택할 수 있다. 자전거를 타고 아프리카를 횡단하고 있는 한 5유형은 나에게 이렇게 말했다. ─"아내, 아들과 함께 집에 있으면 길을 떠나고 싶습니다. 그런데 자전거를 타고 있으면 그들이 그립습니다."

삶의 많은 것이 그러하듯, 5유형은 힘든 시기를 헤쳐 가는 대신 포기할 수 있다.[6] 관계를 끊는 것이 가장 확실하고 안전한 길처럼 보일지도 모른다. 반면에 파트너는 5유형이 진심으로 자신을 보살피지 않는 것처럼 느낄 수 있다.

5유형은 체념할 수도 있다. ─"아마 그녀는 그와 함께 있는 것이 더 나을 거야." 5유형의 사랑은 즐거운 표현보다 빠르게 의무가 될 수 있다. 파트너에게 5유형은 차갑고, 무관심하고, 냉담하며, 친밀한 관계를 맺기 어려워 보일 수 있다. 5유형은 자신의 감정을 표현하는 것이 다른 사람들이 자신을 희생양으로 삼아 지식을 사용할 힘을 느낄 것이라고 우려한다.

5유형은 신념과 이론을 공격하는 것에 관한 한 매우 논쟁적일 수 있지만, 개인적 관계의 갈등상황에서는 분열되기가 더욱 쉽다. 이들은 "이건 정말 수준 아래야. 나는 별로 신경 쓰지 않아."라는 태도로 무시할 수 있다. 오히려 타인과 대립하여 힘을 낭비하는 대신 사람들과 함께 가는 것이 더 쉽다고 믿을 것이다. 그 결과, 이들은 쉽게 지배될 수도 있고 혹은 8유형처럼 타오르며 복수를 추구할 수 있다.

이들은 다른 사람에 의해 너무 고갈된 고통스러운 감정을 끝내는 것으로 이혼을 경험할 수도 있다. 물론 화를 낼 수도 있다. 그러나 5유형이 가진 또 다른 이면은 방해나 혹은 자신의 자원이 소모되고 있다는 느낌을 가질 필요 없이 "좋아! 이제 나의 일에 집중할 수 있어!"라고 말한다.

6유형의 이혼

결혼은 서약이 동반된다. 이 서약을 어기는 것은 자신의 세계를 지켜야 한다는 6유형의 신념에 어긋난다.[7] 6유형은 관계의 규칙을 따랐을 것이다. 즉, 이들은 자신의 책임과 혼인의 의무를 다했을 것이다. 그러나 당신은 그렇지 않았다. 책임감 있는 6유형은 자녀를 재정적인 어려움에 남겨 놓지 않을 것이고, 일반적으로 자신의 부모 역할을 계속해서 진지하게 여긴다.

이혼 절차를 겪으며, 6유형은 양가감정을 경험할 수도 있다. 어느 날은 자신이 원하는 것보다 더 많이 주는 것을 의미하더라도 평화롭게 합의하고 싶은 느낌을 받을 수도 있다. 그러나 다음 날에 이들은 분노에 사로잡혀 법적 결별의 모든 시도를 깨뜨리고 그 과정에서 편집증 환자가 될 수도 있다. 또는 '싸움 또는 도피'의 접근법을 선택하여 트라우마로부터 도망치거나 공포대항형으로 법적 위협에 정면으로 맞설 수 있다. 만약 변호사들에 의해 박해를 받는다고 느끼면, 그들이 방해할 수 없다는 것을 보여 주기 위해 예측할 수 없는 강렬한 분노를 보일 수 있다. 당신은 6유형의 적이 될 것이다.

7유형의 이혼

7유형은 관계 문제에 있어 첫 조짐에 지나치게 빨리 행동하는 위험을 감수한다. 또한 자신의 불안감과 열등감을 겉으로 만족스러워 보이는 가면 아래에 숨기고, 비교적 빠르게 이혼 절차로 넘어가는 것처럼 보일 수 있다. 이들은 미래에 초점을 맞추는 자신의 사고체계를 이용하여 이미 새로운 관계를 구상하고 있다. 이것은 너무 쉽게 헤어진 배우자를 당혹스럽게 한다.

사랑과 즐거운 시간을 가지는 것이 하나이며 동일한 것이라면, 왜 7유형이 지루하고 무미건조한 책임감에 직면했을 때 사랑을 잃는 것처럼 보는지 이해할 수 있다. 내가 아는 한 7유형은 그녀의 남편과 이혼하고 친구와 함께 해외여행을 계획했다. 그러나 공항에서 용기를 잃고 결국 남편과 재혼하게 되었다. 새로운 경험을 하고자 했던 7유형의 욕망이 안정에 대한 욕구에 압도당한 것이다.

7유형은 말로 사람을 잘 다루고 조작에 능하다. 당신이 불행한 이혼에 빠지지 않으려면 빈틈이 없어야 한다. 대신, 이들은 가능한 한 빨리 그 과정의 고통을 넘기기 위해 당신이 내건 조건에 지극히 관대할 수 있다. 또한 자신의 손실을 곧 만회할 수 있을 것이라는 확신을 가지고 자신의 모든 것을 던져 버릴 수 있다. 한 7유형은 이렇게 말했다. ―"입고 있던 옷과 자동차 키만 가지고 나왔어. 나는 절대 돌아가지 않아."

7유형은 이혼 과정에 이르기까지 자신이 잘못 행동해 왔다는 어떠한 암시에도 강하게 반응할 수 있다. 이상화된 자아에 대한 자신의 시각에 오점을 남기기 때문이다.[8] 심지어 그런 시각이 당신을 이혼 법정에 서게 한 자신의 경솔한 행동이라 할지라도 이들은 결백을 선언할 것이다(그리고 그 대가로 당신을 심판한다).

많은 7유형이 자기개발적 임무(소위 '뉴에이지' 운동은 분명 7유형의 개념이었다)를 수행하고 있다고 믿는다. 그렇기 때문에 이들은 자신의 관계를 그 발전의 일부로 본다. ―"우리가 서로에게 배운 것은 무엇이고 어떻게 우리가 성장해 왔는지 생각해 보자." 이들에게 이혼은 누군가와 함께 다음 학습곡선으로 나아갈 시기라는 것을 시사한다. 7유형은 항상 왜 이것이 문제가 될 수 있는지, 그리고 자신의 전남편이 자신과 같이 죄책감 없이 쉽고 열정적으로 변화를 받아들이지 않는지 이해하지 못한다.

8유형의 이혼

만약 8유형이 바람을 피워 이혼했다면, 특히 아이가 있는 경우 당신은 공정한 합의를 얻을 수 있을 것이다. 만약 당신이 불충실했거나, 위협을 느꼈거나 혹은 통제받거나 약해지는 것에 지쳐 이혼이 시작되었다면, 몹시 지저분한 과정을 기대하라. 8유형은 모든 일에서 열외 취급을 좋게 받아들이지 않는다. 8유형의 응징 욕구와 충돌을 즐기고 자신이 지는 것을 용납하지 않는 것의 조합은 이혼에 좋은 징조가 아니다. 만약 당신이 승리하게 된다면, 그 이후에 벌어질 보복 행위에 대비하라(그들은 '정의'라고 명명할 것이다).

공격적인 법률 서한은 8유형을 위협하는 데 별로 도움이 되지 않을 것이며, 오히려 이들이 가진 보복 욕구에 불을 붙일 것이다. 이들은 전투에서 승리하고 지배할 것이다. 그리고 확실한 승리를 위해 협박, 물질적 공격, 위협 등을 사용할 것이다. 8유형은 자기 자신만의 자부심으로 가득 차 본인이 세운 계획을 이룰 수 있는 사람들을 고용하고 약속할 것이다. ―"당신이 나를 위해 이혼 소송에서 승리한다면, 당신이 다시는 일거리를 찾을 필요가 없도록 해 주겠소."

분열된 8유형은 자신의 전 파트너를 성가신 물건으로 취급하고, 자신이 그들에 대한 단독 소유권을 가지고 있다고 믿을 것이다. 이혼 소송에서 지거나 혹은 이득을 취하는 것은 개인적인 약점으로 여겨질 것이다. 그것은 어떤 대가를 치르거나 결과에 상관없이 피해야만 하는 것이다.

9유형의 이혼

9유형은 좀처럼 스스로 관계를 끝내려 하지 않는다. 실제로 이들은 보통 떠나기로 결정한 뒤에도 즉시 자신의 삶을 파괴하기보다 독이 되거나 심지어 가학적인 관계 속에 몇 년간 머물 것이다. 이들은 혼자서 무기력하거나 불행하다고 느낀다.[9] 그렇기 때문에 9유형은 자신의 악마와 마주하는 위험을 감수하기보다는 자신이 알고 있는 악마의 곁에 머물 것이다. 행동을 개시하는 것과 관련된 이들의 문제는 불행한 정도와 상관없이 이혼 절차에 착수하는 것을 어렵게 만들 수도 있다. 9유형은 자기 자신에게 말할 것이다. ─"내 상황이 다른 사람들이 말하는 것만큼 나쁘지는 않아. 힘든 시간이 끝나길 기다리는 것이 더 낫지." 그들 스스로가 적극적인 입장을 취하기보다 자신의 파트너가 먼저 떠나기로 결정하길 바라면서(그리고 중죄인으로 간주됨), 은밀히 이별을 꾀할 것이다.

전체적인 이혼 절차는 분노의 말 한마디 없이 일어날 수 있으며, 그 모든 것은 무서울 정도로 철저히 처리될 수 있다. 이혼 이전의 고요한 전쟁 동안, 9유형은 노트북(가장 일반적인), 휴대전화, 신문, 잡지, 텔레비전, 친구, 일, 십자퍼즐, 보드게임, 스포츠, 집안일 혹은 아이들을 돌보는 일 등과 같은 활동을 이용해 서로 간 소통을 끊었을 것이다. 이들의 감정적이고 종종 육체적인 존재의 차단과 부재는 파트너를 극도로 외롭게 느끼도록 남겨 놓을 수 있다. 그러나 표면적으로 9유형의 행위를 비난할 만한 것은 거의 없을 것이다.[10]

이혼하는 동안, 파트너와 함께하고 동의했던 지난 모든 세월(9유형 자신의 표현되지 않은 욕망에 반하여)은 그 대가를 치르게 될 수도 있다. 즉, 억압된 분노가 표현될 수 있다. 자신을 소중히 여기지 않으며, 이혼이 불가피했다고 느낄 수도 있다. ─"누가 나와 함께 있고 싶겠어?"

좀 더 통합된 9유형은 자산에 대해 거짓말을 하거나 이용하려는 사람들을 이해하지 못한다. 이들은 암묵적으로 다른 이들을 신뢰하며, 자신의 파트너가 이러한 면에서 부족한 것을 알게 될 때 혼란스러워할 수 있다.[11] 에니어그램의 평화주의자이며 신뢰받는 중재자인 9유형은 길고 값비싼 법률 비용을 피하기 위해 잘 일할 수 있다.

작가와의 대담

범성애자, 게이/레즈비언 또는 양성애자가 될 가능성이 높은 유형은 무엇인가요?

다양한 출처를 기반으로 한 연구는 차이가 있습니다. 그러나 마이어스−브릭스Myers-Briggs의 연구를 바탕으로 한 유형을 에니어그램과 연관지어 보았을 때, 4유형과 9유형은 게이 여성의 비율이 높고, 2유형, 3유형, 4유형은 게이 남성의 비율이 높았습니다. 양성애 여성은 4유형과 5유형에서, 남성은 4유형과 7유형에서 가장 흔하게 발견되었습니다.[1] 범성애 유형은 4유형, 5유형 그리고 특히 9유형인 경향이 있었습니다. 그러나 많은 유형에서 편차가 크지 않았고 결론을 내리기 위해서는 추가 연구가 필요합니다.

흥미롭게도, 자기 자신을 생물학적 범성애자로 보는 시각이 가장 높았던 것은 MBTI의 INFP(225)와 INFJ(280)였습니다(24%와 19%).[2] 자신의 두 유형을 모두 알고 있는 4,703명을 대상으로 2015년 시행된 에니어그램과 MBTI의 상관관계 연구에 따르면 이 두 유형은 에니어그램의 4유형과 9유형에 가장 가까운 것으로 보입니다.[3]

온라인 데이트 사이트인 'OkCupid'의 설문에서 INTP 여성(주로 5유형)의 33.03%가 양성애자였습니다. 남성의 비율은 4.63%로 훨씬 낮았지만 평가 순위에서는 세 번째로 높았습니다. 이것은 프리베Priebe의 결론과 일치합니다.[4]

책에서 이혼을 주제로 포함한 이유가 무엇인가요?

대략 미국 기혼자의 40~50%가 이혼으로 끝이 납니다.[5] 이 통계는 섹스와 관계를 주제로 한 책에서 무시하기 어렵습니다. 분명히 무언가 잘못되어 가고 있습니다(또는 관계가 변화하고 있습니다). 이혼에 대해 당신과 파트너가 과거에 가졌던 방식을 이해하는 것은 여러분이 다시 이혼하는 것을 피하고 갈등을 일으킨 문제를 치유하는 데 도움을 줄 수 있습니다.

책에서 판타지를 포함한 이유는 무엇인가요?

남편이 성적 판타지에 대한 주제를 꺼냈을 때 저는 친구와 함께 저녁 파티에 있었습니다. 대부분의 손님은 자신이 판타지를 가지고 있다는 것을 부정했고, 식탁은 아득한 침묵이 흘렀습니다. 진짜인가? 분명히 그는 원초적 신경을 건드렸던 것입니다. 사람들은 더 이상 토론에 열려 있지 않았습니다.

영국의 심리학자 브렛 카Brett Kahr는 영국과 미국의 18,000명을 대상으로 그들이 가진 판타지의 빈도와 내용에 대해 조사했습니다. 그는 10명 가운데 9명이 성적 판타지를 가지고 있다는 사실을 발견했습니다. 사실상 거의 모든 사람이 해당되었고, 나머지 10%의 사람은 너무 억제되어 그것을 받아들이지 않는다고 말했습니다.[6]

포르노를 보는 것은 우리의 판타지를 현실에 더 가깝게 가져오는 방법으로 볼 수 있습니다. 만약 우리가 침대 위에서 두 명의 금발과 함께 있는 자신에 대한 판타지를 가지고 있다면, 인터넷은 판타지를 시각적인 현실로 가져올 수 있을 것입니다. 우리 대부분은 섹스에 관해 즐겁게 이야기할 수 있는 것처럼 보이지만, 여전히 대부분의 판타지는 금기에 가깝습니다. 그러나 우리 모두는 성적 판타지를 가지고 있습니다.

프로이트는 성적 판타지의 동기가 충족되지 못한 욕구에 있다고 믿었습니다. 그러나 다른 학자들은 판타지가 일상적인 섹슈얼리티의 정상적인 일부라고 말하며 그의 의견에 동의하지 않았습니다(이후 연구에 따르면 프로이트의 가정이 틀렸다는 것이 밝혀졌습니다).[7] 분명히 성적 어려움을 가지고 있는 사람들은 자위나 섹스를 할 때 판타지가 거의 없습니다. 반대로 활동적이고 만족스러운 섹스를 하는 사람들은 더 많은 판타지를 가지는 경향이 있습니다. 이것이 의미하는 바는 판타지가 성생활의 부족을 보완하는 것이 아니라 오히려 그것을 향상시킨다는 것입니다.[8]

미혼의 젊은 여성들은 현재 파트너에 대해 더 자주 판타지를 갖는 것으로 밝혀졌습니다. 이와 대조적으로 기혼 여성들은 그들의 관계 밖에서 판타지를 가질 가능성이 더 높았습니다.[9] 아마도 관계가 길어지고 친밀함과 지루함이 침실로 스며들면서, 남성과 여성 모두 자신의 파트너보다 과거 또는 현재의 불법적 관계에서의 실제적 경험일 수 있는 타인에 대한 환상을 가지게 됩니다.

남성과 여성은 성적 판타지를 다르게 경험하는 것처럼 보입니다.[10] 놀라울 것도 없이, 여성은 감정, 로맨스, 친밀감 등에 중점을 둔 에로틱하고 정서적인 판타지 상대에게 더 수동적인 역할을 하는 경향이 있는 반면, 남성의 환상은 그들의 즉각적인 성욕과 만족에 더 초점이 맞춰져 있습니다. 남자들은 여성들보다 더 많은 판타지를 가지고 있으며, 더 노골적인 상상으로 더욱 지배적인 역할을 즐기는 것으로 나타났습니다.[11]

여성 수의 두 배나 되는 남성이 복종적인 판타지를 가지고 있었습니다(비록 실제 삶에서 이것을 구현하고자 하는 사람의 거의 없지만). 그러나 남성은 그들의 판타지를 실현시키기 위해 훨씬 더 열정적이었고, 파트너가 다른 남자와 섹스하는 것을 보는 것에 더욱 열성적이었습니다.[12]

에니어그램 유형에 판타지를 접목하는 것은 까다롭습니다. 왜냐하면 우리는 의식적 자아의 판타지를 그림자 자아의 판타지로 바꿀 수 있기 때문입니다. 이것은 매우 다를 수 있습니다. 예를 들어, 8유형에 의해 경험되는 지배에 대한 판타지가 전부는 아니며, 복종적인 판타지를 가진 사람은 그들이 지배하는 곳에서 판타지를 갖고 있는 것이 일반적입니다. 이것은 퀘백Quebec의 성인 1,517명(남성 799명, 여성 718명)을 대상으로 연구된 것으로 55개의 다른 성적 판타지에 순위를 매기고, 자신이 좋아하는 판타지를 자세히 묘사하도록 요청했습니다. 결과는 표본 2.3% 미만(드문), 15.9% 미만(특이한), 50% 이상 (보통), 84.1% 이상(일반)의 척도로 평가되었습니다. 결과는 매우 다양했는데 드물거나 특이한 상태로 생각되는 사람은 거의 없었습니다. 판타지에서는 무슨 일이든 허용됩니다![13]

판타지와 에니어그램에 대한 주제는 더 깊은 탐구를 기다리고 있는 과제입니다.

에니어그램 유형과 다른 특성에 대한 다양한 명칭이 존재하는 이유는 무엇인가요? 이것은 너무 혼란스럽습니다.

에니어그램이 발전함에 따라, 새로운 지도자와 작가가 등장했고, 저작권 문제, 새로운 발전 또는 해석 등의 이유로 같은 개념이 다른 이름으로 불리게 되었습니다. 그래서 1유형은 개혁가, 완벽주의자, 이상주의자, 조직가, 관점 주의자, 십자군 등으로 언급되며, 다른 용어로도 가능합니다.[14]

내가 어떤 유형인지 어떻게 알 수 있나요?

만약 책을 읽기 전 당신의 유형을 몰랐거나 이 책을 읽는 동안에 발견하지 못했다면 당신에게 도움이 될 많은 온라인 자료가 있습니다. 그 가운데 어떤 것은 다른 것보다 정확할 수 있습니다. 몇 가지를 시도해 보고 자신과 잘 맞는 것을 선택하기를 추천합니다. 또한 당신 자신이 모르는 모습을 알고 있는 파트너, 친구, 가족, 동료들 등에게 도움을 청하기를 바랍니다. 어떤 사람들에게 자신의 에니어그램 유형을 찾는 것은 오랜 시간이 걸릴 수도 있는 작업입니다. 그러나 일상에 마음을 열고 자신의 유형을 찾는 것은 단지 당신의 여정에 시작일 뿐이라는 것을 기억하십시오.

미주

소개: 약간의 전희

1) Clellan S. Ford and Frank A. Beach. *Patterns of Sexual Behavior*. (Harper & Brothers, New York, 1951). pp. 22-24.

2) Dr David Daniels and Dr Ron Levin. "Sexuality, Sensuousness and the Enneagram" http://drdaviddaniels.com/products. Accessed and purchased May 2018.

3) Comment by Russ Hudson at the 2018 Enneagram Global Summit, "Instincts Panel, Part 1."

4) Logue, Jeff. https://www.sagu.edu/thoughthub/pornography-statisticswho-uses-pornography. Accessed November 2018.

5) https://www.pornhub.com/insights/2018-year-in-review. Accessed March 2019.

6) https://www.pornhub.com/insights/2017-year-in-review. Accessed July 2018.

7) Dr Dan Siegal. 2018 Enneagram Global Summit. Interview with Jessica Dibb entitled "The Three Centers, the Essence of Life, and the Plane of Possibility: Expanding the Journey for Ourselves, Others, and the World."

8) A.H. Almaas and Karen Johnson. *The Power of Divine Eros*. (Shambhala Publications, Boston, 2013) pp. 137-138.

9) Brian Mustansk, https://www.psychologytoday.com/intl/blog/thesexual-continuum/201112/how-often-do-men-and-women-think-about-sex. Accessed August 2018.

10) Steven Stack, Ira Wasserman, and Roger Kern. "Adult social bonds and use of Internet pornography". *Social Science Quarterly 85* (March 2004): 75-88. Accessed March 2018 from: Covenant Eyes. Porn Stats. 2015. http://covenanteyes.com/pornstats.

11) Ogi Ogasa and Sai Gaddam. *A Billion Wicked Thoughts: What the Internet Tells Us About Sexual Relationships.* (New York: Plume, 2011). Accessed March 2018 from: Covenant Eyes. Porn Stats. 2015. http://covenanteyes.com/pornstats

제1장 에니어그램이란 무엇인가

1) P.D. Ouspensky. *In Search of the Miraculous.* Here he quotes Gurdjieff. Sourced from Claudio Naranjo. Character and Neurosis. p. 13.

2) George I. Gurdjieff was a mid-20th-century philosopher and spiritual teacher. *The Fourth Way* enneagram symbol was published in 1949 in *In Search of the Miraculous* by P.D. Ouspensky, and is an integral part of the Fourth Way esoteric system associated with GeorgeGurdjieff. The Law of Three determines the character and nature of a vibration-active, passive, and neutralizing. https://www.ouspenskytoday.org/wp/about-teaching-today/the-law of-three. Accessed September 2018.

3) Gurdjieff's Law of Seven determines how vibrations develop, interact, and change and is related to the musical scale. https://www.ouspenskytoday.org/wp/about-teaching-today/the-law of-seven. Accessed September 2018.

4) https://www.enneagraminstitute.com/how-the-enneagram-system works. Accessed October 2019.5) Oscar Ichazo. Interviews with Oscar Ichazo. (Arica Institute Press, New York, 1982). p. 19.

5) Oscar Ichazo. *Interviews with Oscar Ichazo.* (Arica Institute Press, New York, 1982). p. 19.

6) https://www.etymonline.com/word/passion. Accessed August 2018.

7) https://www.etymonline.com/word/passion. Accessed August 2018.

8) Claudio Naranjo, M.D. *Character and Neurosis.* (Nevada City: Gateways/IDHHB, Inc, 2003). p. 25.

9) Don Riso and Russ Hudson. *RH Enneagram At-A-Glance Chart 1 Personality Elements.* The Enneagram Institute.

10) Terminology used by the Integrative 9 Enneagram Solutions (iEQ9).

11) Don Riso and Russ Hudson. *Understanding the Enneagram.* Rev. ed. (Boston, MA: Houghton Mifflin Company, 2000). p. 29.

제2장 에니어그램과 친해지기

1) From iEQ9 certification training with iEQ9.
2) From iEQ9 certification training, *Understanding the Integrative Enneagram Workbook*. p. 168. Jerome Wagner-Dialectics: "Each core is the synthesis of its two neighbors."
3) John Luckovich. https://ieaninepoints.com/2018/09/21/instinctual excitement-passion-andintensity/#!biz/id/5817cd71178f4e845c57e97c. Also the New York Enneagram. https://newyorkenneagram.com. Accessed November 2018.
4) John Luckovich. https://ieaninepoints.com/2018/09/21/instinctual excitement-passion-andintensity/#!biz/id/5817cd71178f4e845c57e97c. Accessed November 2018.
5) Gloria Davenport, Ph.D. http://www.enneagram monthly.com/subtypes-revisited.html. Accessed 20 May 2018.
6) John Luckovich. https://ieaninepoints.com/2018/09/21/instinctual excitement-passion-and intensity/#!biz/id/5817cd71178f4e845c57e97c. Accessed November 2018.
7) Ibid.

제3장 트라이어드: 세 가지 유형별 분류

1) Karen Horney. *The Distrust Between the Sexes*, Feminine Psychology. 1931b/1967. p. 117.
2) John Luckovich. https://ieaninepoints.com/2018/09/21/instinctual excitement-passion-and intensity/#!biz/id/5817cd71178f4e845c57e97c. Accessed November 2018. Also the New York Enneagram. https://newyorkenneagram.com. Accessed November 2018.
3) Don Riso and Russ Hudson. *The Wisdom of the Enneagram*. (Bantam Books, New York, 1999). p. 51.
4) Claudio Naranjo. 2017 Enneagram Global Summit: *Trinity & Multiplicity*. p. 8.
5) Don Riso and Russ Hudson *Understanding the Enneagram*. (Houghton Mifflin, Boston, 2000). p. 254.
6) Riso, Hudson. *The Wisdom of the Enneagram*. p. 53.
7) Gilbert Schacter, Wegner, Daniel. *Psychology* (1. publ., 3. print. ed. Worth Publishers, Cambridge, 2011). p. 180.
8) Naranjo. *Character and Neurosis*. p. xxvii. Also Riso, Hudson. *The Wisdom of the Enneagram*. pp. 60-63.
9) Correspondence with John Luckovitch.

10) Correspondence with John Luckovitch.

11) Naranjo. 2017 Enneagram Global Summit: *Trinity & Multiplicity*. p. 8.

12) Ibid. pp. 8-10.

13) Ibid.

14) Ibid. pp. 8-9.

제4장 1유형: 죄지은 성자

1) Naranjo. *Character and Neurosis*. Introduction: *A Theoretical Panorama*.

2) Helen Palmer. *The Enneagram in Love and Work*, (New York: Harper One, 2007). p. 36.

3) Michael Ryan. *Prostitution in London, with a comparative view of that in Paris, New York, etc.* (H. Balliere *London*, 1839).

4) 예를 들어, Bowden의 장치는 사타구니 털을 끼워 고정시킨 여러 체인과 함께 귀두에 장착된 컵을 사용했다. 만약 그 불행한 남성이 발기(금지된 천국!)를 하면 그는 음모가 찢어지는 고통을 겪게 된다. 마찬가지로, Jugnum의 장치는 잠자는 사람이 발기할 때 깨우기 위한 못이 박힌 고리였다.

5) https://en.wikipedia.org/wiki/History_of_masturbation. Accessed March 2018.

6) Dr. Marlene Wasserman ("Dr Eve"). *Pillowbook*, (Cape Town: Oshun Books, 2007). p. 104.

7) Ibid. p. 39.

8) Claudio Naranjo. *Character and Neurosis*. (Gateways / IDHHB, Inc. Nevada, 1994). p. 41.

9) Study of 457 couples and their Enneagram partners: http://www.9types.com/writeup/enneagram_relationships.php. Accessed August 2018.

10) Avodah Offit. *The Sexual Self: How Character Shapes Sexual Experience*. (Beckham Publications Group Inc., Silver Spring. 2016. Kindle Edition). Location 981-1051.

11) http://www.9types.com/writeup/enneagram_relationships.php. Accessed June 2018.

12) Naranjo. *Character and Neurosis*. p. 61.

13) Offit. *The Sexual Self*. Location 981-1051.

14) Naranjo. *Character and Neurosis*. p. 47.

15) Naranjo. *Trinity and Multiplicity*. 2017 Enneagram Global Summit. Lecture notes pp. 8-9.

16) Palmer. *The Enneagram in Love and Work*. p. 44.

17) Naranjo. *Character and Neurosis*. p. 59.

18) Ibid. p. 46.

19) Palmer. *The Enneagram in Love and Work*. p. 43.

20) Ibid. p. 43.

21) From a research questionnaire by Aephoria (http://aephoria.co.za/) in which respondents were asked to write down their thoughts on love and sex.

22) Ibid.

23) Ibid.

24) Don Riso and Russ Hudson, *Discovering Your Personality Type,* (New York: Houghton Mifflin Company, 2007). p. 91.

25) Daniels and Levine. "Sexuality, Sensuousness and the Enneagram," Part 2. Daniels 박사는 1유형과 관련하여 '인위적인'이라는 단어를 사용했는데 이것은 평소 내가 3유형 앞에 놓는 것이다. 그러나 우리가 우리 자신이 아닐 때(섹스 또는 다른 상호작용에서) 인위적이라는 인상을 줄 것이고, 1유형의 경우 훌륭하고 가치 있는 파트너가 되려고 노력하는 것처럼 보일 것이다. 그의 설명대로 그 결과는 인위적이 될 것이다.

제5장 2유형: 섹시한 유혹자

1) Naranjo. *Character and Neurosis.* p. 180.

2) Don Riso and Russ Hudson. *Personality Types* (Boston, MA: Houghton Mifflin Company, 1996). p. 85.

3) Lewis C.S., *Mere Christianity.* (New York: Simon & Schuster Touchstone edition, 1996). pp. 109 and 111.

4) Naranjo. *Character and Neurosis.* p. 175.

5) Beatrice Chestnut. *The Complete Enneagram.* p. 352. and Naranjo, Claudio. *Character and Neurosis.* p. 184.

6) Naranjo. *Character and Neurosis.* p. 181.

7) David Bienenfeld. https://en.wikipedia.org/wiki/Histrionic_personality_disorder. Accessed July 2018. Information on clusters of behavior from: *Personality Disorders.* Medscape Reference. WebMD (2006). Accessed April 2018.

8) Offit. *The Sexual Self.* Location 792. Kindle edition.

9) Naranjo. *Character and Neurosis.* p. 27.

10) Carl Gustav Jung. *Psychological Types* (Eastford: Martino Fine Books, 2016), Ch. 10.

11) http://www.9types.com/writeup/enneagram_relationships.php In the study of 457 couples, Two men comprised the smallest percentage of all types (4%). Accessed August 2018.

12) Naranjo. *Character and Neurosis.* p. 192.

13) Male Twos chose female Four wives mostly, followed by Type Ones. http://www.9types. com/writeup/enneagram_relationships.php.

14) http://drpetermilhado.com/hysterical. Accessed July 2018.

15) Offit. *The Sexual Self*. Location 792.

16) Judith Searle. "Sexuality, Gender Roles and the Enneagram," published in the May 1996 issue of *Enneagram Monthly*. http://www.judithsearle.com/articles/sexuality-gender-roles.html. Accessed June 2018.

17) Marie-Louise Von Franz. *Process*. pp. 205-6.

18) Offit. *The Sexual Self*. Location 808.

19) Ibid. Location 866.

20) Naranjo. *Character and Neurosis*. p. 182.

21) Aephoria questionnaire.

22) Ibid.

23) Palmer. *The Enneagram in Love and Work*. p. 72.

24) Searle. "Sexuality, Gender Roles and the Enneagram."

25) Naranjo. *Character and Neurosis*. p. 33.

26) Palmer. *The Enneagram of Love and Work*. p. 65.

27) Searle. "Sexuality, Gender Roles and the Enneagram."

28) "주요 특징: 반응적인 유형은 그들의 파트너를 주된 관심 대상으로 삼는 것에서부터 출발한다. 페르토는 이 범주를 두 가지 하위유형으로 나눈다: 진정으로 자신의 파트너와 모든 성행위를 즐기는 것과 자신의 파트너를 만족시키기 위해 그들 자신의 즐거움을 스스로 희생하는 것이다. 이 둘은 큰 차이가 있다! https://lifehacker.com/how-to-identify-your-partners-libido-type-and-get-bet-1692431142. Accessed March 2018.

29) Chestnut. *The Complete Enneagram*. pp. 367-8.

30) iEQ9 *Understanding the Integrative Enneagram Workbook*. p. 142. and Helen Palmer. The Enneagram. p. 132.

31) Aephoria questionnaire

32) Chestnut. *The Complete Enneagram*. p. 368.

33) Ibid. p. 371.

34) Riso, Hudson. *The Wisdom of the Enneagram*. p. 133.

35) Chestnut. *The Complete Enneagram*. p. 372.

36) Aephoria questionnaire.

37) Chestnut. *The Complete Enneagram*. p. 375.

38) Naranjo. *Character and Neurosis*. p. 186.

39) Aephoria questionnaire.

40) Ibid.

41) Ibid.

42) Hudson, Riso. *Personality Types*. p. 91.

43) Naranjo. *Character and Neurosis*. p. 176.

제6장 6유형: 충성스러운 연인

1) Palmer. *The Enneagram in Love and Work*. p. 159.

2) Ibid. p. 164.

3) A Buddhist term referring to an unsettled, busy, indecisive, capricious state of mind.

4) Riso, Hudson. *The Wisdom of the Enneagram*. p. 250.

5) Jerome Wagner. *The Enneagram Spectrum*. (Portland: Metamorphous Press, 1996). p. 90.

6) Sigmund Freud. *On Psychopathology* (Middlesex: Penguin, 1987). p. 198.

7) Offit. *The Sexual Self*. Location 1204.

8) Ibid. Location 1251.

9) G. E. Birnbaum, M. Mikulincer, and O. Gillath. "In and out of a daydream: Attachment orientations, daily couple interactions, and sexual fantasies." *Personality and Social Psychology Bulletin*, 37(10), 2011. pp. 1398-1410. doi:10.1177/0146167211410986.

10) B. Edelman, "Red light states: Who buys online adult entertainment?" *Journal of Economic Perspectives*, 23, 2009. pp. 209-220. Also, Nigel Berber Ph.D. "The Sexual Obsession" https://www.psychologytoday.com/us/blog/the-humanbeast/201206/the-sexual-obsession. "새로운 연구는 더욱 높은 수준의 독실함을 가진 미국 주들이 온라인에서 성을 찾을 가능성이 더 높다는 것을 발견했다. 이 연구는 캐나다 온타리오의 Brock University의 연구자들에 의해 작성되었으며, 2년간 미국 전역의 Google Trends를 기반으로 한다." and https://www.christiantoday.com/article/americas-bible-belt states-indulge-in-more-online-porn-than-other-less-religious states/42045.htm. Both accessed August 2018.

11) From https://www.9types.com/writeup/enneagram_relationships.php after research on marriage choices in 457 couples. Accessed August 2018.

12) Offit. *The Sexual Self*. Location 1235–1251.

13) Palmer. *The Enneagram in Love and Work*. p. 163.

14) Naranjo. 2017 Enneagram Global Summit: *Trinity & Multiplicity*. Lecture notes p. 7.

15) Wagner. *The Enneagram Spectrum*. pp. 93-94.

16) Offit. *The Sexual Self*. Location 1204.

17) Riso, Hudson. *Personality Types*. p. 252.

18) Palmer. *The Enneagram in Love and Work*. p. 167.

19) Gert Holstege, 네덜란드 University of Groningen 교수. https://www.newscientist.com/article/ dn7548-orgasms a-real-turn-off-for-women. Accessed September 2018.

20) Daniels, Levine, "Sexuality, Sensuousness and the Enneagram," Part 4.

21) Riso, Hudson. *The Wisdom of the Enneagrams*. p. 39.

22) Naranjo. *Character and Neurosis*. p. 243.

23) Aephoria questionnaire.

24) Palmer. *The Enneagram in Love and Work*. p. 153.

25) Naranjo. 2017 Enneagram Global Summit: *Trinity & Multiplicity*. Lecture notes p. 8.

26) Udit Patel. https://sites.google.com/site/upatel8/personalitytype6. Accessed August 2018.

27) Palmer. *The Enneagram in Love and Work*. p. 153.

28) Offit. *The Sexual Self*. Location 1251.

제7장 3유형: 끝내주는 오르가슴

1) Naranjo. *Character and Neurosis*. p. 199. The term was originally used by Eric Fromm in *Man for Himself* (New York: Holt, Rinehart and Winston, 1964).

2) Naranjo. *Character and Neurosis*. p. 214.

3) Ibid. p. 210.

4) Naranjo. Jessica Dibb의 '2017 Enneagram Global Summit' 인터뷰 대화록 6페이지에서 그는 '존재'(8, 9, 1, 신체 중심), '행동'(5, 6, 7, 머리 중심), '삶'(2, 3, 4, 가슴 중심) 세 가지 중심에 대한 Oscar Ichazo와 대화를 언급한다. 각 유형은 존재, 행동, 삶의 문제를 가지고 있다.

5) Riso, Hudson. *RH Enneagram At-A-Glance Chart 1 Personality Elements*.

6) Horney. *Neurosis and Human Growth* (New York: W.W .Norton & Company, 1991).

7) Riso, Hudson. *Personality Types*. pp. 126-7.

8) Riso, Hudson. *The Wisdom of the Enneagram*. p. 55.

9) Horney. *Neurosis and Human Growth*. pp. 198-208.

10) Ibid. Sourced from: https://en.wikipedia.org/wiki/Karen_Horney.

11) William Strauss, and Neil Howe. *Millennials Rising: The Next GreatGeneration*. (New York, NY: Vintage Originam, 2000). p. 370.

12) Jean Twenge, Ph.D. *Generation Me.* (New York: Simon & Schuster, 2006).

13) Peter Loffredo. http://fullpermissionliving.blogspot.com/2008/09/rigid-character structure-we-are.html. Accessed July 2018.

14) Riso, Hudson. *The Wisdom of the Enneagram.* pp. 155–56.

15) Karen Horney. *Neurosis and Human Growth.* Sourced from http://donemmerichnotes.blogspot.com/2011/09/neurosis-and human-growth-by-karen.html?view=classic. Accessed June 2018.

16) Aephoria questionnaire

17) Horney. *Neurosis and Human Growth.* Sourced from http://donemmerichnotes.blogspot.com/2011/09/neurosis-and human-growth-by-karen.html? view=classic. Accessed July 2018.

18) Offit. *The Sexual Self.* Location 906.

19) Horney. *Neurosis and Human Growth.* Sourced from http://donemmerichnotes.blogspot.com/2011/09/neurosis-and human-growth-by-karen. html?view=classic. Accessed July 2018.

20) Horney. *Neurosis and Human Growth.* pp. 254–55.

21) Riso, Hudson. *Personality Types.* p. 123.

22) Riso, Hudson. *The Wisdom of the Enneagram.* p. 163.

23) Marie Robinson. *The Power of Sexual Surrender.* (New York: Signet, 1963). p. 158.

24) Horney. *Neurosis and Human Growth.* p. 17.

25) Robinson. *The Power of Sexual Surrender.* pp. 53–55.

26) Ibid. p. 11.

27) Ibid. p. 53.

28) Ibid. p. 158.

29) Peter Loffredo, LCSW. http://fullpermissionliving.blogspot.com/2008/09/rigid-character-structure-we-are.html. Accessed July 2018.

30) Offit. *The Sexual Self.* Location 966.

31) Ibid. Location 970.

32) Naranjo. 2017 Enneagram Global Summit: *Trinity & Multiplicity.* Lecture notes p. 8.

33) Horney. *Neurosis and Human Growth.* ("인간관계의 취약성. 자기경멸은 비판과 거절에 과민한 신경증을 만들어 낸다.")

34) Naranjo. *Character and Neurosis.* p. 209.

35) Offit. *The Sexual Self.* Location 890.

36) Roughly 6% of the population has narcissistic personality disorder-7.7% of men versus 4.8% of women. http://uk.businessinsider.com/the-main-difference-between narcissistic-men-and-women-2017-10?IR=T. Accessed July 2018.

37) Donald L Nathanson. *Shame and Pride: Affect, Sex, and the Birth of the Self.* (New York: W.

W. Norton & Company, 1994). p. 235.

38) Donald L Nathanson. "Compass of Shame," http://www5.esc13.net/thescoop/behavior/files/2017/10/compassofshame.pdf.

39) Nathanson. *Shame and Pride.* pp. 305-77.

40) Chestnut. *The Complete Enneagram.* p. 355. Beatrice talks about Three Sexual/One-on-Ones: "…그들은 과거의 학대를 최소화하거나, 덮거나, 잊기 위한 방법으로 자신과의 '단절'을 사용한다."

41) Ibid. p. 328. "그들은 위태로운 안정감에 직면하여 자율성에 특별한 초점을 맞추는 것을 발달시켰다."

42) Ibid. p. 331. "사회적 3유형은 3유형 가운데 가장 공격적이며, 강하고 단호한 성격을 가지고 있다."

43) Jeff Elison, Randy Lennon and Steven Pulos. "Investigating the Compass of Shame: The Development of the Compass of Shame Scale." *Social Behavior and Personality: An International Journal,* 2006, 34(3): 221-38 Sourced from https://www.researchgate.net/publication/233600755_Investigating_the_Compass_of_Shame_The_development_of_the_Compass_of_Shame_Scale.

44) Nathanson. *Shame and Pride.* pp. 340-41.

45) Donal Dorr, M.A., D.D. *Time for a Change.* Chapter 5: "Shame, Intimacy, and Spirituality." Dorr is a well-known facilitator, consultant, trainer, theologian, resource-person, and author.

46) Horney. *Neurosis and Human Growth:* "매력적인 여성은 이상적인 자신의 이미지에 부응하지 못하기 때문에 자신을 추하게 생각할 수도 있다. 그 여성은 자신을 아름답게 꾸미는 데 과도한 에너지를 사용하거나 '나는 관심이 없다'는 태도로 반응할 수 있다."

47) Chestnut. *The Complete Enneagram.* p. 329.

48) Ibid. pp. 328-329.

49) Naranjo. *Character and Neurosis.* p. 205. (The late Dr Alexander Lowen was an American physician and psychotherapist and founder of Bioenergetics.)

50) Naranjo. *Character and Neurosis.* p. 205 and Beatrice Chestnut. *The Complete Enneagram,* p. 329.

51) Aephoria questionnaire.

52) Naranjo. *Character and Neurosis,* p. 217.

53) Chestnut. *The Complete Enneagram.* p. 331.

54) Jess Feist. *Theories of Personality.* (3rd. ed. Fort Worth, TX: Harcourt Brace, 1994, c.1985). p. 254

55) Aephoria questionnaire.

56) Chestnut. *The Complete Enneagram.* p. 334.

57) Aephoria. questionnaire.

제8장 7유형: 즉흥적인 구혼자

1) Sigmund Freud. *Introductory Lectures*. 16.357.

2) Naranjo. *Character and Neurosis*. p. 163.

3) Karen Horney. *Our Inner Conflicts*. Sourced from http://davesenneagram.com/blog/the-idealized-image-and enneagram-types-1-4-and-7. Accessed September 2018.

4) Naranjo. *Character and Neurosis*. p. 152.

5) Ibid. p. 162. Naranjo refers to a Seven's "playboy" orientation to life.

6) Von Franz. https://en.wikipedia.org/wiki/Anima_and_animus.Process. pp. 205–6.

7) Riso, Hudson. *The Wisdom of the Enneagram*. p. 265.

8) Naranjo. *Character and Neurosis*. p. 168

9) Ibid. p. 166.

10) Riso, Hudson. *Personality Types*. p. 268.

11) Riso, Hudson. *The Wisdom of the Enneagram*. p. 266.

12) Naranjo. *Character and Neurosis,* p. 164. Also Palmer. *The Enneagram in Love and Work*. p. 176.

13) Riso, Hudson. *Personality Types*. p. 275.

14) Naranjo. *Character and Neurosis*. p. 155.

15) Ibid. p. 156.

16) Riso, Hudson. *Personality Types*. p. 281.

17) Naranjo. *Character and Neurosis*. p. 164.

18) Riso, Hudson. *Personality Types*. p. 286.

19) Offit. *The Sexual Self.* Location 1511.

20) 'Personality Elements' 차트에서, Ichazo는 7유형의 고착을 '계획'으로, Riso와 Hudson은 '기대'로 보았다.

21) https://www.livescience.com/47023-sexy-thoughts-mind-female orgasm.html. Accessed September 2018.

22) Offit. *The Sexual Self.* Location 1495.

23) Aephoria questionnaire.

24) Palmer. *The Enneagram in Love and Work*. p. 191.

25) Naranjo. *Character and Neurosis*. p. 153.

26) Emily C. Durbin, Benjamin D. Schalet, Elizabeth P. Hayden, Jennifer Simpson, Patricia L. Jordan. "Hypomanic personality traits: A multi method exploration of their association with normal and abnormal dimensions of personality" *Journal of Research in Personality.* 43 (2009) 898-905. Available online May 3, 2009.

27) Michael Bader, D.M.H. https://www.psychologytoday.com/intl/blog/what-is-he thinking/201712/why-do-some-men-engage-in-sexual-exhibitionism. Accessed October 2018.

28) Naranjo. *Character and Neurosis.* p. 163.

29) Chestnut. *The Complete Enneagram.* pp. 156-57.

30) Ibid. p. 159. In addition, regarding being vegan, Naranjo is quoted by Chestnut (2013).

31) Ibid. p. 160.

32) Ibid. p. 163.

33) Aephoria questionnaire.

34) Riso, Hudson. *The Wisdom of the Enneagram.* p. 269.

35) Ibid. p. 266.

36) Ibid.

37) Riso, Hudson. *RH Enneagram At-A-Glance Chart 1 Personality Elements.*

제9장 8유형: 욕망의 연인

1) Naranjo. *Character and Neurosis.* p. 129.

2) Ibid. p. 128.

3) Daniels, Levine, "Sexuality, Sensuousness and the Enneagram," Part 2.

4) Palmer. *The Enneagram in Love and Work.* p. 336.

5) Katherine Fauvre. http://www.katherinefauvre.com/blog/2017/7/20/karen-horney-and-the-enneagram. Accessed May 22, 2018.

6) Robinson. *The Power of Sexual Surrender.* p. 123.

7) Palmer. *The Enneagram: Understanding Yourself and Others in Your Life.* (New York: Harper One, 1991). p. 316.

8) Russel E. Geen and Edward Donnerstein. *Human Aggression* (Academic Press; 1st ed, August 25, 1998) using research by Wilson and Herrnstein (1985), Berkowitz (1978) and Scully (1990). p. 112.

9) C. C. Joyal, A. Cossette, and V. Lapierre. (2015). "What exactly is an unusual sexual fantasy?" *Journal of Sexual Medicine, 12,* 328-340. Christian Joyal과 동료들(2015)은 1,500명이 넘는 남성

과 여성을 대상으로 그들의 성적 판타지를 질문했다. 그들 가운데 여성의 64.6%, 남성의 53.3%가 성적으로 지배당하는 것으로, 여성의 46.7%, 남성의 59.6%가 성적으로 누군가를 지배하는 것으로 응답했다.

또한 Richters, J., de Visser, R. O., Rissel, C. E., Grulich, A. E., & Smith, A. M. A. (2008). *Journal of Sexual Medicine*, 5, 1660-1668. Juliet Richters와 동료들(2008)은 많은 호주인에게 지난 12개월 동안 B&D 또는 S&M과 관련된 적이 있었는지를 질문했다. 오직 여성의 1.3%, 남성의 2.2%만이 그렇다고 응답했다.

10) Riso, Hudson. *Personality Types*. p. 318.

11) 나는 Reich의 남근 나르시시즘적 특징과 Lowen의 Inspirer(사이코패스적인)의 특질이 8유형과 많은 부분에서 유사하다고 본다. https://reichandlowentherapy.org/Content/Character/Psychopathic/psychopathic_inspirer.html. Accessed May 2018.

12) From a 2014 workshop with Russ Hudson in Cape Town.

13) Riso, Hudson. *Personality Types*. p. 318

14) https://reichandlowentherapy.org/Content/Character/Psychopathic/psychopathic_inspirer.html. Accessed May 2018.

15) Naranjo. Enneagram Global Summit 2017: *Trinity & Multiplicity*. Lecture notes. p. 8.

16) Naranjo. *Character and Neurosis*. p. 128.

17) http://www.medilexicon.com/dictionary/24201. Accessed May 2018.

18) Naranjo. *Character and Neurosis*. p. 128.

19) Andreas Wismeijer and Marcel van Assen. (2013) '네덜란드 BDSM 실행자의 연구'에서 BDSM 실행자와 비실행자의 주요 특질을 비교했다. 그들의 결과는 비실행자에 비해 BDSM 실행자가 더 높은 수준의 외향성, 성실성, 경험에 대한 개방성, 주관적인 행복이 드러난다는 것을 보여 준다. 또한 실행자는 더 낮은 수준의 신경증, 거부 반응성을 보였다. 한 가지 부정적인 특질이 나타난 것은? BDSM 실행자는 비실행자보다 낮은 수준의 친화력을 보여 주었다.

20) Wismeijer and Van Assen. *Study of Dutch BDSM practitioners*.

21) Scott McGreal. MSc. www.psychologytoday.com/blog/unique everybody-else/201502/personality-traits-bdsm-practitioners-another look. https://www.psychologytoday.com/blog/unique-everybody-else/201307/bdsm-personality-and-mental-health.

22) Joris Lammers and Roland Imhoff. "Understanding the Antecedents of a Knotty Relationship." Department of Psychology, University of Cologne, Köln, Germany. Accessed via http://journals.sagepub.com/doi/pdf/10.1177/194855061560445217/4/2018.

23) William Reich. *Character Analysis*. pp. 217-18.

24) Reich. *Character Analysis*. Sourced from Naranjo. *Character and Neurosis*. p. 131.

25) Michael Samsel. *Finding Feeling and Purpose*. https://www.scribd.com/document

/328233179/Finding-Feeling-and Purpose-by-Michael-Samsel. And "The Male Achiever Character in Relationship." https://reichandlowentherapy.org/Content/Character/Rigid/Phallic/phallic_achiever.html. Accessed May 2018.

26) Samsel, *Finding Feeling and Purpose*. https://www.scribd.com/document/328233179/Finding-Feeling-and Purpose-by-Michael-Samsel.

27) Chestnut. *The Complete Enneagram*. p. 13.

28) Riso, Hudson. *Personality Types*. p. 79.

29) Chestnut. *The Complete Enneagram*. p. 114.

30) Aephoria questionnaire.

31) Chestnut. *The Complete Enneagram*. p. 116.

32) https://www.enneagraminstitute.com/type-8. Accessed March 2019.

33) Daniels, Levine, "Sexuality, Sensuousness and the Enneagram," Part 2.

제10장 4유형: 로맨틱 로미오(혹은 줄리엣)

1) Naranjo. *Character and Neurosis*. p. 34

2) Of the 457 couples tested, the female Four/male Nine was the highest at 16 couples, followed by the 15 couples who were male 9/female 1 at 15 couples. The opposite (male 4/female 9) was 5 couples. http://www.9types.com/writeup/enneagram_relationships.php.

3) Naranjo. *Character and Neurosis*. p. 103.

4) Ibid. Naranjo is quoting from Eric Berne, *Games People Play* (Ballantine Books, New York, 1985).

5) Riso, Hudson, *The Wisdom of the Enneagram*. p. 192.

6) Ibid. p. 191.

7) Naranjo. *Character and Neurosis*. p. 98.

8) Riso and Hudson name the Four's Fixation as "Fantasizing." Riso, Hudson. *RH Enneagram At-a-Glance Chart 1 Personality Elements*.

9) Tracey Cox. http://www.dailymail.co.uk/femail/article-3894882/What-does-sex-fantasy-say-threesomes-dreaming-sleeping raunchy-dreams-unravelled.html#ixzz5EdiStprD. Accessed August 2018.

10) Riso, Hudson, *The Wisdom of the Enneagram*. p. 193.

11) *Enneagram Institute Pocket Guide*: Type Four, Delusion and Compulsion, Level 8 Security Point.

12) https://www.psychologytoday.com/us/blog/in excess/201401/survival-the-fetish. Accessed August 2018 from research led by Dr G. Scorolli (University of Bologna, Italy) in 2007 from https://www.psychologytoday.com/us/blog/inexcess/201401/survival-the-fetish.

13) C. Gosselin and G. Wilson. *Sexual variations*. (Faber & Faber, London, 1980).

14) From: https://www.sovhealth.com/health-and-wellness/thepsychology-behind-sexual-fetishes/August 2018 from the book *The Quick-Reference Guide to Sexuality & Relationship Counselling* by Dr Tim Clinton and Dr Mark Laaser (Wyoming: Baker Books, 2010).

15) Naranjo. *Character and Neurosis*. p. 112.

16) Searle. http://www.judithsearle.com/articles/sexuality-gender roles.html. Accessed July 2018.

17) Naranjo. *Character and Neurosis*. p. 97.

18) Ibid. p. 110.

19) Ibid. p. 105.

20) Ibid. p. 114.

21) Offit. *The Sexual Self*. Location 624.

22) Arnold Mitchell and Harold Kelman, "Masochism: Horney's View" in the *International Encyclopedia of Psychiatry, Psychology, Psychanalysis, and Neurology*, Vol. 7, pp. 34-35. (Van Nostrand / Reinhold, New York. 1977) Sourced from Naranjo. Character and Neurosis. p. 108.

23) Ibid.

24) https://www.9types.com/writeup/enneagram_relationships.php. Accessed July 2018.

25) Chestnut. *The Complete Enneagram*. pp. 85-87.

26) Aephoria questionnaire.

27) Naranjo. *Character and Neurosis*. p. 115.

28) Ibid. p. 114.

29) Chestnut. *The Complete Enneagram*. p. 289.

30) Riso, Hudson, *The Wisdom of the Enneagram*. p. 185.

31) Chestnut. *The Complete Enneagram*. pp. 289-90.

32) Riso, Hudson, *The Wisdom of the Enneagram*. p. 185.

33) Chestnut. *The Complete Enneagram*. p. 292. Chestnut은 이 유형을 '경쟁(Competition)'이라고 언급했다.

34) Sandra Maitri. *The Enneagram of Passions and Virtues*. (New York: Penguin, 2005). p. 195.

35) Chestnut. *The Complete Enneagram*. p. 31.

36) http://www.katherinefauvre.com/instincts-1. Accessed August 2018.

37) Chestnut. *The Complete Enneagram*. p. 293.

38) Aephoria questionnaire.

39) Riso, Hudson, *The Wisdom of the Enneagram*. p. 186.

40) Palmer. *The Enneagram in Love and Work*. p. 115.

41) Daniels, Levine, "Sexuality, Sensuousness and the Enneagram," Part 3.

제11장 5유형: 외로운 연인

1) Maitri. *The Enneagram of Passions and Virtues*. p. 135.

2) Maitri. *The Spiritual Dimension of the Enneagram*. (Penguin, New York, 2001). p. 205.

3) Ibid.

4) https://www.etymonline.com/word/avaricious.

5) Daniels, Levine, "Sexuality, Sensuousness and the Enneagram," Part 4.

6) Ibid.

7) Riso, Hudson. *Personality Types*. p. 174.

8) https://www.pornhub.com/insights/2017-year-in-review. Accessed May 2018.

9) Ogi Ogasa and Sai Gaddam, *A Billion Wicked Thoughts: What the Internet Tell Us About Sexual Relationships*. (New York: Plume, 2011).

10) https://www.pornhub.com/insights/2017-year-in-review. Accessed May 2018.

11) IEQ9 Workshop on "Understanding the Enneagram". May 2018.

12) $L = 8 + .5Y - .2P + .9Hm + .3Mf + J - .3G - .5(Sm-Sf)2 + I + 1.5C$

   L: 예측된 관계의 연간 길이

   Y: 관계가 심각해지기 전에 두 사람이 알고 지낸 연수

   P: 두 사람의 이전 파트너 수(둘을 포함하여)

   Hm: 관계에 있어 남성 파트너가 솔직함에 부여하는 중요도

   Mf: 관계에 있어 여성 파트너가 돈에 두는 중요도

   J: 둘 모두가 유머에 두는 중요도(둘을 포함하여)

   G: 둘 모두가 외모에 두는 중요도(둘을 포함하여)

   Sm and Sf: 남성과 여성이 섹스에 두는 중요도

   I: 좋은 시댁(처가)을 갖는 것에 두는 중요도(둘을 포함하여)

   C: 관계에 있어 아이들에게 두는 중요도(둘을 포함하여)

   참조: 모든 '중요도' 척도는 1~5로 나뉠 수 있다. 여기서 1은 중요하지 않음, 5는 매우 중요하다임.

13) Dr Amir Levine and Rachel Heller. *Attached* (London: Rodale, 2011). p. 24 and https://vle.stvincent.ac.uk/2014/pluginfile.php/33670/.../The%20Love%20quiz.docx. Accessed April 2018.

14) Ibid.

15) Ibid. and G. E. Birnbaum, M. Mikulincer and O. Gillath (2011). In and out of a daydream: Attachment orientations, daily couple interactions, and sexual fantasies. *Personality and Social Psychology Bulletin*, 37(10), pp. 1398–410. doi:10.1177/ 0146167211410986.

16) Heidi Priebe. https://thoughtcatalog.com/heidi-priebe/2016/08/mbtisexuality/5/. Accessed November 2018.

17) Naranjo. *Character and Neurosis*. p. 75

18) The Enneagram Institute.

19) Palmer. *The Enneagram in Love and Work*. p. 127. The name given by Helen Palmer to Type Five is the Observer.

20) https://www.psychologytoday.com/us/conditions/voyeuristic disorder. Accessed April 2018.

21) Simon Le Vay, Janice I. Baldwin and John D. Baldwin. *Discovering Human Sexuality*. 2nd ed. (Sunderland, MA: Sinauer Associates, 2012).

22) Chestnut. *The Complete Enneagram*. p. 246.

23) Covenant Eyes.

24) Eric Johnston. "Kyoto law puts 'upskirt' photography in focus." *The Japan Times*, May 25, 2014.

25) James H. Jones. *Alfred C. Kinsey: A Public/Private Life*. (New York: Norton, 1997).

26) https://www.nytimes.com/1994/03/24/garden/an-afternoon-withmasters-and-johnson-divorced-yes-but-not-split.html.

27) iEQ9. *Understanding the Integrative Enneagram* Workbook.

28) Naranjo. *Character and Neurosis*. p. 92.

29) Chestnut. *The Complete Enneagram*. p. 252.

30) Ibid. p. 246.

31) Ibid.

32) Aephoria questionnaire.

33) https://www.psychologytoday.com/us/conditions/voyeuristic disorder. Accessed April 2018.

34) Aephoria questionnaire.

35) Aephoria questionnaire.

36) https://www.vanityfair.com/hollywood/2018/03/fx-trust-john-paul getty-girlfriends and https://life.spectator.co.uk/2018/01/john-paulgetty-a-life-of-miserliness-mistresses-and-hotel-hopping. Bothaccessed March 2018.

37) Riso, Hudson. *The Wisdom of the Enneagram*. p. 212.

38) Riso, Hudson. *Personality Types*. p. 213.

39) Naranjo. *Character and Neurosis*. p. 85.

제12장 9유형: 관능적인 연인

1) Naranjo. *Character and Neurosis*. p. 265.

2) Riso, Hudson. *Personality Types*. p. 349.

3) Ibid. p. 355.

4) Palmer. *The Enneagram in Love and Work*. p. 231.

5) Naranjo. *Character and Neurosis*. p. 258.

6) D. Moreault and D.R. Follingstad. "Sexual fantasies of females as a function of sex guilt and experimental response cues." *Journal of Consulting and Clinical Psychology*, 46(6), 1385–93. (1978) http://dx.doi.org/10.1037/0022-006X.46.6.1385.

7) https://www.9types.com/writeup/enneagram_relationships.php. Accessed October 2018.

8) https://www.enneagraminstitute.com/relationship-type-6-with-type-9. Accessed October 2018.

9) https://www.9types.com/writeup/enneagram_relationships.php. Accessed October 2018.

10) iEQ9. *Understanding the Integrative Enneagram* Workbook. p. 140.

11) Offit. *The Sexual Self: How Character Shapes Sexual Experience*. Location 1161–77.

12) Ibid. Location 1193.

13) Riso, Hudson. *The Wisdom of the Enneagram*. p. 324.

14) Jean Adeler. http://structuralenneagram.com/?p=37. Accessed October 2018.

15) Riso, Hudson. *The Wisdom of the Enneagram*. p. 329.

16) Aephoria questionnaire.

17) Chestnut. *The Complete Enneagram*. p. 72.

18) Riso, Hudson. *The Wisdom of the Enneagram*. p. 320.

19) Chestnut. *The Complete Enneagram*. pp. 74–75.

20) Aephoria questionnaire.

21) Chestnut. *The Complete Enneagram*. p. 77.

22) Naranjo. *Character and Neurosis*. p. 254.

23) Daniels, Levine, "Sexuality, Sensuousness and the Enneagram," Part 2.

24) Maitri. *The Enneagram of Passions and Virtues*. p. 46.

제13장 왜 당신은 다른 유형에게 끌리는가

1) Offit. *The Sexual Self.* ("Histrionic Display: Sexual Theatre", Ch.4.) Offit의 "Histrionic Display: Sexual Theatre"에서 묘사하는 성격은 2유형과 일치하고, Naranjo 또한 에니어그램 2유형을 연극성 성격(Histrionic personality)으로 묘사했다(*Character and Neurosis* pp. 174-98). Wilhelm Reich의 *Character Analysis*도 2유형과 일치하는 식의 히스테리 성격(hysterical character)을 설명한다.

2) The Phallic stage is the third of five Freudian psychosexual development stages.

3) Naranjo. *Character and Neurosis.* p. 70.

4) Palmer. *The Enneagram in Love and Work.* p. 167.

5) Naranjo. *Character and Neurosis.* p. 235.

6) J. S. Bourdage, K. Lee, M. C. Ashton, and A. Perry. 2007. "Big Five and HEXACO model personality correlates of sexuality." *Personality and Individual Differences*, 43(6), pp. 1506-16.

제14장 다른 유형과 맺어지는 방법

1) Palmer. *The Enneagram in Love and Work.* p. 73. 나의 연구에서, Helen Palmer는 처음으로 2유형의 이 세 가지 애정을 구분했다. 이것을 읽은 후, 나는 2유형의 관계에서 이 세 가지 요소가 어떻게 반복적으로 등장하는지를 알아차렸다. 성적 2유형은 아름다움에 더 끌리고, 사회적 2유형은 상위에 더 끌리며, 자기보존적 2유형은 희생자들에게 더 끌린다.

2) Palmer. *The Personality Types in Love and Work.* p. 94.

3) https://reichandlowentherapy.org/Content/Character/Schizoid/schizoid_dreamer.html. Accessed April 2018.

4) Naranjo. *Character and Neurosis.* p. 227.

5) Ibid.

6) Palmer. *The Enneagram in Love and Work.* p. 167.

7) Naranjo. *Character and Neurosis.* p. 237.

8) Ibid. p. 251.

제15장 상황이 안 좋아질 때 예상되는 일

1) 나는 조심스럽게 헨리 8세가 8유형이었다고 추측해 본다. 이것은 2유형을 그의 해방점으로 만들

것이다. 그러므로 그의 여섯 명의 아내가 그를 기쁘게 하지 않을 때 쉽게 떠나보낼 수 있었다.

2) Naranjo. *Character and Neurosis*. pp. 182 and 184.

3) Ibid. p. 195.

4) Horney. *Neurosis and Human Growth*. pp. 254–55.

5) Marika Dentai. "Instinctual Types: Self-Preservation, Social and Sexual." *Enneagram Monthly* #7, September. 1995.

6) Naranjo. *Character and Neurosis*. p. 18.

7) Wagner. *The Enneagram Spectrum*. p. 90.

8) Palmer. *The Enneagram in Love and Work*. p. 184.

9) Naranjo. *Character and Neurosis*. p. 250.

10) Offit. *The Sexual Self*. Location 1161.

11) Riso, Hudson. *Personality Types*. p. 349.

작가와의 대담

1) https://www.typologycentral.com/forums/myers-briggs-and-jungian cognitive-functions/73348-type-lesbian-gay-bisexual.html; https://personalityjunkie.com/07/myers-briggs-enneagram-mbtitypes-correlations-relationship/; https://www.typologycentral.com/wiki/index.php/Enneagram_and_MBTI_Correlation. All accessed November 2018.

2) https://thoughtcatalog.com/heidi-priebe/2016/08/mbti-sexuality/14/. Accessed October 2018.

3) https://www.typologycentral.com/wiki/index.php/Enneagram_and_MBTI_Correlation. Accessed October 2018.

4) https://www.typologycentral.com/forums/myers-briggs-and-jungiancognitive-functions/73348-type-lesbian-gay-bisexual.html. Accessed November 2018.

5) American Psychological Association: https://www.apa.org/topics/divorce. Accessed August 2018.

6) Brett Kahr. *Who's Been Sleeping in Your Head: The Secret World of Sexual Fantasies*. (Basic Books; First Edition, New York, 2008).

7) W.B. Arndt, J.C. Foehl and F.E. Good. (1985). "Specific sexual fantasy themes: A multidimensional study". *Journal of Personality and Social Psychology*, 48, pp. 472–80. And S.L. Lentz and A.M. Zeiss. (1983). *Fantasy and sexual arousal in college women: An empirical investigation. Imagination, Cognition, and Personality*, 3, pp. 185–202.

8) For a broad review of empirical work on sexual fantasy, see H. Leitenberg and K. Henning.

"Sexual fantasy." *Psychological Bulletin, 117*(1995). pp. 469-96.

9) Lisa A. Pelletier and Edward S. Herold, 1988. "The Relationship of Age, Sex Guilt, and Sexual Experience with Female Sexual Fantasies." *The Journal of Sex Research* Vol. 24, pp. 250-56.408;

10) Thomas V. Hicks and Harold Leitenberg, 2001. "Sexual fantasies about one's partner versus someone else: Gender differences in incidence and frequency." *The Journal of Sex Research* Vol. 38, pp. 43-50; D. Knafo and Y. Jaffe, 1984 "Sexual fantasizing in males and females." *Journal of Research in Personality, 18*(4), pp. 451-62; Glenn Wilson, 1997. "Gender Differences in Sexual Fantasy: An Evolutionary Analysis." Personality and Individual Differences Vol. 22, No. I. pp. 27-31.

11) B. J. Ellis and D. Symons. (1990). "Sex differences in sexual fantasy: An evolutionary psychological approach." *The Journal of Sex Research, 27*, pp. 527-55. Ellis and Symons; E.O. Laumann, J.H. Gagnon, R.T. Michael and S. Michaels, S. *The social organization of sexuality.* (Chicago: University of Chicago Press, 1994). Leitenberg and Henning "Sexual fantasy."

12) C. C. Joyal, A. Cossette and V. Lapierre. "What exactly is an unusual sexual fantasy?" pp. 328-40. University of Montreal의 Christian Joyal은 다음과 같이 말했다. "예를 들어, 복종의 판타지를 가진 사람들은 종종 지배의 판타지를 말하기도 한다. 그러므로 이 두 주제는 상호 배타적인 것이 아니라 그와는 정반대인 것이다."

13) http://blogs.discovermagazine.com/seriouslyscience/2014/11/10/sexual-fantasies-least-popular-science-finally-weighs/#.XFb5CFwzapo. Accessed September 2018.

14) iEQ9 *Understanding the Integrative Enneagram.* p. 27.

참고문헌

•

Aldridge, Susan. *Seeing Red and Feeling Blue*. London: Arrow Books, 2001.

Almaas, A.H. and Karen Johnson. *The Divine Eros*. Boulder: Shambhala, 2017.

Anand, Margo. *The Art of Sexual Ecstasy*. London: Thorsons, 1999.

Bays, Brandon. *The Journey*. London: Thorsons, 1999.

Borysenko, Joan. *A Woman's Spiritual Journey*. London: Piatkus, 2000.

Caplan, Mariana. *Do You Need a Guru?* London: Thorsons, 2002.

Campling, Matthew. *The 12-Type Enneagram*. London: Watkins, 2015.

Chestnut, Beatrice, PhD. *The Complete Enneagram*. Berkeley: She Writes Press, 2013.

Daniels, David, Dr. and Dr Ron Levin. "Sexuality, Sensuousness and the Enneagram" http://drdaviddaniels.com/products.

Deida, David. *The Way of the Superior Man*. Louisville: Sounds True, 2017.

Enneagram Global Summit 2016–2018: 9 Essential Pathways for Transformation. The Shift Network. https://enneagramglobalsummit.com

Eve, Dr. (Dr Marlene Wasserman) *Pillowbook*. Cape Town: Oshun Books, 2007.

Friday, Nancy. *Forbidden Flowers*. London: Arrow Books, 1993.

Ford, Clellan S. and Frank A. Beach. *Patterns of Sexual Behavior*. New York: Harper & Brothers, 1951.

Fortune, Dion. *The Mystical Qabalah*. Wellingborough: The Aquarian Press, 1987.

Ford, Debbie. *The Dark Side of the Light Chasers*. London: Hodder & Stoughton, 2001.

Freud, Sigmund. *On Psychopathology*. Middlesex: Penguin, 1987.

Hanh, Thich Nhat. *The Heart of the Buddha's Teachings*. Berkeley, CA: Broadway Books, 1998.

Hay, Louise. *Heal Your Body*. Cape Town, South Africa: Hay House/Paradigm Press, 1993.

Horney, Karen, M.D. *Neurosis and Human Growth*. New York: W.W. Norton & Company, 1991.

Horsley, Mary. *The Enneagram for the Spirit*. New York: Barron's Educational Series inc., 2005.

iEQ9. *Understanding the Integrative Enneagram Workbook*. www.integrative9.com

Johnson, Robert A. *Owning Your Own Shadow*. San Francisco, CA: HarperCollins, 1993.

Judith, Anodea. *Eastern Body, Western Mind*. Berkeley, CA: Celestial Arts, 1996.

Jung, Carl. *Psychology of the Unconscious*. London: Kegan Paul Trench Trubner, 1916.

Jung, Carl. *Psychological Types*. Eastford: Martino Fine Books, 2016.

Kahr, Brett. *Who's Been Sleeping in Your Head: The Secret World of Sexual Fantasies*. New York: Basic Books, 2008.

Kornfield, Jack. *A Path with a Heart*. New York: Bantam, 1993.

Levine, Dr Amir and Rachel Heller. *Attached*. London: Pan Macmillan. 2011.

Lytton, Edward Bulwer. *Zanoni: A Rosicrucian Tale*. Whitefish, MT: Kessinger Publishing.

Lipton, Bruce H. *The Biology of Belief*. Santa Rosa, CA: Mountain of Love/Elite Books, 2005.

Kamphuis, Albert. *Egowise Leadership & the Nine Creating Forces of the Innovation Circle*. Self-published. Netherlands: Egowise Leadership Academy. 2011.

Maitri, Sandra. *The Spiritual Dimension of the Enneagram*. New York: Penguin

Putnam Inc. 2001.

Maitri, Sandra. *The Enneagram of Passions and Virtues*. New York: Penguin Random House. 2009.

Millman, Dan. *The Life You Were Born to Live*. Novato, CA: HJ Kramer in a joint venture with New World Library, 1993.

Murphy, Joseph. *The Power of Your Subconscious Mind*. New York: The Penguin Group, 2008.

Myss, Caroline. *Anatomy of the Spirit*. London: Bantam, 1998.

Myss, Caroline. *Why People Don't Heal and How They Can*. London. Bantam, 1998.

Naranjo, Claudio, M.D. *Character and Neurosis*. Nevada City. Gateways/IDHHB, Inc. 2003.

Nathanson, Donald L. *Shame and Pride: Affect, Sex, and the Birth of the Self*. New York: W. W. Norton & Company, 1994.

Nathanson, Donald L. *Ennea-type Structures–Self-Analysis for the Seeker*. Nevada City: Gateways/IDHHB, Inc., 1990.

Offit, Avodah. *The Sexual Self: How Character Shapes Sexual Experience*. Memorial Series Book 3: Kindle Version, 2016.

Palmer, Helen. *The Enneagram in Love and Work*. New York: Harper One, 1995.

Palmer, Helen. *The Enneagram: Understanding Yourself and Others in Your Life*. New York: Harper One, 1991.

Pearson, Carol S. *Awakening the Heroes Within*. New York: HarperCollins, 1991.

Pearson, Carol S. *The Heroes Within*. New York: HarperCollins, 1998.

Perel, Esther. *Mating in Captivity*. New York: Harper Paperbacks, 1997.

Reich, Wilhelm. (trans. Vincent R. Carfagno), *Character Analysis*. New York: Farrar, Straus & Giroux, 1990.

Reich, Wilhelm. *The Function of Orgasm*. London: Souvenir Press, 2016.

Riso, Don Richard and Russ Hudson. *The Wisdom of the Enneagram*. New York: Bantam Books, 1999.

Riso, Don Richard and Russ Hudson. *Understanding the Enneagram*. Rev. ed.

Boston, MA: Houghton Mifflin Company, 2000.

Riso, Don Richard and Russ Hudson. *Discovering Your Personality Type*. Boston, MA: Houghton Mifflin Company, 2003.

Riso, Don Richard and Russ Hudson. *Personality Types*. Boston, MA: Houghton Mifflin Company, 1996.

Robinson, Marie N. *The Power of Sexual Surrender*. New York: Signet, 1963.

Searle, Judith. "Sexuality, Gender Roles and the Enneagram," *Enneagram Monthly*, May 1996

Shealy Norman C. and Caroline Myss. *The Creation of Health*. Walpole, NH: Stillpoint Publishing, 1998.

Shapiro, Debbie. *Your Body Speaks Your Mind*. London: Piatkus, 1996.

Spiegelhalter, David. *Sex by Numbers*. London: Profile Books, 2015.

Stone, Joshua David. *Soul Psychology*. New York: Ballantine Wellspring, 1999.

Surya Das, Lama. *Awakening to the Sacred*. New York: Broadway Books, 1999.

Tannahill, Reay. *Sex in History*. ABACUS. London, 1981.

Thondup, Tukulu. *The Healing Power of the Mind*. Boston, MA: Shambhala Publications, 1996.

Trees, Andrew. *Decoding Love*. Hay House. London, 2009.

Tolle, Eckhart. *The Power of Now*. London: Hodder & Stoughton, 2005.

Von Franz, Marie-Louise. "The Individuation Process". From *Archetypal Dimensions of the Psyche*. London: Shambhala,1997.

Wagner, Jerome, Ph.D. *The Enneagram Spectrum of Personality Styles*. Portland: Metamorphous Press, 1996.

Wasserman, Marlene. Pillowbook. Cape Town: Oshun Books, 2007

Zuercher, Suzanne. *Enneagram Spirituality*. Notre Dame: IN: Ave Maria Press, 1992.

저자 소개

앤 가드(Ann Gadd)는 공인 에니어그램 프랙티셔너(iEQ9 인증)이며, 홀리스틱 테라피스트, 예술가, 워크숍 강사, 작가, 저널리스트이다. 에니어그램을 오랜 기간 수행해 온 그녀는 초보자 및 숙련자들을 위한 워크숍을 운영하고 있다. 『The Enneagram of Eating』, 『The Girl Who Bites Her Nails』, 『Finding Your Feet』 등 총 22권의 책을 저술했다. 현재 앤은 남아프리카 케이프타운에 거주 중이다.

보다 더 많은 정보를 원한다면 다음을 참조하라. http://www.anngadd.co.za

역자 소개

김태흥(Kim, tae heung)

에니어그램을 활용하여 코칭 상담 강의를 기업과 단체에 진행하는 최고의 전문가이다. 현재 한국에니어그램협의회 회장, 한국 리더십 연구소 소장, 카페 에니어 대표로 활동하고 있다. 주요 저서로는 『에니어그램 강의 노트』(공저, 학지사, 2022), 『커플 에니어그램』(공저, 학지사, 2018), 개발한 교육용 도구(카드)로는 『에니어시티』(공저, 인싸이트, 2021), 『진단 코칭 카드』(공저, 인싸이트, 2019) 등이 있다.

앨런 최(Allen Choi)

국제관계학 박사이며, 에니어그램을 통한 코칭과 커플 상담, 리더십을 연구하고 있다. 초기 연구 분야였던 국가 지도자들의 리더십 성향을 분석하던 중 에니어그램과 만나게 되었다. (주)코칭블루의 대표이자 (사)한국공공외교협회 사무국장으로 다양한 공익사업에 전념하고 있다. 국제 CTI의 코액티브 인증 코치이며, NLP, DISC, MBTI 등 다양한 관련 프로그램을 이수한 전문가이다. 현재 한국에니어그램협의회 선임연구원으로서 강의, 커플 상담 및 갈등관계 해소, 에니어그램과 관련된 프로그램 개발 및 보급에 공헌하고 있다.

김의천(Kim, eui cheon)

에니어그램을 지속적으로 연구하여 임상상담과 전문 연구 강의를 진행하고 있다. 현재 한국에니어그램협의회 연구원, 카페 에니어 상담실장으로 활동하고 있다. 개발한 교육용 도구(카드)로는 『에니어시티』(공저, 인싸이트, 2021), 『비주얼 에니어그램』(공저, 인싸이트, 2020), 『진단 코칭 카드』(공저, 인싸이트, 2019) 등이 있다.

한국에니어그램협의회

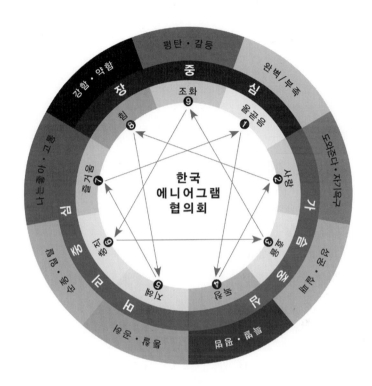

1. 에니어그램 기반 개인, 진로, 부모, 자녀 상담 및 진단
2. 에니어그램 기초, 심화 강사과정, 드라마, 영화, 인물, 노래, 시 등을 통한 에니어그램 코칭과정
3. 개인/기업 리더십 교육 및 코칭
4. http://enneacafe.co.kr/ (한국에니어그램협의회)
5. 상담카페 운영(Coffee & 코칭, 상담) / 02-3662-4939(예약 후 상담운영)
6. 서울 강서구 마곡중앙로 161-8 두산더랜드파크 A동 217호

섹스와 에니어그램

Sex and the Enneagram: A Guide to Passionate
Relationships for the 9 Personality Types

2023년 1월 20일 1판 1쇄 인쇄
2023년 1월 30일 1판 1쇄 발행

지은이 • Ann Gadd
옮긴이 • 김태홍 · 앨런 최 · 김의천
펴낸이 • 김진환
펴낸곳 • ㈜학지사

              04031 서울특별시 마포구 양화로 15길 20 마인드월드빌딩
대표전화 • 02-330-5114   팩스 • 02-324-2345
등록번호 • 제313-2006-000265호

홈페이지 • http://www.hakjisa.co.kr
페이스북 • https://www.facebook.com/hakjisabook

ISBN 978-89-997-2826-6 03180

정가 22,000원

출판미디어기업 학지사

간호보건의학출판 **학지사메디컬** www.hakjisamd.co.kr
심리검사연구소 **인싸이트** www.inpsyt.co.kr
학술논문서비스 **뉴논문** www.newnonmun.com
교육연수원 **카운피아** www.counpia.com